革吉年鉴

དགེ་རྒྱས་ལོ་རིམ་མེ་ལོང་།

2023

（总第8卷）

革吉县地方志编纂委员会　编

方志出版社
Publishing House of Local Records

图书在版编目（CIP）数据

革吉年鉴. 2023 / 革吉县地方志编纂委员会编.
北京：方志出版社, 2023.11
ISBN 978-7-5144-5841-1

Ⅰ. ①革… Ⅱ. ①革… Ⅲ. ①革吉县－2023－年鉴
Ⅳ. ①Z527.54

中国国家版本馆CIP数据核字（2023）第234683号

责任编辑：王娜
责任校对：张玉霞
责任印制：梅中英
出 版 者：方志出版社
地　　址：北京市朝阳区潘家园东里 9 号（国家方志馆4层）
邮　　编：100021
网　　址：http://www.zgfzcb.cn
发　　行：方志出版社图书营销中心（010-67110500）
印　　刷：河南金宝丽印刷科技有限公司
开　　本：889毫米×1194毫米　1/16
印　　张：19.5
字　　数：550千字
版　　次：2023年11月第1版
印　　次：2023年11月第1次印刷
定　　价：350.00元

数字革吉 2022

◎ 辖区面积：46104.28平方千米

◎ 年末常住人口：18070人

◎ 地区生产总值：90653万元

◎ 第一产业：16100万元

◎ 第二产业：21692万元

◎ 第三产业：52861万元

◎ 工业总产值：314万元

◎ 全社会固定资产投资总额：33327万元（500万—5000万元及以上）

◎ 社会消费品零售总额：10988.89万元

◎ 地方财政收入：2249万元

◎ 城镇居民人均可支配收入：51910万元

◎ 农牧民人均可支配收入：16880万元

◎ 年末牲畜存栏数：471746头（只、匹）

狮泉河源头

2022年5月17日，西藏自治区人大常委会党组副书记、副主任多托（前排中）一行到革吉县牦牛养殖基地调研

2022年5月18日，阿里地委副书记、行署专员旦巴旺久（右一）一行到革吉县牦牛基地调研

2022年3月24日，西藏自治区住建厅副厅长李新昌（前排左二）一行到革吉县检查指导基础设施建设及住建领域工作

2022年5月12日，西藏自治区总工会党组成员、副主席丹拥拉姆（前排右三）一行到革吉县调研工会工作

2022年7月29日，中国移动通信集团有限公司党组成员、纪检监察组组长童腾飞（后排中）一行到革吉县直属库参观红色教育基地

2022年7月31日，中国联通集团有限公司党组成员、纪检监察组组长董群（右三）一行到革吉县福康社区调研援藏工作并走访慰问牧民群众

2022年7月29日，西藏自治区党委法治建设督察第四组组长次平（左二）一行到革吉县市场监督管理局督导检查工作

2022年4月7日，阿里地区乡村振兴局局长张明林（右二）一行到革吉县羊毛粗加工场调研

2022年12月26日，阿里地区税务局党委书记、局长平措（右一）到革吉县税务局调研

2022年4月7日，革吉县委副书记、县长彭次为中国人民政治协商会议第三届革吉县委员会第二次会议作开幕致辞

2022年1月30日，革吉县2022年消防工作会议召开

2022年2月11日，中共革吉县第十届纪律检查委员会第二次全体会议召开

2022年4月7日，中国人民政治协商会议第三届革吉县委员会第二次全体会议开幕

2022年4月9日，中国人民政治协商会议第三届西藏革吉县委员会第二次会议闭幕会召开

2022年5月16日，革吉县委召开2022年全面依法治县委员会第一次会议

2022年5月25日，革吉县学习习近平总书记在庆祝中国共产主义青年团成立100周年大会上的重要讲话精神

2022年12月2日，革吉县开展以中共二十大精神为指导，为建设雪域高原“西部明珠”贡献革吉力量为主题的学习宣传贯彻中共二十大精神县宣讲团宣讲报告会

2022年12月2日，革吉县召开传达学习贯彻中共二十大精神领导干部大会

2022年12月12日，革吉县第十三届人民代表大会第三次会议预备会召开

重大活动

2022年4月14日，阿里地区少工委一行到革吉县开展“凝心聚爱，共筑梦想”革吉县物资捐赠活动

2022年5月9日，拉萨家庭教育指导老师到革吉县开展“家庭家风家教”专题讲座

2022年6月30日，西藏自然科学博物馆一行到革吉县中学、小学开展三区公益捐赠活动

2022年7月18日，革吉县举办农牧民党员“学好国家通用语言文字，铸牢中华民族共同体意识”知识竞赛

2022年8月5日，革吉县亚热乡农村客运综合服务站揭牌仪式举行

社会民生

2022年6月1日，革吉县消防救援大队指战员扑救完雄巴乡垃圾填埋场火灾后休息

2022年10月15日，革吉镇卫生院医务人员到牧区为群众开展核酸检测

2022年革吉县雄巴乡安置房

2022年5月1日，革吉县组织干部群众开展义务植树活动

夏日戈壁滩风光（2022年摄）

春季放牧（2022年摄）

革吉全景图（2022年摄）

藏羚羊群（2022年摄）

盘羊（2022年摄）

黑颈鹤（2022年摄）

鸳鸯（2022年摄）

野牦牛（2022年摄）

革吉县人工湖夜景（2022年摄）

革吉县人工种植草场（2022年摄）

《革吉年鉴（2023）》编纂委员会

《革吉年鉴（2023）》编辑部

办公室工作

组织工作

宣传工作

统一战线

巡察工作

革吉县人民代表大会

综述

办公室工作

革吉县人民政府

综述

办公室工作

应急管理

消防救援

党史研究和藏语文编译

中国人民政治协商会议革吉县委员会

综述

办公室工作

纪检与监察

综述

自身建设

群众团体

总工会

共青团

妇联

红十字会

军　事

人民武装

武警

法　治

政法委及综治

公安

检察

法院

司法行政

经济管理

发展和改革

自然资源

经济和信息化

统计

商务

农业农村

概述

乡村振兴

水利

教育・体育

综述

革吉县中学

革吉县完全小学

革吉县幼儿园

融媒体中心

科学技术

综述

气象

卫生健康

综述

医疗保障

人民医院

社会生活

民政

人力资源和社会保障

行政审批和便民服务

退役军人事务

市场监督管理

民族宗教

文化和旅游

城市建设·环保

住房和城乡建设

生态环境保护

重点建设工程项目管理

建设工程质量监督站

城市管理和综合执法

交通·通信

交通运输

邮政

电信

移动

联通

财税·金融

财政

税务

中国农业银行股份有限公司革吉县支行

乡 镇

革吉镇

雄巴乡

亚热乡

盐湖乡

文布当桑乡

国有企业

革吉县扶贫开发投资有限公司

革吉县城投国有资产经营有限公司

国网革吉县供电公司

附 录

索引

特 载

在中国共产党革吉县第十届委员会第三次全体会议暨县委经济工作会议上的报告

阿里地委委员、革吉县委书记　辜建中

（2023 年 1 月 19 日）

一、客观全面总结回顾 2022 年工作成绩，在各项事业发展实践中坚定加快高质量发展的必胜信心和坚定决心

2022 年，是党和国家历史上极为重要的一年，我们党胜利召开二十大，描绘了全面建设社会主义现代化国家的宏伟蓝图。也是革吉县历史上极为重要的一年，面对突如其来的疫情冲击和艰巨繁重的经济社会发展任务，革吉县委、政府在以习近平同志为核心的党中央坚强领导下，在区党委、地委的有力指导下，团结带领各族干部群众聚焦“四件大事”“四个确保”、聚力“四个创建”“四个争”迎难而上、砥砺前行，知难而进、攻坚克难，保持了经济社会大局和谐稳定，如期完成了年度目标任务。

——*政治基础更加牢固*。坚持把推动习近平新时代中国特色社会主义思想走深走实放在首位，弘扬理论联系实际的马克思主义学风，把习近平总书记最新重要讲话和重要指示精神以及党中央、区党委最新决策部署和地委工作要求作为“第一议题”，依托县委常委会会议、理论学习中心组集体学习会议、主题党日、支部日活动等，认真开展学习教育、专题研讨、宣传宣讲，党的创新理论已普遍为全县干部群众接受、掌握、运用，党员干部政治判断力、政治领悟力、政治执行力不断提高，有力引领指导着革吉长治久安和高质量发展。

——*社会大局和谐稳定*。深入开展“反对分裂、维护稳定、促进团结”系列主题宣传活动，坚决维护政治安全、政权安全；突出“三大节日”、党的二十大等重要节庆节点，细化方案预案，责任到人、措施具体、落实到位；突出道路交通、建筑施工、危险化学品、食品药品安全、人员密集场所、特种设备等重点行业领域，深入开展联合排查整治，2022 年度未发生重特大安全生产事故；深入推进“大接访、大下访”活动，群众合法权益得到依法维护，广大居民群众的安全感不断提高。

——*经济运行平稳有序*。坚持“三个赋予一个有利于”发展要求，全面落实一揽子政策措施，最大限度降低疫情对经济社会发展的影响。全县生产总值达 9.35 亿元，同比增长 8.30%；一般公共预算

收入完成2000万元，同比增长13.57%；城乡居民人均可支配收入分别达53904元、17760元，同比增长8.20%、13%。社会消费品零售总额达1.37亿元，同比增长8.31%。实施重点建设项目66个，总投资11.08亿元，竣工项目28个，完成固定资产投资3.9亿元，招商引资1.98亿元。

——民生保障绵绵用力。坚持把就业作为最大的民生，开展农牧民技能培训11期525人，转移就业3298人次，创收3528.99万元；坚持教育优先发展，全面兑现教育“三包”资金、营养餐资金842.21万元；大力开展健康教育“五进”宣讲活动，完成城乡居民、在编僧尼免费健康体检12541人；开展三房管理专项整治，排查房屋1047套，腾退违规占用房屋60套；全面推进社会保障事业，投资130万元建成特困人员集中供养服务中心消防安全设施项目；持续加强社会保险扩面工作，社保参保率达100%；农村特困人员供养83人、分散孤儿供养5人，及时足额兑现供养资金，人民群众获得感、满意度持续提升。

——联创工作扎实有序。坚持以“铸牢中华民族共同体意识”为主线，以开展民族团结进步创建“九进”为载体，聚焦“四大工程”“六项行动”，深入开展民族团结主题竞赛、文艺表演、专题课程、宣传活动等411场次，先后组织67人到兄弟省（市）进行交流；扎实推进民族团结进步模范集体和个人推荐评选活动，革吉县委、县政府、盐湖乡扎西曲林寺被评为西藏自治区民族团结进步模范集体，疾控中心医师贡嘎次珍、文布当桑乡个体户朱永华被评为自治区级模范个人，民族团结进步呈现新气象。

——宗教事务依法管理。坚持“五个有利于”标准，常态化推进“遵行四条标准 争做先进僧尼”教育实践活动，在宗教界深入开展“国家意识、公民意识、法治意识”教育，严格落实“三个不增加”和宗教活动“三项要求”，完善县级领导包寺庙和联系僧人、联系宗教界代表人士等18项制度，将社会流动从事宗教服务人员依法纳入社会综治管理，逐人建立档案，依法管理宗教事务的能力和水平不断提高。

——疫情防控有力有效。面对突如其来的疫情冲击，我们全面贯彻党中央“疫情要防住、经济要稳住、发展要安全”重要要求，先后完成新冠疫苗（一二三剂）接种44510剂次，牢牢筑起全民免疫防线；加强重大疫情防控救治体系和卫生应急能力建设，围绕核酸采样、消毒消杀、流调溯源开展集中培训8轮，培养出一支支能力过硬、素质过硬、关键时候冲得上、打得赢的优秀志愿者队伍；坚持“人、物、环境”同防和多病共防原则，先后投入1251.54万元保障疫情防控工作开展，做到早发现、早治疗、早康复；疫情期间，2800余名干部群众积极响应号召，逆势出征，义无反顾投入到疫情防控一线，把危险和辛苦留给自己，全力守护了革吉人民的健康和安全。

——生态环境保持优良。坚持深学笃用习近平生态文明思想，扎实推进山水林田湖草沙冰一体化保护和系统治理，严格落实建设项目环评审批工作要求，未发生“未批先建”情况；大力开展环境监察执法，定期对生活垃圾填埋场地下水质和土壤进行监测，督促各建设工地洒水降尘、覆盖防尘网抑尘；继续实施植树造林和国土绿化行动，种植班公柳1.3万余株，种花20余亩，绿化面积达200余亩；持续推进生态文明建设示范县创建工作，4乡1镇和18个村居创建资料已报送待审。扎实推进中央第二轮环保督察反馈问题整改，中央环保督察组移交的2件信访投诉案件全部办结。

——文化事业持续推进。始终把管好“脑子”摆在更加突出位置，建立健全长效工作机制，实施目标责任书管理制度，压实意识形态工作责任；实施县民族艺术团排练场所建设项目，加强重点文物、非物质文化遗产的保护和利用，完善县乡村三级公共文化服务体系；扎实推进文明城市创建，充分发挥新时代文明实践中心（所、站）、牧家书屋、文化广场等基层宣传文化阵地作用，广泛发动文明实践志愿者，深入开展文艺演出、医疗送诊、帮困帮扶、文体竞赛等志愿服务活动、文体惠民活动，鼓励和扶持文艺创作，打造了一批惠民文艺精品。

——党的建设不断加强。认真履行全面从严治党主体责任，严格执行民主集中制，大力整顿软弱涣散基层党组织，清理涉及干部切身利益的“土政策”，完善干部职工休假政策；坚持新时期好干部标准和民族地区干部“四个特别”政治标准，提拔使用干部46名，进一步使用15名，晋升职级48名；深入推进改进作风狠抓落实工作，开展作风领域专项监督38次，发现反馈问题60余条，约谈4次37人次；坚定不移推进反腐败斗争，处置问题线索53件，立案9件11人，给予党纪政务处分15人；加强政治体检和政治监督，开展政治巡察2轮，党风政风、工作作风明显好转；始终支持和保障人大、政协、法检“两院”、纪委和群团组织发挥职能作用，社会主义民主法治不断加强。

同志们，过去一年，我们的各项工作取得了明显成效，这些成绩的取得，是习近平新时代中国特色社会主义思想和习近平总书记关于治边稳藏重要指示正确指引的结果，是区党委、政府英明决策和地委、行署坚强领导的结果，是县委、政府团结带领各族干部群众以巨大的政治勇气和强烈的责任担当脚踏实地一步一个脚印奋斗的结果，同样也是中国联通公司无私援助和社会各界大力支持的结果，是全县各族干部群众一道拼出来、干出来、奋斗出来的。在此，我代表县委、政府向在座各位以及奋战在全县各个领域、各条战线上的同志们和关心、支持革吉事业发展的社会各界人士表示最诚挚的谢意并致以崇高的敬意！

在充分肯定成绩的同时，必须清醒看到，我们的工作还存在一些短板和不足，面临不少困难和问题。主要有：社会大局稳中有变数、稳中有风险、稳中有隐患，十四世达赖和达赖集团分裂祖国的图谋从未放弃，安定团结的大好局面之下暗流涌动；县级财力薄弱，税源培植难度大，财政收入乏力；基础设施建设滞后，牧区基础设施历史欠账较多，公共服务水平还相对偏低，水利、电网和网络等基础设施还有待完善；县域自然资源匮乏，可以规划、设计、包装的产业项目少，“十四五”规划项目和新实施的巩固、衔接项目大多依托于原有传统牧业项目，招商引资难；产业发展资源匮乏，产业项目大多还处于初级发展阶段，缺乏资金和技术支持，产业品牌杂而不响，销售渠道狭窄，局限于县域范围固定市场，对外销售的物流压力大；人才资源禀赋不足，受各种条件限制，吸引区外人才难、留住高质量人才难、培养本土运营管理人才更难，缺乏高技能产业工人和中高级经营管理人才，严重制约着县域经济社会发展。对此，我们必须高度重视，认真加以解决。

二、精准把握关于经济形势的科学判断，在革吉高质量发展道路上坚定不移迈出披荆斩棘奋勇前进的昂扬步伐

在全党全军全国各族人民迈上全面建设社会主义现代化国家新征程、向第二个百年奋斗目标进军的关键时刻，举世瞩目的中国共产党第二十次全国代表大会胜利召开，习近平总书记代表第十九届中央委员会向大会作报告，报告站位高远、主题鲜明、思想深邃、博大精深，深刻总结了过去5年和新时代10年的伟大变革，开辟了马克思主义中国化时代化新境界，明确了当代中国共产党人的历史责任、新时代新征程中国共产党的使命任务、加快建设社会主义现代化强国的方法和路径，具有很强的政治性、思想性、理论性，是指导建设社会主义现代化强国的纲领性文献，对鼓舞和动员全党全军全国各族人民坚持和发展中国特色社会主义、全面建设社会主义现代化国家、全面推进中华民族伟大复兴具有重大意义。

自治区党委十届三次全会，充分肯定了第十次党代会以来，自治区党委常委会总揽全局、协调各方，带领全区各族人民取得的一系列优异成绩。王君正书记在全会上的讲话，紧紧围绕学习贯彻党的二十大精神，确定了全面建设社会主义现代化新西藏的总体要求，聚焦“四件大事”“四个创建”，聚焦改善民生、凝聚人心，着眼夯实组织保障、作风保障，指明了以中国式现代化全面推进中华民族伟大复兴西藏篇章的前进方向。

在贯彻党的二十大精神开局起步、实施“十四五”规划承上启下的关键时刻，中央经济工作会议召开，习近平总书记发表的重要讲话，站位两个大局、统揽发展全局，领航定向、内涵丰富，全面总结2022年经济工作和新时代十年的伟大变革，深刻分析当前国内外形势，系统部署今年经济工作，为我们做好当前和今后一个时期的经济工作指明了前进方向、提供了根本遵循。区党委经济工作

会议，客观总结了过去一年应对超预期因素冲击、“四个创建”全面起势、全区发展呈现出“五稳五增长”良好态势这一喜人成绩，明确了今年作为狠抓投资落实年的总体要求、预期目标、重点任务、关键举措和政策取向，是结合西藏实际对党的二十大精神、中央经济工作会议的全面阐释、全面解读、全面贯彻，为推进西藏长治久安和高质量发展不断开创新局面打下了坚实基础。地委经济工作会议，全面贯彻落实党的二十大、党中央、区党委经济工作会议精神，结合阿里实际，分析研判形势，理思路、明措施、定目标，科学制定了全地区高质量发展的目标、任务、举措，系统回答了今年推进阿里地区经济工作的一系列现实问题和实践问题，是全地区围绕地委“12114”工作思路、接续推进“四个争”、全面推进高质量发展的任务书和路线图。

全县各级各部门必须站在全面建设社会主义现代化国家、实现中华民族伟大复兴和全面贯彻新时代党的治藏方略的高度，深入学习贯彻党的二十大、中央经济工作会议、区党委十届三次全会、区党委和地委经济工作会议精神，深刻领悟“两个确立”的决定性意义，增强“四个意识”、坚定“四个自信”、做到“两个维护”，不断提高政治判断力、政治领悟力、政治执行力，切实把思想和行动统一到习近平总书记的重要讲话精神上来，把智慧力量凝聚到党中央、区党委和地委明确的战略决策和目标任务上来，努力办好“四件大事”、全力推进“四个争”，为建设雪域高原“西部明珠”、全面建设社会主义现代化国家开好局起好步贡献革吉力量。

三、切实盯紧高质量发展的阶段性任务，在社会主义现代化新革吉建设中努力实现质的有效提升和量的合理增长

2023 年，是全面贯彻落实党的二十大精神的开局之年，是“十四五”规划中期调整的关键之年，也是自治区确定的狠抓投资落实年，做好今年经济工作的总体要求是：坚持以习近平新时代中国特色社会主义思想为指导，全面贯彻落实党的二十大精神和中央经济工作会议精神、中央“七次会”精神，深入贯彻落实习近平总书记关于西藏工作的重要指示和新时代党的治藏方略，贯彻落实自治区第十次党代会、区党委十届三次全会、区党委经济工作会议、地委经济工作会议精神，坚持稳中求进工作总基调，完整准确全面贯彻新发展理念，服务融入新发展格局，着力推动高质量发展，聚焦“四件大事”聚力“四个创建”，按照“12114”工作思路，更好统筹疫情防控和经济社会发展，更好统筹发展和安全，抓住用好重大机遇，全面提振市场信心，突出做好稳增长、稳就业、稳物价工作，有效防范化解重大风险，保持社会大局稳定，推动经济运行实现质的有效提升和量的合理增长，为建设雪域高原“西部明珠”、社会主义现代化新阿里贡献革吉力量。

今年经济工作的主要预期目标是：全县生产总值增长 8.7%，城乡居民人均可支配收入分别增长 8.7%、13.9%，社会固定资产投资增长 13%，社会消费品零售总额增长 13.6%，一般公共预算收入增长 5%，居民消费价格指数控制在 3% 以内，城镇调查失业率控制在 5% 以内，招商引资完成 8000 万元。

聚焦“四件大事”“四个确保”，聚力“四个创建”“四个争”，努力开创新时代长治久安和高质量发展新局面，我们要重点抓好以下 11 个方面工作。

（一）牢固树立总体国家安全观。国家安全是民族复兴的根基，社会稳定是国家强盛的前提。没有团结和谐的社会环境，一切工作都无从谈起。必须树牢总体国家安全观，坚定坚决维护国家安全和社会稳定，谋长久之策、行固本之举，确保国家安全、社会稳定、人民幸福。一要增强维护稳定的政治意识。我们必须增强忧患意识，坚持底线思维，做到居安思危、未雨绸缪。要始终把维护革吉社会稳定作为促进边疆治理、维护国家利益的重大政治任务和艰巨历史使命，准确把握西藏“五期叠加”阶段性特征，牢固树立稳定压倒一切的思想，坚持警钟长鸣、警惕常在，坚定党员干部政治立场，做到思想上不放松、精神上不懈怠，用坚守好岗位、履行好职责的实际行动拥护“两个确立”、检验“两个维护”，切实打牢维护稳定的思想基础。二要坚决维护国家政治安全。政治安全是国家安全的根本。要充分认清做好新形势下国家安全工作的极端重

要性，强化政治担当、使命担当、责任担当，增强斗争精神和斗争本领，全面把握反分裂、反渗透、反自焚、反暴恐等专项斗争面临的形势任务和阶段性特征，深入开展“断血”、断勾连等专项行动，严密防范和依法坚决打击各种渗透分裂破坏活动，牢牢掌握反分裂斗争主动权。要着眼应对十四世达赖去世转世可能出现的各种情况，突出实战导向、实用原则，进一步健全完善预案体系和力量布局，做到宁可备而不用、不可用而无备。三要全面提升社会治理水平。推进治理体系和治理能力现代化，是关系党和国家事业兴旺发达、社会长治久安、人民幸福安康的重大问题。面对疫情暴露出的县域社会治理体系和社会治理能力方面的短板和不足，务必深刻汲取教训，举一反三，查漏补缺。要积极推进重大事项社会稳定风险评估机制，努力降低社会稳定风险。要完善网格化管理体系，健全群防群治工作机制，把维稳工作做在日常、做在基层。要盯紧重点人员、重要节点、重要环节，发挥“雪亮工程”和综治信息化平台作用，加强情报信息搜集研判，提高预测预警预防能力。要加强实战训练、演练，强化党政军警民联勤联动、联防联控，全面提升维稳力量的战斗力、应急处突的反应力和守护稳定的防御力。要持续落实信访工作联席会议制度、农民工工资保证金缴纳制度，有效推进“双拖欠”防范化解。要加强基层治理能力建设，坚持和发展新时代“枫桥经验”，健全矛盾纠纷调处体系，最大限度将矛盾解决在基层、消除在萌芽状态。要进一步统筹政法系统工作力量，聚焦新型电信网络诈骗犯罪和传统侵财犯罪、侵犯人身权犯罪，加大宣传防范、侦破打击力度，建设更高水平的平安革吉、法治革吉。四要扎实推进抵边搬迁。要坚决扛起区党委创建国家固边兴边富民行动示范区、全面建设社会主义现代化新西藏这个重大战略任务、政治任务，全力动员极高海拔地区群众向边境一线转移。要高度重视、精心谋划、统筹推进“人往边境走”，稳步实施人口向前推战略，认真落实自治区鼓励抵边安居若干优惠政策。要全力做好牧民群众抵边搬迁的服务保障工作，妥善做好搬迁人口落户安居、生产资料转运、人员转移全过程服务保障以及生产资料的妥善处置，确保按序时进度完成搬迁任务。

（二）夯实民族团结进步基础。团结稳定是福，分裂动乱是祸。要全面贯彻习近平总书记关于加强和改进民族工作的重要思想，坚定不移走中国特色解决民族问题的正确道路，全面推进民族团结进步事业。一要巩固团结奋斗的思想基础。要从民族团结进步事业取得的伟大成就、民族团结是各族人民的生命线等内容着手，深入开展党史、新中国史、改革开放史、社会主义发展史教育，深入开展西藏地方和祖国关系史教育，引导各族群众树立正确的国家观、历史观、民族观、文化观、宗教观，不断增强各族群众“五个认同”，自觉维护祖国统一和民族团结。二要铸牢中华民族共同体意识。大力实施习近平总书记关于加强和改进民族工作的重要思想入脑入心工程等“四大工程”和爱我中华“播种”行动等“六项行动”，使中华文化始终成为全县各民族的情感纽带、心灵归宿，使各民族人心归聚、精神相依。要把学校作为开展民族团结教育工作的前沿阵地，从学生抓起、从小培养，把爱国主义精神贯穿学校教育全过程，把爱我中华的种子埋入每名青少年的心灵深处。要持续推进国家通用语言文字教育教学，促进各民族群众语言相通、心灵相通、命运相通。三要深化民族团结进步“四级联创”。深入实施民族团结进步模范区创建条例和规划，推进民族团结进步创建向更大范围、更广领域、更深层次拓展。要健全完善民族团结宣传教育常态化机制，将其纳入干部教育、党员教育、社会教育各方面及学前教育、义务教育全过程。要紧紧围绕在创建全国民族团结进步模范区中争先进和“四级联创”目标任务，对照“七个一”创建标准，对表“测评指标”认真查漏补缺，及时补齐短板漏洞，巩固拓展创建成效。四要深化各民族交往交流交融。要以民族团结进步模范集体和先进个人评选为契机，拓展深化“民族团结一家亲”活动，通过混班教学、组团援藏、挂职锻炼、文化交流、经贸合作、异地就业等多种途径，促进各族群众交往交流交融、共居共学、共事共乐。

（三）坚持依法管理宗教事务。要全面贯彻落实新时代党的宗教工作理论和方针政策，坚持“五个有利于”标准，依法加强宗教事务管理，积极推进藏传佛教中国化。一要坚持党对宗教工作的全面领导。按照属地管理、分级负责的原则，完善党委领导、统战民宗部门统筹协调、寺管会和寺管干部具体管理的宗教工作协调机制，严格落实领导干部联系寺庙、联系宗教界代表人士、党委书记落实寺庙管理责任制“第一责任人”责任述职等制度，做到“导”之有方、“导”之有力、“导”之有效，牢牢掌握宗教工作主动权。二要依法加强寺庙管理。严格执行“三个不增加”的政策底线，健全完善宗教活动场所管理制度。持续推动宗教工作法制化建设，健全完善寺庙僧人入寺、学经管理、财税管理等制度，探索推进互联网宗教问题、宗教捐赠管理、未成年人入寺管理等工作，探索建立法治化、规范化、常态化管理机制，牢牢掌握寺庙管理领导权。三要推进藏传佛教中国化。宗教界要深入开展“三个意识”教育，鼓励宗教界增强自我变革意识，增强尊法学法守法用法的自觉性和主动性，推进寺庙管理在法治轨道上运行，宗教活动在法律规定的范围内开展。要继续推广普及国家通用语言文字，在宗教教职人员中确立国家通用语言文字法定母语地位。要教育引导寺庙僧人以戒为师、依法办教、从严治教，继承和弘扬藏传佛教清净庄严、朴素节俭的优良传统，继承和发扬爱国爱教、团结统一的光荣传统。四要全面加强宗教工作队伍建设。组织统战民宗领域干部认真学习马克思主义宗教观、党的宗教工作理论和方针政策，着力培养一支精通马克思主义宗教观、熟悉宗教事务、善于做群众工作的干部队伍。加强寺管会干部队伍建设，进一步配强骨干力量、建好党员队伍，为开创新时代宗教工作新局面提供力量支撑。

（四）扎实做好意识形态工作。意识形态领域是我们与达赖集团斗争的重要战场，关乎政治安全、政权安全，必须要牢牢掌握意识形态工作领导权和主动权，建设具有强大凝聚力和引领力的社会主义意识形态，不断夯实团结奋斗的思想基础。一要坚持党管意识形态原则。各级党组织要严格落实意识形态工作责任制，牢固树立“抓意识形态工作是本职、不抓是失职、抓不好是渎职”的理念，进一步增强抓意识形态工作的积极性和主动性，把好导向、守好阵地、管好队伍，切实承担起政治责任、领导责任，主动检视自身意识形态工作薄弱点，建立健全既管好“肚子”更管好“脑子”的长效机制，将意识形态工作领导权、主动权牢牢掌握在手中。二要强化思想舆论引导。坚持把学习宣传党的二十大精神、习近平总书记关于西藏工作的重要指示和新时代党的治藏方略作为壮大主流思想舆论的关键举措，充分发挥理论学习中心组、党校、宣讲团队作用，推动习近平新时代中国特色社会主义思想深入人心。要持续深入开展民族团结进步、爱国主义、反分裂斗争、新旧西藏对比、马克思主义“五观”“两论”教育和“四讲四爱”、党史学习教育以及“三个意识”群众性宣传教育活动，不断引导各族群众拥护“两个确立”、增进“五个认同”。三要推进文化自信自强。坚持以社会主义核心价值观为引领，大力实施文化惠民、文化“润边”等工程，扎实推进文明城市创建工作，不断完善县乡村三级公共文化服务体系，创新组织开展文体惠民活动，鼓励和扶持文艺创作，推出更多增强人民精神力量的优秀作品。要加快体育事业发展，不断完善全民健身基础设施，推进体育公共服务均等化。加强“扫黄打非”和文化市场监管工作，不断规范市场经营秩序。加强对重点文物、非物质文化遗产的保护和利用。四要坚决守好意识形态主阵地。坚持政治家办融媒体，坚持正能量是总要求、管得住是硬道理、保安全是基本功、用得好是真本事原则，加强融媒体中心、新闻网站、“两微一端”建设，发挥好“学习强国”平台、新时代文明实践中心（所、站）等宣传阵地作用，突出抓好学校、寺庙、网络等重点阵地，加强学校思政教育，强化文化市场执法监管，落实好网络舆情专人监测机制，严防有害信息倒灌。

（五）继续实施投资拉动战略。扩大有效投资既能弥补历史欠账，又能增强发展动能。要坚持“项目为王”理念，紧盯“十四五”确定实施的项目和中国联通2023年对口援革确定的12个项目，按照“四个一批”要求，大力实施“项目建设攻坚行动”。一要科学调整尽快优化一批。要充分抓住“十四五”规划项目中期评估调整有利契机，用好用足中央关心关怀西藏和对口支援央企倾力帮扶革吉的有利政策条件，紧盯自治区、地区重点投资方向、政策取向，靠上紧盯、专人推动、加强跑办、主动衔接，积极争取一批强基础、增功能、调结构、惠民生、利长远的重大项目纳入国家、自治区、地区规划盘子，进一步增强发展后劲。二要加快前期尽快开工一批。项目前期工作是推进重大项目建设、合理扩大有效投资的重要前提和关键环节，同样也是项目建设中最容易浪费时间、最经常做无用功的环节。各项目部门、建设部门、审批部门要建立完善项目前期工作联动机制，统筹做好项目的立项、环评、可研、规划、设计、选址、评审、招投标等保障工作。对于审批权限在革吉县的，要优化完善审批机制，提高办事效率；对纳入自治区、地区规划盘子的，要勤汇报、勤衔接、勤争取，努力争取资金和项目尽早落地，争取早开工、早建设。三要突出基建尽快补齐一批。持续聚焦交通、住房、水利、产业、城镇建设等重点领域，加快推进那布东路西路建设、农村供水提档升级、用水及供暖改造、多仁村、赛利普村桥梁建设、巴措村村容村貌提升、中小学维修改扩建等系列续建新建民生项目，进一步优化基础设施布局、结构、功能和系统集成，构建现代化基础设施体系。要积极稳妥推进县城率先发展，着力补齐城市发展短板，完善城市功能，形成有实力、有人气、有市场的特色县城。要全力推进革吉县屋顶分布式光伏建设招商引资项目，补齐能源类项目短板。四要完善机制尽快完工一批。坚持“一个项目、一名领导、一个专班、一抓到底”领导机制，坚持领导包保、专班服务、联络员跟进、清单化调度，坚持县委、政府抓法人，法人抓项目，将项目建设阶段任务和进度分解、细化、量化到具体单位和责任人。坚持一周一调度、一月一通报、一季一盘点、半年一分析、年终一考评的项目督促协调推进机制，倒排工期、挂图作战，做到冬季忙准备、夏季忙实施、年尾忙验收，切实做到一个项目一个项目抓落实，一个项目一个项目抓推进，确保按时按质完工投用。

（六）推动特色产业提质增效。产业强则经济强，产业结构优则经济发展质量高。要坚持量、质、效齐头并进，大力实施“特色产业发展行动”，优化一产、壮大二产、提升三产，加快产业结构优化升级。一要找准产业发展定位。要立足资源禀赋，因地制宜、因情施策，善于挖掘和利用我县丰富的风能光能、丰富的矿产资源等，把准经济发展规律，找准产业发展定位，深度挖掘优势资源，加大保护性开发力度，切实把资源优势更好转化为产业优势、经济优势。二要加快发展特色农牧业。要聚焦“两羊一牛”“一菜一草”，提升白绒山羊选育、良种扩繁力度，深入推进绵羊短期育肥出栏、畜产品加工、牛羊毛粗加工等特色产业，持续在推进牧业生产规模化、现代化方面下功夫，着力提升畜产品产量。坚持“立草为业、草业先行”，以文布当桑乡夏玛村为中心，扩大高原优质牧草种植规模。要抓住扩大内需这个战略基点，科学推进温室大棚苗木、蔬菜培育种植，增强县域内循环。要大力培育新型牧业经营主体，发展壮大农牧民专业合作社，健全牧业社会化服务体系。三要稳步推进绿色工业。要严守生态环境保护和安全生产双底线，稳慎推进矿产资源合理开发利用，配合做好锂、硼、镁等优势矿产资源开发前期试验，加大盐湖工业用盐、保健用盐研发力度，加快推进捌仟措、盐湖锂矿开采。要积极争取光伏、风能配套供暖项目在我县落地投产，做大经济体量、做强经济实力。四要增强产业带动作用。要进一步完善利益联结机制，不断做大规模、做强品牌、做优市场，建立产销对接机制、用工协调机制，让老百姓在产业发展中获得更多实惠，让群众的增收变得清晰可见，让群众的获得感、幸福感踏实长远。

（七）着力增强经济发展活力。中央预算内投资规划性强，扩大有效投资的潜力在社会投资，希望在民间投资。招商引资是推进发展的“源头活水”，要将其作为“一号工程”来抓，大力实施“营商环境优化行动”“招商引资突破行动”，大力提振市场信心，增强发展活力。一要简政放权精准化。坚持以人民为中心、以问题为导向、以服务为抓手，精简行政权力事项，大力压减审批程序和时限，实现“一件事一次办”。要加快构建“互联网＋政务服务”一体化行政服务平台，在更大范围内实现“一网通办”、异地可办。二要服务管理便民化。坚持放、管、服有机统一，突出事中事后监管，使监管“无事不扰”又“无处不在”，严厉打击扰乱市场秩序违法犯罪行为。要坚决守住做好服务这个本分，聚焦“痛点”“堵点”“难点”，统筹推动政府服务事项线上线下融合，不断提升政务服务标准化水平。三要优化环境抓招商。牢固树立“开明重于精明”“服务重于资源”理念，着力打造务实高效的政务环境、优质便利的投资环境、公平有序的市场环境，加快建设诚信政府、打造信用企业、培育守信公民，以营商环境的“优”促进市场主体的“活”、带动投资项目的“增”、保障经济运行和社会大局的“稳”。四要靶向发力抓招商。牢固树立“抓发展就要抓招商、抓发展必须抓招商”的鲜明导向，成立招商引资专班，深入分析革吉县功能定位、资源优势和产业基础，精准把握政策导向，围绕清洁能源、第三产业，培育一批特色鲜明、带动作用大、市场竞争力强、经济效益高的产业集群。五要“一把手”带头抓招商。党政“一把手”要高度重视招商引资工作，制定拟谈项目、在谈项目、签约项目、在建项目“四个清单”，亲自部署、亲自对接，包保推进、挂图作战，带头利用广播电视、网络媒体、短视频平台、微信公众号等形式开展宣传推介，切实把意向变成协议，把协议变成合同，把合同变成实实在在的投资，把投资变成看得见摸得着的项目，推动招商引资项目资金转化为现实生产力。

（八）深入推进乡村振兴战略。乡村振兴是“三农”工作的总抓手，是新时代建设农业强国、实现农业现代化的重大任务。要大力实施“富民增收巩固行动”，促进牧业高质高效、牧区宜居宜业、牧民富裕富足。一要持续巩固脱贫攻坚成果。坚持“四个不摘”，严格落实防返贫动态监测和帮扶机制，有效解决因病、学、疫、灾等因素造成的紧迫性临时性困难。要扎实推进扶贫产业提档升级行动，统筹推进易地搬迁后续产业就业、公共设施和公共服务体系建设，坚决守住不发生规模性返贫底线。二要坚决确保粮食安全。实行粮食安全党政同责，严守草场红线，坚决遏制草场非牧化。大力实施种业提升工程，加快牦牛、白绒山羊等生物育种，持续提高牲畜良种覆盖率。保质保量完成县级粮食储备任务。三要推动产业提档升级。围绕产业兴旺，大力发展乡村富民产业，推动养殖、种植业快速发展，大力推进畜产品精细化加工，打通现代畜牧业融合链条。要大力培育扶持一批懂经营、有技术、带动能力强、辐射范围广的新型牧业经营主体。要发挥好县级产业指导员作用，加强深层次分析和研究，补齐技术、设施、管理、营销等方面短板，提升产业效益。四要扎实推进乡村建设行动。以农村人居环境整治提升为抓手，健全完善乡村生活垃圾收集转运处理机制，支持鼓励牧民群众在房前屋后、村（社区）活动场所周围植树种草，持续改善乡村面貌，大力营造生态宜居的良好环境，绘就乡村振兴靓丽底色。五要提高乡村治理水平。支持和保障村民委员会依照法律和村民自治章程开展工作，强化村规民约执行落实。加强法律知识普及宣传和村（社区）法律服务供给，推进乡村依法行政。深入开展“树立农牧民新风貌”行动和“五星文明户”评选活动，推进群众性精神文明创建，培育文明乡风、良好家风、淳朴民风。

（九）不断改善民生凝聚人心。治国有常，利民为本。为民造福是立党为公、执政为民的本质要求。必须坚持在发展中保障和改善民生，大力实施“民生实事落实行动”，办好自治区 21 项民生实事，实现人民对美好生活的向往。一要办好就业创业民生实事。强化就业优先政策，着力完善就业创业服务体系，坚持市场化就业方向，发挥援藏优势，依托羌堆村改建公路项目、捌仟措系列工程建设项目、羌麦村示范村巩固提升建设项目等投资大、带动性强的重大项目，严格落实用工占比要求，鼓励本地群众积极参与项目建设、主动增收致富。要扎实做好高校毕业生就业创业工作，全面落实农牧民技能培训、房租、水电费优惠等就业帮扶、创业优惠政策，大力支持农牧民、大学生和退伍军人返乡创业，实现高校毕业生初次就业率 100%。二要办好教育事业民生实事。提高教育“三包”标准，健全经费投入倾斜、教师长效激励、乡村教师下派扶持等制度机制。落实好 15 年公费教育政策，推动学前教育普及普惠健康发展，促进义务教育优质均衡发展，推动“双减”工作落实落地。要健全校园预警和应急处置机制，提高师生安全意识和防范能力。要持续加强“控辍保学”工作力度，全方位提升办学水平。三要办好健康革吉民生实事。要普及健康生活、优化健康服务、完善健康保障、发展健康产业，深化“三医”改革，大力推进县域综合医改工作，完善县乡村三级医疗卫生服务体系，提升县域基本公共卫生服务水平。用好医疗人才“组团式”援藏，加快培养一支乡土医疗卫生人才队伍。要持续扩大藏医预防保健服务覆盖面，提高藏医药服务能力。要加强重大疫病防控救治体系和应急能力建设，因时因势优化疫情防控措施，更加科学、精准、高效做好疫情防控，重点抓好老年人和患基础疾病群体的防控，把工作重心从“防传染”转向“保健康、防重症”。四要办好文化事业民生实事。坚持文化铸魂、文化育人、文化惠民，完善公共文化服务体系，统筹用好文化活动中心、乡镇综合文化站、村（居）活动场所、农家书屋、新华书店等基层公共文化服务设施，提高覆盖面和使用率。要深入推进文化惠民和文化“润边”工程，广泛开展“深入生活、扎根人民”主题实践活动，大力实施群众性精神文明创建。要传承和弘扬优秀传统文化，加强对重点文物的保护和利用，把文化资源优势转化为经济发展优势。五要办好社会保障民生实事。健全覆盖全民、统筹城乡、公平统一、安全规范、可持续的多层次社会保障体系，健全基本养老、医疗、失业、工伤、生育等保险制度，严格按照自治区标准，第一时间落实城乡居民基本医疗、基本养老保险、最低生活保障等提标政策，健全重特大疾病医疗保险和救助制度，落实牧区留守儿童、老年人关爱服务工作，做好军人军属、退役军人和其他优抚对象优待抚恤工作，全方位提升社会保障水平。六要办好安全生产民生实事。坚持“党政同责、一岗双责、齐抓共管、失职追责”，按照安全第一、预防为主原则，突出道路交通、消防安全、建筑施工、食品药品、危化品等重点领域以及学校、超市、寺庙、朗玛厅等重点场所，加强宣传教育和监督管理，强化安全隐患排查治理，做到早发现、早处理、早整改，坚决防止重大事故发生。七要及时解决民生热点问题。要始终践行以人民为中心的发展思想，自觉站在人民立场想问题、作决策，把群众身边的小事当作党委、政府的大事来抓，多谋民生之策、多办利民之事，着力解决民生热点难点问题，切实办好就业、教育、社保、医疗、住房、交通、饮水等民生实事，一件一件持之以恒地抓落实。领导干部要始终把人民放在心中最高位置，自觉与群众想在一起、坐在一起、干在一起，扎实开展调查研究，听民声、察民情、解民忧。

（十）加强生态文明高地建设。保护好青藏高原生态就是对中华民族生存和发展的最大贡献。必须坚决贯彻习近平生态文明思想，牢固树立“两山”理念，聚力“四乡一镇”及18个村（社区）生态文明创建，大力实施“生态环境保护行动”，努力创建自治区级生态文明建设示范县。一要坚持绿色发展理念。正确把握生态安全和发展安全、经济建设和生态文明建设、生态文明建设和社会建设、继承传统和创新发展的关系，坚定不移走生态优先、绿色发展之路，实行最严格的生态保护政策，严守生态保护红线。坚持“三高”企业和项目零审批、零引进，绝不以牺牲生态环境为代价发展经济。二要全面推进生态保护修复。要坚持山水林田湖草沙冰综合治理、系统治理、源头治理，加快推进水土流失综合治理、水源涵养、河湖治理修复及地质灾害综合治理。要深入实施狮泉河流域造林绿化、防沙治沙等重点工程，持续开展国土绿化行动，加快文布当桑乡苗圃基地育苗工作进度，聚焦以往绿化区域，加强补栽补种，突出精细化管护，着力提高绿化密度、巩固绿化成果。重拳整治环境违法违规突出问题，保护原生态的地质地貌、珍稀野生动植物资源，建设好生态安全屏障。三要打好污染防治攻坚战。坚持精准治污、科学治污、依法治污，深入开展大气、水、土壤污染防治行动，确保县城空气良好天数达到98%以上，主要河流、湖泊水质全部达到或优于Ⅲ类标准，集中式饮用水源水质达标率100%。要把污染防治同人居环境整治结合起来，抓好厕所革命、污水处理、村容村貌整治、乱挂经幡治理，动员群众积极参与清洁、绿化、管护等治理工作，健全乡村基础设施和公共服务设施管护长效机制。四要全面完善生态制度体系。健全资源有偿使用和生态保护修复制度，严格草场资源征占用、自然保护区设施修筑审批制度，全面实施河（湖）长制、林长制，切实保护好江河源和“亚洲水塔”。严格落实草原生态效益补偿机制，实现草畜平衡，保护草原生态。巩固提升中央环保督察反馈问题整改成果。严格执行领导干部自然资源资产离任（任中）审计规定，实行最严格的生态保护考核问责。

（十一）坚定不移全面从严治党。从严治党，关键在从严治吏。政治路线确定后，干部就是决定的因素。要认真落实新时代党的建设总要求和党的组织路线，坚持党管干部原则，把新时代好干部标准落到实处，努力建设一支忠诚干净担当的干部人才队伍，为全面建设社会主义现代化新革吉提供坚强组织保障。一要树立正确选人用人导向。要旗帜鲜明地贯彻落实新时代好干部标准和民族地区干部“四个特别”政治标准，树立凭能力用干部、以实绩论英雄的鲜明导向，大胆启用政治上过硬的明白人，善于贯彻党的路线方针政策的实干家，制度执行和治理能力强的能干者，胸襟宽阔、眼界宽阔、思路宽阔的开拓者，埋头苦干、踏实肯干、真抓实干的老实人，真正把想干事、能干事、干成事的选出来、用起来，切实培养忠诚干净担当的高素质专业化干部队伍。二要加大干部人才培养力度。坚持“育、引、用、留”并重，把大力发现、培养、选拔优秀干部人才作为重中之重，由偏重“选”向统筹“育”转变。要结合即将在全党开展的主题教育，加强党员干部理想信念教育，自觉做共产主义远大理想和中国特色社会主义共同理想的坚定信仰者和忠实实践者。要把各乡镇、各单位的工作岗位作为年轻干部锻炼成长的最直接最有效平台，通过脱产培训、以老带新、师傅带徒弟等方式，努力化解干部能力不足的问题，帮助新任职、新到岗干部尽快成长为维护和谐稳定、促进经济发展、保护生态环境、增进民族团结的行家里手。抓好后继有人这个根本大计，越是有培养前途的年轻干部，越要放到艰苦环境、基层一线、斗争前沿去磨炼意志、经受锻炼、提高能力，激发他们的创造活力和聪明才智，尽快成长为能挑大梁的优秀人才。三要优化选人用人工作机制。要进一步建立完善激励优秀人才脱颖而出的工作机制，不断完善有利于干部人才成长成才的制度环境，使干部人才各尽其能、人尽其才，让优秀干部看到“上”的希望。要全面落实领导干部能上能下规定，让不作为不干事的感受到“下”的压力。要以正确用人导向引领干事创业导向，让有为者有位、吃苦者吃香、实干者得实惠，绝不能让投机者得到好处。要理直气壮支持担当作为的干部，实施正负面“两张清单”，做到严管和厚爱相结合、激励和约束并重，形成组织为干部担当、干部为事业担当的良好氛围。四要加大干部监督管理力度。要完善从严监督管理干部的有效机制，坚持教育为先、警示为先、预防为先，将党性教育、廉政教育、价值观教育融入到干部日常工作学习中，严格落实党员干部谈心谈话、民主生活会、组织生活会等组织生活制度，持续延伸监管视线，把工作圈、生活圈和社交圈衔接起来，加强对干部全方位管理和经常性监督，让干部习惯在受监督和约束的环境中工作成长。五要坚决打赢反腐败斗争攻坚战持久战。腐败是危害党的生命力和战斗力的最大毒瘤，反腐败是最彻底的自我革命。要加强纪检监察机关干部政治教育、党性教育、能力教育，不断夯实推进全面从严治党的力量基础。要全面学习贯彻二十届中央纪委二次全会精神，准确把握形势，全面聚焦重点，用好“四种形态”，抓早抓小、惩前毖后、防微杜渐。坚持不敢腐、不能腐、不想腐一体推进，同时发力、同向发力、综合发力，严查政治问题和经济问题相互交织的腐败案件，坚决惩治群众身边的“蝇贪”，不断巩固反腐败斗争压倒性胜利。要结合巡察工作重点，加强对各级领导干部特别是“一把手”的监督，对权力集中、资金密集、资源富集的重点部门和关键岗位干部的监督，形成监督合力，提升监督实效，不断增强领导干部自我净化、自我完善、自我革新、自我提高能力。继续执行好提醒函询诫勉、个人事项报告和抽查核实等制度，使制度成为硬约束，筑牢党员领导干部拒腐防变防线。

四、坚持加强党对经济工作的全面领导，以求真务实精神为推动县委经济工作会议决策部署落地见效提供坚强保障

（一）加强党对经济工作的领导，要提高党管经济工作的能力和水平。党的二十大深刻阐述了前进道路上必须牢牢把握的五条重大原则，第一条就是“坚持和加强党的全面领导”。推动经济高质量发展，必须深入学习党的二十大精神，深刻领会习近平经济思想核心要义、精神实质、丰富内涵和实践要求，提高党委把方向管大局做决策保落实的能力，自觉把革吉放到全区乃至全国大局中来考量，找准服务融入新发展格局的战略定位和突破口、切入点，增强经济工作的大局观、前瞻性和预见性，提高领导经济工作的专业化能力，成为抓经济工作的行家里手。

（二）加强党对经济工作的领导，要牢固树立求真务实的工作理念。抓经济工作，靠的是实实在在的工作措施抓落实，来不得半点花架子，必须求真务实、真抓实干。广大党员干部要树立正确的政绩观，自觉站稳人民立场，坚持高质量发展“三个赋予、一个有利于”要求，切实把心思放到干事创业上来，坚持实字当头、干字为先，为党分忧、为党担责、为党尽责，敢于扛事、扛得起事，遇到重大风险挑战、重大工作困难、重大矛盾斗争，要第一时间研究、拿出方案、推动工作，以真抓实干的具体行动推动全会确定的目标任务落到实处。

（三）加强党对经济工作的领导，要进一步改进作风狠抓落实。各级各部门和广大党员干部要树立“踏石留印、抓铁有痕、一抓到底”的理念，发扬斗争精神、增强斗争本领，养成“马上就办，办就办好”的工作习惯，形成事不过夜、案无积卷的工作作风。坚持目标导向、问题导向、结果导向，对搞“数字政绩”“虚假政绩”、蒙蔽群众、欺骗上级的，严肃查处、决不姑息。同一切不良作风作斗争，以实事求是的态度和一抓到底的决心，深入推进改进作风、狠抓落实工作，确保党中央、区党委决策部署和地委、县委工作要求落实落细、见到实效。

同志们，让我们更加紧密地团结在以习近平同志为核心的党中央周围，高举中国特色社会主义伟大旗帜，坚持以习近平新时代中国特色社会主义思想为指导，全面贯彻落实党的二十大和区党委十届三次全会以及三级经济工作会议精神，只要我们脚踏实地、求真务实，改进作风、团结奋斗，就一定能够把建设社会主义现代化新革吉的宏伟目标变为美好现实。

革吉县人民代表大会常务委员会工作报告

——在革吉县第十三届人民代表大会第四次会议上

革吉县人大常委会主任 才旺仁增

（2023 年 3 月 20 日）

过去一年的主要工作

过去一年，是革吉县发展进程中极不平凡的一年。我们不辱使命，稳经济、保民生，取得了疫情防控攻坚战的重大胜利。过去一年，革吉县人大常委会在革吉县委的坚强领导下，在县政府、政协的有力支持下，坚持以习近平新时代中国特色社会主义思想为指导，深入贯彻党的十九大、二十大精神，深入学习中央人大工作会议精神，深刻领会自治区第十次党代会、区党委十届三次全会精神，坚决捍卫“两个确立”，增强“四个意识”、坚定“四个自信”、做到“两个维护”，坚定扛起新时代人大政治责任和历史使命，各项工作稳中有进。一年来，共举行人民代表大会 2 次，召开常委会议 9 次，党组会议 11 次，主任会议 4 次；听取和审议专项工作报告 3 次，作出决议、决定 6 项；补选县人大代表 6 名；依法任免国家机关工作人员 12 人次。

一、坚持党对人大工作的全面领导，坚定践行“两个维护”

坚持把党的全面领导作为最高政治原则，始终把政治建设摆在首位，确保人大工作正确政治方向。

（一）着力提高政治站位。坚持以习近平新时代中国特色社会主义思想为指导，始终把学习贯彻党的二十大精神和习近平总书记重要讲话、重要指示批示精神作为第一议题，常委会通过常委会会议、党组会、理论学习中心组、支部等方式加强学习、深刻领悟党的二十大对全面建设社会主义现代化国家作出的战略部署，深入学习领会自治区第十次党代会、区党委十届三次全会精神，特别是全面贯彻落实中央、区地县人大工作会议精神、自治区“两会”精神，确保在思想上政治上行动上同以习近平同志为核心的党中央保持高度一致。

（二）自觉接受县委领导。坚持人大各项工作始终在党的领导下进行，做到人大工作与县委中心工作方向一致、目标一致、步调一致。严格执行请示报告制度，全年就重要会议、重要工作、重大事项等向县委请示报告 4 次。坚持党管干部原则和人大依法任免相统一，就重要人事任免召开常委会议 3 次，通过法定程序圆满实现了县委人事安排意图，确保中央、自治区、地区重大决策和县委安排部署在人大工作中得到全面贯彻和有效执行。

（三）全面加强党的建设。把坚持党的全面领导体现到人大工作全过程各方面，提升党组会的权威性和严肃性，全年组织召开 11 次党组会议研究部署贯彻落实中央、区党委、地委和县委的方针政策和决策部署，统筹谋划机关党建工作，落实意识形态工作责任制，切实发挥党组在人大工作中把方向、管大局、保落实的作用。严肃党内生活，按时召开民主生活会和组织生活会，开展民主评议党员，落实好“三会一课”制度，加强党员教育管理，深入开展常态化党史学习教育，牢牢把握“三个意识”教育的重点任务，持续提升机关党建工作质量和水平，充分发挥党支部战斗堡垒作用和党员先锋模范作用。

（四）履行全面从严治党主体责任。将全面从严治党和党风廉政建设列入人大党组重要议事日程，严格落实党组全面从严治党主体责任、党组书记“第一责任人”责任和班子成员“一岗双责”责任，切实落实中央八项规定及其实施细则精神，持之以恒纠“四风”，不断完善惩防体系建设，持续推动管党治党从严从紧。坚持民主集中制和“三重一大”集体决策，加强思想教育，严明党的纪律，签订责任书，完善廉政风险点防控机制，召开党风廉政建设和反腐败工作会议 4 次、集体谈话会 1 次。

（五）规范提升基层工作。认真遵循习近平总书记在中央人大工作会议上的重要讲话精神和坚持和完善人民代表大会制度的重要思想，全面落实自治区人大、人大阿里地工委各项部署要求，立足新定位，着眼新目标，研究新举措，制定出台《革吉县人大常委会关于加强和改进新时代人大代表工作实施方案》。加强乡镇人大能力建设，定期听取乡镇人大主席述职述廉，开展满意度测评，组织乡镇人大主席、人大代表开展代表任职培训、专题辅导，积极选派县、乡两级人大代表开展履职培训和交流学习。一年来，共培训 246 人次，其中：组织代表培训 2 场次 151 人；组织代表赴直属库红色爱国教育基地交流学习 1 次 95 人，赴拉萨、山南考察学习 1 次 10 人；进一步优化工作思路，创新工作方法，形成了各级人大齐抓共管的良好工作格局。

二、积极融入县委中心工作，展现人大担当作为

紧扣县委中心工作，发挥人大代表优势，认真履行职责，主动担当作为，积极助力全县经济社会高质量发展。

（一）奋力打赢我县疫情防控攻坚战。积极响应区党委、地委、县委对疫情防控工作的决策部署，常委会迅速响应、率先垂范，机关党员、人大干部、各级人大代表积极响应，深入防控一线，在县城网格片区、乡镇村组疫情防控的各个地方、各个岗位，充分展现人大形象，以实际行动践行人大使命担当，发挥人大积极作用。整整 4 个月，135 名人大代表与广大干部群众并肩作战，齐心协力确保打赢我县疫情防控攻坚战。

（二）坚决扛起维稳责任，夯实社会和谐稳定基础。常委会始终把维护国家安全和社会稳定作为第一政治任务，定期研究维稳工作。人大主要领导积极落实维稳第一责任人责任，定期部署值班带班、信访、矛盾纠纷排查调处、安全生产等工作，班子成员在每年 3 月、重大节日节点时，积极落实落细县委各项维稳措施，深入乡镇村居进行“蹲点包乡”、督导检查等。

（三）巩固提升脱贫成果，有效衔接乡村振兴。人大常委会认真落实《西藏自治区乡村振兴促进条例》，多次赴帮扶联系点开展督导，全年听取审议我县脱贫攻坚同乡村振兴有效衔接工作情况专项报告 2 次，组织代表开展脱贫攻坚产业发展、农牧民增收、生态环保情况等方面工作调研 3 次，形成调研报告 2 份，反馈意见建议 3 条。

（四）加强民族团结，铸牢中华民族共同体意识。常委会以推动落实《西藏自治区民族团结进步模范区创建条例》为抓手，以县人大系统民族团结“六个一”活动为载体，广泛开展民族团结进步宣传教育，积极配合推进革吉模范县创建各项工作。一年来，开展法规政策教育宣讲培训 3 场次 200 人，开展“今天请你到我家来做客”民族团结联谊活动 6 场次 145 人，赴乡镇督导检查 1 次。

三、实行正确监督、有效监督、依法监督，推动落实县委重大决策和部署要求

围绕中心大局、突出社会关切，依法行使监督职权，有效保证县委重大决策和部署要求贯彻落实，推动法律法规得到全面有效实施，促进“一府两院”依法行政、公正司法。全年开展执法检查 13 次，专题调研 10 次，形成调研报告 6 份。

（一）加强经济运行监督。着眼推动高质量发展，听取审议了革吉县 2021 年国民经济和社会发展计划执行情况与 2022 年国民经济和社会发展计划期间财政预算执行情况和“十四五”发展规划的决议等。每半年听取审议县政府工作报告，国民经济和社会发展计划执行情况、财政预算执行情况的报告等。围绕全县重点项目、重点民生、乡村振兴产业、国有资产监管等提出意见建议，助力经济社会持续

健康发展。开展“加强和改进新时代人大预算决算审查监督和国有资产监督”专题调研1次，提出意见建议12条。

（二）加强民生保障监督。常委会高度重视《中华人民共和国民法典》《中华人民共和国义务教育法》《中华人民共和国食品安全法》《中华人民共和国环境保护法》等法律的监督检查，全年开展执法检查和调研3次。同时，我们定期对县民生基础设施、民族宗教、控辍保学、医疗卫生等群众反映比较集中的热点、难点问题开展代表监督，更好地体现人民意志。

（三）加强生态环保监督。助力美丽革吉建设，宣传推动落实《西藏自治区生态文明高地建设条例》，全年听取审议县生态环境保护工作情况2次，形成审议报告。配合人大阿里地工委调研《中华人民共和国大气污染防治法》贯彻实施情况。开展人大代表环保主题日活动，对城镇环境卫生情况进行监督检查。按时完成县级“河湖长制”“林草长制”督导任务，促进落实环保责任，推动绿色发展。

（四）加强司法工作监督。提升法治革吉建设成效，经常性督促司法机关加强法律宣传，开展法检两院专题调研1次，全力营造和谐稳定法治环境。听取县法检两院民事行政执法工作报告2次，监督检查2次。组织宪法宣誓45人次，不断增强国家机关工作人员宪法意识、公仆意识、责任意识和法治观念。备案审查工作制度化、规范化水平不断提升。

四、支持和保障人大代表依法履职，不断发展全过程人民民主

尊重代表主体地位，践行全过程人民民主，密切联系代表和群众，确保在各个环节都能听到来自人民的声音。

（一）县十三届人大三次会议胜利召开。常委会坚定不移贯彻区党委、地委、县委的决策部署，于2022年12月12日胜利召开了革吉县第十三届人民代表大会第三次会议，圆满完成会议各项议程，选举产生出席自治区第十二届人民代表大会革吉选区代表5名和革吉县人民政府副县长3名。

（二）落实“双联系”制度，密切代表和群众的联系。认真落实常委会组成人员联系代表、代表联系群众的“双联系”工作制度，强化人大代表的履职监督意识，认真辅导怎样审议“一府两院”工作报告，如何提出代表议案或意见建议，怎样提高代表意见建议质量，引导代表参政议政的规范化、制度化，督促办理代表意见建议流程的标准化，强化选民的答复工作，着力促进人大“双联系”工作持续发展。

（三）加强代表服务保障和管理监督。落实兑现县级无职人大代表履职补助，保障我县人大代表依法履职。探索信息化网络平台建设，通过“人大智慧平台”建设，搭建代表交流平台、展示代表形象、宣传法律法规、拓展信息渠道。2022全年实现线上提交和办理代表意见建议15条代表关注人数达260人，使用率达98%；推进代表履职档案规范化建设，完成县级人大代表建档立卡，基础档案工作不断完善。加强代表履职能力建设，开展举办“人民选我当代表、我为人民起作用”代表履职活动、“党课讲基层、党恩传百姓”专题党课活动等20余场次，一批有深度、有影响力的新闻信息在网信革吉、天上阿里等微信公众媒体发表。

（四）重视意见建议答复，不断提升代表建议办理实效。常委会高度重视代表意见建议，深入基层召开意见建议答复会议，与代表面对面进行意见答复工作。革吉县十三届人民代表大会第二次会议意见建议共33件，已全部办结，答复率100%、办结率100%，群众满意度100%。代表的呼声事事有回音，群众的期盼件件有着落。

五、加强常委会自身建设，不断提升人大工作整体实效

常委会健全会议议事规则，完善工作制度，加强机关软硬件建设，努力提升履职能力和工作水平，不断以自身建设新成效适应新时代人大工作新要求。

（一）着力提高履职能力。严守党的政治纪律和政治规矩，加强干部队伍建设，加强理论学习和党性教育，提升干部政治素质、业务能力建设，严肃党内生活。旗帜鲜明地反对达赖集团和分裂势力，

坚决维护祖国统一和民族团结。

（二）规范机关日常管理。加强机关规章制度和会议议事规则建设，探索改进工作方法，完善工作流程，细化工作职能，明确责任分工，强调完成时限，纠治“形式主义”“官僚主义”，切实转变作风，狠抓落实工作，进一步提升工作实效，机关作风持续向好。

（三）有效凝聚工作合力。加强对乡镇人大监督管理，完善《革吉县人大常委会贯彻落实人大地工委“人大代表之家”工作定位内容和制度机制建设工作方案的任务分工方案》等规范性文件，不断创新人大各项工作。

各位代表，过去一年这些成绩的取得，根本在于习近平总书记和党中央的英明领导，根本在于习近平新时代中国特色社会主义思想特别是习近平总书记关于坚持和完善人民代表大会制度的重要思想的科学指引，是人大常委会组成人员、全体人大代表和机关工作人员务实担当、辛勤付出的结果，是县委高度重视和坚强领导的结果，是“一府两院”协同配合、大力支持的结果。在此，我谨代表县人大常委会表示衷心的感谢并致以崇高的敬意！

同时，我们也清醒地认识到，县人大常委会工作仍有不少差距和不足，主要有：在创新监督方式、增强监督实效、推动问题解决上需要积极探索；在密切联系群众、发挥代表作用、提高建议办理上需要深化拓展；在制度机制建设、改进工作作风、提高履职能力上仍需不断加强等。常委会将坚持问题导向，虚心听取代表和各方面意见建议，切实加以改进。

2023 年工作安排

各位代表！

2023 年，革吉县人大常委会工作总体要求是：坚持以习近平新时代中国特色社会主义思想为指导，全面贯彻落实党的二十大精神，深入贯彻落实习近平总书记关于坚持和完善人民代表大会制度的重要思想，贯彻落实第十四届全国人民代表大会第一次会议精神、中央人大工作会议精神及习近平总书记关于西藏工作的重要论述和新时代党的治藏方略，贯彻落实自治区第十次党代会和王君正书记在阿里考察调研时的讲话指示精神，深刻领悟“两个确立”的决定性意义，增强“四个意识”、坚定“四个自信”、做到“两个维护”，进一步加强党对人大工作的全面领导，坚持和发展全过程人民民主，聚焦“四件大事”“四个确保”，聚力“四个创建”“四个走前在前列”，落实地委“12114”工作思路，依法履行职责、主动担当作为，高质量做好执法、监督、代表、自身建设等工作，为顺利实现“十四五”时期各项目标任务，助力把阿里打造成雪域高原的“西部明珠”、推进革吉长治久安和高质量发展提供有力法治保障。

一、坚定正确方向，提高政治站位

以高度的思想自觉、政治自觉、行动自觉，全面学习贯彻党的二十大、中央人大工作会议精神，尤其是刚刚结束的全国“两会”精神，坚持用习近平新时代中国特色社会主义思想统揽人大工作，把学习《习近平谈治国理政》作为重要政治任务，持续在学懂弄通做实上下功夫。坚持党的全面领导，坚决维护社会稳定，严守政治纪律和政治规矩，保持人大工作的正确政治方向，紧贴县委决策部署谋划推进各项工作。全面履行人大监督、决定、任免职权，紧紧围绕巩固脱贫攻坚与乡村振兴有效衔接、生态保护、重点项目实施、民生保障等重点工作，依法作出决议决定，确保新时代人大工作完整、准确体现人民的共同意志。

二、增强监督实效，凝聚发展合力

坚持正确监督、有效监督，创新监督方式，加大监督力度。健全完善监督制度机制，不断增强监督实效。聚焦“四件大事”，在“四个创建”“四个走在前列”中担当作为，加强对国民经济和社会发展等“六大报告”的审查监督。继续做好阶段性听取审议我县乡村振兴、产业发展、民生保障、生态环保、法治建设、营商环境等专项工作报告。对《西藏自治区民族团结进步模范区创建条例》《西藏自治区国家生态文明高地建设条例》《西藏自治区乡村振兴促进条例》《西藏自治区促进中小企业发展条例》

等法规加大宣传力度、加强执法监督。对我县落实民法典、食品安全法、预算法等法律和住房、教育、医疗、DB搬迁等工作情况开展调研。

三、发挥代表主体作用，体现责任担当

加强人大代表思想政治建设，组织学习代表法、组织法、选举法等法律法规，不断提升思想政治水平和履职尽责能力。加强和改进代表工作，健全代表联络机制，持续开展好“六个一”活动、“助力控辍保学——人大代表在行动”、“助力DB搬迁——人大代表在行动”等活动。继续提升“人大代表之家”和“代表小组活动室”功能建设，努力打造成代表宣传教育基地、民族团结进步实践活动基地、工作交流平台、群众服务窗口、代表活动阵地。加强和改进代表议案和意见建议办理，强化跟踪督办，提升办理成效。扩大代表对人大常委会和专门委员会工作的参与，统筹开展好代表集中视察、专题调研和接待选民等活动。继续加大代表培训力度，提升代表履职能力。持续推动闭会期间代表活动常态化、实效化。

四、加强自身建设，提升履职水平

切实加强常委会及机关自身建设，巩固拓展“四查四问”阶段性成果，扎实推进“五个不”专项整治工作，将改进作风狠抓落实工作向纵深推进。进一步提高工作要求，完善机构设置，健全规章制度，明确责任分工，加强业务培训，着力打造一支政治坚定、服务人民、尊崇法治、发扬民主、勤勉尽责的人大工作队伍。

各位代表！

新时代新征程，新使命新任务。让我们更加紧密地团结在以习近平同志为核心的党中央周围，在区党委、地委、县委的坚强领导下，坚持以习近平新时代中国特色社会主义思想为指导，全面贯彻落实好党的二十大精神，坚定信心、团结奋斗，踔厉奋发、勇毅前行，守正创新、担当作为，奋力开创新时代人大工作新局面，为全面建设社会主义现代化新革吉作出新的更大贡献。

政府工作报告

——在革吉县第十三届人民代表大会第四次会议上

革吉县人民政府县长 彭 次

（2023年3月20日）

一、全面回顾2022年工作，切实增强发展信心

2022年是极不平凡、极为艰难的一年，也是难中求进、干中求进、变中求进、稳中求进的一年。我们把迎接党的二十大胜利召开和学习宣贯党的二十大精神作为全年工作主线，落实“疫情要防住、经济要稳住、发展要安全”的要求，聚焦“四件大事”，聚力“四个创建”，落实“12114”工作思路，积极应对疫情频发、经济下行、服务业长期承压等超预期因素冲击，精准落实国务院稳经济一揽子政策和接续措施，扎实落实自治区稳经济临时性若干措施和地区配套措施，新上了一批项目，打通了一批堵点卡点，解决了一批群众“急难愁盼”问题，全县就业稳、物价稳、民生稳、人心稳、社会大局稳，重点领域发生一系列方向性趋势性积极变化，为革吉社会主义现代化建设打下了坚实基础。

——社会大局持续稳定。深入开展“四条标准”和“三个意识”活动，宗教领域和谐稳定。抵边搬迁工作有序推进。圆满完成安全生产专项整治三年行动，全县未发生重特大安全生产事故。中国联通集团第九、十批援革顺利交接。稳步推进民族团结进步示范县创建工作，顺利通过全国民族团结进步示范县、自治区民族团结进步模范县考核验收。坚持和发展新时代“枫桥经验”，矛盾纠纷多元排查化解全力推进，群众合法权益得到依法维护。常态化开展扫黑除恶斗争，“平安护航二十大”专项行动取得实效，圆满完成党的二十大维稳安保各项任务。

——经济运行稳中有进。全县生产总值完成9.35亿元，同比增长8.30%。一般公共预算收入完成2000万元，增长13.57%。城乡居民人均可支配收入分别增长8.20%和13.00%。社会消费品零售总额实现1.37亿元，同比增长8.31%。国务院一揽子稳经济措施和自治区38条稳经济措施、29条临时性政策措施扎实落实落细，努力稳住了经济大盘。

——疫情防控科学精准。落实落细第九版防控方案、二十条优化措施和“新十条”要求，坚持核酸检测打头阵、流调溯源判形势、深根追阳“三清零”、政府主导抓保供、保障民生促稳定，累计投入资金1509.24万元，疫情防控工作取得了重大成果。

——重大项目全力实施。全县66个重点项目，完成投资3.9亿元，完成年度目标的123.42%。招商引资完成1.98亿元，签约项目3个。捌千错盐湖硼锂资源综合利用项目完成6#车间建设。盐湖乡羌麦村示范村巩固提升建设等重点项目有序推进。

——特色产业提质增效。全年牲畜出栏12.52万头（只、匹），创收8741.77万元。草场经营权流转558户4358人，流转面积469.88万亩，创收188.42万元；联户联组放牧915户3394人，培养牧业经营大户80户。人工种草7109亩，解决草种子96.73吨。72座温室大棚正常运行，蔬菜产量达67吨。扩繁场良种白绒山羊推广达726只。全年旅游接待达39753人次，实现收入2468.71万元。扎仓茶卡液

体锂矿500吨试验成果达到预期效果；捌千错盐湖资源开发项目稳步推进。投资893.4万元的屋顶分布式光伏开发获批试点。邮政快递实现县乡村三级全覆盖。藏医药事业蓬勃发展。

——乡村振兴有效衔接。“五大振兴”有序推进。消除返贫致贫风险对象40户155人。“县级领导包乡包村”制度和“54321”结对帮扶机制持续实施。15个扶贫产业项目运营创收1502.96万元，参与就业或灵活就业180人，创收122.88万元。统筹整合财政衔接资金14997.47万元大力实施乡村振兴项目，总资金、中央衔接资金支出进度均排名靠前。

——基础建设不断提升。建成日革交界至盐湖老路古夏玛桥、支隆涵洞。“河长制”体系全面建立。新建15眼钻井，2处管道饮水，17处升级改造工程，农村饮水安全巩固提升工程（第二批）维修全面完工。完成羌堆村、盐巴加工厂、牦牛养殖基地、2个易地扶贫搬迁点等国网配电接入。新建通信基站3个。乡镇、村（社区）实现光纤宽带全覆盖。5G通信推广应用扎实推进。智慧革吉建设项目一期“智能交通”和“智慧食安”有序推进。

——改革开放深入推进。政务服务事项网上可办率达100%。实施清单发布率达100%。新增市场主体167户，同比增长8.44%。“互联网+市场监管”有效推进。申请援藏资金30万元购置个体登记注册智能设备，企业群众办事便利度大大提升。国企体制改革有序实施。颁发农村宅基地房地一体确权登记证书198张，办理不动产统一登记48宗。

——民生福祉持续增进。自治区“十大民生工程”、38件民生实事和地区“十件民生实事”在革吉有效落地。教育、医疗、卫生、科技、文化、帮扶救助等投入不断加大。县民族艺术团排练场所、人民医院提标扩能、盐湖乡粗盐巴精细化加工示范项目等项目有序推进。开展农牧民技能培训11期525人。转移就业3298人次，创收3529万元。59名应届高校毕业生实现初次就业。退役军人服务中心（站）示范型创建工作顺利推进。社会保障政策得到全面落实，惠民强农各类补贴执行率达100%。各项社会保险征缴率达100%，养老保险参保率达95%。人民群众获得感、幸福感和安全感不断提升。

——生态环境稳步改善。“三区三线”划定扎实开展。全年零审批零引进“三高”企业和项目。种植班公柳1.3万余株。投入100万元建成文布当桑乡育苗基地。狮泉河国家湿地公园江水上山生态修复面积达1800亩。率先建成空气、水自动监测站并将投入试运行。兑现生态岗位补偿资金1504.83万元，禁牧和草畜平衡补助奖励资金1.19亿元。中央第一轮环保督察反馈问题全部整改完成，中央第二轮环保督察反馈问题整改工作扎实推进，生态环境质量明显提升。

各位代表！过去一年，面对严峻疫情形势，我们不麻痹、不懈怠、不松劲！以“我是革吉人，革吉是我家”的主人翁精神沉着应对各类风险挑战，做实核酸检测、队伍充实、方舱医院建设等各方面工作，以最快速度、最低代价控制住突发疫情，最大程度守护了全县各族人民群众的生命安全和身体健康，最大限度减轻了疫情对经济社会发展的影响。面对经济下行压力，我们不躺平、不放弃、不止步！以“越是艰难越向前”的坚强毅力和“困难有多大、胜利就有多大”的必胜信念，老老实实抓产业、踏踏实实抓项目，在县委的坚强领导和高效统筹下，想尽一切能想到的办法、调动一切能调动的资源、付出一切能付出的努力，以破釜沉舟、壮士断腕的超常举措狠抓经济高质量发展工作。面对财政收支严重缺口，我们不灰心、不气馁、不等待！以义无反顾、一往无前的决心和勇气，坚决推行财政整肃，严控“三公”经费支出，做实财政收入，培植财税来源，地方一般公共预算收入质量显著提升，“三保”底线守得更牢。面对极端恶劣天气，我们不徘徊、不怨天、不尤人！在区党委、政府，地委、行署和县委的坚强领导下，我们超前谋划部署、做足防范准备、科学统筹调度、快速处置到位，确保了全县全年无大灾。

各位代表！过去一年，我们全面加强政府自身建设，不断弘扬伟大建党精神，以“学习二十大，政府‘是什么、干什么、怎么干’”学习实践活动为抓手，以强化学习导向、结果导向、力行导向、落实导向为目标，深入学习宣传贯彻党的二十大精神。我们改进作风、狠抓落实，驰而不息纠治“四风”，努力做到“六个表率”“八个必须”，推动全面从严治党向纵深发展。我们坚持政府过“紧日子”，严控一般性支出。有序实施“八五”普法，法治政府建设不断加强，依法接受人大及其常委会的法律和工作监督，自觉接受政协、人民团体和社会各界监督，高质量办理人大代表建议33件、政协提案41件，办结率达100%，满意率持续提升，一大批办理成果有效转化为推动发展的务实举措。

各位代表！过去一年是困难重重的一年，也是破题破局的一年，奋斗饱含艰辛，成绩来之不易。这是以习近平同志为核心的党中央坚强领导的结果，是习近平新时代中国特色社会主义思想科学指引的结果，是区党委、政府，地委、行署大力支持的结果，是县委正确领导的结果，也是县人大、政协有力监督，鼎力支持的结果，更是全县广大党员干部群众团结一致、并肩作战、艰苦奋斗的结果。这一年，大家心往一处想、劲往一处使，理解着我们的理解，支持着我们的支持，关注着我们的关注。在此，我代表县人民政府，向全县努力奋斗在各条战线的广大干部群众，向各位人大代表、政协委员，向工商联、人民团体和无党派人士，向离退休老同志、驻革吉部队官兵、政法干警、联通援革干部和抗疫一线人员，向所有关心、支持和参与革吉发展建设的社会各界人士，表示衷心的感谢，并致以崇高的敬意！

各位代表！过去一年，虽然我们做了大量打基础、谋长远的工作，但全县发展仍然面临重大困难和严峻挑战：经济增长内生动力仍然不足，牧业发展层次依旧较低，培育新支柱产业的力度和成效不大，整体发展落后的局面依然没有改变；财政收支矛盾突出，“三保”任务艰巨，财政自给率低的状况依然没有改变；重大项目谋划储备不足，现有项目推进缓慢，投资增长后劲乏力，项目推进滞后的状况依然没有改变；部分干部跟不上形势，担当意识弱，作风漂浮、瞻前顾后、畏难怕事，工作慢、推、拖，不想干事、不敢干事、不愿干事、不会干事的局面依然没有改变。这其中，有疫情严重冲击的影响，但主要还是我们努力不够。对此，我们一定要作深刻检视剖析、深刻反省反思，正视困难、直面问题，以更加坚定的决心、精准务实的举措，切实加以解决，决不辜负全县人民的期望和重托。

二、紧紧围绕2023年目标，务实抓好各项工作

2023年，是全面贯彻落实党的二十大精神的开局之年，是实施“十四五”规划承上启下的关键之年，是贯彻落实自治区第十次党代会部署的关键之年，也是地区加快推进“12114”工作思路、实现“四个争”奋斗目标的重要一年，更是革吉发展突围赶超的攻坚之年。做好今年政府工作，要坚持以习近平新时代中国特色社会主义思想为指导，全面贯彻落实党的二十大和中央经济工作会议精神，深入落实习近平总书记关于西藏工作的重要指示和新时代党的治藏方略，认真落实贯彻落实自治区第十次党代会、区党委十届三次全会，区党委、地委和县委经济工作会议精神，坚决捍卫“两个确立”、增强“四个意识”、坚定“四个自信”、做到“两个维护”，完整准确全面贯彻新发展理念，坚持稳中求进工作总基调，服务融入新发展格局，着力推动高质量发展，聚焦“四件大事”聚力“四个创建”，按照“12114”工作思路，更好统筹疫情防控和经济社会发展，更好统筹发展和安全，抓住用好重大机遇，全面提振市场信心，突出做好稳增长、稳就业、稳物价工作，有效防范化解重大风险，保持社会大局稳定，推动经济运行实现质的有效提升和量的合理增长，为建设雪域高原“西部明珠”、推进社会主义现代化新阿里贡献革吉力量。

今年工作的主要预期目标是：全县生产总值实现10.17亿元，同比增长8.7%；社会固定资产投资实现3.60亿元，同比增长13%。一般公共预算收入实现1444万元，同比增长5%。社会消费品零售总额实现15509万元，同比增长13.60%。城乡居民人均可支配收入分别实现58594元、19074元以上，同比增长8.70%、13%以上。居民消费价格指数涨幅控制在3%以内。城镇调查失业率控制在5%以内。

围绕实现以上目标，必须一以贯之做到“7个坚定不移”：

（一）坚定不移创新社会治理，强化高质量发展保障。坚持总体国家安全观，筑牢防线、守住底线，保持“时时放心不下”的责任感，以“瞪大眼睛”的警觉防风险、保安全，巩固革吉社会长期和谐稳定

的良好局面。

持续深化民族团结。全面贯彻落实习近平总书记关于加强和改进民族工作的重要思想，以铸牢中华民族共同体意识为主线，继续巩固民族团结"四级联创"工作成果，全面提升创建工作水平。积极搭建各民族交往交流交融的语言桥梁，推广使用国家通用语言文字。齐心共筑各民族共有精神家园，促进各族群众人心归聚、精神相依，打牢民族团结的思想基础。

依法管理宗教事务。深入落实"五个有利于"，严格落实"三个不增加"和宗教活动"三项要求"，常态化推进"四讲四爱""遵行四条标准、争做先进僧尼"教育实践活动和"三个意识"教育活动，完善寺庙管理长效机制，着力推进藏传佛教中国化、宗教事务管理法治化，积极引导宗教与社会主义社会相适应，巩固民族团结、宗教和顺的大好局面。

着力抓好社会治理。严厉打击和防范各类渗透分裂破坏活动，加强基层维稳设施建设。推进社会治理体系和治理能力现代化，夯实基层基础。加强和改进信访工作，防范和化解各类风险隐患。巩固深化扫黑除恶等专项斗争成果，依法打击各类违法犯罪活动。深入推进"八五"普法和牧区公共法律服务体系建设。健全完善社会治安防控和应急救援体系，强化安全生产事故防范、各类灾害隐患整治和食品药品安全监管，全力以赴保稳定促和谐。

加快推进人口抵边安居。紧紧围绕"搬得出、稳得住、能致富"开展深入调查，全面摸底，主动汇报，积极沟通，加快推进本年度计划搬迁4个村644户2289人，及时制定抵边搬迁群众安全转运实施方案、批次转运计划和紧急情况应急预有序组织搬迁群众及物资安全转运。扎实做好抵边搬迁各项前期准备工作，今年6月将启动实施。

（二）坚定不移推进产业转型，增强高质量发展动能。坚持产业兴县不动摇，优结构促升级、稳链条强集群、补短板固优势，推动我县产业向绿色化、智能化、融合化发展。

奋力发展特色产业。深入推进绵羊短期育肥出栏、畜产品加工、牛羊毛粗加工等特色产业。全力推进县绒山羊优势特色产业集群建设。持续夯实粮食安全根基，抓好粮油和物资储备。探索建立农牧民合作社联合社。做大做强种草产业，实现人工种草7600亩。加快实施羌麦村、森布村等10个村牧业点高寒牧区棚圈建设。加强产业项目运营管理，不断提升产业带动能力和示范引领能力。

提速壮大绿色工业。配合做好锂、硼、镁等优势矿产资源开发前期试验，加大盐湖工业用盐、保健用盐研发力度和"三品一标"跑办力度，加快推进捌千错锂矿开采。持续推进屋顶分布式光伏建设。着力培育具有带动力、竞争力的龙头企业。积极争取光伏、风电配套供暖项目在我县落地投产。

提质增效现代服务业。借助中国联通平台，依托生鲜冷链物流配送中心、5个乡级邮政服务点，不断完善县乡村三级物流体系。加快电商站建设，推进电子商务快速发展。加快推进旅游业发展，加强数字政府建设，科学谋划推进"智慧革吉""数字革吉"等建设项目。全力推进旅游服务业，力争旅游接待14万人次，旅游收入达1.26亿元。

（三）坚定不移落实"两大任务"，做强高质量发展支撑。坚持发展为要、项目为王，充分发挥投资的关键作用，提速推进项目建设，主动作为引项目，科学谋划争项目，以"两大任务"带动项目投资高质量增长，引领产业规模结构高水平提升。

加大项目建设力度。扎实开展"狠抓投资落实年"活动，持续聚焦交通、住房、产业、城镇建设等重点民生领域，落实重大项目领导联系挂钩和月调度通报制度，加快推进"十四五"项目库项目落地实施。强化行业、土地、环评审批等要素保障，确保2023年总投资为6.18亿元的28个重点项目早准备、早开工、早推进、早见效，力争所有项目在年底均能达到序时进度。

加大招商引资力度。持续深化以商招商、以情招商、全民招商、产业链招商，精准对接对口援藏企业、外资企业，创新招商引资机制和模式，探索实施"央企入革"计划，力争完成招商引资8000万元。

加大资金支持力度。以爬山过坎、跳起来摘桃子的勇气，从国家所给、自治区所有、地区所能、援藏所助、革吉所承的结合上找准契合点，抢抓政策机遇，聚焦交通、产业、民生、城镇建设等重点领域，主动衔接，千方百计争政策、争项目、争资金、争示范，形成建设一批、推进一批、储备一批项目的良好格局，以“十四五”规划项目中期评估调整为契机，强化跟踪跑办，争取更多项目纳入自治区、地区项目总盘子。

（四）坚定不移深化改革创新，激发高质量发展活力。坚持改革的精神、创新的思维，以改革增动力、以开放添活力、以环境强引力，以改革开放“关键一招”激活革吉经济“一池春水”。

更大力度深化各项改革。严格落实“五放”“六支持”改革，支持民营经济健康发展。深化拓展城投、扶投、粮食公司等国企改革三年行动，做优做强国有企业。不断深化供销合作社、农村承包地“三权分置”改革，持续做好农村集体产权制度改革“后半篇”文章。扎实推进“五位一体”牧区改革，促进城乡要素自由流动、平等交换和公共资源合理配置。持续深化财税金融、综合执法、医疗保障、统计等领域改革。

更实举措优化营商环境。持续深化“放管服”和商事制度改革，继续推进“证照分离”改革和“双随机、一公开”，大力推行“互联网+政务服务”体系建设，促进“网上办”“掌上办”“跨省通办”不断拓展深入。全面落实减税降费、援企稳岗等纾困解难政策措施，持续推进国家一揽子政策、自治区“38条”“29条”和地区新增临时性措施落实，毫不动摇鼓励支持引导中小微企业健康发展。依法平等保护企业自主经营权，维护市场主体公平竞争，激发市场主体活力，构建亲清政商关系。

（五）坚定不移加快城乡融合，拓展高质量发展空间。坚持产城融合、城乡互动、协调共生，一体推进乡村振兴和新型城镇化，打造环境更美、功能更优、设施更全的新型城镇。

建设宜居宜业和美乡村。坚持农业农村优先发展，推动乡村“五大振兴”。全面落实粮食安全党政同责，严格草场用途管制，守牢草场红线，坚决遏制草场非牧化。严格落实“四个不摘”要求，巩固拓展脱贫攻坚成果，健全防止返贫动态监测和帮扶、脱贫群众稳定增收长效机制。加大搬迁群众后续扶持力度，突出解决好产业、就业和融入三件事，坚决守住不发生规模性返贫底线。扎实推进文布当桑乡夏玛村、盐湖乡羌麦村和雄巴乡巴措村乡村振兴示范引领村建设。持续实施美丽乡村建设行动，落实乡村建设、乡村治理方案，抓好树立农牧民新风貌行动实施意见77项工作内容，打造一批美丽宜居村庄。

打造宜居韧性智慧县城。扎实推进“智慧革吉”“数字革吉”等项目建设。不断增强城市功能，全力推进“三乡”垃圾填埋场建设，探索成立“保洁公司”“保安公司”等，努力推进牧区户用厕所改造，倡导健康文明生活方式。扎实推进那布东西路延伸工程，切实提高城市主干道通行能力。搞好国土空间绿化、美化、亮化工作，大力营造生态宜居的良好环境，让县城舒适度更高、烟火气更足、生活味更浓。

（六）坚定不移增进民生福祉，共享高质量发展成果。坚持在发展中保障和改善民生，坚决落实自治区“十大民生工程”、21件民生实事，提高群众的获得感、幸福感、安全感。

努力提升就业创业能力。坚持市场化就业方向，构建就业优先政策体系，积极搭建就业平台，重点抓好牧民群众和高校毕业生就业工作，实现高校毕业生初次就业率100%。加大农牧民技能培训力度。大力支持农牧民、大学生和退伍军人返乡创业带就业，支持和规范电商从业者、快递小哥等新就业形态，提升城乡居民工资性收入、稳住转移性就业、增加财产性、经营性收入。

全力办好人民满意教育。落实好15年公费教育政策，推动学前教育普及普惠健康发展。促进义务教育优质均衡发展。推动“双减”工作落实落地。抓好师德师风建设，不断加强教师专业能力提升。强力推进县中学改扩建、县完小新建教师宿舍及附属设施、雄巴小学维修改建。

扎实推进健康革吉建设。深化“三医”改革，大力推进县域综合医改工作。逐步加强县人民医院人专业技术人员队伍建设。大力实施革吉县中心医院盐湖乡分院建设、县人民医院硬绿化及附属工程续建，有效提高就医服务能力。持续落实重大疾病防治工作，实施卫生民生工程。扩大藏医预防保健服务覆盖面,提高藏医药服务能力。坚决落实二十条优化措施、“新十条”要求,持续精准做好疫情防控“乙类乙管”工作。积极做好新冠疫苗第四剂加强针接种和重点人群流感疫苗接种,完善公共卫生应急体系,加强重大疫情防控救治体系和卫生应急能力建设,有效遏制重大传染性疾病传播和抑制原生病的发生。

持续完善社会保障体系。全面落实覆盖城乡基本养老、医疗、失业、工伤、生育等保险制度新政策,健全灵活就业人员社保制度和城镇居民最低生活保障制度。加快推进保障性住房建设和特困人员集中供养中心提升改造。落实重特大疾病医疗保险和救助制度,全力保障低保、特困、优抚等困难群众基本生活,加强妇女、牧区留守儿童、老年人关心关爱和权益保护。统筹做好重要民生商品保供稳价工作,全面抓好“米袋子”“菜篮子”。扎实推进文化事业发展,鼓励和扶持文艺创作,加强对重点文物、非物质文化遗产的保护和利用。加快体育事业发展。

(七)坚定不移改善生态环境,厚植高质量发展底色。坚持“两山”理念,深入推进山水林田湖草沙冰系统治理,坚决落实第二轮中央环保督察反馈问题整改,协同推进生态优先、节约集约、绿色低碳发展。

推进环境综合治理。深入打好大气、水、土壤污染防治攻坚战,加强固体废物、白色垃圾污染防治。全面落实河(湖)长制和林长制,推进河湖“清四乱”常态化规范化,确保县城空气优良天数达98%以上,主要河流、湖泊水质全部达到或优于Ⅲ类标准,土壤环境安全稳定。继续实行矿山环境治理和生态恢复责任机制。深入持续开展爱国卫生运动。巩固中央、自治区环保督察反馈问题和信访案件整改成果,全力以赴做好第二轮中央生态环境保护督察反馈问题整改工作。加快县城污水处理厂功能完善配套设施建设项目,试点推进生活垃圾无害化资源化就地处理。

推进绿色低碳发展。扎实推进“四乡一镇”和18个村(社区)生态文明示范创建工作。强化资源利用刚性约束,严控“三高”项目,扎实推进盐湖乡、文布当桑乡、雄巴乡清洁能源取暖建设。严格林草资源征占用、自然保护区设施建筑初审,努力走出一条符合革吉生产发展、生活富裕、生态良好的高原绿色之路。

抓好生态保护修复。坚持山水林田湖草沙冰一体化保护和系统治理,持续加强生态环境保护与修复,严格落实草原保护制度,及时兑现生态岗位补偿资金。加强生物多样性保护,严厉打击非法盗采砂金矿、捕猎野生动物的违法行为。持续开展国土绿化行动,深入实施防沙治沙等工程,切实让革吉绿起来、美起来。

各位代表!驻革吉部队官兵在维护全县安全稳定和疫情防控、抢险救灾、重大活动、改革发展稳定工作中展示出过硬本领和优良作风。我们一定认真贯彻习近平强军思想和新时代军事战略方针,一如既往支持国防和军队建设,持续抓实双拥共建、优抚安置、国防动员、国防教育、征兵和退役军人事务。扎实推进援藏各项工作。统筹推进统计调查、档案、工会、妇女儿童、青少年、老龄、保密、气象、科技、红十字、残疾等社会事业健康发展。

各位代表!新时代新征程新任务,对政府自身建设提出了更高要求。必须牢记“三个务必”,纵深推进政治机关、服务机关、落实机关、清廉机关建设,努力把工作做得更好、更实、更贴近民心。

我们要打造更加政治坚定的政府。党政军民学,东南西北中,党是领导一切的。我们将始终把牢政治的方向盘,深入学习贯彻习近平新时代中国特色社会主义思想,党的二十大精神,党的二十届一中、二中全会精神和自治区第十次党代会、区党委十届三次全会等,确保政府各项工作沿着正确的政治方向前进。我们将始终铸足政治的忠诚度,不断提高政治判断力、政治领悟力、政治执行力,扛牢扛稳意识形态工作责任,以实际行动和成效诠释检验绝对忠诚的成色。我们将始终做大政治的同心圆,坚持在县委的领导下,在人大、政协的监督和支持下,凝聚一切可以凝聚的共识,团结一切可以团结的力量,在立党为公和执政为民中彰显革吉精神。

我们要打造更加求真务实的政府。求真务实是成事之基、立业之本。我们将始终坚持察事求准,深入工作中了解阻碍发展的深层次原因,深入群众中把握改善民生最需要打通的关键点，真正将实情摸清摸准。我们将始终坚持决策求真，一切从实际出发，科学决策、审慎决策，不提超越阶段的亮丽口号，不定脱离现实的高大指标，不上没有发展后劲的面子工程。我们将始终坚持办事求实，立足一届政府干好一届政府的事，以“不做则已，做则必成”的气概，把心思集中在想干事上，把本领体现在会干事上，把目标锁定在干成事上，带着干、教着干、盯着干，让“实干者”吃香，让“躺平者”苏醒，让“混世者”挪窝，在转变作风和苦干实干中体现革吉担当。

我们要打造更加亲民为民的政府。人民政府为人民。我们将始终把群众放在最高位置，坚决做到除了人民的利益没有自己特殊的利益，坚持把人民的利益放在至高无上的位置。我们将始终把自己看作群众中的一员，以“莫道百姓可欺，自己也是百姓”的赤忱，深入牧区、街道、社区，扑下身子与群众交朋友、把群众当亲人，用自己的真心换取群众的舒心。我们将始终维护好群众的根本利益，坚决做到政府办的事精准对接群众盼的事，让民生福祉更有厚度、民生答卷更有亮度、群众感受更有温度，在亲民爱民和惠民利民中释放革吉温度。

我们要打造更加法治善治的政府。建设法治的政府。我们将坚持用良法、促善治，深入贯彻落实习近平法治思想，自觉在宪法和法律范围内履行职责、行使权力，规范重大行政决策程序，全面提升政务公开质量和实效，严格规范公正文明执法，认真办理人大代表建议和政协委员提案，自觉接受人大监督、民主监督、监察监督、司法监督，主动接受社会和舆论监督，全面强化民主监督、社会监督、审计监督，让监督的利剑高悬，让我们在千万双眼睛注视下行大道、走正道，在普法用法和依法履职中走出革吉路径。

我们要打造更加廉洁自律的政府。廉洁是政府的第一形象。我们将牢记腐败的危害，时刻保持清醒的头脑，深刻认识反腐败斗争的长期性、复杂性、艰巨性，坚持不懈一体推进不敢腐、不能腐、不想腐，始终绷紧廉政这根弦。我们将常敲律己的警钟，时刻注重用反面典型提醒自己，把稳手中公权力“方向盘”，不为人情所累，不为私利所惑，安于本分，甘于清贫，确保党和人民赋予的权力始终用来为人民谋利益、为发展增动力。我们将坚守紧要的细节，时刻告诫自己，既要守牢大节，也要守住小节，用政府的“紧日子”换来老百姓的好日子，在勤俭持家和廉洁奉公中引领革吉风尚。

各位代表！新时代赋予我们光荣使命，新征程召唤我们砥砺前行！革吉人民敢拼会赢，革吉干部担当务实，革吉发展前景广阔。让我们更加紧密地团结在以习近平同志为核心的党中央周围，在区党委、地委和县委的坚强领导下，拉高标杆、锲而不舍，勇争一流、笃行不怠，以实际行动落实党的二十大精神，为开创新时代社会主义现代化新阿里建设贡献革吉力量。

名词解释

（以文中出现先后为序）

1.“四件大事”：稳定、发展、生态、强边。

2.“四个创建”：着力创建全国民族团结进步模范区，努力做到民族团结进步走在全国前列；着力创建高原经济高质量发展先行区，努力做到高原经济高质量发展走在全国前列；着力创建国家生态文明高地，努力做到生态文明建设走在全国前列；着力创建国家固边兴边富民行动示范区，努力做到固边兴边富民行动走在全国前列。

3.“12114”：“1”是指“扛起一个政治责任”，就是要坚决扛起维护社会稳定的政治责任。“2”是指“筑牢两个屏障”，就是要筑牢边防巩固边境安全的国家安全屏障和为中华民族生存和发展做贡献的国家生态安全屏障。“1”是指“贯穿一条主线”，就是要把“三个赋予一个有利于”要求作为一条主线贯穿于经济社会发展全过程、各方面。“1”是指“强化一个保障”，就是要以强党建为保障，加强党对经济工作的领导。“4”是指着力在实现四个“争”上下功夫，就是要在创建全国民族团结进步模范区中争先进、在创建高原经济发展先行区中争进位、在创建国家生态文明高地中争先锋、在创建国家固边兴边富民行动示范区中争标兵。

4.“三个意识”：国家意识、法治意识、公民意识。

5. 新时代“枫桥经验”：小事不出村，大事不出镇，矛盾不上交，就地化解。

6. “三区三线”：是指城镇空间、农业空间、生态空间三个区域，分别对应划定的城镇开发边界、永久性基本农田、生态保护红线三条控制线。

7. “六个表率”：坚持对党绝对忠诚，带头做坚定践行“两个维护”的表率；坚持群众路线，带头做勤政为民的表率；坚持求真务实，带头做勇于担当的表率；坚持民主集中制，带头做团结干事的表率；坚持怀德自重，带头做清正廉洁的表率；坚持从严治党，带头做管党治党的表率。

8. “八个必须”：重任在肩、使命如山，必须旗帜鲜明讲政治；重任在肩、使命如山，必须时刻心系“国之大者”；重任在肩、使命如山，必须践行初心使命；重任在肩、使命如山，必须坚持人民至上；重任在肩、使命如山，必须勇于担当作为；重任在肩、使命如山，必须扎实改进作风；重任在肩、使命如山，必须不断提升本领；重任在肩、使命如山，必须全面从严治党。

9. “四个争”：在创建全国民族团结进步模范区中争先进、在创建高原经济发展先行区中争进位、在创建国家生态文明高地中争先锋、在创建国家固边兴边富民行动示范区中争标兵。

10. “五个有利于”：有利于维护祖国统一和社会稳定、有利于增进“五个认同”、有利于团结宗教界人士和信教群众、有利于藏传佛教健康传承、有利于减轻信教群众负担为标准。

11. “三品一标”：传统农产品“三品一标”是指无公害农产品、绿色食品、有机产品和农产品地理标志农产品。2022 年 9 月 27 日，《农业农村部关于实施农产品“三品一标”四大行动的通知》提出：发展绿色、有机、地理标志和达标合格农产品（称农产品“三品一标”）。根据 2022 年 11 月 17 日，中华人民共和国农业农村部公告第 623 号要求，目前农产品“三品一标”认证，仅能开展绿色食品、有机农产品认证。

12. “三权分置”：是指在保证农村长期稳定的基础上，为更好地满足农村、农民、农业的发展需要，实行所有权、承包权、经营权“三权”并行，核心要义是明晰、赋予经营权应有的法律地位和权能。

13. “五位一体”牧区改革：是指在草场经营权流转、联组联户放牧、培育牧业经营大户、培育牧业生产业态和新的群众生活形态、加大劳务输出方面进行改革。

14. “五大振兴”：产业振兴、人才振兴、文化振兴、组织振兴、生态振兴。

15. “四个不摘”：摘帽不摘责任；摘帽不摘政策；摘帽不摘帮扶；摘帽不摘监管。

凝聚共识聚能量 扬帆启航谋发展 为建设社会主义现代化新革吉奉献力量

——在政协第三届革吉县委员会第三次会议上

革吉县政协副主席 巴桑次仁

（2023 年 3 月 20 日）

2022 年工作回顾

2022 年是党的二十大胜利召开之年，也是进入全面建设社会主义现代化国家、向第二个百年奋斗目标进军新征程的重要一年。一年来，县政协常委会在中共革吉县委的坚强领导和地区政协的有力指导下，始终坚持以习近平新时代中国特色社会主义思想为指导，深入贯彻落实党的二十大精神，深刻领悟“两个确立”的决定性意义，不断增强“四个意识”、坚定“四个自信”、做到“两个维护”，认真贯彻落实习近平总书记关于加强和改进人民政协工作的重要思想和治边稳藏的重要论述，聚力“四件大事”“四个确保”，聚集“四个创建”“四个走在前列”的奋斗目标，紧紧围绕地委“12114”工作思路、县委的具体工作部署，团结带领广大政协委员和各参加单位，紧扣团结和民主两大主题，充分发挥自身优势，认真履行政治协商、民主监督、参政议政职能，深入调查研究、积极协商、务实献言，为推动全县经济社会长治久安和高质量发展作出了积极贡献。

一、坚持党的全面领导，政治站位更加高远

——坚持和加强党的全面领导。认真贯彻习近平总书记关于加强和改进人民政协工作的重要思想，始终把党的领导贯穿政协工作全过程和各方面。坚决拥护县委决定、自觉落实县委决策，严格执行重大事项请示报告制度，重要工作主动报告、重大问题及时反映、重要议题及时沟通，主动向县委报告工作 30 余次，始终与县委同心同向同行，保持人民政协旗帜鲜明讲政治的本色和传统。充分发挥县政协党组把方向、管大局、保落实的领导作用。紧扣中心工作谋划政协履职重点，全年召开 12 次党组会议，研究落实县委重要决策部署和对政协的工作要求，做到了县委有号召、政协有响应，县委有部署、政协有落实。

——强化理论武装。坚持党组带头学、主席会议和常委会议专题学，依托委员微信群、举办委员培训班、“主题党日”等平台引导学，及时学习习近平总书记最新重要讲话、重要指示批示精神以及自治区第十次党代会精神、《党委（党组）意识形态工作责任制实施办法》以及法律法规和政策文件等。全年共召开常委会议 4 次，主席会议 5 次，党组理论学习中心组学习 14 次，形成了学精神、抓落实、促工作的浓厚氛围。2022 年组织县政协委员和机关干部参与地区政协举办的培训班 2 期，同时选派 10 人分 2 批前往地区政协跟班学习。组织县城机关政协委员 40 余人集中收看全国、自治区“两会”盛况，“中国共产主义青年团成立 100 周年直播”“党的二十大”等网络直播 6 次，政协委员的各项能力水平得到有效提高。

——全面学习宣传贯彻党的二十大精神。精心部署全县政协系统学习宣传贯彻党的二十大精

神工作，在全县政协系统和广大政协委员中迅速掀起学习热潮。党组班子成员在联系乡（镇）村居（寺庙）中宣传宣讲党的二十大精神8场次，广大政协委员积极响应县委、县政府号召，在牧区、寺庙开展各类宣讲24场次，为推动中共二十大精神走深走实、落地见效奠定了坚实基础。

二、深化协商议政，服务大局更加有为

——不断增强专题协商实效。围绕全县经济社会发展重点领域困点、堵点问题，先后就我县“城乡居民医疗保险”、“着力在创建全国民族团结进步模范区中争先进工作”等课题，组织委员深入调查研究，掌握实情，协商交流，聚智纳言，通过县政协常委会议、议政协商座谈会等形式开展2次专题协商会议，业务部门现场解答各成员单位问题23条，协商单位提交大会发言材料9篇，就相关工作提出18个方面16条对策建议，为县委、县政府制定重大政策、推动重点工作提供了有益参考。

——切实提高建言资政质量。强化各专门委员会与党政对口部门的经常性联系，围绕对口部门重点工作和人民群众关心关注的热点难点问题，灵活运用调研视察、座谈协商等方式，先后形成调研视察报告6篇，形成的意见建议得到县政府相关部门吸纳采用，通过政协渠道有效促进了相关工作落实见效。同时，协助自治区、地区开展“妇女和妇女工作”“家庭家教家风建设”“科技人才发挥作用情况”“藏传佛教中国化”等调研，形成汇报材料6份，召开座谈会6次，协助地区政协开展调研5次，协助其他地市开展调研5次。

——推动议政监督有序进行。有序开展民主监督和日常监督工作，组织县城周边的部分委员和机关委员，分批次、分节点对有关单位疫情防控措施开展日常监督6次，对“四乡一镇”和县直有关单位在巩固拓展脱贫攻坚成果同乡村振兴有效衔接扶贫产业“盐湖乡羌麦村旅游综合体”文布当桑乡“荣热”人工种草产业发挥效益情况等进行了2次专题民主监督，对环境卫生综合治理工作日常监督5次，提出有关意见建议30余条，为各相关单位决策部署提供了重要参考。同时，借助县委常委会、党政联席会、政协全委会、常委会、专题座谈会等会议平台，组织政协委员参与协商议政，凝聚共识，建言献策。

三、扛牢使命担当，团结氛围更加浓厚

——维护合作初心。尊重和保障各界人士发表意见、参与活动的民主权利，把合作共事精神贯穿到政协工作各个环节，促进大团结、加强大联合。落实主席会成员联系委员制度，运用界别谈心、联络联谊等多种形式增强同党外知识分子、非公有制经济人士、新的社会阶层的沟通，扩大团结面、增进包容性。认真贯彻落实区党委民族工作会议暨全区宗教工作会议精神，坚持落实班子成员联系各界政协委员、重点寺庙、重点人员等制度，积极宣传党的民族宗教政策，切实画好“同心圆”，最大限度地把各族群众凝聚到党和政府周围。

——增进民生福祉。认真组织全县政协委员在基层开展宣讲宣传《中华人民共和国妇女权益保障法》《中华人民共和国道路交通安全法》三级“两会”精神等活动10余次，受教育群众500余人；开展环境卫生综合治理活动4次，收集转运垃圾1吨；开展妇女联合活动，向21户困难群众发放生活物资和必需品若干；响应绿水青山就是金山银山环保理念，参与基层植树活动种树500余株；收集基层群众意见建议、社情民意20余条，并自发解决存在的问题，群众反映良好。

——广泛凝聚人心。在疫情期间，政协班子成员和工作人员梳理安抚群众情绪1000余人次，为群众提供跑办代办服务600余人次，代表县委、县政府向滞留人员发放生活物资4.5吨，组织216名滞留群众开展核酸检测全覆盖25轮，采购物资和配送入户50余次，环境消杀40余次，政策宣传讲解40余次，统计上报数据21条，参与协助核酸检测7轮2100余人次，抗原检测6轮1800余人次，宣传政策6次涉及群众2000余人次。同时，委员们挺身而出，勇于担当。积极参与疫情防控工作，先后有3名政协委员为疫情一线捐款捐物10万余元，20余名政协委员为群众收割饲草料2000千克，入户宣传宣讲20余次、清理打扫公共环境卫生30余次，协助基层核酸采集、抗原检测秩序维护50余次、协助物资采购配送发放40余次，为全县社会稳定和疫情防控工作作出了积极贡献。

四、坚持党建引领，强化班子廉政建设

——坚持全面从严治党，坚定反腐倡廉决心。坚决贯彻落实党中央、区党委、地委和县委决策部署，落实上级政协党组要求，切实担负起管党治党政治责任，整理完善党组班子成员廉政档案 7 份，签订“廉内助”承诺书 14 份，党组书记讲廉政党课 2 场次，集中观看“零容忍”警示教育片 5 场次，不断增强全面从严治党永远在路上的思想自觉，坚持严的总基调不动摇，持之以恒正风肃纪，一体推进不敢腐、不能腐、不想腐。

——坚持民主集中制，杜绝独断专行“一言堂”。县政协党组始终把民主集中作为政协决策的重要渠道，凡属于“三重一大”事项，均会根据实际情况召开政协常委会、党组会、主席会进行协商研究、集中决策，切实做到少数服从多数、下级服从上级，严明政治纪律和政治规矩，确保政令畅通。

——扎实开展“控辍保学”，自觉推动教育优先工作。研究制定政协委员参与“控辍保学”行动实施方案，广大政协委员利用与群众“零距离”的优势，主动协助党委、政府深入群众通过走村入户方式，宣传《中华人民共和国义务教育法》，教育引导学生接受义务教育的重大意义，成功劝返 13 名儿童正常入学，切实保障未成年人合法权益。

——主动对标对表，完善健全各项制度。按照县纪委监委巡察反馈问题，及时召开党组会议研究，认真对照问题清单，查漏补缺，认真整改。修订完善了《政协党组 2022 年党风廉政工作计划》《职权目录一览表》等各项规章制度，明确了岗位权利、工作职责、工作权限、防控措施等具体要求和事项若干，不断增强廉政意识、责任担当，为切实履行好党组主体责任，推动政协党组政治建设、作风建设等各项工作有序推进，夯实了制度保障。

——加强谈心谈话，树立良好形象。认真落实党组书记与班子成员、班子成员之间相互谈、班子成员与分管各专委会和办公室谈心谈话，做到早提醒、早告诫、早纠正，对履行“两个责任”和廉洁从政以及国庆节期间和党的二十大期间等节日节点的廉政纪律提出了明确要求，坚决贯彻落实中央八项规定及其实施细则精神，杜绝“吃、拿、卡、要”等违规违纪的情况发生。

五、坚持强基固本，履职基础更加坚实

——加强委员队伍建设。组织全体政协委员开展“国家通用语言文字”培训会，观看“零容忍”廉政教育片 2 次，深入“直属库”参观学习 2 次，开展“军爱民、民拥军”委员进军营活动 1 次，使学习与提高履职能力更好地结合。坚持政协领导走访联系委员制度，扩大委员参与调研、考察、座谈等履职活动覆盖面，激发参政议政的积极性、主动性。出台《委员履职管理办法》，创建委员“菜单式”履职方式，开展“委员联系界别群众”、委员“履职为民”等活动，调动和激励委员履职积极性，更好发挥委员主体作用。加强委员履职服务管理，制定出台相关制度，开展委员履职综合评价和优秀政协委员评选。探索建立委员退出机制。

——加强界别建设。建立健全政协领导及专委会分工联系界别小组工作机制，加强对界别工作的指导。完善界别活动组织和服务保障机制，活跃界别小组工作，认真组织开展界别协商，界别特色作用得到进一步发挥。

——加强专委会建设。完善专委会工作制度，加强专委会之间工作联动协作，着力发挥专委会在调研视察、协商议政、民主监督、团结联谊和联系指导界别工作等方面的基础性作用。

——加强机关建设。深入推进机关党的建设和思想作风建设，大力弘扬刻苦学习、埋头苦干、开拓创新、甘于奉献、勇于负责、团结合作“六种精神”，增强机关凝聚力战斗力。加大机关干部的培养、选拔、交流和任用力度，努力培养开口能说、提笔能写、遇事能干“三能”干部，打造忠诚、干净、担当的干部队伍。

各位委员、同志们，这些成绩的取得，是县委坚强领导的结果，是县人大、县政府和社会各界大力支持的结果，是政协各参加单位和全体委员齐心协力、共同奋斗的结果。在此，我代表政协常委会向大家表示诚挚的敬意和衷心的感谢！

在总结成绩的同时，我们也清醒地看到工作中还存在一些不足，主要是建言资政、凝聚共识工作深度融合还有待进一步加强，工作创新力度还需加大，协商成果跟踪反馈和转化仍需加强等。对这些问题，我们将在今后的工作中认真研究并切实加以改进和解决。

2023 年工作安排

2023 年是全面贯彻落实党的二十大精神的开局之年。党的二十大描绘了以中国式现代化全面推进中华民族伟大复兴的宏伟蓝图，为新时代人民政协事业发展指明了前进方向、提供了广阔舞台。今年县政协工作的总体要求是：以习近平新时代中国特色社会主义思想为指引，全面贯彻党的二十大精神、中央政协工作会议精神，认真学习贯彻习近平总书记关于西藏工作的重要指示和新时代党的治藏方略及中央第七次西藏工作座谈会精神，深刻领悟“两个确立”的决定性意义，增强“四个意识”、坚定“四个自信”、做到“两个维护”，弘扬伟大建党精神，牢记“三个务必”，立足新发展阶段，完整准确全面贯彻新发展理念，服务融入新发展格局，把党的二十大精神学习好、宣传好、贯彻好。在中共革吉县委的坚强领导下，锚定“四件大事”，实现“四个确保”，聚力“四个创建”，努力做到“四个走在前列”，落实地委“12114”工作思路，着力在我县项目建设、产业发展、乡村振兴、民生保障上下功夫、谋划政协工作，将其转化为做好政协工作、发挥政协职能的思路、载体、措施；坚持团结和民主两大主题，认真履行政治协商、民主监督、参政议政共识水平，提高深度协商互动、意见充分表达、广泛凝聚共识水平，高质量践行全过程人民民主，努力打造政协履职品牌，以“政协职能”服务“发展之为”，真抓实干、勇毅前行，为建设社会主义现代化新革吉贡献政协力量。

一、强化政治引领，贯彻党的全面领导

要毫不动摇地坚持中国共产党对政协工作的全面领导，牢牢把握政协组织是政治组织、政协机关是政治机关的根本定位。把深入学习宣传贯彻党的二十大精神作为首要政治任务，深刻领悟“两个确立”的决定性意义；深刻理解和把握中国式现代化的中国特色、本质要求和重大原则；准确把握党的二十大关于政协工作的新理念、新思路、新要求，切实把“两个确立”的政治共识转化为做到“两个维护”的行动自觉，使人民政协真正成为坚持和加强党对各项工作领导的重要阵地，成为用党的创新理论团结教育引导各族各界代表人士的重要平台，成为在共同思想政治基础上化解矛盾和凝聚共识的重要渠道。在县委的坚强领导下，认真贯彻落实《关于加强和改进新时代市、县政协工作的意见》把党的领导全面地落实到政协工作各方面。要进一步建立完善加强党对政协工作全面领导的各项制度，发挥政协党组把方向、管大局、抓落实的领导作用，加强政协党支部规范化建设，构建起上下贯通，执行有力的组织体系，确保党的领导贯穿于政协思想引领、协商议政、凝聚共识和自身建设等各项工作中。

二、聚焦发展新目标，服务中心大局

我们必须围绕中心、服务大局。要按照县委经济工作会议确定的重点工作任务，围绕推进投资拉动战略、特色产业提质增效，在增强产业带动作用等调研协商，更好推动我县产业结构优化升级。围绕推进乡村振兴战略，在持续巩固脱贫攻坚成果、抵边搬迁、乡村建设行动等，围绕改善民生、凝聚人心，在办好教育事业民生实事、健康革吉民生实事等协商建言，全面提升群众幸福感和获得感。围绕加强生态文明高地建设，在坚持绿色发展理念，推进生态保护修复，污染防治攻坚等开展监督视察，为创建自治区级生态文明建设示范县助力。

三、构建履职新模式，助推工作提质增效

习近平总书记在党的二十大、全国政协新年茶话会发表了重要讲话，对做好新时代政协工作提出了新要求，为我们更好履职尽责，汇聚团结奋斗伟力指明了方向，提供了遵循。一要不断健全协商体系。要深入学习贯彻落实《中国共产党政治协商工作条例》，始终将协商民主贯穿履职全过程，更加灵活开展专题协商、重要情况协商、提案办理协商、界别协商、对口协商等，进一步为县委、县政府以及社会各界搭建统一思想、推动落实、沟通交流的平台。要创新协商方式。加强协商前的深入调研，强化协商中的互动交流，推动协商后的成果运用，确保政治协商工作多层次、全方位推进，提高人民政协协

商民主的科学性和实效性。二要不断提高建言资政水平。要从政协工作的定位特点出发，坚持双向发力，在建言资政中拓展凝聚共识的深度，在凝聚共识中提高建言资政的质量。开展小分队调研、跨界别联合调研等，力争议政建言更有分量。精选调研课题，从“小切口”入手，推动“大问题”解决。改进调研流程，由“撒网式”向“解剖式”转变，增强资政“靶向性”，提高建言“含金量”。要提高政协提案质量。广大政协委员要坚持深入田间地头、草原牧场开展调研、了解群众“急难愁盼”问题，主动为群众代言发声，提出更有价值、有分量、接地气、可操作的提案和意见建议。三要不断加强组织协调。进一步完善委员联系界别群众的制度机制，通过考察调研，政策解读，走访了解等途径，协助党委和政府做好协调关系、理顺情绪、化解矛盾的工作。组织政协委员深入开展民生系列履职活动，实实在在为群众办实事、解难事。组织政协委员开展与对口部门、相关方面的情况沟通，开展民主协商和民主监督，在广泛深入的协商民主中凝聚共识，在统一思想中汇聚力量、促进落实，切实担负起“落实下去、凝聚起来”的政治责任。

四、营造联谊新氛围，广泛凝聚共识

我们要牢牢把握团结和民主两大主题，把加强思想政治引领作为中心环节，最大限度地发挥好人民政协的独特优势，坚持求同存异的原则，把更多人团结在党的周围，为形成心往一处想、劲往一处使的良好局面发挥政协作用。要深入贯彻《中国共产党统一战线工作条例》。积极发挥政协作为统一战线组织的优势作用，促进民族关系、宗教关系、阶层关系和谐，铸牢中华民族共同体意识，扩大朋友圈，画大同心圆。要深入学习贯彻中央、区党委民族工作会议和全国、自治区、地区、县宗教工作会议精神，以铸牢中华民族共同体意识为主线，以促进藏传佛教中国化为方向，教育引导各族各界人士在中国特色社会主义旗帜指引下，不断增进对伟大祖国、中华民族、中华文化、中国共产党、中国特色社会主义的高度认同。要强化与上级政协、外地政协的交流，重视与新闻媒体的合作，继续抓好文史资料、民间谚语征集编辑和出版，讲述革吉好故事，传播革吉好声音，为我县高质量发展营造良好的外部环境。

五、展现政协新气象，提升履职能力

政协委员是人民政协履职的主体，政协机关干部是服务政协履职的主体。在团结奋斗新征程上，我们要牢牢牵住人民政协自身建设的牛鼻子，切实把政协委员和政协机关干部“两支队伍”建设好。一要健全制度机制。完善以政协党组理论学习中心组学习为引领，覆盖辖区全体委员的经常性学习制度，把学习党的二十大精神作为重中之重政治任务，深入开展学习习近平新时代中国特色社会主义思想主题活动，夯实团结奋斗共同思想政治基础。同时，完善政协党组成员同党外委员谈心谈话、政协委员履职评价及激励机制、专门委员会履职等相关制度，实现制度的刚性约束，最大限度地增强政协委员、政协机关干部和专门委员会的主体意识和责任意识。二要提高履职能力。按照习近平总书记关于“懂政协、会协商、善议政，守纪律、讲规矩、重品行”要求，不断加强政协“两支队伍”履职能力建设，着力增强政治把握能力、调查研究能力、联系群众能力、合作共事能力，增强协商本领。要加强培训力度，畅通政协委员和机关干部集中培训、外出培训等渠道，强化党的创新理论、政协规章、法律法规、国家通用语言文字等的培训，不断提高队伍素养。要配全专委会力量。积极主动取得县委、县委组织部门的支持，配齐配强专委会必要的工作力量，确保有人干事，有效履行职能。三要深入推进全面从严治党建设。以党的政治建设为统领，打造具有政协特色的党建品牌，推动政协党的建设强起来、实起来、活起来。要坚定不移抓党建强党建。对照政治标准讲政治，胸怀“国之大者”，不断增强政治判断力、政治领悟力、政治执行力。要切实做到令行禁止，步调一致，永葆不忘初心跟党走的政治本色。要传承实干精神抓落实。察实情、出实招、求实效，坚决贯彻落实区党委、地委、县委改进作风狠抓落实的部署要求，持之以恒纠治“四风”，坚决反对调研走过程、协商空对空、议政表面化倾向。不断推进政协机关党风廉政建设和反腐败工作，从正风肃纪入手，突出严的主基调，时刻把纪律和规

矩挺在前面，强化实的硬举措，落实全面从严治党主体责任，“第一责任人责任”和“一岗双责”，努力打造务实高效、团结和谐、勤政廉洁的机关。

各位委员、各位同志，蓝图已绘就，奋进正当时。站在向第二个百年奋斗目标迈进的新征程上，让我们更加紧密地团结在以习近平同志为核心的党中央周围，在中共革吉县委的坚强领导下，自信自强、守正创新、踔厉奋发、勇毅前行，不断开创政协工作新局面，为加快革吉高质量发展作出新的更大贡献。

大事记

1月

1日　阿里地区行署副专员、革吉县委书记辜建中开展新年走访慰问活动。先后看望老党员、困难党员、离退休老干部。

8日　革吉县副县长国吉次仁到“四乡一镇”督导检查今冬明春防灾减灾工作，对值班带班情况、“三包”情况、供暖情况等进行了解。

10日　革吉县公安局开展系列活动庆祝第二个人民警察节。

14日　革吉县政法队伍教育整顿召开“三个规定”专项主题会，会议由政法队伍教育整顿领导小组副组长白玛扎西作主题讲话。

25日　革吉县召开中国共产党革吉县第十届委员会第二次全体会议暨县委经济工作会议。

2月

6日　阿里地委统战部副部长、地区民宗局党组书记旺久一行对革吉县涉宗教领域开展春节期间走访慰问暨宣讲活动。

12日　革吉县革吉镇公前村二组集体所有制实行分红仪式，为118户、428人分发价值52000元的大米、面粉、糌粑、清油。

3月

2日　藏历新年期间，阿里地区政协副主席卫东一行到革吉县福康社区、森布村开展走访慰问活动。

3日　革吉县举行藏历新年升旗仪式，祝福祖国的明天天更蓝、山更绿、水更清，经济更繁荣，国力更强盛。县委统战部部长扎西主持仪式。

5日　革吉县委宣传部联合团县委、妇联开展学雷锋纪念日暨新时代文明实践推动日活动。

19日　阿里地委统战部、地委宣传部、地区民宗局、地区佛协等组成的宣讲团先后到革吉县雄巴乡、盐湖乡等开展宗教活动场所普法宣传宗教领域爱国宣传服务活动。

22日　革吉县组织全县干部职工开展爱国卫生运动。

25日　西藏自治区司法厅行政执法协调监督处二级调研员王峰一行到革吉县调研指导普法工作开展情况。

26日　西藏自治区宣讲团西藏日报社党委委员、副总编辑张晓明和自治区基层宣讲员、致富带头人次仁加布一行到革吉县开展“纪念西藏民主改革63周年”专题宣讲报告会。

28日　革吉县举行西藏百万农奴解放63周年纪念日系列活动。

4月

8日　革吉县第十三届人民代表大会第二次会议开幕。大会听取政府工作报告、财政报告、检察院、法院报告等其他报告。

9日　中国人民政治协商会议第三届西藏革吉县委员会第二次会议举办委员培训，此次会议由革吉县政协主席洛桑遵珠主持召开。

12日　西藏自治区农牧科技牲畜兽医研究所助理研究员唐文强带队一行工作组在革吉县调研。

16日　革吉县委副书记、县长彭次主持召开革吉县委2022年第一季度党风廉政建设和反腐败工作专题会。

22日　西藏自治区人大常委会副主任马升昌一行到革吉县法院、检察院调研队伍建设工作。

24日　革吉县工商业联合会（商会）第二次代表大会开幕，革吉县委常委、政协党组副书记、统战部部长扎西主持。

26日　革吉县委副书记、县长彭次主持召开革吉县“四个争先”工作领导小组专题会，会议听取“四个争先”专项组工作开展情况汇报等。

5月

8日　西藏自治区人大常委会农环工委二级巡视员王林春带队执法检查工作组一行到革吉县开展环境卫生实地检查。

8—9日　西藏自治区人大常委会农环工委主任拉巴平措一行调研组到革吉县易地搬迁点、中学、盐湖乡等实地调研医疗卫生，巩固脱贫攻坚成果与乡村振兴战略的有效衔接等方面情况。

9日　西藏自治区政协副主席、区妇联党组书记、主席江措拉姆一行到革吉县那普社区、县完小、集中供养中心、盐湖乡等地实地调研详细了解妇联工作开展情况，疫情防控、“三包”营养改善经费、学生食堂和宿舍等情况。

同日　西藏自治区县级融媒体中心验收评估组一行到革吉县对融媒体中心进行评估验收。

13日　西藏自治区总工会党组成员、副主任丹拥拉姆一行到革吉县调研。

17日　西藏自治区人大常委会党组副书记、副主任多托一行到革吉县牦牛养殖基地调研。

18日　阿里地委副书记、行署专员旦巴旺久一行到革吉县调研，对革吉县下一步如何开展好各项工作指明方向，提出要求。

25日　革吉县副县长国吉次仁主持召开2022年高校毕业生创业启动资金监管联席会议。

30日　阿里地区政协副主席益西土登一行到革吉县召开藏传佛教中国化座谈会。

6月

9日　拉萨阿里高中校长一行到革吉县开展送教活动，实现教育资源共享，此次讲座对革吉县教育的发展起到重要作用，全校老师受益匪浅。

10日　阿里地委委员，政协党组副书记，统战部部长格桑达瓦带队的阿里地区国家意识、公民意识、法治意识教育宣讲团到革吉县雄巴乡、寺庙集中开展“三个意识”宣讲，参与60余人。

13日　革吉县退役军人事务局和县人民武装部联合举办2021年度义务兵家庭优待金发放仪式，鼓励市民青年应征入伍和安心服役。

20日　阿里地委委员、行署常务副专员袁富国带领检查组到革吉县督导检查，并对相关工作提出具体要求。

同日　西藏自治区广播电视局党组成员、副局长多吉才旦一行到革吉县督导检查电视台安全播出工作。

29日　革吉县召开第十三届人大常委会第十三次常务委员会会议，会议审议人民政府、检察院、法院、农业农村局等单位上半年总结暨下半年工作计划的报告。

同日　阿里地委宣传部部长郑勇一行到革吉县对宣传思想文化工作采取听取汇报、实地考察、翻阅资料的方式进行调研。

30日　革吉县常务副县长张树强主持召开革吉县第二季度安全生产工作总结暨第三季度工作安排部署会。

同日　西藏自然科学博物馆一行到革吉县中学、小学开展“三区公益捐赠”活动。

7月

1日　西藏自然科学博物馆“三区”科技人才服务队一行到革吉县完全小学、中学开展科普活动，此次活动以主要科学实验和课堂讲解的形式进行，并赠送价值上万元的文具和课堂用品。

同日　阿里地区政协主席吕新民一行到革吉县调研，对革吉在生态文明高地建设方面做的工作给予充分肯定，提出更多有参考性、价值性意见建议。

同日　革吉县召开庆祝中国共产党成立101周年专题党课报告会。

10日　革吉县喜迎中共二十大、民族团结暨第一届盐羊古道杯足球比赛开幕，此次联赛共89人参赛。

11日　中国联通中讯设计院一行到革吉县完全小学开展“暖心助学、联通你我”爱心捐赠仪式，此次捐赠学习用品价值98万元。

15日　革吉县举办农牧民党员国家通用语言知识竞赛，51人参加此次活动，革吉镇、盐湖乡、文布当桑乡分别获得第一名。

20日　革吉县委副书记、县长彭次一行到基层调研，了解基层工作开展情况和群众生活现状。

23日　阿里地区政协副主席、工商联主席、商会会长卫东一行到革吉县盐湖乡围绕林长制落实情况、沙场营业执照及草场破坏情况和革吉县运营企业情况进行调研。

26—28日　革吉县强基办举办2022年第二期驻村工作业务培训，共24人参加培训，此次培训帮助全体驻村干部理清工作思路，明确工作任务，掌握工作方法，提升工作能力，达到了培训效果。

29日　西藏自治区党委法治建设第四组督察组组长次平一行到革吉县督导检查工作，实地走访相关单位，查找工作亮点，挖掘创新经验做法，并对之后工作提出意见建议。

同日　革吉县公安局举行执法执勤公安车辆及警务装备配发仪式，此次公安局向基层一线公安机关配发7辆警务用车，向公安局“110”指挥中心配发高质量无人机。

31日　中国联通党组成员、纪检监察组组长董群一行到革吉县调研第九批援藏工作，实地调研援藏项目投入运行成效、中国联通扶贫成效及其他援藏工作成效。

8月

2日　西藏自治区党委讲师团团长侯晓东一行到革吉县开展铸牢中华民族共同体意识，牢固树立国家意识、公民意识、法治意识集中宣讲会，共100余人参加会议。

4日　阿里地委委员、革吉县委书记辜建中到社区开展“三个意识”宣讲教育活动，累计受教151人，主要讲解国家意识、公民意识、法治意识的深刻内涵，阐释开展“三个意识”群众性宣传教育活动的重要性和必要性。

同日　革吉县交通运输局组织亚热乡、文布当桑乡人民政府开展农村客运综合服务站启动暨“交快合作”揭牌仪式。

5日　革吉县召开中国联通集团第九、十批援藏干部迎送座谈会，充分肯定第九批援藏干部的成绩，进一步传承弘扬援藏精神，支持鼓励第十批援藏干部担当作为，继续奋斗，不断提高援藏工作水平，为革吉县长治久安，高质量发展贡献力量。

7日　阿里地区医疗保障局党组成员、副局长洛桑扎西一行宣讲团到革吉县开展各项医保宣讲培训会，共41人参加会议。

9月

5日　中国联通公司千里驰骋，助力抗疫，为革吉县送去抗疫物资和50万元抗疫资金。

7日 革吉县红十字会收到西藏煜城公司向革吉县捐赠的蔬菜、矿泉水等抗疫物资，折合人民币658674元。

16日 革吉县委副书记，县长彭次督导宗教领域防疫工作，强调革吉寺庙不能有麻痹心理，厌战情绪，要采取扎实有效的措施把每一项工作、每一个环节压紧压实保证疫情防控强度不下降。

20日 革吉县委副书记，县长彭次主持召开革吉县复工复产工作安排部署会，研究第二批复工复产项目有关事宜及第一批汽修行业、复商、复市有关工作，并对下一步工作提出具体要求。

24日 革吉县最后一批滞留巴嘎乡农牧民群众84人踏上返乡旅途，已平安返回革吉县。

30日 革吉县组织安全生产成员单位开展节前安全大检查，将安全隐患遏制在萌芽状态。

10月

12日 革吉县红十字会开展宗教界人士“喜迎二十大、永远跟党走、战疫有担当、同心护家园”爱心捐赠仪式，此次活动共发放价值4万元的生活物资、价值13.327万元的防疫物资。

15日 革吉镇卫生院医务人员到牧区为群众开展核酸检测。

16日 革吉县各界干部群众收听收看中共二十大开幕会盛况。

11月

24日 阿里地委委员、县委书记辜建中到基层宣讲中共二十大精神。

12月

5日 革吉县宣讲团一行到“四乡一镇”开展中共二十大精神宣讲。

5—7日 西藏自治区常委会党组副书记、副主任多托一行工作组到革吉县调研。同时，在革吉镇宣传中共二十大精神。

12日 革吉县举办党员干部学习贯彻中共二十大精神专题培训班。阿里地委委员、县委书记辜建中作开班报告。

14日 革吉县召开第十三届人民代表大会第三次会议，地委委员、县委书记辜建中，县委副书记、县长彭次和县级人大代表共计101人参加会议，大会通过投票选举产生西藏自治区第十二届人民代表大会革吉选区代表和革吉县人民政府副县长候选人。

16日 阿里地区政协党组成员、副主席卫东一行到革吉县革吉镇福康社区开展中共二十大精神宣讲活动。

16—18日 阿里地区巩固拓展脱贫攻坚成效同乡村振兴有效衔接日土考核验收组一行到革吉县考核验收。

22日 革吉县商务局在县城发放“助企惠民·乐购革吉”优惠券，此次共发放1896张优惠券。

22—23日 阿里地委统战部副部长、地区民宗局党组书记旺久一行到革吉县考核验收民族团结进步“四级联创”工作。

26日 革吉县召开2022年度乡镇党委、政府履行环境保护工作职责情况述职述责会议。

同日 经国家民委组织评选，革吉县拟被命名为第十批全国民族团结进步示范区。

30日 革吉县召开2022年度党风廉政建设和反腐败工作专题会。

31日 革吉县文布当桑乡夏玛村举行2022年人工种草项目分红仪式，此次受益分红项目分红共计80.4757万元。

县情概览

【历史沿革】 革吉，曾译为革杰、改吉，藏语意为“扬善之地”。革吉县境自远古时期即有人居住。西藏民主改革前，境内曾驻有革吉、帮巴、雄巴、亚热、塞利浦、却藏、结克（直吉）7个部落，与藏北其他部落一道被称为藏北十八区，为阿里噶本辖区。1960年8月16日，在评判斗争取得阶段性胜利后，经中共西藏工委和阿里分工委批准，中国共产党革吉县委员会、革吉县人民政府在那普草滩宣告成立，归阿里专区管辖。1961年4—11月，按各部落传统习惯放牧地区，在境内设帮巴、雄巴、盐湖和亚热4个区，并先后成立区委、区公所和15个乡人民政府。1962年正式定名革吉县。1971年，全县15个乡全部改称人民公社。1984年，撤销人民公社，恢复乡建制。1999年，在“撤区并乡”工作中，帮巴区、盐湖区、雄巴区、亚热区分别改为革吉镇、盐湖乡、雄巴乡、亚热乡，新建文布当桑乡。

【地理位置】 革吉县地处西藏自治区西部、阿里地区中部，东邻改则县，西接噶尔县，北靠日土县，南与普兰县接壤，距狮泉河镇112千米，距拉萨1640千米。地理坐标为北纬30°11′—33°43′，东经80°19′—83°11′。境内东西宽260千米，南北长330千米。辖区面积46104.28平方千米，其中草场面积4784.84万亩。

【气候条件】 革吉县气候具有“一高二大三低”“一长一短”“一多一少”特点。其中，“一高”指海拔高，全县平均海拔4700米以上，有“世界屋脊的屋脊”之称；“二大”指风沙大、温差大，冬季风大风频，昼夜温差超过20℃；“三低”指气压低、含氧量低、气温低，气压常年在600百帕左右，含氧量不足平原地区的50%，最低气温零下42.6℃。“一长一短”指采暖期长、作物生长期短，平均年采暖期长达9个月，作物生长期仅3个月。“一多一少”指自然灾害多、年降雨量少，旱灾、风灾、雹灾、雪灾等自然灾害频发，有“十年九灾”之说，革吉县年平均降水量分别为革吉站95.1毫米、盐湖站130.5毫米、亚热站133.0毫米、文布当桑站137.8毫米，整体平均为116.3毫米。

【自然环境】 革吉县属藏北羌塘高原大湖盆区，河流、湖泊众多。主要河流有森格藏布、阿毛藏布、帕莫藏布等；湖泊达80余个，多为咸水湖。草场面积大，占全县辖区面积的79.9%，生长草原低草，适宜放牧藏系山羊、绵羊、牦牛等高原畜种，是一个以畜牧业为支柱产业的纯牧业县。高海拔山峰众多，海拔6000米以上的山峰有21座，其中最高峰（无名峰）海拔6434米。此外还有丰富的太阳能、风能和水能资源，无任何工农业污染，天蓝、水清、空气清新。

革吉县矿产资源丰富，主要有砂金矿、硼镁矿、硼晶、硼砂、盐矿、铜矿、铅矿、锌矿、铁矿等矿种。革吉县盐湖乡的硼镁矿储量居全国第二、西藏第一。县域北部属羌塘自然保护区，拥有广袤神秘的自然风光。革吉县境内有藏羚羊、黄羊、藏野驴、野牦牛、黑头角雉、黑颈鹤、金丝野牦牛等几十种国家一、二级野生保护动物。

【行政区划】 革吉县辖4个乡1个镇(亚热乡、盐湖乡、文布当桑乡、雄巴乡、革吉镇),18个行政村和2个居委会,54个村民小组。全县共有行政单位66个,事业单位68个,干部职工1128人,其中厅级干部1名,县级干部31人(援藏2人),科级干部418人;全县共有5个乡(镇)党委,1个公安局党委,1个税务局党委,7个党组,12个党总支,79个党支部,1940名党员。2022年全县总人口18070人,其中牧民群众14771人。全县共有中小学校6所,其中初级中学1所,完全小学3所,初小2所,县藏语和汉语幼儿园1所、附属藏语和汉语幼儿园4所,村级藏语和汉语幼儿园11所。中国联通公司对口支援革吉县。

【经济发展】 2022年,全县地区生产总值达90653万元,同比增长0.5%。全县地方财政收入达2249万元,同比增长20.9%。社会消费品零售总额达10988.89万元。城镇居民人均可支配收入51910元,同比增长4.4%。农村居民人均可支配收入16880元,同比增长7.4%。固定资产完成投资2.3亿元,完成招商引资投资3179万元。白绒山羊养殖规模达8.7万只,草场流转面积469.88万亩,旅游接待39687人次。

(孟艳霞)

中国共产党革吉县委员会

综述

【概况】 2022年，革吉县委坚持以习近平新时代中国特色社会主义思想为指导，全面贯彻中共十九大和十九届历次全会精神，深入贯彻中央经济工作会议和中央第七次西藏工作座谈会精神，深入贯彻习近平总书记关于西藏工作的重要论述和新时代党的治藏方略，按照自治区第十次党代会和区党委、地委经济工作会议部署要求，坚决捍卫拥护“两个确立”、增强“四个意识”、坚定“四个自信”、做到“两个维护”，以迎接服务中共二十大胜利召开为主线，弘扬伟大建党精神和“两路”精神、老西藏精神、孔繁森精神，坚持稳字当头、稳中求进工作总基调，围绕“四个争先”，完整、准确、全面贯彻新发展理念，服务融入新发展格局，全面深化改革开放，坚持创新驱动发展，以优化发展格局为切入点，以要素和设施建设为支撑，以制度机制为保障，统筹疫情防控和经济社会发展，统筹发展和安全，持续做好“六稳”“六保”工作，以“四个创建”为载体落实“四件大事”，以“四个走在前列”为牵引实现“四个确保”，各方面工作取得一定成效。

2022年6月22日，阿里地委委员、县委书记辜建中（后排右三）主持召开革吉县全面推行林草长制领导小组2022年第一次会议

【经济发展】 年内，地区生产总值90653万元，同比增长0.5%；公共财政预算收入2000万元，同比增长47.1%；公共财政预算支出完成89539万元，同比增长18.4%；城镇居民人均可支配收入51910元，同比增长4.4%；农村居民人均可支配收入16880元，同比增长7.4%，社会消费品零售总额10988.89万元。

【重点项目建设】 年内，重点建设项目共66个，续建项目9个，新建项目36个，新增项目21个，总投资11.18亿元，已完成固定资产投资3.24亿元，完成率为103%。其中已竣工项目28个，办理前期手续项目2个，开展招投标项目11个，计划近期竣工项目2个，已停工项目23个。

【“十大民生工程”】 推进就业创业工程。开展农牧民技能培训10期404人，累计转移就业2783人次，创收2787.82万元，落实县级干部“一对一”帮扶机制，完善2022年革吉籍应届高校毕业生58人基本信息。

推进教育优先工程。落实全县3276名学生“三包”资金661.22万元，落实2738名学生营养餐资金129.29万元。同时，为10名考入其他省市西藏班的学生发放助学金10万元，覆盖率达100%。

推进文化惠民工程。县民族艺术团排练场所建设项目、直属库基础设施建设项目已开工建设。

推进健康革吉工程。大力开展健康教育“五进”宣讲活动，开展城乡居民暨在编僧尼免费健康体检11099人。

推进住房保障工程。完善“三房”管理体制机制，开展“三房”管理专项整治，排查房屋1047套，涉及违规占用60套，完成腾退60套。

推进社会保障工程。社会保险参保率达100%、养老保险参保率达95%。兑现上半年城乡低保49户155人35.22万元，按时足额为1259人发放24.91万元。

推进“一老一小”工程。为80名兑现农村特困人员供养资金119.35万元，为5名分散孤儿兑现供养资金8.58万元。

推进社会救助工程。为483人发放临时救助资金38.127万元，为8人次过往流浪乞讨人员发放救助金3850元。

推进安全生产工程。扎实开展专项行动，深入开展“三年行动”“平安护航二十大”“危险化学品”“城镇燃气”“居民自建房”“高层建筑火灾”领域安全隐患排查专项整治行动，共检查983家次，整改各类安全隐患756处，开展4次安全生产演练。

推进疫情防控工程。落实疫情监测工作，截至11月7日，开展全员核酸52轮，冷链食品检测2900余批次，环境检测7200余批次；持续推进新冠疫苗接种工作；围绕全员核酸采样、消杀及流调等工作开展集中培训8次，共培养16名核酸检测技术人员和221名采样人员；投入667.61万余元采购疫情防控短缺物资和核酸检测试剂，确保革吉县疫情防控物资保障到位。

2022年9月3日，阿里地委委员、革吉县委书记辜建中（右二）一行到文布当桑乡检查指导新冠疫情防控工作

【乡村振兴】 年内，先后召开领导小组会议、产业专题会议、监测专题会议等15次，及时研究推进乡村振兴领域重点工作。全县累计识别监测户78户324人，已消除40户157人，未消除38户167人。制定《革吉县“十三五”时期扶贫产业项目效益提升行动方案》，完成2012—2020年133个扶贫项目资产确权登记工作，并已全部录入项目库；投入衔接资金16247.08万余元实施项目21个，已拨付资金8494.53万余元，资金执行进度52.28%。2022年，革吉县共统筹整合财政衔接资金17997.47万元，其中，用于产业项目发展资金1086.1万元，小型基础设施及生产扶持项目资金6220.98万余元，巩固提升类（人居环境整治类）项目资金6040万元，整村推进类项目资金2900万元，其他类项目、扶贫贷款贴息资金198.38万余元。

【生态文明建设】 年内，深入宣传习近平生态文明思想、宣传环保知识，共发放宣传资料2100余份。

县空气监测站已通过地区验收，前三季度监测采样工作已完成，待检测结果反馈。建设项目环评审批工作稳步推进，共备案建设项目环境影响登记表22份，未出现“未批先建”情况。开展环境监察执法67次，发现问题43个，均已整改到位。持续推进生态文明建设示范县创建工作，已完成4个乡1个镇和18个村（社区）的创建资料报送工作。全力抓好督察反馈问题整改，中央第一轮环保督察反馈问题已全部整改完成，中央第二轮环保督察反馈问题整改工作扎实推进中，中央环保督察组移交的2件信访案件已全部办结。

2022年9月27日，阿里地委委员、革吉县委书记辜建中（左一）一行到捌仟错矿区检查指导新冠疫情防控工作

【民族团结】 年内，制定实施创建全国民族团结进步模范区中争先进工作方案、“九进责任清单”等指导性文件，调整充实专项工作领导小组，为稳步推进“双创”工作提供坚强组织保障。同时，县财政预算100万元，争取地区200万元用于开展“双创”工作。

制发《关于做好2022年自治区级、地区级民族团结进步模范集体和个人推进评选工作的通知》，推荐自治区级“最美家庭”1户，推荐地区级五好文明家庭13户，推荐国家级示范县1个，推荐自治区级模范单位5个、个人2名。

坚持把村（社区）干部和牧民党员作为重点对象，通过村民大会，广泛开展国家通用语言文字普及活动，投入培训经费52220元，累计举办培训19期519人次，“三支队伍”送学上门31人次，不断扩大教育覆盖面。

开展九月民族团结宣传教育工作，组织宣传教育活动89场次，受教育群众15317人，发放宣传资料3170余份。

【意识形态工作】 年内，始终把“管脑子”摆在更加突出位置，签订目标管理责任书48份，压实各乡镇、县直各有关单位意识形态工作责任。积极开展新时代文明实践中心建设工作，广泛发动文明实践志愿者充分利用现有基层宣传文化阵地，组织开展文艺演出、医疗送诊、理论宣传、帮扶帮困、文体竞赛等志愿服务活动220余场次。制定《革吉县文明城市创建方案》，召开革吉县文明城市创建工作推进会，明确创建目标，细化措施方法，压实各方责任，对各项工作作出安排部署。其间，共开展文明出行宣传活动17场次、文化市场检查50家次。

以迎接宣传中共二十大为主线，深入开展“网络二十禁”“网络文明五进”等专项行动，开展网络舆情监测，为全县网络和信息安全提供坚强的保障。把中共二十大精神特别是习近平总书记报告精神纳入党员干部和牧民群众学习的重要内容，充分发挥新时代文明实践中心（所、站）等基层宣传文化阵地作用，到村到组到户开展宣讲，迅速在全县掀起学习宣传贯彻热潮。中共二十大召开以来，县委理论学习中心组集中学习2次、常委会传达学习2次，开展宣讲40余次。

【党的建设】 年内，认真履行全面从严治党主体责任，制订县委全面从严治党主体责任清单，每半年主持召开1次专题会议，听取党委（党组）及其书记、纪委、县委班子成员履职情况汇报，督促工作落实。严格落实民主集中制，不断加强干部队伍建设，强化过程监督。全面加强村（社区）

2022年9月28日，阿里地委委员、革吉县委书记辜建中（左一）一行到亚热乡夏玛村检查指导涣散软弱基层党组织整改工作

党组织建设，大力整顿软弱涣散基层党组织，不断夯实基层基础。坚持新时期好干部标准和民族地区干部“四个特别”政治标准，凭能力用干部、以实绩论英雄，着重对疫情期间表现突出、能力出众的干部人才进行挖掘培养。2022年，配合地委组织部开展3次干部考察工作，提拔使用县级干部1名、科级干部1名，对3名县级干部及2名科级干部进行职级晋升。

强化作风建设，开展改进作风狠抓落实工作领域监督检查26次，发现反馈问题60余条，已全部督促整改完成，现场批评教育11人，约谈1人。坚定不移推进反腐败斗争，处置问题线索52件，立案8件12人，给予党纪政务处分8件12人。加强政治体检和政治监督，开展政治巡察1轮，移交问题线索5件，并针对巡察整改情况开展实地调研，督促问题整改。

（李明科）

【机构领导】

阿里地委委员、革吉县委书记

辜建中（6月任阿里地委委员）

县委副书记、县长、一级调研员

彭　次（藏族）

县委副书记、人大常委会主任

才旺仁增（藏族）

县委常务副书记、政府常务副县长

李元昭（9月任县委常务副书记）

县委副书记、政府常务副县长、三级调研员

段俊峰（7月任县委副书记）

革吉县政协党组书记、主席

洛桑遵珠（藏族）

县委常委、纪委书记、监委主任、三级调研员

金灿华

县委常委、统战部部长、三级调研员

扎　西（藏族）

县委常委、政法委书记、公安局局长、督察长、国安办主任、三级高级警长

白玛扎西（藏族）

县委常委、宣传部部长、二级调研员

罗绍勇

县委常委、组织部部长、党校校长

岳　林（12月任党校校长）

县委常委、政府副县长

游思佳（9月任）

办公室工作

【概况】 2022年，革吉县委办公室紧扣工作定位和年度工作目标，积极发挥政治把关、参谋助手、统筹协调、督办落实、舆论宣传、服务保障作用，当好县委的“坚强前哨”和“巩固后院”，较好地完成各项工作任务。革吉县委办公室加挂保密局、机要局牌子，下设革吉档案馆、革吉县信息化密码保障中心2家单位。2022年，实有干部职工19人，其中抽借调6人，公益性岗位3人。

【当好学习标兵】 年内，制定《革吉县委办公室周例会暨学习制度》，办公室成员逐一汇报一周以来本人承办的各项任务、完成情况以及存在的问题、对当前阶段的重点难点工作提出工作建议、对下一阶段工作进行安排部署。并随时学习党中央、区党委、地委、行署、县委、县政府下发的重要文件精神以及召开的重要会议精神，做到学思结合、知行统一，进一步提高工作效率和规范化水平。

【当好改革参谋】 年内，调整充实以县委书记为组长的县委全面深化改革委员会，结合革吉实际，研

究制定《中共革吉县委全面深化改革委员会2022年工作要点》，确定政治建设、民族团结、高原经济、生态文明、党的建设、组织建设等6个方面48项重点任务，明确责任领导、责任部门，确保各项改革任务有人抓、有人管、有落实。及时组织召开县委全面深化改革委员会领导小组会议，总结上季度改革工作，安排部署下半年改革任务。同时在县委常委会传达学习安排部署深化改革工作8次，确保改革工作有领导、有安排、有部署。

【文稿服务】 年内，站在全县大局的高度，扎实地为领导服务，起草中国共产党革吉县第十届委员会第二次全体会议暨县委经济工作会议、县委常委会会议等重要会议材料，承接完成领导交办的各类发言材料。截至年底，共撰写讲话汇报110余篇。

【掌握信息动态】 年内，明确专人负责信息报送工作，做到信息工作及时统计、及时梳理、及时上报，不拖延、不误事，积极向地委反映重要工作、特色工作的信息。截至年底，上报信息432条，综合信息27条。

【保障运转】 年内，在办文方面，坚持专人负责、分类管理。在公文制发方面，坚持校核格式、校核内容、校核文字、校核范围，既保证文件符合党的路线、方针、政策及国家法律法规，也有效防止文件泛滥、形式主义。在文件传阅方面，坚持专件专人、急件急办、特件特办、秘件秘办。在办会方面，严格落实会前审批制度，紧扣“会前方案、会中协调、会后总结”环节，加强会务组织和服务工作，严格会议纪律，及时制发会议纪要，确保会议高效、政令畅通。截至年底，下发各类文件82份，传阅中央、自治区、地区层面文件357份（其中普通文件187份，涉密文件170份），统筹安排县委各类会议90次〔其中县委常委会35次，县委常委会（扩大）会议1次，其他会议54次〕。

2022年5月6日，革吉县2022年保密工作会议暨档案工作会议召开

【与“四办”联系沟通】 年内，制定《县委、人大、政府、政协办公室定期沟通工作制度》，定期组织召开联席会议，对中央、自治区、地区出台的重要文件进行解读、贯彻落实，并围绕全县经济和社会发展及县委、县政府的中心工作，开展研究讨论，及时掌握和了解全县稳定、发展、生态、强边各项工作推进过程中的经验做法、难点堵点，更好地统筹协调各项工作，为县委、县政府科学决策提供依据和建议。截至年底，召开“四办”联席会议4次。

【党风廉政建设】 年内，研究制定《2022年革吉县委班子落实全面从严治党主体责任清单》《2022年革吉县委党风廉政建设和反腐败工作要点》，每季度组织召开党风廉政建设和反腐败工作专题会议，听取县纪委监委落实党风廉政建设监督责任情况和县直各党委（党组）、“四乡一镇”党委履行党风廉政建设主体责任情况汇报；每半年主持召开全面从严治党专题会议，听取各党委（党组）及其书记、纪委、县委班子成员履职情况汇报，及时研究工作中存在的困难，并对下一步工作进行安排部署。截至年底，召开党风廉政会议4次、全面从严治党会议2次。

【重点工作督促落实】 年内，制定

2022年6月9日，革吉县档案馆工作人员开展“6·9”国际档案日宣传活动

《革吉县常态化开展暗访督查工作机制》,对事关稳定发展生态强边的重要工作、事关全县经济社会发展全局的重大决策和重大项目、涉及群众利益的重点民生工程,社会各界广泛关注的重大事项、重大活动,以及党中央、区党委、地委的各项重大决策部署和县委、县政府的具体工作安排等开展督导检查,采取直接深入实地调查探访的方式,事先不打招呼、不作安排,抓住关键环节,解决突出问题。截至年底,联合政府办、作风办等相关部门对各乡镇、县直各部门开展督导检查 38 次,发现反馈问题 60 余条,已全部督促整改完成,约谈 4 次 37 人次。

【保密工作】 年内,坚持把保密工作列入重要议事日程,制定《革吉县 2022 年保密工作培训计划》《2022 年保密工作要点》《革吉县委保密委员会工作规则》,召开年度保密工作会议、保密委专题会议,对上级关于保密文件进行传达学习,并对全县保密工作进行研究部署,及时解决保密工作中存在的问题和困难。

截至年底,组织专题教育培训 2 次;组织干部职工观看警示教育片 2 次;以《中华人民共和国保守国家秘密法》和保密技术防范为主要内容,采取悬挂横幅、发放宣传单等方式,在干部群众中广泛宣传保密有关知识,悬挂保密横幅 1 条,发放保密知识手册 300 余份;在微信群、网信革吉等平台推送保密知识 30 余条;开展保密工作督查 2 次、疫情防控专项督查 1 次、自查考评工作 2 次;争取援藏资金 35 万元。

【档案工作】 年内,制发《革吉县 2022 年档案移交工作通知》《革吉县档案移交方案》《革吉县档案馆关于征集革吉县特色历史档案资料的公告》,及时转发西藏自治区档案局《关于进一步加强档案安全工作的通知》,召开 2022 年档案工作会议,及时对相关工作进行部署,先后到各级各部门开展档案工作督查 3 次,有力保证档案工作的开展。

截至年底,接收各类档案 933 卷 24939 件,其中文书档案 582 卷 16649 件,脱贫攻坚档案 165 卷 770 件,疫情防控档案 67 卷 1588 件,党史档案 119 卷 5932 件;实物档案 62 卷 16 枚;接待查阅档案 4 人次,提供卷宗 5 卷。

【新冠疫情防控】 年内,研究制定《县委办公室迎接中共二十大维稳安保工作细化方案》《县委办公室 2022 年疫情防控方案预案》,充实完善《县委大院值班室 2022 年疫情防控方案预案》、“六防”预案及重要节点维稳工作方案,细化处置措施,为有效防范各类风险隐患奠定坚实基础。疫情期间,充分调动办公室干部勇于担当、奋勇争先的工作积极性,办公室 12 名干部自愿深入疫情一线进行核酸采样、消杀,起到良好的带头作用。

（李明科）

【机构领导】

主　任

侯　广

副主任、深改办主任

雷小聪

副主任、机要局局长

袁　帧(12 月免)

王　军(12 月任)

信息化密码保障中心主任

卓玛次仁(女,藏族)

信息化密码保障中心副主任

刘　星(4 月任)

县保密局局长

达　娃（女，藏族）

档案馆馆长

次德吉（女，藏族，12月免）

扎西德吉（女，藏族，12月任）

组织工作

【概况】 2022年，革吉县委组织部干部职工24人，负责管理党校加挂县公务员局、县委老干部局、县直机关工作委员会牌子，所属事业单位有党员教育中心。（党员干部现代远程教育中心）干部人事档案室、实名制管理中心。

【干部选拔任用】 年内，县委组织部坚持树导向立标杆，着力锻造忠诚干净担当的高素质干部队伍，为全县稳定发展生态强边各项事业发展进步提供坚强组织人才保障。全面贯彻落实好干部标准和民族地区“四个特别”有关要求，突出政治标准，按照统筹兼顾原则，真正把想干事、肯干事、干成事的干部选出来、用起来，鼓励引导广大干部职工积极投身社会主义现代化新革吉建设的火热实践中。配合地委组织部开展3次干部考察工作，调整使用为县级干部（享受县级待遇）12人，其中提拔使用为副县级干部1名，晋升二级调研员1名，晋升三级调研员3名，晋升四级调研员7名。配合县委组织开展干部调整2次，共调整使用干部111人，其中，提任46人，进一步使用15人，平职调整25人，其他25人。职级晋升48人，其中，晋升三级高级警长1人，晋升一级主任科员6人，晋升二级主任科员7人，晋升三级主任科员15人，晋升四级主任科员19人。

【干部关心关爱】 年内，县委组织部坚持把关心关爱干部摆在干部队伍建设的突出位置，在全方位、多层次、立体化了解掌握关心关爱干部工作开展现状，系统总结提炼存在问题和面临困难，紧密结合革吉县实际情况提出应对措施。

及时制发《关于开展革吉县干部职工夫妻异地分居摸底排查工作的通知》，充分掌握情况、摸清底数，结合单位班子职数、编制情况和个人意愿等，在符合条件的基础上分期分批进行调整，着力提升干部职工获得感、幸福感、归属感，营造拴心留人、干事创业的良好氛围。年内，基于夫妻两地分居现实调整公务员共3人。

全县干部职工填写健康问卷调查780份，全面掌握干部职工健康状况，并认真组织填报2022年度阿里地区干部职工体检统计表，推动2022年度体检工作落到实处，不断提高革吉县广大干部职工健康保障水平。

【人才工作】 年内，县委组织部始终坚持以习近平新时代中国特色社会主义思想为指导，深入贯彻落实习近平总书记关于新时代人才工作的新理念新战略新举措，全面学习贯彻中央、区党委、地委和县委人才工作会议精神，大力实施“引进人才、培养人才、用好人才、留住人才”四大人才工程，确保人才工作开展到位、落实到位。组织成立以县委书记和政府县长为组长，县直有关单位主要负责人为成员的县委人才工作领导小组，领导小组办公室设在县委组织部办公室，由组织部副部长文旭维兼任办公室主任，切实建立健全革吉县人才工作机制，确保人才工作有人抓、有人管、有

2022年4月20日，革吉县2022年驻村工作队第二期业务培训

2022年4月18日，革吉县召开组织工作会议

人落实。

组织召开2022年县委人才工作会议，全面安排部署2022年人才工作，切实为人才工作指明方向、提出要求、明确目标，确保人才工作安排部署到位、工作措施贯彻落实到位。

充分发挥县委党校干部教育培训主阵地作用，组织开展新任公务员教育培训、党务工作者教育培训、乡村振兴教育培训共计17（场）期672人次，全面提升干部人才队伍的整体素质。

结合革吉县人才工作实际，形成《关于加强和改进新时代人才工作的实施意见的细化分解》（初稿），明确人才工作的总体要求、工作原则以及目标任务，细化县直各有关单位的具体任务和人才工作措施，初步形成县委牵头、组织部实施、各单位配合的人才工作新格局。

【组织建设】 年内，聚焦党要管党、全面从严治党要求，认真落实《党委（党组）书记抓基层党建工作述职评议考核办法（试行）》，精心组织召开抓基层党建述职评议考核会盘点成绩、查找不足，指导述职对象紧盯反馈问题提出整改措施、制定整改方案，切实形成“公开述职、精准点评、民主测评、限期整改”的闭环链条，真正使述职评议考核成为压实管党治党责任的“硬规矩”和“指挥棒”。

聚焦农牧区、寺管会等领域党建薄弱问题，制定城乡党支部结对共建联建行动方案，推行“2+1”（县级两个支部结对帮扶一个村支部）帮带模式，推动44个县直机关党支部与20个村（社区）和2个寺管会党组织结成共建联建对子，建立起组织联建、党员联学、活动联办、发展联促、治理联抓的“六联”工作机制。截至年底，县直机关党支部下沉到村（社区）开展形式多样的联建活动20余场次。

发挥12名常委“领头雁”作用，定期联系指导、定点帮扶示范带动农牧区党组织建设，常委班子成员带头到联系点蹲点指导工作10次，发现解决农牧区党建重点难点问题5个，推动落实农牧区党建重点任务15项，农牧区基层党组织维护稳定的“桥头堡”、促进民族团结的“工作队”、群众致富的“领头雁”功能愈加凸显。

坚持不设比例、不定指标、应整尽整要求，严格对照软弱涣散标准，对全县79个基层党组织特别是农牧区、寺管会、中小学校等领域基层党组织进行深入摸排，县委研究确定亚热乡夏玛村党支部为软弱涣散基层党组织，指导制定“一村一策”整改方案并严格“四个一”措施，已全部整改完成。

锚定抓好“四件大事”、实现“四个确保”，推动“四个创建”，努力做到“四个走在前列”目标任务，向地委“四个争先”工作要求精准发力，创建盐湖乡羌麦村、文布当桑乡夏玛村等4个单位作为经济高质量发展、国家生态文明高地、民族团结进步基层党组织示范点进行申报。总结运用那普社区“平安第一村”和盐湖乡派出所“枫桥式派出所”创建经验，申报自治区级“党建引领基层治理试点县”。

坚持把严肃党内组织生活作为重点任务来抓，县委组织部会同县纪委监委聚焦学习教育、谈心谈话、查摆问题、自我剖析、民主评议等重点环节安排专人进行全程指导，组织9个党委（党组）高质量召开民主生活会，指导79个党支部（党总支）高标准开展组织生活会和民主评议党员，评定优秀共产党员458名并在全县通报表扬，推动党内组织生活严起来、实起来、细起来。对照地委组织部每月工作提醒梳理学习内容，形成5份学习任务清单印发给各级党组织，督促各级党组织严格落实“三会一课”要求，逐步让党员干部理论武装丰厚起来。

【党建工作】 年内，多次召开县委会和全县组织工作会等研究部署品牌创建工作、解决困难问题，制发《革吉县藏西先锋·红色阿里党建品牌创建提质增效年工作方案》，深入各乡（镇）、村（社区）和县（中）直各单位调研指导党建品牌工作3次，指出问题53个，提出改进措施65个。组建党员志愿服务队12支，开展服务活动43次，创新党建活动载体，持续开展“党员奉献日”“工青妇活动日”等活动50场次，在直属库遗址参观实物展等40场次，1700人次参加。聚焦“四个创建”工作举措，深入开展“支部活起来、党员动起来、发展强起来”实践活动、红色党建助力绿色生态建设行动、民族团结“双语双学”结对帮扶活动340余场次，切实助力“四个走在前列”目标任务。

推选出8名中共二十大代表推荐提名，发放《西藏自治区严肃二十大代表换届纪律提醒函》125份，组织党员签订承诺书1920份，进一步严明中共二十大代表选举纪律。举办基层党建工作述职评议考核会，先后3次到各乡镇、村（社区）、县直各党支部督导基层党建工作，反馈54条整改建议，并对应制订整改方案，切实提升党建工作水平。研究制定《革吉县2022年“三大节日”慰问活动方案》，春节、藏历新年期间，县“四大班子”主要领导分批次带头慰问381人，发放慰问金34.8万元。组织9个党委（党组）高质量召开民主生活会，指导79个党支部（党总支）高标准开展生活会并进行民主评议党员，评定优秀共产党员458名并在全县通报表扬，规范制作《革吉县党内组织生活标准化手册》，对全县25个远程教育站点进行全面检修、配齐设备，并健全制度建设，每个站点选派2名管理员，促进党员远程教育规范化开展。开展国家通用语言文字竞赛，创新实施国家通用语言“1234工作法”，抓好“九个一”措施落实，及时转发“每日一学”“每周一学”等学习视频课件32期，指导120名普及对象下载并熟练使用“藏译通”App，选派村（社区）“两委”干部参加上级部门组织的培训42人次，不断提升村（社区）干部履职能力和本领。

2022年5月22日，革吉县委组织部组织村（社区）干部参加国家通用语言文字（第5期）培训班

制定《革吉县2022年发展党员指导性计划》，围绕五大环节25个步骤，建立发展党员工作标准化操作流程手册和文书模板，深化违规违纪发展党员整治“回头看”，规范完善党员档案364份。常态化整顿亚热乡夏玛村软弱涣散基层党组织，指导制定“一村一策”整改方案，2个问题已全部整改完毕。深入开展党员承诺践诺活动，承诺事项600余个。建立县委班子成员党建联系点制度，常委班子成员带头到联系点蹲点指导工作20次，发现解决农牧区党建重点难点问题5个，推动落实农牧区党建重点任务15项。做好优秀村党组织书记和乡村振兴等各类专干中招录（聘）公务员（事业编制人员）服务保障工作，革吉镇康巴列村党支部书记桑巴成功转录为事业单位人员，实现革吉县自2017年以来从优秀村党组织书记中招录事业单位人员零的突破。

2022年6月30日，阿里地委委员、县委书记辜建中（主席台）讲革吉县庆祝中国共产党成立101周年专题党课

制定《城乡党支部结对共建联建行动方案》，推行“2+1”帮带模式，推动44个县直机关党支部与20个村（社区）和2个寺管会党组织结成共建联建对子，建立起组织联建、党员联学、活动联办、发展联促、治理联抓的“六联”工作机制，县直机关党支部下沉到村（社区）开展形式多样的联建活动60余场次。

【乡村振兴】 年内，县直机关工委全面总结运用抓党建促脱贫攻坚中的经验做法，不断发挥组织优势、释放组织动能，把组织活力转化为乡村振兴的动力，充分发挥党的政治优势、组织优势、密切联系群众的优势，以组织振兴的新成效推动乡村振兴全面实施，制发《抓党建促乡村振兴实施方案》《党建引领乡村治理试点县实施方案及其任务分解》，研究制定25条具体举措，深入推进抓党建促乡村振兴，以“五聚五力”模式深化党建引领乡村治理试点县创建，注重在疫情防控中提升组织力，及时组建临时党支部3个，设立党员先锋岗20个，发动759名党员参与战疫行动。

持续加强换届后乡村领导班子建设，择优选配90名优秀干部到重要岗位历练，及时补选村“两委”干部4名。聚力“四个创建”，谋划盐湖乡羌麦村等4个基层党组织示范点培育，推动亚热乡夏玛村党支部软弱涣散整顿工作，研究确定雄巴乡多仁村扶持壮大村集体经济项目，协调340万元解决村级组织党建经费未足额落实遗留问题，实现2017年以来村干部转录事业单位人员零的突破。

【公务员管理】 年内，制发《关于做好2022年度公务员（工作人员）考核工作的通知》，督促指导县直各单位、各乡镇严格按照年度考核有关要求，坚决执行年度考核标准，顺利推进公务员年度考核工作，全县参加考核人员有510人。其中，评为优秀等次109人，评为称职等次381人，基本称职1人。未定等次19人。

全面贯彻落实党中央关于西藏机关事业单位干部职工平均工资收入保持全国领先水平的政策措施，特别是习近平总书记对西藏广大干部职工的关心关爱，落实好西藏特殊津贴核算办法、公务员奖金制度和高海拔地区折算工龄补贴标准，落实好向乡镇、高海拔地区倾斜的工资政策。根据《关于调整公务员基本工资标准有关事项的通知》，及时开展全县公务员基本工资清算工作，并按照清算结果兑现到位。

研究制定《公务员平时考核工作实施方案》，并印发县直各单位、各乡镇，进一步规范平时考核程序、考核标准、考核依据，让考核结果切实体现全县公务员在德、能、勤、绩、廉等方面的日常表现，客观公正评价公务员完成日常工作任务、阶段工作目标和一贯表现等情况。制发《革吉县公务员平时考核纪实簿》，以供非领导成员公务员记录平时工作情况、出勤情况、工作总结，为主管领导评鉴公务员提供依据和便利。

【机构编制工作】 年内，召开编委会1次，传达学习编制相关文件，严格审核编制和工资发放人数，分类别、分单位建立工资审核台账，坚持机构编制、人社、财政局共同把关机制，针对调动、退休、死亡等各类人员变动情况进行动态调整和管理；每月以月报形式对县直部门各单位及各乡镇核对机构编制和人员信息，适时更新实名制信息库，完成事业单位年度报告工作。截至年底，在事业单位登记管理系统上共办理设立登记1件，变更登记4件，并于3月开展事业单位年度报告公示，革吉县持有事业单位法人证书的县完全小学、县人民医院等23家单位均在机关赋码和事业单位登记网上进行公示。

围绕学习宣传贯彻《中国共产党机构编制工作条例》及配套法规制度方面的情况，机构编制核查各环节资料是否完整规范，实名制系统更新完善情况，县委编委工作规则、编办工作细则制定及落实情况，未经机构编制部门批准擅自设立内设机构、下设机构，超职数配备干部，混编混岗情况，人员编制、工资、社保管理混乱、不统一情况等方面开展“回头看”工作，对实地核查反馈问题主动认领、立行立改，切实提高政治站位，压紧压实责任，以高度的政治责任感和使命感紧抓整改落实，确保机构编制核查工作取得实效。

完善机构编制管理制度，树立编制工作权威，严把编制关和进人关，通过规范使用编制使用审批表、空编空岗核实等多种方式强化人员调动管理，有效控制编制总量，盘活存量，认真贯彻落实“总量和结构双控”要求，管好用活机构编制资源，切实做到“心中有数、符合大势、统筹兼顾、循序渐进”。及时制发《革吉县机构编制执行情况和使用效益评估试点工作实施方案》，完成工作准备阶段、单位自评阶段、实地评估阶段工作。

【强基惠民】 年内，紧紧围绕铸牢中华民族共同体意识、促进各民族交往交流交融，通过以群众喜闻乐见的方式和听得懂的语言，广泛开展宣传宣讲习近平总书记关于加强和改进民族工作的重要思想，开展爱国主义、民族团结，持续开展“四史”及西藏地方和祖国关系史教育以及深入开展为民办实事专项行动。驻村工作队在民族团结进步月（日）开展中华民族共同体意识教育宣讲68场次，受教育群众8040人次；协助组织群众参观爱国主义教育基地17场次，受教育群众1495人次；以结对帮学、文化补习夜校、线上线下培训等形式实施村干部国家通用语言文字教育培训134场次，覆盖村（社区）主干达标34人，开展为群众办实事好事108件，发放价值65万元的慰问物品，进一步教育引导各族群众增进“五个认同”、树牢“三个离不开”思想。

2022年10月28日，革吉县委组织部召开革吉县2022年干部考察工作部署会

广大驻村干部沉下心融入，沉下身办事、沉下力攻坚，坚持以人民为中心的发展思想，进群众门、知群众情、解群众难、帮群众富，暖群众心，持续推动巩固拓展脱贫攻坚成果同乡村振兴有效衔接，协助村“两委”班子理清发展思路、找准发展路子24条，宣传党的利民惠民政策42场次，帮助群众解决实际困难476件，办实事好事108件、驻村队员包户帮扶382户1048人，解决困难124件；宣传巩固拓展脱贫攻坚成果，实施乡村振兴战略相关政策53场3135人次，组织开展农牧民实用技能培训12场643人次。各驻村工作队整合强基惠民工作经费，主要用于发展村集体经济和实体产业功能，提升基层组织带领群众全面发展能力，建强村（社区）基层党组织，聚焦发挥资金的规模效益，立足驻村点资源条件，科学论证、实事求是地发展短平快特色优势产业，帮忙落实绵羊

短期育肥、人工种草、棉被加工、糌粑加工、旅游综合体提升项目等投资资金134.3万余元，发展壮大村集体经济，切实把群众身边的小事当作自己的大事来办，切实提升各族群众的获得感、幸福感、安全感。

各驻村工作队积极探索乡村治理模式、深入开展反分裂斗争宣传教育、严格落实维稳管控措施，依托党员“三包”“双联户”红袖标等力量，协助村（社区）“两委”制订维稳方案和应急预案，组建护村队、护路队、护校队等。

县强基办立足岗位实际，强化驻村干部审核把关作用，选派50名综合素质高、工作能力强、敢于担当、作风扎实、不怕吃苦、甘于奉献、善于做群众工作的优秀干部驻村，按照择优原则将39名乡村振兴专干、科技专干、农业农村工作专员纳入驻村工作队员，强化驻村力量，针对18个行政村和2个社区选派驻村（社区）工作队20支，轮换期间县强基办工作人员全程参与工作交接的监督和指导，组织签订《驻村承诺书》《驻村工作交通安全责任书》等20份，确保驻村工作科学化开展。根据“自治区示范培训、地市重点培训、县区普遍培训、乡镇兜底培训、援藏补充培训”要求，县强基办积极跟县委党校对接，邀请县直有关部门组织驻村工作队员县级培训3期97人次，参加自治区、地区培训3期62人次，帮助驻村干部学经验、理思路、教方法，提高服务群众能力与水平。

【党校工作】 年内，及时制定《革吉县2022年教育培训工作计划》，选聘兼职教师41人，建立县委党校师资库，围绕干部职工工作需要，开设公共管理、公文写作、法律知识等课程，帮助党员干部不断提高业务能力和工作水平。截至年底，累计开展党务工作者、乡村振兴、生态环保等主题培训班19（场）期700人次。

把学习贯彻中共十九届六中全会及自治区第十次党代会精神教育培训工作作为重要政治任务，精心安排部署、高位推动落实，通过多种渠道，累计举办培训2期237人次，“网信革吉”微信公众刊发学习宣传信息70条，县融媒体抖音平台播放学习宣讲中共十九届六中全会及自治区第十次党代会精神20余次，实现全县干部、农牧民党员学习教育培训工作全覆盖。

2022年12月19日，革吉县召开2022年专招大学生座谈会

先后制发《革吉县关于村（社区）“两委”班子成员能力素质提升暨深化国家通用语言文字教育培训工作方案》《革吉县关于集中开展村干部推普国家通用语言文字教育培训计划》《革吉县关于举办村（社区）干部国家通用语言文字培训班通知》《中共革吉县委组织部关于进一步加强推普国家通用语言文字工作的通知》等文件，县委党校组织开展村（社区）干部国家通用语言文字摸底考试2次，成立送学上门服务队5支。投入培训经费52220元，县乡村累计举办培训19期519人次，“三支队伍”送学上门31人次，不断扩大教育覆盖面。

举办革吉县党员干部学习贯彻中共二十大精神专题培训班。培训班围绕“感悟思想伟力、强化政治认同，始终同以习近平同志为核心的党中央保持高度一致”“学思践悟并行、知信行用合一，推动中共二十大精神在革吉落地生根、开花结果”“勇于自我革命、赢得工作主动，始终保持先进性纯洁性和昂扬奋斗姿态”“改进工作作风、提升落实能力，为全面推进革吉经济社会高质量发展提供坚强作风保证”等4个方面开展培训，历时6天，县(中)直各单位共45人参加培训。

【老干部工作】 年内，及时制定《2022年革吉县委老干局工作方案》《2022年全年退休支部活动计划》，针对部分老党员出行不便实际困难，采取送学上门、发放学习资料等方式，深入学习贯彻系列会议文件精神，认真组织开展离退休党支部2021年度组织生活会暨民主评议党员会议，组织“退休不褪色、离岗不离党”主题党日活动，教育引导老干部做到政治坚定、思想常新、理想永存。截至年底，组织老干部开展集中学习9场次，受众196人次，发放学习资料80余份。

先后深入退休活动室了解活动室维修、新建项目、打造规格等事项，协调整合资金38万元，按照“布局合理、适度超前、功能齐全、规范使用”原则，突出领域特点，坚持配置标准统一规范，着力满足效能最优化、效益最大化需求，有序推进离退休干部活动室打造工程，真正为老干部“学、教、乐”提供优厚条件。

坚持在重大节假日组织人员力量实地走访慰问老干部，深入聆听老干部心声，在“三大节日”期间，通过走访慰问、召开座谈会、电话联系等方式慰问离退休党员干部138名，送去慰问金13.8万元；为2022年逝世的5名退休人员家属送去慰问金5000元；在“七一”建党节、“十一”国庆节等节日来临之际，走访慰问离退休党员干部32名，送去慰问金32500元。

严格落实老干部政策待遇，兑现离退休干部工作经费32.82万元，深入调研驻拉萨服务站革吉退休支部，形成《关于革吉县驻拉萨服务站离退休干部工作的调研报告》《革吉县离退休干部基本情况分析报告》，为有针对性开展老干部工作提供科学依据；组织开展“提防诈骗，守护夕阳”等主题党日活动，用通俗易懂的语言深入浅出地介绍养老诈骗典型案例，并就当前养老诈骗的常见作案手段以及如何防范进行详细阐述；扎实做好离退休党员干部新冠肺炎疫情防控工作，教育引导老干部在符合条件下“应接尽接”，为出行不便的老干部提供上门接种疫苗服务，持续推进疫苗接种工作。截至年底，革吉县离退休干部已接种新冠疫苗116人，进一步筑牢防疫屏障。

组织开展“献爱心、助力乡村振兴”主题党日活动，组织31名离退休党员干部向地区农牧民防返贫应急保障基金捐款9250元，革吉县离退休干部安置在拉萨服务站捐款62名21800元；组织开展“喜迎二十大、奋进新时代”主题党日暨“建言二十大”调研座谈会，充分听取老干部意见、集中老干部智慧、凝聚老干部力量，为中共二十大建言献策，为中共二十大胜利召开营造良好氛围。

【干部人事档案工作】 年内，干部人事档案室保管的副科级干部、党政部门公务员、参公人员和事业单位工作人员的干部人事档案共计758卷。其中，干部档案689卷，退休干部46卷，辞职、辞退干部17卷，去世干部6卷。

年内，干部人事档案室认真履行干部人事档案管理部门职责，严格执行各项制度检查核对制度、保管保密制度、管理人员制度、移交档案材料归档制度等，坚持按制度办事，使档案材料的建立和管理工作有章可循，有据可依，实现制度化、规范化管理，针对档案中普遍存在的材料不齐全、填写不规范、前后冲突以及缺章等问题进行修正和完善，对档案中的原始材料和新补充材料逐份审查，准确鉴别。全年查借阅档案登记共123次，鉴别归档档案材料共939份，列出干部档案材料缺失单共232份，以机要形式转递档案共18卷，开出转档函18份，已收档16卷。

【党风廉政建设】 年内，始终高度重视党风廉政建设责任制的贯彻落实，切实把党风廉政建设工作作为党要管党、全面从严治党的重要工程来抓，及时召开部机关党风廉政建设安排部署会，研究制定《2022年党风廉政工作要点》，每季度定期召开党风廉政建设工作汇报会，破难题、强推进，形成统一领导、齐抓共管、相互协调的领导体制和工作机制。截至年底，召开党风廉政建设和反腐败工作专题会议3次，听取汇报3次，签订《廉内助承诺书》14份。

坚持把细化落实责任，健全

责任体系作为推动党风廉政建设的有力举措，及时调整充实党风廉政建设和反腐败工作领导小组，对重点任务分解量化，对工作责任和主体责任进行细化分工，实行“一把手”负总责、分管科室负责人各负其责的责任体系。

以开展进一步改进作风狠抓落实活动为契机，全面加强党风廉政工作进展情况督促指导力度，在部机关广泛实行党风廉政建设责任书三级联签责任机制，班子成员、班子成员与分管科室负责人层层签订廉政承诺书28份，进一步规范党员干部的廉政行为。年内，开展集体约谈3次，与部班子成员、科室负责人谈心谈话16次。

【学习教育】 年内，将党史学习教育纳入支部学习计划方案，把党史学习教育作支部学习的重要内容，充分利用支部学习契机，深入学习《论中国共产党历史》《中国共产党简史》《习近平新时代中国特色社会主义思想学习问答》《毛泽东 邓小平 江泽民 胡锦涛关于中国共产党历史论述摘编》，组织干部围绕党史学习教育进行深入研讨5次。

坚持把深入学习贯彻中共二十大精神作为当前和今后一个时期的重要学习内容，切实把学习贯彻中共二十大精神摆在部机关干部队伍建设的突出位置，采取专题学习、专题研讨、专题辅导、专题党课、交流发言、全文抄写中共二十大报告相结合的学习教育方式，切实推动中共二十大精神学习教育工作取得扎实成效。

【新冠疫情防控】 年内，县委组织部深入贯彻落实以习近平同志为核心的党中央关于疫情防控的重要指示精神，坚决贯彻落实党中央、区党委和地委关于疫情防控工作的系列重大决策部署，坚决贯彻落实县委关于疫情防控工作的具体措施要求，充分发挥组织部门的政治优势、组织优势和密切联系群众优势，切实凝聚起全县各族干部群众防疫抗疫战疫强大合力。疫情期间，县委组织部立足管干部管组织管党员的职能作用，聚焦疫情防控工作实际需要，全面统筹全县各族干部群众积极参与抗疫工作，切实构建起疫情防控的铜墙铁壁。

县委组织部在全面了解掌握干部在岗情况的基础上，分门别类建立干部在岗情况工作台账，为打好打赢疫情防控阻击战提供坚强的人才保证。建立健全革吉县干部在岗情况汇总表、革吉县乡镇干部在岗情况汇总表、革吉县派出支援雄巴乡抗疫人员名单等工作台账。

严格按照“一人一岗一点位”的要求，进一步明确县直单位干部疫情防控工作职责，确保各点位抗疫工作有人抓、有人管、有人落实，为疫情防控工作扎实有序推进提供坚强的组织保证。

充分发挥县委选人用人参谋助手作用，坚持把疫情防控工作作为考察识别干部、评价使用干部的“试金石”，适时通过到点位实际了解为主、向各点位主要负责干部了解为辅，兼顾干部监督举报电话了解的形式，全面了解掌握干部在疫情防控期间履职尽责和担当作为情况，分类对干部的实际表现作出考核评价。

统筹考虑疫情防控工作实际和干部在岗情况，在保证现有抗疫工作顺利开展的前提下，对身体差、孕妇、值班等干部进行全面梳理，健全完善干部机动机制以应对随时可能出现的疫情防控干部紧缺情况。

全面动员广大党员干部积极参与疫情防控工作，在抗疫一线设立临时党支部，高高飘扬在抗疫一线的鲜红党旗时刻激励着广大党员干部勇于担当、敢于作为、力战不退，机关干部党员、牧民党员、“两新”组织党员自觉自愿投身抗疫一线。

为切实发挥党员干部在抗疫一线的先锋模范引领作用，在革狮公安一级检查站、会议中心核酸检测点等设立党员先锋岗，下发党徽、制发党员服务红袖标、红马甲，为广大党员干部在抗疫一线亮身份、担使命、展风采搭建平台、保障物资、凝聚了力量。

始终坚持将人民至上、生命至上理念贯穿疫情防控工作全过程，认真贯彻落实地委办公室《关于建立领导干部分包工作机制的通知》要求，根据实际工作需要，制定下发《中共革吉县委员会关于建立领导干部分包工作机制的通知》，选派5名县级干部分包乡镇、20名科级干部分包村（社区）、54名干部分包作业组，分包干部

8月15日依次奔赴分包点开展工作，遏制了疫情扩散蔓延势头，切实保障了人民群众身体健康和生命安全，为实现革吉县社会面动态清零打下了坚实基础。

县委组织部实时了解掌握广大基层党组织和广大党员的抗疫动态，收集整理图片和文字资料，形成并通过“网信革吉”微信公众号发布图文并茂的“党员一线展风采，群策群里战疫情”系列信息简报，切实把党组织和党员的抗疫精神风貌生动活泼的展现出来。

【作风建设】 年内，县委组织部严格按照区党委和地委关于“进一步改进作风狠抓落实”工作要求，制发《中共革吉县委组织部部机关改进作风狠抓落实教育实施方案》，结合实际细化7个方面工作举措，并成立部机关“改进作风狠抓落实”工作领导小组，开展专题研讨4场次，搜集个人问题清单28份，制定整改措施116条，已全部整改完成，确保作风持续转变、责任显著增强、落实更加有力、服务切实提升。

（李庆玲）

【机构领导】

县委常委、组织部部长

岳　林

副部长、县委编办主任

冯有智

常务副部长、机关工委书记

普　琼（藏族）

副部长、老干部局局长

卓　嘎（女，藏族）

副部长、公务员局局长

文旭维（女，土家族，12月免）

李庆玲（女，12月任）

党校常务副校长

冯有智（12月免）

袁　桢（12月任）

党校副校长

张锦涛（12月免）

方　伟（12月任）

县直机关工委副书记

曲　宗（女，藏族）

党员教育中心主任

格桑次仁（藏族）

党员教育中心副主任

陈　林

实名制管理中心主任

桑吉旺姆（女，藏族）

实名制管理中心副主任

桑　姆（女，藏族）

干部人事档案室主任

阿旺贡布（藏族）

干部人事档案室副主任

曲　宗（女，藏族）

宣传工作

【概况】 2022年，中共革吉县委宣传部共有干部职工17名，县委常委、宣传部部长、二级调研员1名，正科级领导干部2名，副科级领导1名，二级主任科员及以下7名，事业干部6名，下设6个科室：新闻出版局、革吉县广播电视局、网信办、网络评论中心、革吉县新时代文明实践中心、扫黄打非办。设立4个常态化工作专班：“四讲四爱”、《习近平谈治国理政》、党史学习教育、文明城市创建。

【重点工作】 年内，县委宣传部以学习贯彻习近平新时代中国特色社会主义思想和中共二十大精神为主线，认真贯彻落实区、地两级党委的决策部署，积极构建“四有”格局，提升四种职能，以引领宣传思想新常态，不断增强宣传思想工作的生机与活力，为建设和谐向善革吉提供有力的思想保证和舆论支持。以社会主义核心价值观为引领，依托新时代文明实践中心（所、站）等阵地，扎实开展各类宣传文化活动。

【理论学习】 年内，积极组织干部职工开展党的创新理论知识学习，深入学习习近平新时代中国特色社会主义思想和中共十九大精神、十九届历次全会精神、中共二十大精神、全国两会精神、中央第七次西藏工作座谈会精神、自治区第十次党代会精神，特别是习近平总书记关于意识形态工作和宣传思想工作的重要论述精神，加强和改进各级党委（党组）理论学习中心组的学习，全年开展集中理论学习14次、交流研讨发言31人次，撰写发言材料31份。及时传达党中央、自治区、地区的重要会议和文件精神，用党的创新理论武装头脑。

贯彻落实各级党委关于意识形态和县委理论学习中心要求，年初制定并下发《革吉县各级党委（党组）理论学习中心组2022年专题学习重点内容安排》和《学习计划表》。

【中共二十大学习宣传】 年内，

2022年7月28日，革吉县委宣传部开展结对帮扶活动

先后制定并印发《革吉县学习宣传贯彻中共二十大精神实施方案》《革吉县中共二十大精神宣传报道方案》等文件，对全县学习宣传贯彻中共二十大精神进行安排部署。

积极与县委组织部沟通，由县委组织部制定下发《革吉县党员干部学习贯彻中共二十大精神教育培训工作方案》。同时县委组织部征订《二十大党章修正案学习问答》556册、《中共二十大学习笔记本》556册、《中共二十大文件汇编》556册、《中共二十大报告学习辅导百问》556册。

中共二十大召开期间，组织全县广大干部群众通过电视、网络媒体和"学习强国"学习平台等收听收看中共二十大会盛况。全县各级党委（党组）共计学习106场次（理论学习中心组8次、其他98次），受益1193人次，开展专题研讨25次（90人次），交流发言123次（406人）。分步骤、分段落、分页码传达学习中共二十大报告全文。

为及时抓好学习宣传贯彻中共二十大精神社会面氛围营造，对辖区国道沿线大型宣传牌、县城街道宣传栏、宣传展板、横幅、LED显示屏等宣传阵地内容进行更换10余处，真正做到抬头可见、随处可学，营造浓厚社会宣传氛围。

在"网信革吉"微信公众号上开设"学习二十大"专栏，转载转播中共二十大精神相关知识以及革吉县学习宣传贯彻中共二十大精神的优秀做法和成功案例230余条，在"革吉融媒"抖音号上开设"中共二十大宣传标语"专栏，刊载学习中共二十大报告内容系列知识32集。

县级领导干部充分发挥示范作用，带头学习宣传中共二十大精神，深入各乡（镇）、村（社区）与群众面对面宣讲中共二十大精神5场次；全县各部门、各党支部统筹疫情防控和中共二十大精神学习宣传贯彻，战"疫"不忘学习，面向本部门、本支部成员学习，宣讲中共二十大精神50场次；村"两委"成员利用闲暇时间，采取"集中交流学+个人自主学"的形式，开展各类学习宣讲活动25场次。

【党史学习教育】 年内，为加强档案管理，规范党史档案收集、整理工作，有效保护和利用档案，不断提高党史档案信息化建设水平，革吉县委党史学习教育领导小组高度重视、精心安排专人，从年初以来进行党史材料存档整理，年底已将全部资料移交档案馆存档完毕，存档率达到100%。

革吉县各级党组织紧紧围绕按照党史学习教育有关要求，大力弘扬伟大建党精神，坚持和发展党的百年奋斗历史经验，坚定历史自信，践行时代使命，厚植为民情怀，勇于担当作为，践行"六个表率"（一要坚持对党绝对忠诚带头做坚定践行"两个维护"的表率、二要坚持群众路线带头做勤政为民的表率、三要坚持求真务实带头做勇于担当的表率、四要坚持民主集中制带头做团结干事的表率、五要坚持怀德自重带头做清正廉洁的表率、六要坚持全面从严治党带头做管党治党的表率），推动涉粮问题专项巡察反馈意见的整改工作，团结带领各族群众聚焦抓好"四件大事"、实现"四个确保"，围绕"四个创建""四个走在前列"走好新的赶考之路，积极召开党史学习教育专题组织生活会，全县1939名党员干部认真撰写个人对照检查材料，开展健康积极的批评和自我批评、谈心谈话。年内，全县78个党支部已召开党史学习教育主题组织生活会，召开率达到100%，达到统一思想、提高认识、帮助同事、增进团结的目的。

各级党组织在党史学习教育中坚持以“人民为中心”，注重学习与实践相结合，坚持学党史与办实事同向发力，在学好党史的同时把各级党组织、驻村工作队、志愿服务队、群众宣讲队等动员起来，聚焦解决群众急难愁盼问题，真心实意听民意、察民情、解民忧，不断提升农牧民群众的获得感、幸福感。全县共计开展办实事50余件，受益群众0.3万余人次。

依托革吉县直库红色爱国主义教育基地，开展“红色基地忆党史、不忘初心跟党走”“踏寻红色记忆、燃烧岁月情怀”等主题党性教育40场次。

【新时代文明实践活动】 年内，持续开展“我为群众办实事”文明实践志愿服务活动，着眼文明实践志愿者，大力开展志愿服务关爱行动，持续开展关爱老年人志愿服务活动。革吉县聚焦老年人在养老、医疗、社会保障、文化娱乐等方面的急难愁盼问题，组织新时代文明实践志愿者，开展慰问陪护、清洁卫生、送医上门等志愿服务。帮助空巢老人改善居住环境，和老人开展谈心谈话，给老人洗头、剪指甲、洗碗，为他们送去生活必需品，在藏历新年期间组织志愿者到县养老院为老人送去文艺演出，丰富老人们的文化生活，同时和老人们一起包饺子，让老人感受“大家庭”的温暖，带去精神的慰问。革吉县新时代文明实践志愿者带着党和国家的关心关怀陪护老人度过一个个欢乐祥和的节日，开展关爱老年人志愿服务活动50场次，让老人感受到中国传统节日的魅力，营造了敬老爱老助老的良好革吉氛围。

着眼青少年学生的心理特征和成长规律，组织志愿者开展2022年假期“把爱带回家”之送法到家、“未成年人保护、预防青少年犯罪”等宣传活动，将保护儿童权益的法律法规送到青少年儿童身边，培养青少年儿童知法、学法、懂法、守法的意识。为保障青少年儿童拥有受教育的权利，开展“助力控辍保学·人大代表在行动”“一对一”送教上门活动，让其享受“特别的关爱”，让残疾儿童也享受到和同龄人一样的学习生活。开展关爱青少年志愿服务活动60场次，通过开展志愿服务关爱行动让每一个青少年度过一个健康、安全、温暖、幸福、充满爱的假期，在革吉辖区内营造关心、关爱未成年人的良好氛围，为青少年的成长学习保驾护航；持续开展关爱残疾人志愿服务活动。着眼残疾人的生产生活实际，针对不同残疾人的身体状况，以及生活中的不便之处，开展送医上门、送生活必需品上门、送清洁服务上门、送文艺上门、送教上门等志愿服务活动40余场次。通过开展有针对性的活动，对医疗养生、饮食起居、精神状态和康复运动等方面的知识进行宣讲，解答老人们的各类健康问题，帮助他们解除病痛、舒缓身体不适，丰富他们的业余文化生活，改善他们的居住环境，为他们营造干净整洁卫生的居住环境，让残疾人感受到社会的理解、尊重、关心、帮助，给他们带去更多的心灵安慰和寄托。

着眼群众生产生活需求，聚焦群众在生活中存在的急难愁盼问题，以“群众点单”“中心（所、

2022年8月1—3日，革吉县委宣传部开展“国家意识、公民意识、法治意识”群众性宣传教育巡回宣讲活动，图为在盐湖乡开展宣讲

2022年10月27日，革吉县召开县委理论学习中心组2022年第11次集体学习会

站）派单”“志愿者接单”“群众评单”“中心（所、站）菜单”为主要手段，开展符合群众实际需求、贴合群众期盼的志愿服务活动。组织医疗卫生志愿者开展以“爱心送医、送药、送温暖”“关爱老人献真情、发挥余热送健康”等为主题的志愿服务活动30场次，为基层群众把脉、测血压、发放免费药品，耐心为他们解答各种医疗保健咨询，并提出治疗建议；组织法律志愿者开展以“情法结合巧调解，化解矛盾过新春”“把爱带回家”为主题的志愿服务活动70场次，为基层群众提供法律援助、法律法规知识科普等，促进社会友爱和谐、充满活力。

着眼以文化人、成风化俗，打通宣传群众、教育群众、引领群众、服务群众的“最后一公里”，用中国特色社会主义文化、社会主义思想道德牢牢占领基层思想文化阵地。组织职工志愿者开展市场检查90场次，就文化市场、市场保供、安全生产等进行专项检查，确保基层群众过年期间的消费需求，为群众提供一个井然有序、积极向上的生活环境。组织巾帼志愿者、帮扶帮困志愿者、职工志愿者开展“真情慰问暖人心”“情暖夕阳，关爱老人”等志愿服务活动50场次，为孤寡老人、残疾人士、困难群众送去慰问金，米、面、茶叶、食用油等生活必需品，同时教育引导群众自觉抵制大操大办、厚葬薄养、封建迷信等陈规陋习，自觉用社会主义文化和社会主义思想武装头脑，在节假日期间要秉持勤俭节约的中华传统美德，提倡光盘行动，反对奢侈浪费，做新时代的勤俭人，文明节约过节；持续开展文明交通志愿服务活动。

着眼道路交通安全，以及群众的出行安全。组织志愿者开展以“党员齐上阵、扫雪破冰保畅通”为主题的道路交通安全排查活动20场次，扫除道路两旁积雪，对结冰路面进行破冰，保障道路安全畅通，提前为群众的出行保驾护航；持续开展疫情防控志愿服务活动。

【网络宣传】 年内，依托“网信革吉”微信公众号、“革吉融媒”抖音号、“珠峰云”平台积极开展党的创新理论知识宣传，及时转播转载刊登党中央、区党委、地委和县委重要会议、重要活动、重要成果2000余条，转发疫情防控等科普知识500余条。县网信办在政府新闻网站设立互联网举报中心、在线留言等举报专区，引导网民通过规范化平台反映问题，调动广大网民参与“群防群治”的积极性和主动性。同时，设立不良信息举报中心，不断完善工作机制，确保群众权益得到更大保护。

【扫黄打非】 年内，革吉县“扫黄打非”领导小组办公室组织县文化综合执法大队、公安等成员单位，对革吉县境内娱乐场所、打字复印店、寄递公司、民族佛具用品店进行全面排查。截至年底，共检查23场次，出动执法人员35人次，检查文化经营单位35家次。经检查，革吉县文化市场未发现违法违规内容，总体状况良好。

根据革吉县文化市场整体情况，革吉县“扫黄打非”办公室高度重视，按照区党委和地委要求，严格将相关有害书籍、反动宣传品、反动宣传品样式及违禁歌曲列入查堵目录，加大市场排查力度，坚决杜绝境外有害书籍及文化垃圾在辖区内传播扩散。

充分运用版权强国建设新征程之护少年成长进学校、集中开展法治宣传、悬挂横幅、发放宣传品等形式，全方位、多角度、多形式开展“扫黄打非”法治宣传教育，深刻揭露侵权盗版等出版物活动的危害性，广泛宣传“扫黄打非”和保护知识产权的政策法规和重大意义，进一步增强群众自觉抵制非法出版物及盗版产品的良好意识。截至年底，开展宣讲9场次，悬挂横幅8条，发放宣传手册500余份，发放各类宣传品5000余份。

2022年6月5日，革吉县委宣传部开展“党的光辉照边疆、边疆人民心向党”宣传活动

【意识形态工作】 年内，县委宣传部主要领导严格履行意识形态工作直接责任，自觉承担举旗帜、聚民心、育新人、兴文化、展形象的使命任务，认真贯彻落实习近平总书记关于意识形态工作和宣传思想工作的重要论述，召开革吉县宣传思想暨意识形态工作会1次，向县委主要领导汇报意识形态工作2场次。始终在思想上高度重视，加强组织领导，始终认真组织学习，不断提高全县干部群众的思想认识，始终加强思想引领，深化理想信念教育，始终强化正面引导，加强阵地建设，始终深入一线调查研究，及时掌握思想动态，始终管好用好新媒体，积极传播正能量，始终定期进行研判，及时开展各项工作。

年内，始终加强农村思想道德建设和公共文化建设，以社会主义核心价值观为引领，深入挖掘优秀传统文化中蕴含的思想观念、人文精神、道德规范，培育挖掘文化人才，弘扬主旋律和社会正气，培育文明乡风、良好家风、淳朴民风，改善牧民精神风貌，丰富乡村文化生活，提高乡村社会文明程度，焕发乡村文明新气象，开展习近平总书记考察西藏时的重要讲话精神和新时代党的治藏方略、中央第七次西藏工作座谈会精神、《中国共产党章程》、征兵政策、城乡居民基本医疗保险缴费政策、巩固拓展脱贫攻坚成果同乡村振兴有效衔接和党的惠民政策、自治区第十次党代会精神等党的创新理论政策宣讲活动100场次，累计受众达5000余人次，使党的创新理论飞入“寻常百姓家”，推进党的创新理论在革吉各族干部群众中入脑、入心，确保党的创新理论在革吉落地生根、开花结果、硕果累累，凝聚起建设团结富裕文明和谐美丽的社会主义现代化新革吉强大精神力量。

2022年4月6日，革吉县委宣传部开展“三下乡”活动

【新冠疫情防控】 年内，县委宣传

部认真贯彻落实县委、县政府决策部署，迅速动员全县宣传思想战线启动应急机制，向“疫”而行，尽锐出战，要求宣传战线加大正面宣传力度，普及防疫知识。在抗疫一线书写新时代宣传思想干部队伍的责任与担当；县融媒体闻令而动，迅速投入疫情防控宣传“战斗”中去，实现全媒体全天候报道、多渠道多手段宣传，在全县凝聚起万众一心、众志成城的强大精神力量。组织200余名志愿者广泛宣传静态管理等政策，深度挖掘全县党员干部积极参加疫情防控的感人故事，全面反映全县各级各部门在疫情期间工作成效和经验，网上网下、内宣外宣，聚焦聚力、同频共振，为基层群众的生命安全和财产安全筑牢保护屏障。

革吉县党员先锋志愿服务队、青年志愿服务队、巾帼志愿服务队、理论政策宣传志愿服务队牵头单位对有志愿服务需求的点位进行分析研判。通过线上接龙方式，招募疫情防控志愿者，并根据个人意愿+点位需求的方式进行安排上岗服务，共招募青年志愿者178名、党员先锋志愿者2000余名。充分发挥科学普及志愿者和理论宣讲志愿者弘扬科学精神、普及科学知识、提高群众政策知晓率的积极作用，通过“线上+线下”“一对一+一对多+多对多”的形式开展疫情防控相关知识的宣传，引导群众不信谣、不造谣、不传谣，降低群众紧张焦虑感，科学应对疫情。通过线上宣传疫情防控知识200余次，线下开展疫情防控知识宣传宣讲100余场次，发放宣传品1.5万册，受教育群众2.5万余人次。

（阮珍珍）

【机构领导】

县委常委、宣传部部长

罗绍勇

副部长

阮珍珍（女，藏族）

古小明

网信办主任

次旦平措（藏族）

网评中心主任

边　珍（女，藏族）

统一战线

【概况】 2022年，县委统战部机关编制11名（行政编制9名、机关其他编制2名）。县级领导职数1名，科级领导职数4名（正科级2名，副科级2名，不含兼职）。实有县级领导1名，正科级领导2名，副科级领导2名，正科级非领导1名，科员4名。

【统战工作会议】 年内，召开革吉县宗教界深入开展“国家意识、公民意识、法治意识”教育动员部署会议、革吉县宗教工作会议、县委民族工作会议、革吉县工商业联合会（商会）第二次代表大会。

【非公有制经济领域统战工作】 4月24—25日，组织召开革吉县工商业联合会（商会）第二次代表大会，选举新一届的工商联主席、副主席、商会会长、副会长。顺利完成工商联换届工作。按照政治强、行业代表性强、参政议政能力强、社会信誉好、“三强一好”的民营经济代表人士标准，突出代表性，及时开展工商联会员发展工作，认真开展民营经济代表人士综合评价工作。年内，成立革吉县商会。截至年底，共有会员55家。

【藏胞工作】 年内，革吉县辖区内境外藏胞共14人，其中盐湖乡7人，革吉镇2人，文布当桑乡3人，雄巴乡2人；定居藏胞共2人，其中盐湖乡1人，亚热乡1人。

【党外人士队伍建设】 年内，着眼于教育培养，加强党外代表人士队伍建设，进一步建立完善党外人士人才库，对全县党外知识分子登记造册的239人进行全面摸底，认真兑现党外人士生活补助61万元，体现县委、县政府对党外人士的关心关爱、亲切关怀。同时先后召开2次革吉县党外人士座谈会，与党外人士畅谈革吉发展稳定工作。

【民族团结】 年内，扎实深入推进各项创建工作，调整充实专项工作领导小组，为稳步推进“四级联创”工作提供坚强组织保障。县级财政预算100万元“四级联创”工作专项资金，为“四级联创”工作提供资金保障。制定建立流出地和流入地对接机制和“一站式”综合服务平台，帮助少数民族流动人口解决特殊困难和问题，积极推动互助共学，使其更好地融入城市生活，参与经济社会建设。

【社会和谐】 年内，增强各族群众对中华文化的认同，以“3·28”西藏百万农奴解放纪念日、“七一”建党节、“十一”国庆节、西藏和平解放、民族团结进步宣传月等节庆节点为契机，深入开展“五下乡”“中华民族一家亲·同心共筑中国梦”书画摄影比赛，“铸牢中华民族共同体意识、争做民族团结践行者”演讲比赛，“恩从何来、恩向谁报”新旧西藏对比群众性演讲比赛，锅庄舞等系列文体文艺比赛活动，推动中华优秀传统文化融入日常生产生活、节庆节日。

【宗教工作法治建设】 年内，完善宗教政策法规体系、强化法治宣传教育、提高依法行政能力、严格落实政策法规。依法加强寺庙管理。优化寺庙管理体制、强化寺管会工作职能、加强寺管会干部队伍建设、推进寺庙管理重点工作。

【宗教界自我管理】 年内，加强宗教工作“三支队伍”建设。加强党政干部队伍建设、加强宗教界代表人士队伍建设、加强宗教学研究队伍建设。引导宗教界人士积极助力“四个创建”。积极助力全国民族团结进步模范区创建、积极助力高原经济高质量发展先行区创建、积极助力国家生态文明高地创建、积极助力国家兴边富民行动示范区创建。

【党建工作】 年内，按照“一年抓试点、两年全覆盖”工作基调，着力塑造党员活动场所标准化建设示范点（扎西曲林寺管委会、象鲁康管委会），切实突出“六个中心”功能和打造“十七有”标准，切实把活动场所打造成集学习教育、办公议事、党员活动、宣传政策、便民服务、文化休闲于一体的活动场所主阵地，切实以寺管会党组织活动场所标准化建设推动寺管会党组织标准化。

【党风廉政建设】 年内，采取集中学与自学相结合的方式，进一步教育党员干部要充分认识作风建设的重要性和紧迫性，转变工作观念，切实提高自身认真贯彻落实并严格遵守作风建设各项规定和纪律制度的高度自觉性，做到警钟长鸣。

统战民宗全面激励增强党员干部主动意识，对标对表对照先进转作风、提效能、抓落实，着力营造干事创业的良好环境。围绕重点任务，聚焦“四查四问”，抓好“八个落实”。始终坚持对标对表“八个必须”“六个表率”。

【党史学习教育】 年内，做好社会主义核心价值观引领工程，结合宗教界深入开展“国家意识、公民意识、法治意识”“遵行四条标准、争做先进僧尼”等主题教育，有针对性地开展“四史”及西藏地方和祖国关系史教育及正确“五观”进寺庙活动，深入开展新旧西藏对比宣传教育，引导宗教教职人员树立“三个意识”，不断铸牢中华民族共同体意识。

【学习宣传中共二十大精神】 年内，坚持以中共二十大报告、《中国共产党章程（修正案）》和习近平总书记在中共二十届一中全会上的重要讲话精神为重中之重，以党中央批准的《中共二十大精神宣讲提纲》为基础依据，深刻学习领会习近平总书记关于学习贯彻中共二十大精神“五个牢牢把握”的明确要求，做到讲清楚讲

2022年5月2日，革吉县组织开展“民族同心庆端午 爱老敬亲展团结”活动

到位、讲入心；成立以统战部部长为组长的县涉宗领域学习宣传贯彻中共二十大精神宣讲工作领导小组，成立宣讲团、精心遴选宣讲员，狠抓宣传宣讲工作，确保把中共二十大精神学习好、宣传好、贯彻好，切实凝聚起革吉统一战线各族各界人士团结奋斗的磅礴力量。

【新冠疫情防控】 年内，采取念好“五字诀”下好“五步棋”举措，精准落实好“三个暂停”等疫情防控措施，突出“快”字，下好整体部署“先手棋”、突出“细”字，下好防疫责任“关键棋”、突出“全”字，下好风险防控“制胜棋”、突出“暖”字，下好服务关怀“保障棋”、突出“严”字，下好发现问题“监督棋”，扎实推进“无疫寺庙”创建活动。

宗教界代表人士积极响应党的号召，与党同心同行，为疫情防控捐赠防疫、生活物资共计 20.82 万元。28 家民营企业累计捐赠物资价值 242.6164 万元。

（德庆央宗）

【机构领导】

县委常委、统战部部长

扎　西（藏族）

常务副部长、工商联主席

格　曲（藏族）

副部长

尼玛央宗（女，藏族）

巡察工作

【概况】 2022 年，革吉县委巡察工作领导小组办公室忠诚履行党章赋予的职责，深入学习习近平新时代中国特色社会主义思想和习近平总书记关于巡视工作的重要论述，深入贯彻落实中央决策部署，区党委、地委、县委关于巡视巡察工作的要求，严格执行巡视工作条例，积极探索上下联动，认真谋划全县巡察各项工作，深入推进巡察工作高质量发展。

2022年5月26日，中共革吉县第十届委员会第二轮巡察工作领导小组会议研究审议第二轮巡察开展情况

【政治监督】 年内，县委、县委巡察工作领导小组坚持政治站位，落实责任担当，把巡察工作牢牢抓在手上。截至年底，县委先后召开书记专题会议 2 次、县委常委会 5 次，听取巡察情况汇报，学习相关文件精神，县委书记先后对巡察工作作出 23 次批示。县委巡察工作领导小组加强统筹谋划，靠前指挥，巡察工作领导小组召开 2 次会议。领导责任到位，为巡察工作开展提供坚强的保障。

认真对照中共西藏自治区委员会办公厅关于印发《中共西藏自治区委员会巡视工作规划（2022—2026 年）》通知明确的巡视工作总体要求、目标任务和思路举措，逐一对标对表，完善《中共革吉县巡察工作规划（2021—2026 年）》，使巡察工作的政治站位更加明确，巡察工作要求更加符合时代特征，巡察全覆盖任务更加具体。

【政治巡察】 年内，县委巡察办共成立 4 个巡察组（包含县级交叉巡察组），抽调干部 32 人次，开展 2 轮巡察，即县级交叉巡察、常规巡察。

交叉巡察。按照《中共革吉县委委员会 2021—2026 年巡察工作规划》，对人社局、住建局、商务局、交通局、科技局、经信局开展交叉巡察，共发现三大类 130 个问题，问题线索 5 件，整改率达 99.2%。

常规巡察。按照《中共革吉县委委员会 2021—2026 年巡察工作规划》，对文化和旅游局（文物局）、城市管理和综合执法局、退役军人事务局、发展和改革委员会、县重点建设项目管理中心、乡村振兴局、统计局、市场监督管理局、质监站开展常规巡察，共发现三大类183个问题，整改率达95.1%。

【信息化建设】 年内，进一步完善档案管理及系统录入工作，有专人负责收集、归档、录入，已完成巡察纸质档案整理归档工作，累计归档巡察档案20卷。把十届第二轮巡察相关材料录入巡察单机系统、网络平台，进一步完成系统录入工作。

【自身建设】 年内，共组织开展集中学习49次、安排自学内容6次、讲党课1次、主题党日活动11次；组织巡察干部认真学习上级巡视巡察精神，上级下发文件要求每一份文件自学，及时传达学习最新精神。持续加强作风纪律建设。巡前，与巡察干部签订保密承诺书，强调巡察工作纪律、办公设备使用规定等内容。巡后，组内资料“清零”，签订《零持有报告》，严肃巡察期间的纪律。

【整改落实】 年内，坚持把落实整改责任作为履行管党治党责任的重要一环，紧盯被巡察单位抓整改主体责任特别是单位“一把手”抓整改第一责任人职责。继续实行巡察反馈“221工作模式”，即“双反馈”“双签收”“一通报”。

实行“三道关口”，对巡察整改工作的各个环节，予以严格审核把关：凡整改方案不切实际的不通过、专题民主生活会（组织生活会）与整改进展情况结合不紧密的不通过、相关文件及资料签字不到位的不通过，从而确保整改标准、整改过程、整改佐证资料环环相扣。被巡察单位主要负责人把好第一道关口。单位“一把手”对本单位的整改方案、巡察整改民主生活会班子集体及个人对照检查材料、巡察整改双公开、集中整改进展情况报告等审核把关签字。纪委监委和县委巡察组把好第二道关口，主要对被巡察单位整改方案、巡察整改民主生活会班子集体及个人对照检查材料、巡察整改双公开、集中整改进展情况报告等予以审核，实行“双签字”。纪委监委和县委组织部、县委巡察办组成评估组把好第三道关口，对被巡察单位巡察整改工作情况开展全方位评估检查，结合《革吉县巡察整改成效检查评估办法（试行）》，细化19项量化考评指标，明确组织实施的方式方法，划分好、较好、一般、较差4个评估等次，配套拟定谈话提纲和调查问卷，确保评估检查的科学化、规范化、标准化。

【成果运用】 年内，在县委每轮巡察结束后，及时召开县委书记专题会听取巡察和整改综合情况汇报，直接点人点事点问题，提具体整改要求。完善巡察整改佐证材料审签单，压实被巡察单位“一把手”巡察整改第一责任人责任，推动思想自觉和行动自觉。

推动改革、促进发展是巡视巡察工作的落脚点，县委全面贯彻落实巡视巡察成果运用相关决策部署，不断深化以巡促改、以巡促建、以巡促治，推动形成监督、整改、治理的良性循环。县委巡察办结合《革吉县委巡察整改工作成效评估工作办法（试行）》，以巡察评估机制为抓手，推动形成巡察整改监督合力，进一步落实落细巡察后半篇文章。结合办法

2022年12月16日，中共革吉县第十届委员会第三轮巡察工作动员部署会召开

县纪委监委、组织部、巡察办成立评估组对十届县委第一轮被巡察单位、提级巡察相关部门及涉粮领域开展巡察整改实地评估，推动巡察反馈问题整改清仓见底、落到实处。

县纪委监委及时办理巡察移交问题线索，针对十届革吉县委员会第一轮第二巡察组发现的公前村问题，对公前村党支部书记和村委主任进行批评教育，要求村“两委”对其他班子进行批评教育，向县交通局、革吉镇党委、政府发出2份监察建议，要求相关单位全面梳理，举一反三，查找各项工作漏洞和廉政风险，统筹解决普遍性问题，推动整改，切实保障群众切身利益，以巡察整改成效促进工作开展，以工作成效提升检验巡察整改质效。

【创新方式方法】 年内，每轮巡察结束后派员列席被巡察单位巡察反馈专题会议，及时传达《中共中央办公厅〈关于加强巡视整改和成果运用的意见〉的通知》等文件精神，进一步提高被巡察单位主要负责人的思想认识，从而推动巡察整改。

集中整改期后，为进一步持续深化巡察整改，避免问题反弹回潮，被巡察单位每半年报送持续整改报告。

（琼　琼）

【机构领导】

主　任

次仁拉姆（女，藏族）

副主任

琼　　琼（女，藏族）

巡察组组长

次仁顿珠（藏族）

革吉县人民代表大会

综述

【概况】 2022年,革吉县人大常委会核定编制数为5人,实际人数5名;主任1名,副主任4名。共召开常委会会议9次,党组会议11次,主任会议4次;开展执法检查13次,专题调研10次,完成上级人大委托的执法调研6项,形成调研报告6份;指导联系乡镇人大工作40次,听取和审议专项工作报告3次,作出决议、决定6项;终止县人大代表资格6名,补选县人大代表6名;依法任免国家机关工作人员12人次。

2022年4月9日,革吉县第十三届人民代表大会第二次会议第二次全体会议闭幕

【工作总体目标】 年内,坚持以习近平新时代中国特色社会主义思想为指导,深入学习贯彻中共二十大精神、全国两会精神,贯彻落实习近平总书记关于坚持和完善人民代表大会制度的重要思想,贯彻落实习近平总书记关于西藏工作的重要论述和新时代党的治藏方略,贯彻落实自治区第十次党代会精神和王君正书记在阿里考察调研时的讲话指示精神,深刻领悟"两个确立"的决定性意义,增强"四个意识"、坚定"四个自信"、做到"两个维护",进一步加强党对人大工作的全面领导,坚持和发展全过程人民民主,聚焦"四件大事""四个确保",聚力"四个创建""四个走前在前列",落实地委"12114"工作思路,依法履职尽责,在推进重大项目建设、改善生态环境、促进民生实事落实和社会事业发展、维护司法公正、助力打赢新冠肺炎疫情防控阻击战等方面做了大量富有成效的工作,为全县经济社会高质量发展做出了积极贡献。

【人事任免】 年内,革吉县人大常委会始终坚持党管干部的原则和依法行使人事任免权的有机统一,进一步完善常务委员会议审议制度,2022年依法任免国家机关工作人员12名,补选县人大代表7名,为全县经济社会发展提供了坚强的组织保证。在人大常委会班子中,注重发挥班长的带

2022年4月7日，县委副书记、人大常委会党组书记、主任才旺仁增（右三）慰问代表

头作用，严格按照“集体行使权力、集体决定重大问题”和“个别酝酿、会议决定”的规定，坚持重大事项、重要工作向县委请示报告制度，就人大工作中的重要问题、重大事项向县委报告，坚持党管干部原则和人大依法任免相统一。

【监督调研】 年内，着眼推动高质量发展，听取审议革吉县2021年国民经济和社会发展计划执行情况与2022年国民经济和社会发展计划期间财政预算执行情况和“十四五”发展规划的决议等。每半年听取审议县政府工作报告，国民经济和社会发展计划执行情况、财政预算执行情况的报告等。围绕全县重点项目、重点民生、乡村振兴产业、国有资产监管等提出意见建议，助力经济社会持续健康发展。开展“加强和改进新时代人大预算决算审查监督和国有资产监督”专题调研1次，提出意见建议12条。

革吉县人大常委会高度重视《中华人民共和国民法典》《中华人民共和国义务教育法》《中华人民共和国食品安全法》《中华人民共和国环境保护法》等法律的监督检查，全年开展执法检查和调研3次。同时，定期对县民生基础设施、民族宗教、控辍保学、医疗卫生等群众反映比较集中的热点、难点问题开展代表监督，更好地体现人民意志。

助力美丽革吉建设，落实《西藏自治区生态文明高地建设条例》，全年听取审议县生态环境保护工作情况2次，形成审议报告。配合人大阿里地工委调研《中华人民共和国大气污染防治法》贯彻实施情况。开展人大代表环保主题日活动，对城镇环境卫生情况进行监督检查。按时完成县级“河湖长制”“林草长制”督导任务，促进落实环保责任，推动绿色发展。

革吉县人大常委会认真落实《西藏自治区乡村振兴促进条例》，多次到帮扶联系点开展督导，全年听取审议革吉县脱贫攻坚同乡村振兴有效衔接工作情况专项报告2次，组织代表开展脱贫攻坚产业发展、农牧民增收、生态环保情况等方面工作调研3次，形成调研报告2份，反馈意见建议3条。

提升法治革吉建设成效，经常性督促司法机关加强法律宣传，开展法检两院专题调研1次，全力营造和谐稳定法治环境。听取县法检两院民事行政执法工作报告2次，监督检查2次。组织宪法宣誓45人次，不断增强国家机关工作人员宪法意识、公仆意识、责任意识和法治观念。备案审查工作制度化、规范化水平不断提升。

【代表工作】 年内，认真落实常委会组成人员联系代表、代表联系群众的“双联系”工作制度，强化人大代表的履职监督意识，认真辅导怎样审议“一府两院”工作报告，如何提出代表议案或意见建议，怎样提高代表意见建议质量，引导代表行使权力的规范化、制度化，督促办理代表意见建议流程的标准化，强化选民的答复工作，着力促进人大“双联系”工作持续发展。

认真遵循习近平总书记在中央人大工作会议上的重要讲话精神和坚持完善人民代表大会制度的重要思想，全面落实自治区人大、人大阿里地工委各项部署要求，立足新定位，着眼新目标，研究新举措，制定出台《革吉县人大常委会关于加强和改进新时代人大代表工作实施方案》。加强乡镇人大能力建设，定期听取乡镇人大主席述职述廉，开展满意度测评，组织乡镇人大主席、人大代表开展代表任职培训、专题辅导，积极选派县、乡两级人大代表开展履职培训和交流学习。年内，共培训246人次，其中，组织代表培训2场次151人；组织代表赴直属库红色爱国教育基地交流学习1次95人，到拉萨、山南考察学习1次10人；进一步优化工作思路，创新工作方法，形成各级人大齐抓共管的良好工作格局。

12月12日，召开革吉县第十三届人民代表大会第三次会议，完成会议各项议程，选举产生出席自治区第十二届人民代表大会革吉选区代表5名和革吉县人民政府副县长3名。

落实兑现县级无职人大代表履职补助，保障革吉县人大代表依法履职。探索信息化网络平台建设，通过“人大智慧平台”建设，搭建代表交流平台、展示代表形象、宣传法律法规、拓展信息渠道。2022年，实现线上提交和办理代表意见建议15条、代表关注人数达260人，使用率达98%；推进代表履职档案规范化建设，完成县级人大代表建档立卡，基础档案工作不断完善。加强代表履职能力建设，开展举办“人民选我当代表、我为人民起作用”代表履职活动、“党课讲基层、党恩传百姓”专题党课活动等20场次，一批有深度、有影响力的新闻信息在“网信革吉”“天上阿里”等微信公众媒体发表。

革吉县人大常委会高度重视代表意见建议，深入基层召开意见建议答复会议，与代表面对面进行意见答复工作。革吉县十三届人民代表大会第二次会议意见建议共33件，已全部办结，答复率100%、办结率100%，代表的呼声事事有回应，群众的期盼件件有着落。

在开学前后，组织有效开展“助力控辍保学——人大代表在行动”，协助县教育部门开展走村入户式劝学送学工作，通过县乡两级各级代表有效发挥就近就便的作用和耐心向农牧区群众思想教育，2022年革吉县控辍保学实现零的突破。

年内，革吉县4名代表被评为阿里地区优秀人大代表，进一步提高代表履职积极性，为代表依法履职创造条件。

2022年6月18日，革吉县人大常委会开展“共吃团结饭　共唱团结歌　共说团结话”暨“今天请你到我这做客”民族团结联谊活动

【新冠疫情防控】 年内，积极响应区党委、地委、县委对疫情防控工作的决策部署，革吉县人大常委会迅速响应、率先垂范，机关党员、人大干部、各级人大代表积极响应，深入防控一线，在县城网格片区、乡镇村组疫情防控的各个地方、各个岗位，充分展现人大形象，以实际行动践行人大使命担当，发挥人大积极作用。135名人大代表与广大干部群众并肩作战，齐心协力确保打赢革吉县疫情防控攻坚战。

【民族团结】 年内，革吉县人大常委会以推动落实《西藏自治区民族团结进步模范区创建条例》为抓手，以县人大系统民族团结“六个一”活动为载体，广泛开展民族团结进步宣传教育，积极配合推进革吉模范县创建各项工作。截至年底，开展法规政策教育宣讲培训3场次200人，开展“今天请你到我这来做客”民族团结联谊活动6场次145人，到乡镇督导检查1次。

【党建工作】 年内，革吉县人大常委会党组始终坚持狠抓党建工作责任落实，对班子成员进行明确分工，建立党组书记负总责，班子成员具体抓落实的党建工作责任体系，把党建工作和人大日常工作同安排、同部署、同检查、同落实。认真贯彻党组工作条例，定期组织召开党组会议，严格执行民主集中制原则，遵循党组议事决策程序，对“三重一大”事项进行集体讨论。按月足额交纳党费，积极参加“三会一课”，有力推进了县人大常委会各项工作开展。

2022年12月12日，革吉县委人大工作会议召开

革吉县人大常委会党组以加强党员党性教育为主，以党史学习教育常态化制度化、机关支部学习为契机，组织机关党员干部学习《中国共产党章程》《中国共产党廉洁自律条例》《中国共产党纪律处分条例》等党内法规政策，组织基层人大代表履职培训、参观革吉直属库爱国主义红色教育基地，切实把提高机关党员干部和基层人大代表的政治素质列入人大常委会党组重要议事日程。到革吉县“四乡一镇”各村居，以2022年人大“六个一”活动为契机，宣讲中共二十大精神，《西藏自治区民族团结进步模范区创建条例》等，使革吉县广大牧民群众和人大代表拓宽视野、增强思想认识。

落实全面从严治党主体责任和“一岗双责”责任，严格落实中央八项规定及其实施细则精神，持之以恒纠“四风”，不断完善惩防体系建设，推动管党治党从严从紧。调整充实领导小组，坚持民主集中制和“三重一大”集体决策，加强宣传教育，严明党的纪律，签订责任书，完善廉政风险点防控，召开党风廉政建设和反腐败工作会议3次、集体谈话会3次。

积极搭建代表履职平台，探索信息化网络平台建设，实施革吉县一体化人大智慧平台建设项目，通过县“人大代表之家”智慧平台、手机App等媒介，宣传法律法规、拓展信息渠道、展示代表形象，线上提交和办理代表建议。为革吉县“三级”人大代表更好地履行代表职能，发挥代表作用打造了一个有效载体，推动人大党组织标准化、规范化建设。

【党风廉政建设】 年内，革吉县人大常委会把搞好党风廉政建设作为加强人大队伍建设的重要内容，建立健全常委会组成人员遵循的规章制度、学习制度及措施，细化和规范党风廉政建设领导小组，进一步贯彻落实党风廉政建设的各项工作职责，稳步推进压力传导、压实廉政责任制度；坚持读原著、学原文、悟原理，用党的创新理论武装头脑，全年共召开党风廉政会议8次，开展集体干部职工廉政谈心谈话3次，观看警示教育片5次。人大常委会把执行党的政治纪律、政治规矩放在首位，旗帜鲜明和从严反弹“四风”问题，坚决贯彻落实中央八项规定及实施细则，加强“三公”经费的管理，坚持有权必有责、用权必担责、滥权必追责，推动管党治党各项制度规定落实到位，深入推进党务、政务公开，接受广大人大代表及社会各界的监督。

【改进作风建设】 年内，革吉县人大常委会党组始终坚持把抓改进作风狠抓落实作为应尽之责、分内之事，纳入人大常委会主要工作议事日程，坚持作风建设与人大监督、自身建设同部署、同落实、同检查，研究制订工作计划、目标要求和具体措施，通盘考虑、协调推进党风廉政建设与人大各项工作。按照县委决策部署，坚持全县发展大局，督导和推进不作为、慢作为、文山会海等形式主义、官僚主义等整治行动活动。

截至年底，减轻会议次数比往年少6次，减少下发文件7件。县人大常委会加强机关规章制度和会议议事规则建设，探索改进工作方法，完善工作流程，细化工作职能，明确责任分工，强调完成时限，纠治形式主义、官僚主义，切实转变作风，狠抓落实工作，进一步提升工作实效，机关作风持续向好。

【联系指导乡镇人大】 年内，坚持人民至上、以人民为中心，加强代表思想政治建设。认真实施代表法，健全加强和改进代表工作的具体措施，一手抓履职平台的搭建，一手抓代表履职能力的提升，推进代表履职服务平台和履职档案规范化建设。密切常委会组成人员同代表、代表同人民群众的“双联系”工作，强化人大“代表之家”和“代表小组活动室”的规范建设。

健全常委会联系各乡镇人大主席团的工作制度，紧密联系人大工作实际，大力倡导与时俱进、开拓创新、求真务实的精神，增强工作的原则性、系统性、预见性和创造性。围绕全县的中心工作和人民群众关心的热点难点问题，积极组织常委会组成人员深入基层调查研究，参与县委中心工作。加强和改进代表议案和意见建议办理，强化跟踪督办，提升办理成效。紧紧依靠代表做好人大工作，扩大代表对人大常委会和专门委员会工作的参与，统筹开展好代表集中视察、专题调研和接待选民等活动。继续加大代表培训力度，分批组织革吉县“三级”人大代表的培训力度，积极配合自治区、地区人大，做好参训人大代表赴其他省市学习考察工作。

【履行维稳职责】 年内，革吉县人大常委会全面贯彻落实党在新时代治国理政的新方略，常委会领导在“三大节日”及召开全国两会期间到“四乡一镇”各村（居），蹲点督导维稳工作，积极响应县委维稳工作部署，切实做到情况明、底数清、全覆盖、无隐患、不出事，做到思想认识到位、力量部署到位、预案准备到位、措施落实到位，确保全县的维稳安保工作不出任何问题，促进了革吉县社会大局持续稳定、长期稳定、全面稳定。

（李艳光）

【机构领导】

县委副书记、人大常委会党组书记、主任

才旺仁增（藏族）

党组副书记、副主任

多吉平拉（藏族）

党组成员、副主任

罗　　布（藏族）

次仁顿珠（藏族）

党组成员、副主任、总工会主席

黄 宣 辉

办公室工作

【概况】 2022年，革吉县人大常委会办公室核定编制人数为2人，实际人数4人，其中办公室主任1人，办公室副主任1人，四级主任科员1人（借调），12月新分配专招生1人。

2022年，革吉县人大常委会办公室坚持以习近平新时代中国特色社会主义思想为指导，深入贯彻落实习近平总书记关于加强和改进人大工作的重要思想和治边稳藏的重要论述，特别是学习贯彻中共二十大精神，全面贯彻落实区党委、地委、县委对县人大工作的新要求，引领乡镇人大和广大人大代表，紧紧围绕地委“12114”工作思路，全县稳定、发展、生态、强边四件大事和县委、县政府中心工作，坚持以“四个创建”为载体落实“四件大事”，以“四个走在前列”为牵引实现“四个确保”为目标，紧扣民主和监督两大工作主题，认真履行代表职能，积极汇聚力量，各项工作取得新进展新成效。2022年，共组织筹办常委会会议9次、党组会议11次、主任会议4次、理论学习中心组学习会9次、党支部学习27次；开展执法检查13次、专题调研10次，完成上级人大委托的执法调研6项，形成调研报告6份；组织“代表之家”开展履职活动20余次。

【文秘工作】 年内，革吉县人大常委会办公室起草撰写大量的综合文稿。包括常委会领导在各种会议上的重要讲话以及各种汇报、总结以及各种重要的规范性文件，以及结合学习贯彻中共十九

2022年12月14日，县委副书记、人大常委会党组书记、主任才旺仁增（中）以普通党员身份参加革吉县人大党支部2022年第27次集中学习会议

届历次全会精神和中共二十大精神，人大常委会、党组会、主任会等决定重大事项的各项决议、通知和安排意见；在信息宣传方面做了大量工作，无论是量的扩张，还是质的提高，都取得突破性进展。此外，办公室还围绕常委会工作大局，编印《人大工作》信息简报65期，在服务工作大局中，人大办注重发挥工作主观能动性，在按常委会要求完成“规定动作”、按人大工作程序把握好“习惯动作”的同时，积极主动地做好“自选动作”，做到多动脑、勤动手、超前思维，争取工作主动权，提高办公室工作效率。

【会议服务】 为人民代表大会、人大常委会会议和主任会议服务（简称“三会”）是人大常委会办公室工作的重要职责。年内，共筹备大型会议（人民代表大会）2次，4月7—9日召开革吉县第十三届人民代表大会第二次会议；12月12—14日，召开革吉县第十三届人民代表大会第三次会议和2022年县委人大工作会议。革吉县人大常委会办公室高质量完成人大常委会工作报告、大会主持词、各项决议、开闭幕讲话及宣传报道等简报信息。人大常委会办公室作为人大常委会的综合办事机构，既是常委会的参谋部，又是常委会整个机关的服务部。

【督办代表建议】 年内，为保护人大代表履职积极性、促进解决民生问题、帮助政府改进工作，巩固党的执政地位，县人大常委会办公室积极探索、创新机制，强化代表建议督办工作。革吉县十三届人民代表大会第二次会议意见建议共33件，已全部办结完毕，答复率100%、办结率100%，群众满意度98%。

【内部管理】 年内，革吉县人大常委会办公室紧紧围绕常委会工作目标，加大对“三会”服务的服务质量，办公室与“三委”同心同德，分工协作，认真履行职责，较好地完成人大常委会交办的各项工作任务。当好领导参谋助手，做好“三会”服务工作。

年内，认真履行职责，积极主动做好各项工作，力求参谋到点，服务到位，努力为常委会依法行使职权做好服务工作。狠抓公文处理，不断提高办文质量，深入推进进一步改进作风狠抓落实。坚持以问题为导向，明确目标任务，

2022年8月29日，革吉县人大常委会办公室组织开展疫情防控工作

2022年6月18日，革吉县人大常委会开展以“铸牢中华民族共同体意识、喜迎中共二十大胜利召开”为主题的“六个一”活动

自觉增强改进作风的思想认识，全力改进机关工作短板弱项。根据常委会总体要求，办公室在不断总结过去工作的基础上，紧贴实际，积极探索，对机关公文处理的规范化，进一步规范和改进机关干部文风、严肃会风，明确公文印发各个环节的责任，保证公文印制的质量和运转效力。

【理论学习】 年内，革吉县人大常委会办公室突出抓紧党员干部日常教育管理，以习近平新时代中国特色社会主义思想为指导，深入贯彻中共十九大、中共二十大精神、中央人大工作会议精神，深刻领会自治区第十次党代会、区党委十届三次全会精神、自治区“两会”精神及中央全面依法治国工作会议、中央第七次西藏工作座谈会精神，习近平总书记关于坚持和完善人民代表大会制度的重要思想、关于西藏工作的重要论述和新时代党的治藏方略，坚持党的领导、人民当家作主、依法治国有机统一，坚决拥护和捍卫“两个确立”，增强“四个意识”、坚定“四个自信”、做到“两个维护”，紧紧围绕“四件大事”依法履职尽责，开展以“党课讲基层、党恩传百姓”为主题的专题党课活动为契机，使人大代表既接受一次党的教育洗礼，又丰富人大代表的文化生活，进一步激发履职的热情和扎实工作的精神，增强人大代表联系党员群众的积极性，更好地发挥人大代表的纽带桥梁作用。并组织人大干部学习《中国共产党廉洁自律准则》《中国共产党纪律处分条例》《西藏民族团结进步模范区条例》《西藏生态文明高地建设条例》等条例法规，观看《党风廉政建设在西藏》《零容忍》《家庭忏悔录》等警示教育片。

【人大“代表之家”】 年内，落实“双联系”制度，密切代表和群众的联系。认真落实常委会组成人员联系代表、代表联系群众的“双联系”工作制度，强化人大代表的履职监督意识，认真辅导怎样审议“一府两院”工作报告，如何提出代表议案或意见建议，怎样提高代表意见建议质量，引导代表参政议政的规范化、制度化，督促办理代表意见建议流程的标准化，强化选民的答复工作，着力促进人大“双联系”工作持续发展。

落实兑现县级无职人大代表履职补助，保障革吉县人大代表依法履职。出台《乡镇人大代表活动经费管理使用办法》。组织代表学习、使用革吉县一体化人大智慧平台；推广代表、选民使用人大智慧平台手机App，全县人大代表使用率达到98%；通过县“人大代表之家”智慧平台、手机App等媒介，宣传法律法规、拓展信息渠道、展示代表形象，线上提交和办理代表建议。从而实现人大监督的数字化、实时化、智能化，提升监督的精准度和实效性。

推进代表履职档案规范化建设，完成县级人大代表建档立卡，基础档案工作不断完善。加强代表履职能力建设，深入开展以“人民选我当代表、我为人民起作用”为主题的发挥代表履职作用活动。持续开展“控辍保学、人大代表行动”活动，并及时动员乡（镇）人大主席团、各级人大代表、教育行业部门等参与革吉冬春返学送学工作，要求全县各级人大代表要结合民生重点工作难点，发挥好人民代表作用，打通代表服务基层“最后一公里”，全力协助做好学生送学劝学返校工作。

以加大人大代表的知情权、

参与权、表达权、监督权为工作出发点，积极借鉴各兄弟县的好做法、好经验，采取“星级代表”评比模式，完善各项监督机制，不断深化代表履职作用，服务群众，改进代表工作做法，不断创新人大各项工作。认真细化人大常委会办公室、“三委”工作职能，按照“政治坚定、业务精通、作风过硬、团结协作、勤政廉洁”的要求，切实加强人大常委会机关队伍建设，更好地发挥地方权力机关的职能作用，做到与县委的决策同心、与“一府两院”的工作合拍、与人民群众的愿望相符，为革吉县社会经济发展做出应有贡献。

【党风廉政建设】 年内，革吉县人大常委会办公室、“三委”党员领导干部，以召开办公室会议、党支部会议等契机，深入贯彻落实习近平总书记关于加强和改进人大工作的重要思想和治边稳藏的重要论述、中共十九大精神、中共十九届历次全会精神，特别是学习中共二十大精神，深入贯彻学习习近平总书记重要讲话精神和治国理政新理念新思想新战略，坚持和完善人民代表大会制度的重要批示精神。不断完善学习制度，加强思想政治学习，加强党员党性教育。按照《关于新形势下党内政治生活的若干准则》要求，严格落实民主生活会、组织生活会和“三会一课”等制度，坚决纠正党内政治生活不正常不规范的问题。办公室严格按照党风廉政建设工作要求，不断提高治党管党的水平，坚持落实全面从严治党主体责任，继续抓好人大常委会办公室及“三委”的作风建设和反腐败工作。

以县委对党风廉政建设工作的要求，立足人大常委会办公室工作实际，认真落实全面从严治党的各项工作，深化党史教育成果，落实意识形态工作责任制，严格遵守执行中央八项规定及其实施细则精神，持续转变工作作风。全面加强人大办党风廉政工作作风建设，不断提升机关党建工作质量和水平，夯实党支部的战斗堡垒作用和党员先锋模范作用。

【社会综合治理】 年内，做到重要节点维稳有部署、有计划、有总结，各项维稳工作有序推进，强化学习。在重要时段、重要节点到“四乡一镇”各村(居)，蹲点督导维稳工作，积极响应县委维稳工作部署，切实做到情况明、底数清、全覆盖、无隐患、不出事，做到思想认识到位、力量部署到位、预案准备到位、措施落实到位。

（李艳光）

【机构领导】

主 任

平措达杰(藏族，1月任)

副主任

李 艳 光(2月任)

革吉县人民政府

综述

【概况】 2022年，把迎接中共二十大胜利召开和学习宣传中共二十大精神作为全年工作主线，落实“疫情要防住、经济要稳住、发展要安全”的要求，聚焦“四件大事”，聚力“四个创建”，落实“12114”工作思路，积极应对疫情频发、经济下行、服务业长期承压等超预期因素冲击，精准落实国务院稳经济一揽子政策和接续措施，扎实落实自治区稳经济临时性若干措施和地区配套措施，新上一批项目，打通一批堵点卡点，解决一批群众急难愁盼问题，全县就业稳、物价稳、民生稳、人心稳、社会大局稳，重点领域发生一系列方向性趋势性积极变化，为革吉社会主义现代化建设打下了坚实基础。

2022年，革吉县地区生产总值完成90653万元、同比增长0.5%。全县一般公共预算收入完成1463万元，同比增加40万元，增长2.81%；完成年度预期目标的103.83%，税收收入完成771万元。全年城镇居民人均可支配收入51910元，同比增长4.4%。农村居民人均可支配收入16880元，同比增长7.4%。社会消费品零售总额10988.89万元。

【重点项目工程建设】 年内，阿里地区涉及革吉县重点计划建设项目18个，总投资2.76亿元，已开复工项目16个。截至年底，革吉县重点建设项目66个，总投资11.08亿元，已竣工项目28个，疫情复工复产项目41个，总投资9.8亿元，完成投资2.38亿元。

严格按照《必须招标的项目规定》《革吉县项目工程建设项目招标（议标）管理办法》进行招投标工作，400万元以下工程发包（议标）项目共施工发包23个，其中10个项目发包给本地农牧民施工队。

截至年底，革吉县招商引资项目共5个，分别为革吉县文布当桑乡加油站建设项目，计划投资530万元，已开工建设；革吉县

2022年7月20日，县委副书记、政府县长彭次（右一）慰问困难群众

2022年12月17日，县委常务副书记、常务副县长李元昭（左一）看望慰问群众

捌仟错盐湖乡硼锂资源综合利用项目，计划总投资6.932亿元，已开工建设；革吉县屋顶分布式光伏建设项目，计划投资893.4万元，已完成初步设计方案。计划纳入招商引资储备项目2个，分别为革吉县民用加气站建设项目，计划投资300万元，已完成办理用地手续，处于设计评审等阶段；革吉县汽车油气电综合服务站建设项目，计划投资2145.84万元，处于办理用地手续阶段，并开展设计方案编制。

【新冠疫情防控】 年内，以"人、物、环境"同防和多病共防为原则，每天对市场重点人群、重点场所、重点机构进行核酸采样。投入663.39万元采购疫情防控短缺物资和核酸检测试剂，确保革吉县疫情防控物资保障到位。

【安全生产】 年内，制定完善《革吉县安全生产应急预案》《事故查处挂牌督办制度》等23项制度，组织开展地震应急避险疏散自救互救演练、防汛应急演练、人员密集场所演练等各类演练70次。

严格落实《阿里地区"平安护航二十大"专项行动整治方案》要求，切实抓好安全生产大排查大整治行动，制定《革吉县迎二十大安全生产大排查大整治工作方案》，实行清单式检查、台账式整治，定人、定责、定时限，确保排查一处、整改一处、安全一处，共排查隐患64处，整改64处，开展4次安全生产演练。

将安全生产纳入革吉县2022年科级综合目标管理责任制进行考核，规范管理，按照"谁主管、谁负责"和"属地管理"的原则，对考核对象工作职责和目标任务进一步分解细化。召开安全生产季度会议3次、专题会7次，有效推动了乡镇属地监管职责、行业直接监管和企业的主体责任落实。

【民生福祉持续改善】 年内，投资580万元实施县人民医院硬绿化及附属工程建设项目，已拨付403.96万元；县疾控中心检验检测能力提升建设项目和县人民医院提标扩能项目有序推进。开展健康教育"五进"宣讲活动15次，共发放宣传海报2975张、宣传品2838件，受益4472人次。"两项制度"扶助对象申报和退出工作有序开展，"一孩双女"扶助对象新增22人，退出9人；"特殊子女"扶助对象退出2人，均已完成系统录入审核工作；新增符合寿星老人条件19人，退出1人。卫生健康"七项民生工程"扎实开展。严格执行《革吉县2022年城乡居民暨在编僧尼免费健康体检实施方案的通知》精神，完成体检12177人（包括结核病筛查人数）。结核病筛查工作有序推进，重点人群结核病筛查3021人。开展妇女"两癌"筛查583人。流感疫苗接种工作开展顺利，已完成接种4057人。积极开展白内障筛查工作和大骨节病筛查工作，筛查白内障400人，确诊29人，筛查大骨节病1811人。扎实开展唇裂儿筛查和救治工作，筛查10人，救治7人。

总投资1000万元实施县特困人员集中供养服务中心提升改造项目，总投资400万元实施革吉县残疾人综合服务中心建设项目，前置手续均已全部完成；总投资130万元实施的特困人员集中供养服务中心消防安全设施项目，已完成竣工。社会保险扩面工作持续加强，参加养老保险10686人，参保率达95%，按时足额发放领取待遇1259人。认真抓好城乡最低生活保障工作，实现应保尽保，已兑现上半年农村低保金35户121人6.5万元，城镇低保金19户34人28.598万元。对483人发放临时救助资金38.127万元。对有意愿的54名特困人员进行集中供养，有意愿的集中供养率达100%，兑现119.35万元特困供养金。孤儿供养工作扎实推进，兑现分散孤儿5人资金8.58万元，事实无人抚养儿童1人资金9720元，流浪乞讨救助8人资金3850元。

学前教育毛入园率达85.06%，小学净入学率达99.95%，初中毛入学率达103.71%，义务教育巩固率达99.76%。全县7—15周岁残疾儿童共93人，"三残"儿童入学率100%。落实"三包"资金661.22万元，落实营养餐资金129.29万元，为10名革吉籍农牧民子女考入其他省市西藏班的学生发放助学金10万元，贫困学生受资助覆盖率达100%。雄巴乡小学维修改造项目、革吉县中学新建综合楼项目和革吉县完全小学新建教师宿舍项目完成招标。教育改革工作扎实推进。以开展"老带新、好带精"为载体，大力实施"青蓝工程"，坚持"请进来、走出去"相结合，分层次、分类别加强对全县教师的培训。

县民族艺术团排练场所建设项目已开工建设。截至年底，接待旅客39687人次，实现旅游收入2468.53万元，直属库红色教育基地参观人数12000多人。

【乡村振兴】 年内，调整充实县委农村工作领导小组（县委实施乡村振兴战略领导小组），组织召开县委农村工作领导小组会议4次，及时研究解决工作中的困难问题，扎实推进乡村振兴各项工作落实落地落到位。进一步完善《革吉县关于实现巩固拓展脱贫攻坚成果同乡村振兴有效衔接的实施方案》，明确产业发展、稳岗就业、兜底保障等政策持续落实。

制定《革吉县防返贫风险分析研判协调处置工作协调机制》，充实完善《革吉县关于健全防止返贫动态监测和帮扶机制的工作方案》，调整充实"十四五"期间全县干部结对帮扶方案，持续实施"县级领导包乡包村"制度和"54321"结对帮扶机制，大力开展防返贫监测帮扶和产业帮扶，坚决守住不发生规模性返贫的底线，带动脱贫群众持续稳定增收。截至年底，全县累计识别监测户78户324人，已消除40户156人，未消除38户168人。

2022年5月1日，副县长国吉次仁（前排右三）同小学生一起植树

完成2012—2020年133个扶贫项目资产确权登记工作，并全部录入项目库。制定《革吉县"十三五"时期扶贫产业项目效益提升行动方案》，科学逐步提升项目经济效益，确保产业项目保值、增值。

制发《革吉县关于进一步修订和完善村规民约（居民公约）工作的实施方案》，先后投入7070万元进一步打造治理盐湖乡羌麦村人居环境及改善乡村面容面貌；将文布当桑乡夏玛村、罗玛村作为革吉县整村推进示范村，从衔接资金中投入2900万元，进一步完善乡村给排水等基础设施，改善人居环境；从衔接资金中投入1050万元，将雄巴乡巴措村作为革吉县人居环境整治村，进一步完善基础设施和公共服务设施。

共统筹整合财政衔接资金14197.47万元，全年已拨付资金8494.54万元，资金执行进度达59.83%。年内，革吉县申报牦牛肉、绵羊肉、粗盐巴产品目录3个，其中，牦牛养殖基地牦牛肉及附加产品被认定为全国扶贫产品

2022年8月18日，中国联通公司向革吉县红十字会捐赠抗击疫情物资

目录。全年各产品总销售金额达69.87万元，其中销售盐巴类产品26.15万元，销售牛羊肉产品43.72万元。

【农业农村工作】 2022年，全县草场经营权流转558户4358人、流转面积469.88万亩、群众草场流转资金达188.42万元；联户联组放牧915户3394人，解放劳动力1576人；培养牧业经营大户80户。2022年草补奖涉及3539户17798人，兑现补助奖励资金11945.30万元，草原监督员补助资金247.80万元。2022年全县种植面积为6909亩，其中一年生牧草6889亩，多年生牧草20亩，人工种草籽解决96.73吨。截至年底，已全部完成收割工作。2022年全县正常运行的温室大棚72座，其中蔬菜大棚30座，种植树苗和牧草大棚42座，蔬菜产量66.99吨。

县绒山羊良种扩繁场现有白绒山羊585只（种公羊140只，核心群母羊231只，基础群母羊100只，羔羊114只）。投资30万元从日土县引进优良绒山羊150只；预算总投资1000万元申报革吉县绒山羊良种扩繁场能力提升项目，项目可行性研究报告已完成，前期工作正在有序推进。全年，牲畜出栏2890头（只），活畜出栏2822头（只），收入达368.19万元。投资1000万元在“四乡一镇”范围内新建15眼钻井，2处管道饮水，17处升级改造工程，该项目已于5月20日进场，现已完成工程量的86%。检查县城主备2处水源地范围内的设施设备、环境卫生，并安排每月不少于4次的专人对备用水源地开展巡逻，消除水源地内污染隐患，及时检查维修2处水源地的监控设备，确保水源地保护工作有序开展。

【就业创业】 年内，组织开展餐饮、创业等培训10期404人，完成全年培训目标任务的77%。截至年底，完成转移就业1134人次，实现劳务创收1028.66万元，有效帮助农牧民群众实现增收。

年内，革吉籍应届高校毕业生59人中54名高校毕业生已实现初次就业，初次就业率达91.5%；与12名高校（中职）毕业生签订创业协议并兑现一次性创业启动资金72万元，3名学生兑现房租补贴6.50万元。处理各类投诉举报劳资纠纷案件22起，涉及农民工64人，涉案金额154.37万元；缴纳31家（13家以保函形式缴存）企业农民工保障金、农民工工资保证金449.19万元，退还农民工工资保障金207.68万元，涉及20家企业。开展各类领域劳动用工及保障民工工资专项检查5次，涉及农民工450余人。

【生态环境保护】 年内，以法治宣传日、“3·22”世界水日、3月综治宣传月、“6·5”世界环保日宣传工作等为契机，在全县范围内深入宣传习近平生态文明思想、宣传环保知识，设立展板4个，张贴横幅5个，发放各类宣传手册2100余份、环保宣传袋700份、环保宣传笔袋200份、宣传旅行皂盒100份、宣传指甲刀160份、现场解答群众咨询80余人，活动参与人数达1000余人。

开展环境监测工作，前三季度监测采样工作已完成。革吉县空气监测站已通过地区验收组验收。严格按照《建设项目环境影响评价分类管理名录》相关规定，积极引导建设单位编制环境影响报告书、报告表、网上填报登记表。截至年底，共备案建设项目环境影响登记表22份。针对革吉县重点领域建设项目“未批先建”情况开展系统排查1次，未发现“未批先建”情况。

2022年，开展执法行动67次，出动执法人员137人次、车辆58辆次，形成监察执法记录表（执法检查台账）51份，下达行政执法整改通知书2份，发现问题43个，均已整改到位。定期对生活垃圾填埋场地下水质和土壤进行监测，加大污水处理厂和各建设工地扬尘监管执法力度。督促指导污水处理厂规范化运营，各建设工地洒水降尘，堆料覆盖防尘网抑尘。截至年底，开展扬尘污染检查7次、巡河4次。进一步规范固体废物处置管理，累计对全县12家企业开展执法检查，发现的问题均已整改完成。规范危险废物的收集、暂存及转运工作，开展督导检查22次，发现问题13个，均已完成整改。持续推进革吉县生态文明建设示范县创建工作，完成4个乡1个镇和18个村居的创建资料报送工作，为创建自治区级生态文明建设示范县打好基础。

制发《革吉县2022年植树造林和国土绿化行动工作方案》，共种植班公柳1.3万株，种植面积达200亩。中央第一轮环保督察反馈问题已全部整改完成，中央第二轮环保督察反馈问题整改工作扎实推进。中央环保督察组进驻期间向革吉县移交的2件信访投诉案件，已全部办结。开展进村入户宣传教育414场次，涉及群众11385人次，清理各种垃圾175.39吨，累计清理河道、湖泊、沟渠451千米，清理村内残垣断壁16处，清理废旧机械32辆，清理废弃物254.9吨。

【政务服务】 年内，围绕政务服务“只进一扇门、最多跑一次”“一窗受理”总体目标，真正实现社保、医疗、养老等事项“一件事一次办”目标要求，有效破解企业和群众办事的堵点和难点。截至年底，全县各部门在“一网通办”管理平台完成实施清单发布总数809项，发布率100%。

2022年12月20日，革吉县党办、政办党支部联合开展主题党日活动

有效推进“互联网+市场监管”，申请援藏资金30万元，购置个体登记注册智能设备，实现企业注册登记即办即批、即批即得，提升企业群众办事便利度；申请援藏资金，将重点行业如药店、食堂等增加至监管平台，与地区实现数据共享，进一步扩大监管范围。

【民族团结】 年内，始终以“铸牢中华民族共同体意识”为主线，以“三个赋予一个有利于”为抓手，以开展民族团结进步创建“九进”工作为有效载体，聚焦“四大工程”“六项行动”，全面深入持久开展民族团结进步创建工作。

县财政预算100万元，争取地区200万元用于“双创”工作。制发创建全国民族团结进步模范区中争先进2022年工作方案、工作规则、工作细则、工作要点、任务分解方案等指导性文件和《革吉县关于对全县民族团结进步“双创”工作情况进行实地调研工作方案》，向自治区级推荐“最美家庭”1户，向地区级推荐五好文明家庭13户，推荐国家级示范县1个、推荐自治区级模范单位5个、个人2名。

先后组织67人在兄弟省（市）开展交往交流交融；开展民族团结专题课60余节，利用学校德育室开展民族团结专题教育10场次。组织开展民族团结为主题的竞赛、文艺表演等活动40场次，按照“六个表率”要求，县级领导干部深入“九进”领域宣传6场次，带头组织各类联谊活动10场次，开展民族团结宣传活动311场次。通过移动短信推送民族团结相关信息21258条；认真组织9月民族团结宣传教育，各单位、各乡镇、寺管会、村组自行组织宣传教育活动89场次，受教育群众15317人，活动发放宣传资料3170份。微信公众号刊登65条相关信息，进一步提高革吉县各族干部群众对“双创”工作的知晓率和参与率。

对“九进”创建领域单位开展民族团结进步模范区中争先进暨“双创”工作进行自评自检，以自我督导、自评自检扎实推进“双创”工作落实落地。

（许文旭）

【机构领导】

县委副书记、政府县长

彭　　次（藏族）

县委常务副书记、政府常务副县长

韩军峰（中国联通援藏，8月免）

李元昭（中国联通援藏，8月任）

县委副书记、政府常务副县长

张树强（7月免）

段俊峰（12月任）

武云鹏（中国联通援藏，8月免）

县委常委、政府副县长

游思佳（中国联通援藏，8月任）

政府副县长

王俊华

国吉次仁（藏族）

周桢垒

牛　　群

次仁拉巴（藏族）

舒　　艳（女）

办公室工作

【概况】 2022年，革吉县人民政府办公室以习近平新时代中国特色社会主义思想为指导，站位全县工作大局，聚焦各项中心工作，以强烈的责任意识和进取精神，团结一致，齐心协力，扎实工作，积极为领导服务、为群众服务，认真履行参谋助手、督促检查、综合协调、后勤保障等职能，主动参与政务，全力搞好服务，规范管理事务，较好地完成各项目标任务，保障了县委、县政府政令高效传递、工作及时落实。

【思想政治建设】 年内，始终把建设一支政治合格、素质过硬、廉洁奉公、乐于奉献的干部队伍作为办公室的基础工程来抓，以党史学习教育常态化为契机，利用支部学习会、办公室学习会等集体学习的方式，组织全体干部职工深入学习贯彻习近平新时代中国特色社会主义思想及各级党委、政府的重大决策和方针政策。认真贯彻中共十九大及十九届历次全会、自治区第十次党代会精神，中央、区党委、地委、县委经济工作会议等一系列会议精神。通过学习，使全体干部职工统一思想、理清思路、增强信心、明确方向，进一步提高干部职工思想政治素质和政策理论水平，增强党员干部的党性修养、提高政治判断力、政治领悟力、政治执行力，提高干部职工贯彻党和国家大政方针、重要会议精神的政治自觉、思想自觉、行动自觉，更加坚定发展革吉、维护革吉稳定的决心和信心。

【新冠疫情防控】 年内，革吉县人民政府办公室本着“疫情是战场，更是考场”的原则，严格落实县疫情办关于常态化疫情防控相关要求，制定办公室（信访局）职工食堂等常态化疫情防控方案，全体干部职工每日坚持测体温、戴口罩，填写疫情防控相关台账。坚持每3天对办公室、会议室、食堂、走廊等场所进行消杀，严格落实来访人员登记、核实行程码等“三码”扫码情况，引导来访群众正确佩戴口罩。定期排查办公室疫情防控物资储备情况，及时将过期防控物资送至县疾控中心进行处理。

【矛盾排查】 年内，定期排查办公室、会议室、职工住房等相关区域安全隐患问题。认真做好矛盾纠纷的调处和群众上访工作，制定县级领导接访制度，强化矛盾纠纷排查化解机制，及时掌握干部群众的思想动态，严格按照“属地管理、分级负责”和“谁主管、谁负责”的原则，进一步强化工作责任，强化督查督办，确保信访问题“件件有着落，事事有回应”。围绕中共二十大召开，大力开展矛盾纠纷排查化解行动，全力做好信访工作，努力将矛盾纠纷化解在萌芽状态，共排查化解矛盾纠纷8件。

【办文办会】 年内，使文件的收、发、传、送、批、借、存、销等环节逐步做到程序化、制度化、规范化。实行阅知件与催办件分开、文件与资料分开、急件与平件分开，对要求办理的文件分轻重缓急，做到急件急办，重要件立呈领导请示，严格收发、阅办和归档，做到快速传递、及时反馈领导批示和严格文件管理，收文做到及时、准确、安全、保密，发文做到程序合理、格式规范、文句精练、打印整洁、分发及时，共办理文件900余份。

在办会过程中，注重细节，周密谋划，积极主动抓好会议方案，会议材料等各个环节，特别是对县政府党组会、常务会、县长办公会等会议的议题收集、材料整理，超前准备，严格议程、议题审核把关，较好地完成县政府各类会议60次。

【督促督办】 年内，围绕县委、县政府确定的重要任务和重点工作以及政府重要决议事项，有效开展督促检查，做到“事事有回应、件件有着落”。截至年底，电话督办催办事项200余次。督查督办政府党组、常务会议纪要及领导指示批示落实情况。收集整理各单位完成政府各类会议决定事项落实情况督办76件。

【沟通协调】 年内，革吉县人民政府办公室立足全县工作大局考虑问题、处理事务，积极主动为领导、各单位和群众做好沟通协调工作，不断强化与行署办公室、县直各单位和各乡镇基层的沟通联系，使各方面工作相互衔接，形成合力，推动政府办公室工作高效有序运转，有效保障了县委、县政府各项决策部署落到实处。

【保密工作】 年内，认真组织全体干部职工学习有关保密工作方针政策，签订保密工作责任书，切实增强干部职工的保密意识。加强涉密会议、公文传递、密件收办等公务活动中的保密工作。严格执行“办公电脑不联网、联网电脑不办公”，加强计算机系统保密、涉密存储介质、手机使用的保密管理，对涉密计算机、移动存储介质进行登记。

2022年5月1日，革吉县人民政府办公室组织开展植树活动

【后勤保障】 年内，组织干部职工学习财务、车辆管理知识，建立健全后勤财务车辆等相关管理制度，切实加强财务、车辆及驾驶员管理工作。截至年底，未发生驾驶员违反交通规则的行为。加强食堂后勤保障工作，确保干部职工饮食安全。同时严格按照“接待必有函，无函不接待”的原则，做到接待规范、热情。截至年底，共接待各级各类工作组30批次。

【电子政务】 年内，OA（办公自动化）系统高效运行，对非涉密文件一律从OA系统上进行流转，公文办理传阅速度进一步提升，进一步节省办公经费。政务信息进一步公开，革吉县人民政府办公室依托政府门户网站，围绕县核心工作，及时将亮点工作，政策规定、发展成果等信息发布在政府门户网站上，有效提高了政府工作的透明度，保证了广大群众的知情权。

【以文辅政】 年内，充分利用支部会、办公室集体学习会等契机，组织全体干部职工学习上级各类文件、公文写作格式，起草材料本着严谨、规范、精细的原则，切实把

2022年7月5日，革吉县人民政府办公室开展读书活动

好政策关、文字关、格式关，准确地把上级精神、领导意图和实际情况融入文稿。完成政府工作报告、各项会议材料及各类领导讲话的起草。紧紧围绕全地区、全县中心工作，抓住重点、热点、难点以及领导的关注点，坚持“实、快、新、短”的原则，切实发挥政务信息“主渠道”的作用，不断拓宽信息收集渠道，整合信息工作资源，加强信息综合分析，提高信息报送实效，及时整理出有参考价值的信息及时以政务信息形式报送给行署办公室。共计报送政务信息21期，要情信息和标题信息共计150条。

【党风廉政建设】 年内，利用支部会、办公室会等集体学习时间，组织全体干部职工观看《零容忍》系列警示教育片，以案说法、以案明纪，从思想上筑牢反腐倡廉防线。始终把党风廉政工作作为一项重要的政治任务狠抓不放，将党风廉政工作与业务工作“同部署、同落实、同检查、同考核”。坚持民主集中制，通过集体讨论，讨论决定办公室的重大问题。

（许文旭）

【机构领导】

主　任

王　斌

副主任

石　娟（女）

陈　钊（12月任）

后勤服务中心主任

次　旺（藏族）

后勤服务中心副主任

索朗次仁（藏族）

应急管理

【概况】 2022年，革吉县发生道路交通事故1起，死亡2人，已结案。非煤矿山、危险化学品等企业和建设施工、特种设备等其他行业领域未发生安全生产事故，全县安全生产形势总体保持稳定。

县委、县政府始终将安全生产工作放在县中心工作的首要位置，牢固树立隐患就是事故的忧患意识，与经济社会发展工作同部署、同落实、同检查、同验收。各乡镇、各部门坚持把安全生产工作列入重要议事日程，并作为一项长期的重要工作来抓紧抓好。严格落实自治区、地区各级领导在全区安全生产工作电视电话会议上的讲话精神，由县委副书记、政府常务副县长主管安全生产工作，2022年召开安全生产季度会议3次、专题会7次，有效推动乡镇属地监管职责、行业直接监管和企业的主体责任落实。为加强对安全生产工作的直接领导与细化分工，根据人员调整情况及时调整充实安委会领导小组。严格执行由县委书记、县长任安委会主任的“双主任”，各副县长任安委会副主任明确政府班子成员的安全生产监管职责，各乡镇、各有关部门为成员的革吉县安全生产工作委员会领导工作机制。同时，在各乡镇成立安委会、各村居成立安全生产办公室、每个村小组指定一名安全生产联络员，为全县安全生产工作的顺利开展提供了坚强的组织保障。

【安全生产责任制】 年内，按照“横向到边、纵向到底、责任到人、不留死角”的安全生产工作原则，对安全生产责任状的考核内容进行调整和完善。将安全生产责任制继续纳入县乡两级党委、政府中心工作目标进行考核，规范管理，按照“谁主管、谁负责”和“属地管理”的原则，层层压实责任，进一步细化科级目标责任书中安全生产工作任务，将责任落实到部门，落实到人头。

【制定完善安全生产应急预案】年内，为做好革吉县安全生产工作，建立健全安全生产事故预防和运行机制，进一步明确政府各部门的救援责任，提高应急处置能力，制定并完善《革吉县应急总体预案》，明确指导思想、工作原则，确定应急救援预案的目标任务和预防措施，加强组织及经费保障，对生产经营单位及监督管理部门提出新的工作要求。同时，对制度进行梳理并完善，研究制定《事故查处挂牌督办制度》《革吉县执法检查制度》《革吉县安全生产联合执法制度》《革吉县安全生产重大隐患挂牌督办制度》等23项，规范了政府各部门的职责和应急处置措施。

【安全宣传教育】年内，革吉县安全委员会组织成员单位召开会议，深入学习贯彻国务院和自治区、地区会议精神、规章、制度等，分析当前安全状况，总结经验教训，深刻理解安全发展理念的科学内涵、精神实质和本质要求强化领导的安全生产意识。

将宣传工作重点对象扩大到农牧民群众、施工作业员、个体经营户中。充分利用广播、电视、网信公众平台、标语、条幅、户外宣传栏等形式，广泛开展安全生产宣传活动，牢固树立“安全生产责任重于泰山”的思想，确保安全生产管理措施落到实处。在安全生产月等时段和节点，做好以《中共中央、国务院关于推进安全生产领域改革发展的意见》《安全生产法》为重点的安全生产法律法规普及和宣传活动。将《中共中央、国务院关于推进安全生产领域改革发展的意见》译成藏语，制作藏语和汉语宣传册发放。

坚持法律宣传与安全生产执法行动、安全生产治理行动相结合，在执法行动和治理行动中坚持宣传先行、教育推动，强化执法，严格监督，达到学法、知法、守法、用法的目的。同时针对全国近年来在危化品及非煤矿山领域发生的典型事故案例进行以案释法，加强法律知识的学习普及，增强企业负责人和职工安全生产法律意识，提升从业人员依法维护生命健康权益的能力。通过学习、宣传、联合执法检查排查等方式，提高各企业、各行业监管部门的安全意识和执法监管能力，促进企业加强安全管理，落实安全生产责任制，促使广大职工群众增强安全生产意识，自觉遵章守纪，形成全社会关心安全生产的良好氛围。

2022年3月8日，县委副书记、县长彭次（左一）主持召开革吉县森林草原防灭火专题部署会

【安全生产大检查】年内，为增强隐患排查力度，县安委会实行每季度安排一次联合大排查大检查，每月进行一次专项检查，并将检查排查范围延伸扩大到各村组。同时，加大安全生产监督管理力度开展革吉县春节、藏历新年、国庆节、中秋节、中共二十大等重点节日安全生产大检查活动，检查中发现个别单位存在监管不力，意识不强，投入不够等现象，对此革吉县执法人员严格按照有关法规进行治理整顿。截至年底，共开展安全生产联合大检查17次，各行业领域开展专项检查37次，累计检查983家次，共排查隐患712处，已全部整改完毕，下达整改通知书464份、行政处罚书5份、临时查封决定书1份。

2022年3月8日，县委副书记、常务副县长张树强（右三）一行开展安全生产大检查

【安全隐患排查专项整治行动】年内，革吉县消防救援大队加大对学校、医院、商场、宾馆（饭店）、娱乐场所、企业、重点文物保护单位、劳动密集型企业和消防安全重点单位等检查力度，建立及落实消防安全责任制、日常防火检查巡查、消防安全制度，消防安全操作规程、消防安全教育培训和应急疏散预案；深入开展“三年行动”“危险化学品”“城镇燃气”“居民自建房”“高层建筑火灾”专项行动，切实加强力量备勤，严格加油站点消防安全监管，严防各类火灾事故发生，确保革吉县公共安全和安全生产形势总体稳定。

加强危化领域安全监管，切实把严成品油销售储存管理工作从严管理油源，从严审核证照，从严监督油品使用，坚决确保工作没有漏洞、没有缝隙、没有空白点。按照属地管理原则，全面加强对辖区成品油销售管理工作的领导和管理，层层落实责任制，明确各自的职责任务和目标要求。切实强化成品油销售管理各环节措施落实，坚持把管理的管控前移到村居、把管理的力量部署到油站、把管理的触角延伸到作业现场，实现从审批到加油到使用全过程监管，达到成品油控严管实、杜绝流散的目的。

加强燃气领域和特种设备的安全监管。县安委会联合商务、教育、住建等部门对革吉县锅炉、液化气瓶、塔吊进行监督检查。对检查出过期的液化气瓶进行强制更换，确保人民群众生命财产安全。截至年底，共更换液化气瓶54个。

大力实施全民安全素质提升工程和安全生产“八进”活动，将宣传工作重点对象扩大到农牧民群众、寺庙僧尼、施工作业员、个体经营户中。充分利用广播、电视、标语、条幅、户外宣传栏等形式，并在网信革吉公众平台开辟安全生产专栏，广泛开展安全生产宣传活动。利用“5·12”全国防灾减灾日、“6·16”安全生产宣传日等宣传活动联合相关单位，开展革吉县安全生产和防灾减灾知识宣传，加大对群众的宣传教育，做到从思想上提高生产安全意识，从行动上提高生产安全防范，切实保障人民群众的生命和财产安全，在全县范围内营造安全宣传氛围。截至年底，共开展宣传5次，发放宣传物品2500余份，受教育群众3000余人。

按照“党政同责、一岗双责、齐抓共管、失职追责”和“管行业必须管安全、管业务必须管安全、管生产经营必须管安全”的要求，切实将建设领域安全生产工作作为年度重点目标任务抓紧抓实，进一步靠实安全生产责任。逐层逐级签订安全生产目标责任书，明确安全生产责任范围，对带队检查、定期研判分析安全生产工作等事项作出明确规定；并成立安全生产工作领导小组，构建起横向到边、纵向到底的安全生产责任体系。制定出台《住建系统安全生产大检查实施方案》等一系列文件，进一步细化建设领域安全生产工作检查和整治范围、重点内容、目标要求、责任分工和具体措施，夯实安全生产工作机制。切实加强值班值守等工作，严格执行24小时值班、领导带班等值班工作制度，及时处理突发事件和紧急事务，确保生产工作的安全稳定。以“强化红线意识、促进安全发展”为主题，采取“走出去”“下基层”等宣传方式，深入部分重点企业、施工工地发放安全宣传资料100余份，并在各建筑施工现场悬挂宣传横幅8

条，广泛宣传《中华人民共和国建筑法》《中华人民共和国安全生产法》《建设工程安全管理条例》《安全生产许可证条例》等法律法规，使安全生产法律法规和安全生产意识在建筑工人和广大人民群众中进一步延伸，营造人人关心安全、人人重视安全的良好社会氛围。加强施工现场的日常监管、加强节假日期间的安全监管、加强房屋拆除安全监管、加强对公共设施的安全管理。按照每年年初工作计划和工作安排，对全县在建工程一月进行一次检查，一季度进行一次大检查，半年开展一次质量、安全、执法综合大检查。年内，全县范围内的所有建筑工地未出现任何重大安全生产事故。

2022年3月20日，革吉县应急管理局工作人员到雄巴乡开展地质灾害调查

【预防自然灾害】 年内，为深入落实区党委、政府和地委、行署关于做好安全生产工作和防止自然灾害的要求，根据县主要领导对革吉县安全生产工作预防自然灾害作出重要批示，要求革吉县负有安全生产各职能部门进一步统一思想，切实提高对安全生产的责任感和紧迫感，全面落实好安全防范措施，切实消除各类安全隐患，强化监管，杜绝各类安全生产事故发生和严防自然灾害，确保人民群众生命财产安全。由县安全生产委员会组织县公安、安监、消防大队、住建局、自然资源等部门组成联合检查组，重点对革吉县危险化学品、消防火灾、建筑施工等行业领域开展拉网式的安全生产大检查。

2022年11月26日，县委副书记、常务副县长段俊峰（右一）到热源厂开展安全生产大检查

【安全生产督查】 年内，由县委副书记、常务副县长带队，县安委会组织县相关单位每季度对县辖区及“四乡一镇”项目建设单位、危险化学品、寺庙拉康、食品安全、疫情防控等工作开展安全生产联合大检查，切实消除各类安全隐患，强化监管，遏制各类事故发生。

县安委办联合相关行业部门每季度安排一次联合集中大排查大检查行动，加强牧业牧区生产经营建设活动安全监管，强化牧区群众在“用油、用气、用火、用电”等方面的监管，重点对革吉县危险化学品、消防火灾、建筑施工等行业进行安全排查，确保把安全生产隐患排查行动覆盖到每一个村居、寺庙、牧民生产区、项目建设点。

持续深入开展安全生产专

项整治三年行动，深入贯彻落实习近平总书记关于安全生产工作的重要论述和重要讲话精神，牢固树立安全发展理念和红线意识，坚持问题导向、目标导向和结果导向，强化源头治理和风险防控，切实从根本上消除事故隐患，坚决遏制重特大事故，为革吉县创造安全稳定的发展环境。

（穷 达）

【机构领导】

局 长

洪 峰

副局长

李国祥

洛桑土美（藏族，1 月任）

消防救援

2022年1月19日，革吉县消防救援大队指战员开展深井救援业务训练

【概况】 2022 年，革吉县消防救援大队紧抓机遇、担当作为、乘势而上，主动对标应急救援“主力军和国家队”职能定位，严格落实“两严两准”建队治队标准，突出消防救援主业、敢于攻坚克难，大力争取各级的支持，完成上级交予的各项任务，保持全县消防救援事业又好又快发展的良好势头，保持连续 13 年未发生重特大火灾和群死群伤事故的优异成绩，全县消防救援工作和队伍建设迈上新台阶。

【政治思想】 年内，革吉县消防救援大队支部班子深入学习中共二十大精神、中共十九届历次全会精神、中央第七次西藏工作座谈会、习近平总书记系列重要讲话及训词精神，严格贯彻落实总队、支队党委（扩大）会精神，坚持用理论指导实践。年内，革吉县消防救援大队召开支委会、全体党员大会 42 次，合理合规研究议题 90 项。班子按照上级《“喜迎二十大、全力保平安”深化“牢记领袖训词，永做忠诚卫士”主题教育活动实施方案》，严格落实议教制度，紧紧围绕四个专题，深入开展主官授课、整治“两个脱节”“双议”等活动，在完成好各项规定动作的同时，大队支部还积极谋划与实践活动相关的主题党日活动，全年累积下来，指战员们的思想得到进一步升华。

革吉县消防救援大队严格按照“两严两准”建队治队方针，全面开展“两条令一纲要”学习贯彻活动，切实用条令纲要管队治队、开展日常工作。同时，前置关口，建立“吹哨预警”机制，充分调动指战员主观能动性，切实推动工作中存在的问题能够及时进行整改。大队根据上级安排部署，扎实开展“强党性，明规矩”学习周和“弘扬清风正气、凝聚奋进力量”专题教育活动；同时，紧密结合队伍内部各类违法违纪案件开展警示教育和支部议廉工作，有效确保队伍全年无一人发生违法违纪事件。

【岗位练兵】 年内，革吉县消防救援大队紧密结合驻地灾害事故特点，坚持支部议战议训制度，认真制定大队练兵方案，从严落实按纲施训，全力开展“三个坚持”活动，即坚持定期开展专项灭火救援技战术学习、坚持利用早操后和开饭前等“微时间”开展业务理论知识抽问、坚持结合驻地灾害实情变化开展学习训练，有效提高指战员技术战术及业务理论水平。大队严格落实队伍安全形势分析制度，第一时间落实作战训练安全“四个一”活动，其间共开展专项学习 9 次，开展作战安全避险训练 12 次，确保全年未发生一起安全责任事故。同时，革吉县消防救援大队紧密结合辖区可能发生的典型火灾和灾害事故，聚焦实战制定并修改完善相关预案36份，总计开展各类演练144次。截至年底，大队共参与处置灭火2起，抢险救援1起，勤务安保42次，社会救助22起，完成各类作战执勤任务。

【火灾防控】 年内，革吉县消防救援大队党支部始终坚持贯彻落实总队、支队关于加强防火监督工作相关安排部署及指示精神，狠抓辖区防火监督各项工作，推动落实各行业部门相关领导责任、行业责任、主体责任，有效遏制因监管不到位、指导服务不及时等客观原因造成各类火灾事故的发生。

革吉县消防救援大队每月按照总队、支队两级执法调度任务，完成“双随机、一公开”、监督管理系统抽样计划生成监督检查任务。年内，检查单位1329家次，发现火灾隐患或违法行为1029处，督促整改火灾隐患或违法行为1027处，下发《责令整改通知书》731份，行政处罚6起，临时查封1起，责令“三停”1起，重大火灾隐患挂牌督办1起。

革吉县消防救援大队提请县政府及时召开2022年度消防工作会议，部署全年消防安全工作。年内，联合相关部门开展各节点执法专项行动15次，集中整治辖区各类火灾隐患30次，开展“疫情期间执法专项行动”“复工、复产、复学消防安全专项行动”“打通生命通道”“消防安全大排查大整治行动”“消防产品质量专项整治行动”“农牧区消防安全专项整治行动”“宗教活动场所消防安全专项整治行动”等专项行动20次。

革吉县消防救援大队每月到辖区寺庙、学校、社区、农牧区、“九小”场所、企业等地开展消防宣传活动，发放各类宣传资料1万余份，发布官方微信抖音50条；同时，在辖区内各寺管会推广“冷光源”（用弱电灯具替代传统酥油灯），进一步确保辖区文物建筑消防安全，2022年度“119消防宣传月”，大队党支部精心研究制定宣传方案，积极组织开展“抓消防安全 保高质量发展”启动仪式，协调县委宣传部在县电视台播放“119消防宣传月”专题节目，大力营造“人人关注消防、人人参与消防”的良好氛围。

革吉县消防救援大队每月组织开展1次监督执法干部集中学习活动，主要学习探讨《中华人民共和国消防法》相关规定及防火监督相关规范内容。

【后勤保障】 年内，对标新使命、新任务，革吉县消防救援大队主动加大经费争取、器材装备配备力度，为消防救援提供有力的综合保障。大队落实政府会计制度重大改革，主动作为，用活政策，后勤保障能力实现新提升，2022年度争取地方财政各类消防经费127.2万元；为进一步加强灭火应急救援专业力量建设，遂行维稳处突、灭火救援、抢险救助等多样化任务，满足革吉消防队建设发展需要，2022年大队争取地方经费24.2万元，为各乡镇成立基层消防工作站并配发300件（套）装备；疫情期间大队专门投入资金，购置消毒液、消毒设备、医用口罩等物资，定期对大队营区内外进行消毒作业，并在做好个人疫情防护措施的前提下，积极开展为辖区群众送水等服务和利用消防车为辖区消杀等任务，确保疫情期间营区及人员安全；大队为改

2022年1月21日，革吉县消防救援大队指战员到敬老院开展消防安全知识培训

2022年8月6日，革吉县消防救援大队指战员到森布村开展消防知识宣传活动

善全体指战员伙食标准，及时向支队上报需求，公开聘用专业厨师，以改善一日三餐菜品质量，确保全体指战员吃好、吃饱，更好投入各项学习工作中；严格落实支队财务报账流程，重大经费开支公开透明，杜绝以往存在“先批后审、先支后批”的问题，积极组织大队干部学习新预算执行系统，严格按照程序开支经费。

【新冠疫情防控】 年内，革吉县消防救援大队有效跟进火灾防范工作措施，扎实做好疫情防控涉及单位场所的消防安全指导服务，为打赢疫情防控阻击战创造良好的消防安全环境。

结合疫情防控工作，革吉县消防救援大队针对当前群众居家活动，家庭用火用电用气大幅增加的实际，发动乡镇、村（居）委会、公安派出所等力量，加强居民住户检查巡查和家庭火灾防范宣传提示，督促消除消防安全隐患200处。同时，组织村委会和驻村工作队开展清理楼道、清理阳台、清理消防车通道活动，整改违法占用消防车道行为10处；加强微型消防站的抽查和拉动演练，联勤联动各类微型消防站14个。

疫情发生以来，为尽量减少面对面检查执法，减少不必要的人员接触，革吉消防大队用微信、网信革吉公众平台，通过微信等途径了解掌握监管对象日常管理、责任落实、消防设施状态等情况，通过电话、微信、短信等方式，督促落实安全防范措施。同时，大队成立重点防控单位服务指导小组，为定点医院、定点场所提供消防安全指导服务，点对点发送《革吉县消防救援大队告全县人民群众防火倡议书》《疫情防控特殊时期消防安全提示》《革吉县消防救援大队元宵节消防安全提示》。对定点医疗机构、定点发热门诊等共提供实地检查服务5家次，信息化服务指导9次，共发现问题隐患10处，整改11处，有效保障疫情防控时期的消防安全。

第一时间联合革吉县电视台将消防公益广告循环播放，推送给各乡镇、养老福利机构以及脱贫攻坚帮扶人员。为加强特殊时期的消防安全宣传，革吉消防利用一切有利资源，通过微信等新媒体平台推送消防知识，加强住宅小区、农牧区、医院消防安全提示提醒。

新冠肺炎疫情发生以来，革吉县消防救援大队立足岗位职责，发挥职能作用，统筹做好疫情防控和消防安全服务指导工作，主动服务医疗单位和集中定点接待宾馆等消防重点单位场所，为打赢疫情防控阻击战创造良好消防安全环境。

（扎西旺堆）

【机构领导】

大队长

杨 麒

教导员

唐 竞

党史研究和藏语文编译

【概况】 2020年2月，革吉县机构改革，将县委党史办和藏语文工作委员会办公室（编译局）进行合并，更名为中共革吉县委员会党史研究和藏语文编译中心，单位性质为县委直属正科级事业单位，核定事业编制5名，科级领导职数2名（正科级1名、副科级1名），经费来源为全额财政拨款。

【翻译工作】　年内，翻译革吉县十三届人民代表大会第二次会议、政协第三届革吉县委员会第二次全体会议材料共计45件，35万多字。为革吉县综合部门翻译文件40件，6万多字。为革吉县群众翻译门牌、横幅等30条。

【国家通用语言文字培训】　年内，开展革吉村（社区）干部国家通用语言文字培训2期，共计78人，发放宣传手册78份。加大革吉县藏语文社会用字监督、指导、规范工作，对村（社区）、乡镇、县城周围商店、茶馆宾馆等的门牌、横幅及公路沿线藏语文规范使用情况进行督促检查4次。协同革吉县普法办开展送法下乡、“6月藏语言文字宣传周”活动，到4个乡、5个村（社区）农牧民群众中开展《中华人民共和国民法典》《中华人民共和国义务教育法》《中华人民共和国道路交通安全法》《中华人民共和国西藏自治区学习、使用和发展藏语文的规定》等的宣传工作，共11场次，参与活动的党员干部和农牧民群众共有500余人。

6月、7月，到却藏村、多仁村和那普居委会等地开展铸牢中华民族共同体意识、党建、藏语文的宣传活动，共计500余人参与，发放宣传手册100份。征订2022年藏语文宣传用品包300个，做好藏语文宣传工作。

【志鉴工作】　年内，下发《关于报送（2022革吉年鉴）资料的通知》，完成2022卷年鉴资料的搜集整理，形成《革吉年鉴（2022）》初稿；召开《革吉年鉴》后期服务公司相关会议1次；完成《革吉年鉴（2022）》出版社三审三校工作；完成《革吉县志》出版社三审三校工作，6月将出版前的稿件送往自治区党史方志办审核；完成《盐湖乡志》申请报批工作，同时到盐湖乡开展乡镇志督促指导工作4次。

2022年5月26日，县委副书记、常务副县长韩军峰（中）主持召开《革吉年鉴（2022）》后期服务相关事宜专题会议

【党建工作】　年内，革吉县委员会党史研究和藏语文编译中心认真组织干部，按照相关要求，及时传达学习各类文件会议精神，召开党支部学习会议30次，传达学习相关会议文件精神100份。认真组织单位干部观看中共二十大开幕，在中共二十大结束后，按照县委、县政府统一安排部署，组织干部传达学习中共二十大报告，每人撰写心得体会共计6份，抄写中共二十大全文报告笔记6份，组织学习中共二十大精神4次。

【新冠疫情防控】　年内，按照疫情防控要求，单位全体干部均已完成三针疫苗的接种工作，同时严格做好单位日常消毒工作。单位在岗干部5人均积极投入疫情防控工作中，按照外防输入、内防反弹要求，做好疫情防控工作。

【党风廉政建设】　年内，组织单位干部集中观看《零容忍》并写观后感6份，同时召开会议集中学习相关文件政策精神10次，征订相关书20本。组织开展好“廉内助”活动，开展讲廉政党课1次，到直属库参观2次。

【民族团结】　年内，按照民族团结创建办要求参加各项活动，同时学习《宗教事务条例》等相关文件，共组织学习10次，到村居开展铸牢中华民族共同体意识宣讲活动2次。

【新时代文明实践工作】　年内，组织干部到直属库慰问老党员1次，参加美丽革吉义务打扫活动10余次。

【保密工作】 年内，签订微信泄密承诺书6份，组织干部集中学习《中华人民共和国保守国家秘密法》等相关文件政策。

（顿珠多吉）

【机构领导】

主 任

李 毛 措（女，藏族）

副主任

扎西顿珠（藏族）

2022年7月18日，革吉县委党史研究和藏语文编译中心干部到县纪委警示教育基地观看警示教育

中国人民政治协商会议革吉县委员会

综述

【概况】 2022年，革吉县政协常委会始终坚持以习近平新时代中国特色社会主义思想为指导，深入贯彻落实习近平总书记关于加强和改进人民政协工作的重要思想和治边稳藏的重要论述，中共十九大、十九届历次全会精神，特别是中央第七次西藏工作座谈会精神，深入贯彻落实区党委、地委、县委对县政协工作的新要求，紧紧围绕地委“12114”工作思路，全县稳定、发展、生态、强边四件大事和县委、县政府中心工作，坚持以“四个创建”为载体落实“四件大事”，以“四个走在前列”为牵引实现“四个确保”为目标，团结带领广大政协委员和各参加单位，紧扣团结和民主两大主题，充分发挥自身优势，认真履行政治协商、民主监督、参政议政职能，深入调研、积极协商、务实献言，为推动全县经济社会高质量发展和长治久安做出积极贡献。在第三届第二次全体会议县政协实现良好开局的基础上，各项工作取得新进展、新成效。革吉县政协主席核定编制5人，主席1人，副主席4人。

【坚持党的领导】 年内，革吉县政协常委会始终把坚持党的领导作为人民政协履职的根本保证，把维护党中央权威和集中统一领导作为根本政治原则，把贯彻执行党的基本理论、路线、方针、政策作为重要政治任务，把坚决贯彻落实区党委、地委和县委的决策部署作为做好政协工作的根本保障，注重加强思想政治建设，确保县政协党组始终与党的方向一致、目标一致、工作一致、同频同振。同时，党组班子切实发挥把方向、管大局、促落实的作用，准确把握人民政协作为统一战线组织、多党合作和政治协商机构、发扬人民民主重要形式的性质定位，全面贯彻县委决策部署，重要工作及时报告、重大事项及时反映、重要议题及时沟通，确保政协党组沿着正确的政治方向运行。

2022年4月20日，革吉县政协组织召开第一季度城乡居民医疗保险议政协商座谈会

2022年6月22日，革吉县政协召开第二季度“着力在创建全国民族团结进步模范区中争先进工作”协商座谈会

【政治理论学习】 年内，革吉县政协常委会紧扣学习习近平新时代中国特色社会主义思想走深走实，始终把学习作为新时代推进人民政协事业向前发展的强大动力，提高政协班子成员自身素质的有效途径。制定完善《2022年党组理论学习中心组学习计划》，并通过召开党组理论学习中心组学习会议、主席会议、常委会会议、全委会议、机关党员干部会议、举办委员培训等形式，组织广大政协委员深入学习领会中共二十大精神、习近平总书记关于加强和改进人民政协工作的重要思想、中共十九届七中全会精神、自治区第十次党代会精神《党委（党组）意识形态工作责任制实施办法》《党组议事规则》《西藏自治区民族团结进步模范区创建条例》《中国共产党统一战线工作条例》等法律法规、系列讲话、政策文件精神20次。在忠诚拥护“两个确立”、增强“四个意识”、坚定“四个自信”、做到“两个维护”中铸牢共同思想政治基础，把社会各界的智慧力量凝聚到推进全县振兴发展的生动实践上来，为县政协工作保持正确政治方向提供思想保障。全年共召开常委会会议4次、主席会议5次、党组理论中心组学习14次。

认真组织县政协委员和机关干部参与地区政协举办的培训班2期，同时选派10人分2批前往地区政协跟班学习。组织县城机关政协委员40余人集中收看全国、自治区“两会”盛况，“中国共产主义青年团成立100周年直播”“中共二十大”等网络直播6次。通过多种学习方法与宣讲宣传中共二十大精神相结合的方式，不断提高领导班子政治把握能力、调查研究能力、群众联系能力、合作共事能力整体水平。

【政治协商】 年内，县政协党组按照“先调研后协商”的工作准则，于4月开展为期4天的前期摸排调研，并于4月20日邀请“四乡一镇”和县直各有关单位负责人召开以“城乡居民医疗保险”为主题的第一季度议政协商座谈会，20余条有关问题在座谈会上得到解答，“协商座谈会的成果报告”也第一时间移交到有关部门手中。

6月22日，召开以“着力在创建全国民族团结进步模范区中争先进工作”为主题的第二季度协商座谈会，形成的协商座谈会报告第一时间上报有关单位，得到相关领导的高度肯定。

【民主监督】 年内，革吉县政协常委会始终坚持党对政协民主监督的领导，自觉服从服务于全县工作大局，积极探索民主监督的有效途径，结合工作实际，充分运用专项监督和日常监督相结合的方式，广泛开展民主监督，不断增强民主监督实效。县政协党组按照“民主监督方案”有序开展民主监督和日常监督工作，组织县城周边的部分委员和机关委员20名，分批次、分节点对有关单位疫情防控采取的各项工作进行日常监督6次，对“四乡一镇”县直有关单位进行“城乡医疗保险”“着力在创建全国民族团结进步模范区中争先进工作”专题民主监督2次，环境卫生综合治理进行日常监督5次，提出有关意见建议30余条，为各相关单位决策部署提供重要参考。同时，借助县委常委会、党政联席会、检察院机关听证会、法院公开审理政协全委会、常委会、专题座谈会等会议平台，组织政协委员参与协商议政，凝聚共识，建言献策。

【参政议政】 年内，革吉县政协常委会紧紧围绕全县中心工作，积极开展多层次协商活动，积极参加县委常委会、党政联席会，认真开好政协全委会、常委会、专题座谈会，借助会议平台，开展协商议政，积极建言献策。为有关单位决策提供重要参考。三届二次会议的召开共收到委员提交提案54件，立案50件（2件作为重点提案），立案率92.59%，未立案转为意见建议3件，作废提案1件，所有提案已全部移交县委、县政府，预计2023年两会召开前全部完成。会议期间，党组书记带领全体委员观看警示教育片并进行授课1次，党组成员发挥自身作用，亲力亲为，为委员开展培训2场。

【新冠疫情防控】 年内，革吉县政协常委会按照县委要求，班子成员不讲条件、克服困难，主动承担全县疫情防控工作任务。县政协党组书记、主席洛桑遵珠负责主持县疫情防控办公室工作，帮助群众做好返乡、病人转院、上下协调、情绪安抚（滞留人员）、讲解疫情相关政策等相关事宜的同时深入一线开展督导、检查等工作。政协党组成员巴桑次仁自休假返岗居家健康监测后，第一时间主动申请疫情防控工作并负责开展人员转运、管控、情绪安抚等工作。党组成员扎南积极服从组织安排，赶赴普兰县塔尔钦对革吉县滞留群众接返等开展工作，安抚群众梳理情绪1000余人次，为群众提供跑办代办服务600余人次，代表县委、县政府向滞留人员发放生活物资4.5吨，组织216名滞留群众开展核酸检测全覆盖25轮。县政协三级调研员白旺到文布当桑乡开展督导包乡工作，协助文布当桑乡开展疫情防控工作，共组织检查47次，发现整改问题6例，安抚群众维护秩序30余人次，安置和疏导外来游客51人，协助文布当桑乡开展核酸检测10余轮，抗原检测5轮，搭建帐篷61顶。

2022年7月20日，阿里地区政协副主席卫东（中）到革吉县盐湖乡调研

政协3名工作人员，按照县委、县政府要求，积极参与疫情防控志愿者队伍，协助片区物资采购、区域消杀、政策宣传、统计数据等工作，其间共采购物资和配送入户50次，环境消杀40次，政策宣传讲解40次，统计上报数据21条，参与协助核酸检测7轮2100余人次、抗原检测6轮1800余人次、宣传政策6次2000余人次。

【调研献策】 年内，县政协党组班子成员积极发挥作用，在协助调研、加强调查研究方面主动担当尽责。按照“调研方案”既定目标深入基层开展调研，形成《关于革吉县医疗保障工作的调研报告》《关于县政协网络数据安全的调研报告》等5篇。同时，协助自治区、地区开展“妇女和妇女工作”“家庭家教家风建设”“科技人才发挥作用情况”“藏传佛教中国化”等调研、宣讲、考察学习等14次，形成汇报材料6份，召开座谈会6次。

【团结联谊】 年内，委员们在基层开展宣讲《中华人民共和国妇女权益保障法》《中华人民共和国道路交通安全法》，全国、自治区、革吉县两会精神“铸牢中华民族共同体意识”10次，受教育群众500余人；开展环境卫生综合治理活动4次，收集转运垃圾1吨；开展妇女联合活动，向21户困难群众发放生活物资和必需品若干；响应绿水青山就是金山银山环保理念，参与基层植树活动种树500余株；收集群基层群众意见建议、社情民意20条，并自发解决存在的问题，群众反映良好。

注重发挥宗教界委员重要作用，县政协党组始终把加强委员管理，委员作用发挥作为政协工作的重点。为提高委员履职意识，服务意识，组织全体政协委员观看《零容忍》廉政教育片2次，党组书记进行授课2次，深入直属库参观学习2次，开展“军爱民、民拥军”委员进军营活动1次。

认真落实区党委、地委、县委维稳决策部署，积极承担维稳督导、值班带班、化解矛盾等任务，特别是在重要时段、重要节点时期，坚决服从县委安排，深入基层一线蹲点开展维稳工作，为全县稳定大局贡献政协力量。积极组织政协委员广泛联系界别群众，深入开展民族团结宣传教育，教育引导各族各界群众自觉与达赖集团划清界限，牢固树立“三个离不开”思想，促进各民族交往交流交融，铸牢中华民族共同体意识。

【党风廉政建设】 年内，县政协党组坚持以党的政治建设为统领加强机关自身建设，进一步强化党的创新理论武装，把坚持党的领导落实到服务政协履职的全过程。坚决贯彻落实党中央、自治区、地区决策部署，落实上级政协党组要求，切实担负起管党治党政治责任，不断增强全面从严治党永远在路上的政治自觉，坚持严的总基调不动摇，持之以恒正风肃纪，全面推进不敢腐、不能腐、不想腐的制度机制。

县政协党组始终把民主集中作为政协决策的重要渠道，凡是遇到重大事项、“三重一大”事项，均会根据实际情况召开政协常委会、党组会、主席会进行协商研究、集中决策，切实做到少数服从多数、下级服从上级，严明政治纪律和政治规矩，确保政令畅通。

通过党组书记讲党课、深入红色爱国主义基地学习、观看警示教育片、完善备案“廉政档案”、自发签订党员责任书、开展“廉内助”、重温入党誓词等活动，大力培育清正廉洁的政协党组机关文化，锲而不舍纠“四风”、树新风，落实中央八项规定及其实施细则精神，加强典型案例警示教育，力戒形式主义、官僚主义，持续改进文风会风。

按照县纪委监委巡察反馈问题，县政协党组高度重视、主动认领，及时召开党组会议研究，认真对照问题清单，查漏补缺，认真整改，组织修订完善《政协党组2022年党风廉政工作计划》、职权目录一览表、权力运行流程图、岗位权力廉政风险防控一览表等各项规章制度，明确岗位权力、工作职责、工作权限、防控措施等具体要求和事项若干，不断增强廉政意识、责任担当，为切实履行好党组主体责任，推动政协党组政治建设、基层党建、作风建设等各项工作有序推进，夯实了制度保障。

党组书记与班子成员、班子成员与分管各专委会和办公室谈心谈话，做到早提醒、早告诫、早纠正，谈话中明确提出履行“两个责任”和廉洁从政的具体要求，对国庆节期间和中共二十大期间的廉政纪律提出明确要求，坚决维护中央八项规定及其实施细则精神，杜绝“吃、拿、卡、要”等违规违纪的情况发生。年内，全体干部职工能够自觉遵守党纪国法，未发生违纪违法现象。

进一步加强对领导干部的监督，强化对权力运行的监督制约，坚持实行“三重一大”的集体决策制度，以民主集中制为抓手，规范领导班子决策程序，推行领导干部述职述廉制度，落实好领导干部重大事项报告、民主集中制及民主生活会制度。严守中央八项规定及其实施细则精神，针对元旦、春节、藏历新年、中秋节、国庆节等重点节假日，通过多种方式、多管齐下，如短信、微信交流群等形式，及时提醒领导干部、机关工作人员和委员切实抓好廉洁自律工作，确保过好“廉节”，营造主要领导带头、班子成员严守中央八项规定及其实施细则精神、干部职工廉洁从政的良好形象。

【自身建设】 年内，革吉县政协常委会围绕建设学习型政协组织建设，常委会坚持把加强学习摆在突出位置，组织和引领全体委员和机关工作人员开展多种形式的学习活动，学习习近平总书记关于治边稳藏的新理念新思想新战略，学习宪法法律和政协章程、统一战线理论等，通过学习提高了履职能力，推动了政协工作的开展与创新。

按照全面从严治党、依规治

党要求，坚持把制度建设、制度执行作为加强和改进政协工作的重要内容和有力抓手，坚持问题导向，有针对性地建立完善各项工作制度。为确保制度执行，政协党组建立健全日常作风和工作纪律督查机制，专门研究制订内部检查督查方案和计划，切实把各项制度的落实和纪律的执行贯穿于日常工作，使之成为每个人的行为准则和习惯。

在充分发挥委员主体作用的方法上探索创新，探索建立县政协常委述职、委员履职量化考核工作，引导激励广大委员践行“懂政协、会协商、善议政，守纪律、讲规矩、重品行”要求，政协委员们以实际行动践行履职能力。

（何福均）

【机构领导】

党组书记、主席

洛桑遵珠（藏族）

党组副书记

扎　　西（藏族）

党组成员、副主席

邓　　明

伍 开 树

巴桑次仁（藏族）

扎　　南（藏族）

办公室工作

【概况】 2022年，政协革吉县委员会办公室（以下简称政协办公室）核定编制2人，主任1人，副主任1人。与常委会领导下的“政协文化文史提案委员会”“政协农

2022年7月8日，革吉县政协组织委员开展讲“革吉故事”活动

业农村社会经济法制委员会”“政协教科卫体委员会”共同负责办公室工作，主要承担常委会下的全委会议、常委会会议等办文办会工作，委员管理、提案收集、意见整理、会务接待、调研、监督、日常办公等各项业务工作。政协文化文史提案委员会、政协农业农村社会经济法制委员会、政协教科卫体委员会核定编制为正科级各1人。

【思想政治理论学习】 年内，政协办公室认真协助党组制定《2022年政协党组理论学习中心组学习计划》《2022年政协党支部学习计划》并积极组织实施。通过集中学习、自主学习等方式，有序推进学习目标实施。截至年底，共协助政协党组理论学习中心组召开学习会议12次、党支部会议20余次。重点学习中央、自治区、地委、县委经济工作会议精神、自治区第十次党代会精神、中共二十大会议精神，以及《党委（党组）意识形态工作责任制实施办法》、《政协全委会议规则》、《政协委员履职规则》、《西藏自治区民族团结进步模范区创建条例》、《中国共产党统一战线工作条例》、《习近平谈治国理政》第四卷、《习近平法治思想学习纲要》等法律法规、系列讲话、政策文件精神。通过学习，政协机关工作人员用党的新理念、新思想、新战略统一思想，指导实践、推动工作落实的能力得到了有效提升。

【制度体系不断完善】 年内，按照地委“12114”工作思路和县委、县政府中心工作，围绕群众关心关注的热点难点问题，结合政协工作实际，对照地区政协工作目标任务，科学谋划全年工作计划。先后制定完善《政协革吉县委员会2022年工作要点》《政协革吉县委员会2022年度协商计划》《政协革吉县委员会2022年专题调研方案》《政协革吉县委员会2022年民主监督工作方案》《政协革吉县委员会委员异地考察方

案》《在全县政协组织政协委员中讲好“委员故事”“阿里故事”“革吉故事”的工作方案》等10余项工作章程、制度，为全年各项工作任务稳步推进夯实了基础、提供了保障。

【召开各项会议】 年内，政协办公室认真组织、积极配合，精密谋划，顺利完成县政协“三届二次”全委会议。会议期间，组织全体委员开展提案撰写、民族团结、保密等培训2场次，委员警示教育1次，收到委员提交提案54件，立案50件（2件作为重点提案），立案率92.59%，未立案转为意见建议3件，作废提案1件。

4月，召开提案移交会议，相关移交提案正由各单位各部门督促办理，于11月前完成所有提案办理工作，并将及时反馈答复有关情况，同时，县政协将对敷衍了事，提案简答的有关单位将按照《中国政治协商会议章程》规定进行公开，接收社会群众监督。

【职能作用发挥效果显著】 年内，按照制定的《政协革吉县委员会2022年专题调研方案》，扎实推进调研工作目标任务有序实施，不断深入基层开展调研。截至年底，共协助自治区、地区开展“妇女和妇女工作”“家庭家教家风建设”“科技人才发挥作用情况”“藏传佛教中国化”等调研6次，形成汇报材料6份，召开座谈会3次。班子成员积极开展调研，形成《关于革吉县医疗保障工作的调研报告》《关于人民政协民主监督职能的发挥的调研报告》2篇，切实发挥政协作用，为县委、县政府和有关部门决策提供决策参考。

【维护社会稳定】 年内，县政协紧紧围绕团结和民主两大工作主题，主动承担全县维稳带班值班任务，党组班子成员在各维稳重要节点期间认真参与维稳包乡工作，重要节点期间均能够做到在岗在位、踏实尽责，认真安排部署疫情、维稳等相关工作，确保重要期间节点社会局面稳定祥和。同时，坚持落实班子成员联系各界政协委员、重点寺庙等制度，积极宣传党的民族宗教政策，切实画好“同心圆”，最大限度地把各族群众凝聚到党和政府周围。

【党建工作、党风廉政建设】 年内，县政协通过党员委员亮身份、做表率，自觉接受红色教育、参与红色活动等形式不断坚定爱国统一战线，全面推进县政协党的政治建设、思想建设、组织建设、作风建设、纪律建设和制度建设稳步向前。

年内，共组织全体政协委员观看“廉政教育片”1次，组织机关委员、政协干部到直属库参观学习2次，组织观看反腐倡廉警示系列教育片4次，参观“廉政警示教育展览”活动1次，开展廉政教育4次，开展党组书记、支部书记讲党课3次，自发签订“廉内助”承诺书、“限酒”“禁赌”承诺书13份。不断增强党员、委员的纪律意识。截至年底，革吉县政协无涉及违法违规的行为和违纪、处分等情况。

（何福均）

【机构领导】

主　任

巴桑罗布（藏族）

民族宗教文化文史提案委员会主任

蒋　帆

农业农村经济社会经济法制委员会主任

根　参（藏族）

教科卫体委员会主任

白玛央金（女，藏族）

副主任

何福均

纪检与监察

综述

【概况】 2022年，组织召开纪委常委扩大学习会9次，集体学习45次，集体研讨12次，中共二十大精神专题学习会16次，委班子带头调研9次，形成专题调研报告12份。围绕党委（党组）履行全面从严治党主体责任开展专项监督3次，向县委呈送监督检查专报7次，向党委（党组）发放工作提示单7份，通报4份。持续倒逼责任落实，协助县委召开党风廉政建设工作会议3次，召开反腐败协调领导小组会议2次。

【严明政治纪律和政治规矩】 年内，围绕党员领导干部在履职尽责、政治立场不坚定等方面开展政治体检3次，发现并督促整改问题6条。严格执行请示报告制度，不断净化党内政治生态。坚持把请示报告贯穿监督执纪各个环节，积极主动向地区纪委监委及县委请示报告9次。坚决防止和治理“七个有之”问题，对“四乡一镇”、各寺庙（拉康）进行监督检查3次，对32名党员领导的干部思想动态、日常行为进行廉政家访。对各党委（党组）、行业部门政治生态进行分析研判3次。督促县乡两级党委（党组）严格落实全面从严治党主体责任2次，开展监督检查3次，发现并反馈问题11条，督促党委（党组）定期召开党风廉政建设会和述责述廉会6次，形成点评材料3份。同时，对党委（党组）主要负责人开展集体约谈会1次，个别约谈13人次。严把干部选拔任用廉政意见回复关，审慎规范回复党风廉政意见，坚决杜绝出现干部“带病提拔”“带病上岗”。截至年底，回复廉政意见56次844人次，提出暂缓6人次。

2022年2月14日，革吉县纪委监委召开第九次集体学习会

【对“一把手”和领导班子日常监督】 年内，约谈县委班子、重点岗位人员14人次，对出现苗头性倾向性问题的6名干部进行提醒批评。

年内，革吉县纪委监委运用

2022年8月13日，革吉县纪委工作人员检查指导新冠疫情防控工作

"四种形态"批评教育帮助和处理共67人次，其中第一种形态53人次，占79.1%；第二种形态12人次，占17.9%；无第三种形态人员；第四种形态2人次，占3%。年内，县纪委监委共问责党员领导干部、监察对象23人次。

【问题线索处置与管理】 年内，革吉县纪委监委共受理问题线索52件，处置线索46件，组织处理15件17人；立案9件11人，开除党籍1件1人，给予党纪政务处分14人。制发纪律检查建议书4份，监察建议书2份。

组织全县党员干部观看《零容忍》《共产党人》《国家监察》《全面从严治党在西藏》《行贿者说》等电教片7场次，约谈全县各级各部门党员领导干部25人次，集体约谈71人次。积极开展"身边事教育身边人"廉政警示教育展览活动，以支部为单位观看和参观。全年，累计观看474人次。

制定下发《革吉县纪委监委关于开展领导干部家属当好"廉内助"教育活动的电话通知稿》，对32名干部职工开展"廉政家访"，选取3名干部家属组织开展"家属上镜头"，并通过采取签订"廉内助"承诺书、讲好廉政党课、开展红色教育、组织党员领导干部和配偶观看《家庭腐败警示录》等形式，持续推进家风建设常态化、长效化。

【坚持纠"四风"树新风并举】 年内，革吉县纪委监委制定节假日监督检查方案3份，发布廉洁提醒4份，开展节中监督检查17次，上报监督检查情况报告2份，发现并督促整改问题23条。

紧盯重要节点、重要时期，严查"四风"及隐形变异问题，利用融媒体向全县党员干部发送廉洁自律过节提醒书4次，发现反馈督促整改问题12条，常态化开展作风督导。

对中央、自治区、地区和革吉县重大会议会风会纪监督检查8次，发现问题9条，现场批评教育11人，印发通报1份，约谈25人。

开展厉行节约制止餐饮浪费、扫黑除恶专项斗争、"三房"清理、楼堂馆所、公共交易领域等方面开展日常监督检查75次，发现并反馈问题187条。坚持从个人作风抓起，在全县范围内组织开展"限酒禁赌"专项整治活动，严查党员干部"八小时以外"，开展监督检查7次，发现问题9条。严查"私车公养"、公车私用、违规收受礼品礼金等问题，开展"私车公养"问题专项治理"回头看"1次。

【乡村振兴领域监督】 年内，对全县15个扶贫产业项目收益情况进行摸底排查，发现效益较好、群众分红数额较多的有10个，收益不明显、群众分红数额较少的有4个，收益低、未带动群众增收的项目1个，形成综合监督检查报告5份。

对全县上报的4383名生态岗位人员进行比对、实地走访、抽查，对环境整治情况开展监督检查2次，发现反馈督促整改问题4条。在群众基本生活保障方面，围绕水、电、路开展监督检查2次，发现并督促整改问题6条。

及时召开惠民惠农财政补贴资金"一卡通"专项治理部署会，细化监督重点内容18条，梳理全县惠民惠农财政补贴资金38项，开展监督检查2次，发现问题5条，约谈1人。

及时成立由县"三资"提级监督领导小组，并下设办公室，起草革吉县《关于开展村（社区）"三资”提级监督的工作方案》,把“三资”提级监督纳入协作片区重点工作中,形成由县纪委主要领导统筹、协作片区监督、党风室督促落实流程机制,革吉县已完成清产核资和重点核查工作,并开展监督检查2次,发现整改类问题6条。

革吉县纪委监委在自查自纠的基础上,开展涉粮领域“回头看”,对反馈的6个方面11项问题开展监督检查4次,发现并反馈9条问题,整改中1条。

督促县直机关工委面向群众开展语言培训班与汉族干部任前藏语言培训2次,对盐湖乡羌麦村19户群众以实地入户的方式核对各乡(镇)和职能部门工作实际开展情况。

对县委组织部界定软弱涣散党组织及界定过程进行全程监督,严格落实村级“两委”成员的资格联审机制。截至年底,出具廉政意见2份。着力纠治基层减负中“不用心、不务实、不尽力”等问题,深入县减负办进行监督检查1次,反馈问题3条。继续发挥好乡(镇)协作片区“组合拳”的力量,组织开展各类监督检查4次。

紧盯党的惠民富民、共同富裕政策落实情况,对9家单位开展监督检查13次,发现并督促整改问题11条。

【环保督察反馈问题整改】 年内,对中央、自治区、地区环保督察和革吉县自查发现的11条问题整改情况开展监督检查4次,涉及2个乡(镇)6家整改单位,发现并反馈问题3条,对整改中的11条问题进行跟进监督。

【疫情防控专项监督】 年内,成立3个专项监督检查组,深入各乡(镇)、行业部门、街道、网格点及隔离点等开展监督检查233次,发现并督促整改类问题74条,被列为问题线索1条,下发通报1份,通过线上平台向全县各乡(镇)、各单位发送工作提示,明确要求严格落实四方责任,并积极与县委宣传部对接,利用抖音、微信等网络新媒体发布防疫抗疫相关视频、文章23条,督促县公安局将不服从防疫管理群众在全县点名道姓通报曝光并录拍警示视频5份。

2022年11月8日,革吉县纪委监委机关党支部组织开展第四次学习会

【专项清理干部管理“土政策”】 年内,围绕规范化、合理化、合法化对革吉县制定并下发有关干部管理政策性文件进行梳理排查,经排查,革吉县制定并下发与自治区有关规定不符的文件共3个,已清理完成。

自身建设

【机构建设】 年内,选优配强乡(镇)纪委、派出监察室工作力量,调整派出监察室主任2名、乡镇专职纪检监察干部2名、兼职干部8名。优化内设机构,统筹整合力量,将案件监督管理职能整合到县纪委监委综合办公室。

成立由5名乡(镇)纪委书记、8名乡镇纪委委员组成的乡(镇)纪委协作办公室,围绕政治监督、民生领域、关键岗位等多方面开展日常监督检查和专项监督检查17次,发现问题线索6个,督促反馈整改问题262条。

【学习交流】 深入学习《中国共产党纪律检查委员会工作条例》《中国共产党纪律处分条例》《中华人民共和国监察法实施条例》等法律法规,累计观看典型案例15场次270人次,召开案件分析学习会7场次，开展业务讲义活动17场次230人次。

安排县乡两级纪检监察干部参加中央纪委国家监委北戴河校区线上与线下培训17人次，到自治区纪委监委、地区纪委监委跟班、跟案、培训25人次。

深入开展各类警示教育，强化纪检监察干部树立树牢“打铁必须自身硬”的思想理念，及时开展“禁酒禁赌”工作部署会与自查自纠。

积极加强与县委组织部的沟通衔接，构建系统内外交流、县乡两级干部交流体制机制。截至年底，县纪委提拔1人，进一步使用1人，乡镇纪委职级晋升3人。

【巡视巡察】 年内，革吉县第二轮县级交叉巡察组严格按照制定的巡察工作方案开展工作，共开展1轮县级交叉巡察，发现3个大类135个问题，点人点事点具体问题7项，移交问题线索5件。开展巡察谈话29人次，下沉了解12次，发放民主测评表、问卷调查表62份，形成巡察“N+1”报告7份，谈话情况报告6份。

6月9—10日，革吉县巡察机构对往年巡察整改情况开展“回头看”1次，共检查被巡察单位6家，发现并反馈督促整改问题13条。对县粮食公司关于地委巡察反馈的12个问题整改情况开展监督1次，发现并督促整改问题6个。

（易 威）

【机构领导】

县委常委、纪委书记、监委主任

金灿华

纪委副书记、监委副主任

胡兴南（女）

江白拉（藏族）

纪委常委、监委委员

查 珠（藏族）

纪委常委、巡察办主任

次仁拉姆（女，藏族）

监委委员

拉巴顿珠（藏族）

综合室主任

黄玉备

党风政风监督室主任

斯拉姆（女，藏族）

审查调查室主任

陈雪山（12月任）

监督检查室主任

张拿祥

信息中心主任

次仁多吉（藏族）

群众团体

总工会

【概况】 2022 年，全县共有基层工会组织 70 家，其中，乡镇工会 5 家，村居工会 20 家，机关、企事业工会组织 45 家。工会会员人数 1678 人，其中，职工会员 1330 人，农牧民工会员 348 人。工会现有房屋资产 3 栋（包括革吉县职工之家、工会帮扶工作站、工会宾馆），均已办理不动产权证。

【职工帮扶】 年内，革吉县总工会到亚热乡和盐湖乡对 4 名已解困脱困职工开展入户调研，并送去慰问品；开展“三大节日”送温暖活动，共发放慰问金 137400 元，其中，慰问困难职工 196 名，发放慰问资金 101000 元；慰问值班团体 34 个，慰问资金 36400 元；向 3 名因公牺牲公安民警家庭和 1 家因公致残公安民警家庭进行节日慰问，共发放现金 5500 元；联合县委宣传部、团县委、妇联到县特困人员集中供养中心开展“学雷锋纪念日”及新时代文明实践推动日文艺演出活动，为老人们送去价值 520 元的慰问品；开展“快乐成长——放飞梦想”为主题的“六一”国际儿童节关爱活动，为 100 名困难儿童送去价值 8000 元的保暖内衣、袜子、铅笔、橡皮等物资。

【新冠疫情防控】 年内，在“三大节日”期间到县人民医院、疾控中心等疫情防控点和疫情办，看望慰问疫情防控医务人员和工作人员，向每个点位发放慰问金 500 元，向困难医护人员每人发放 300 元；向一线抗疫辅警、协警慰问 15000 元，用于解决收入较低的基层干部生活问题，在疫情风险面前展现工会作为。

【女职工维权保障】 年内，提高女职工法律维权意识，充分利用“综治宣传月”、“安全生产月”、“5·12”防灾减灾日、“全民国家安全教育日”等有利时机大力宣传《中华人民共和国民法典》《中华人民共和国未成年人保护法》

2022年12月14日，革吉县总工会召开2022年第十二次主席办公会议

2022年1月31日，县委副书记、县长彭次（右一）慰问医务工作者

《女职工劳动保护特别规定》《中华人民共和国劳动合同法》等法律法规，不断增强广大女职工法律意识，提高广大妇女儿童自我保护意识。

4 月 30 日，在布贡村开展“迎五一、五四”暨爱心衣物发放活动，惠及 20 余户困难牧民家庭。

4 月，革吉县总工会开展“两癌”筛查服务活动，此次活动共有 200 余名女职工参加，为培养革吉县女职工健康、文明、科学的生活方式提供了良好的基础。

【职工业余文化生活】 年内，革吉县总工会联合县委作风办、县委宣传部、团县委在全县范围内开展以“强担当作为品质、铸风清气正革吉、喜迎中共二十大胜利召开”为主题的知识竞赛活动，共有 22 个支部报名，66 名党员干部踊跃参加活动。

联合县教育局、县委宣传部、团县委、县民族团结创建办共同举行“喜迎中共二十大——民族团结暨第一届盐羊古道杯”足球联赛，共有 8 支队参加联赛。

【工会经费管理】 年内，为进一步管好、用好工会资产，推进工会经费管理合理化、规范化，使工会经费能够更好地为职工服务，确保工会经费资金安全运行，邀请西藏信合永和会计师事务所对 2019—2021 年革吉县工会经费使用情况进行代理记账、对工会固定资产进行清查和评估。

【党风廉政建设】 年内，组织干部职工观看《零容忍》《莫让微信成威信》等警示教育片，签订廉政承诺书。

组织干部职工认真学习《中国共产党章程》《中国共产党纪律处分条例》《中国共产党党内监督条例》等多项廉政法规制度。

坚持文明服务，严禁态度蛮横、冷淡；坚持公正服务，严禁接受服务对象的吃请，收受礼品；坚持依规帮扶，确保民意畅通，严禁乱帮扶、不帮扶、乱作为。

严格执行工会经费经审制度，强化财务管理和监督，进一步完善财务管理制度，严格工会经费、帮扶资金管理，界定各种经费的支出范围和标准，严格控制一般性支出。

加强对票据领购、使用、结报、缴销多个环节的管理，每季度一清点。严禁超范围使用票据，严禁涂改、销毁或由非使用票据人代开票据。严格执行工会帮扶资金发放标准相关规定。严格控制经费支出，对每一笔经费支出作出详细说明，不当支出的坚决不予签字。

【作风建设】 年内，加强对机关工作人员作风监督，要求全体干部职工非工作时间加强对党员干部行为规范的自我约束，禁止出现以权谋私的现象。

以改进作风狠抓落实工作为契机，再三强调工作纪律、政治纪律，坚决杜绝工作时间办私事，消磨时间的消极态度，注重拉近干群距离，服务好群众工作。

坚持把改进作风狠抓落实工作与党史学习教育结合起来、与落实中央、区党委、地委和县委部署要求结合起来、与支部党建和党风廉政建设工作结合起来、与深化工会改革创新结合起来、与产业工人队伍建设改革结合起来、与提升服务职工水平结合起来，确保通过开展改进作风狠抓落实工作，党员干部作风持续转变、责任显著增强、落实更加有力、服务切实提升，以更高的政治标准、更严的党性要求、更强的组织纪律性推动工会主责主业的落实落地。

2022年5月31日，革吉县总工会开展“快乐成长——放飞梦想”儿童节慰问活动

【安全生产】 年内，坚决做好日常，尤其是重要节点期间单位安全维稳工作，经常对工会办公楼、宾馆进行拉网式隐患排查，切实保障单位和工会宾馆在节日期间安全有序有效运营。

严格落实24小时值班带班，每日16时向指挥中心报平安，每日按时报送巡逻情况，发现隐患苗头问题，务必及时上报。

积极参加各种安全生产月宣传活动，通过设置咨询台、发放宣传资料等形式开展安全生产法律法规、安全常识、消防安全、应急处置、自救互救方法等安全知识宣传，增强职工群众安全生产责任意识。

【保障职工权益】 年内，切实履行工会关注民生、服务职工职责，为职工群众办实事、做好事、解难事的服务原则，坚持工会经费为职工群众服务的总体方向，为全县1330名职工会员发放集体福利食用盐、足盐，在严格保障职工福利的前提下，实现职工需求与群众致富的互利双赢。

【援藏工作】 2021年，经革吉县委、县政府研究，决定新建革吉县“工会职工之家”项目，经与中国联通集团公司协商，此项目纳入《中国联合网络通信集团有限公司对口援助西藏自治区阿里地区革吉县总工会意向项目协议书》，并于2022年5月正式开工建设。项目预算总投资600万元，其中援藏资金投入200万元，该项目预计2023年年底建设完成并投入使用。

2022年3月6日，革吉县总工会慰问解困脱困人员

【党建工作】 年内，坚持以习近平新时代中国特色社会主义思想为指导，以中共二十大精神为主线，教育引导党员干部牢固树立终身学习的工作理念，自觉养成我要学习、经常学习的良好行为习惯，通过采取支部集中学、专题讲座、交流研讨、网络学习等多种方式，不断提高干部职工学习积极性，在全面学习的基础上，做好实践与理论的良好结合，认真总结经验，寻找差距和不足，了解自身存在问题，更新观念，调整思路，提出改正措施，在个人领会的基础上开展研讨交流。

全年召开学习会34次，系统

学习上级部门下发各种相关文件，并按要求撰写心得体会 7 篇，让所有党员干部提升理论素质，并落到实处。结合党史学习教育，支委会成员讲党课 1 次，专题组织生活会 1 次，扎实开展重温入党誓词、参观红色教育基地 2 次等活动，全年开展“我为群众办实事” 3 件。

（张 宁）

【机构领导】

主 席

黄 宣 辉（1 月任）

扎西卓玛（女，藏族，1 月免）

副主席

张 宁（女，12 月任）

共青团

【概况】 2022 年，共青团革吉县委员会下辖 5 个团总支，6 个机关团支部，19 个村（社区）团支部，6 个学校团支部，全县有在册团员 596 人，其中牧民团员 341 人；团县委书记 1 名、副书记 1 名，专职团干配备率达 100%；西部计划志愿者 2 名；1 名乡镇团干部通过乡镇党委推荐到县级团委挂职，担任团县委副书记；将教育团工委书记纳入县级团委班子，担任兼职副书记，进一步夯实革吉县的工作力量。团县委班子配备由“1+1”专职模式转变为“1+1+2+2”专、挂、兼模式。

【团员青年思想政治教育】 年内，组织各级基层团组织、广大团员青年集中收听收看庆祝中国共产主义青年团成立 100 周年大会。召开革吉县学习习近平总书记在庆祝中国共产主义青年团成立 100 周年大会上的重要讲话精神座谈会，通过此次会议，进一步密切与团的联系，在思想碰撞、交流互动中升华爱国主义情感，增强观看实效。12 月 9 日，向革吉县中学团组织工作者、全体共青团员讲授“学习中共二十大”主题团课，切实加强团员青年的思想理论教育。

2022年5月10日，革吉县集中观看庆祝中国共产主义青年团成立100周年大会

深入开展“青年大学习”行动，指导督促团员青年参与“青年大学习”网上主题团课，确保每期学习人数不少于 500 人次，连续 20 期登上全区点赞榜，使得革吉县学习氛围空前浓厚。

【青年志愿者志愿服务】 年内，成立青年之家、青年梦志愿者服务团队一革吉县分队等“青”字号品牌项目，加大革吉县培育青年的力度，推动各行各业团员青年为革吉社会高质量发展贡献智慧力量。

大学生志愿者服务队和青年志愿者队伍围绕留守儿童、贫困家庭儿童、服刑人员未成年子女、残疾儿童等重点人群，借助重要节日开展功课辅导、自护教育、兴趣课堂、社会实践、关心慰问等丰富多彩的志愿服务项目，定期在全县范围内开展志愿服务活动。根据团中央《关于扩大县域共青团基层组织改革试点的指导意见》精神以及《革吉县县域共青团基层组织改革方案》，为保障革吉县“青年之家”顺利建设并发挥实际效益，打通服务青年的“最后一公里”，着力建设身边的共青团，畅通共青团直接联系、服务、引导青年的渠道，不断扩大共青团的影响力和覆盖面，在每个乡镇建设一个“青年之家”，每个青年之家配发一个“青年之家”牌匾、计算机主机和显示屏上喷绘“团县委”字样。截至 7 月，革吉县“四乡一镇”完成“青年之家”挂牌，并投入使用。

【基层团组织建设】 年内，结合全县团员分布和发展实际，严格落实全面从严治团要求，严把团员发展入口关，努力提高团员质量。2022年新发展团员55名，按照有关要求将新发展团员的基本情况全部录入智慧团建系统内，并举行新团员入团仪式。

评选出二星章7名，推荐三星章5名，进一步推动少先队工作迈上新台阶；联合县妇联开展“喜迎二十大，同心护未来”慰问活动；组织各级中小学学生2000余人次观看五四分享会、《小小格桑花、熠熠中国心》西藏自治区2022年“六一”国际儿童节特别节目、“喜迎二十大争做好队员”网上云队课；开展“希望工程1+1幻方助学计划”，革吉县324名学生受助，受助金额达32万余元。截至年底，项目资金全部发放到位。根据4月14日团地委下发的《关于做好2021年度团费收缴工作的通知》文件要求，共收缴2021年度团费5256.2元，上缴团地委2102.48元，县团委留存3153.72元（乡镇及县城学校留存款均不在团县委）。

为进一步发挥好团组织的先进性作用，引领青年、凝聚青年、组织动员青年、联系服务青年的基本职责，开展革吉县“五四”系列活动，庆祝五四运动103周年。5月4日，在革吉县直属库红色爱国主义教育基地举行革吉县2022年新团员集中入团仪式。4月6日，在县中学开展新青年、新作为、新时代合格共青团员主题团课，共有55名共青团员参加，通过此次团课，使参与活动的团员们感受到一股昂扬向上的力量，同时也深刻意识到自身肩负的神圣使命和重大责任；4月30日，在革吉县布贡村开展“我为青年办实事”、“迎五一、五四”暨发放爱心衣物主题活动。通过开展爱心衣物发放活动，用实际行动为布贡村困难群众送去温暖和关怀；4月29日，开展法律宣传志愿服务活动，共有13名青年志愿者参加。通过活动，进一步加大青少年普法宣传教育的工作力度，推动革吉在青少年思想道德和法治教育、优化青少年成长环境、重点青少年群体服务管理、未成年人司法保护等方面工作再上新台阶；5月12日，开展以“减轻灾害风险，守护美好家园”为主题的志愿服务活动，让全县群众树立“隐患就是事故”的理念，初步掌握在危险环境中迅速逃生、自救、互救的基本方法，提高群众实际抵御和应对紧急突发事件的能力；4月22日，在革吉县直属库红色教育基地开展“喜迎二十大、永远跟党走、奋进新征程”重温入团誓词主题团日活动，进一步增强团的组织性、纪律性，加强团的向心力与战斗力；4月25日，在中学开展我在国旗下成长——“逐梦统芳华、展现新作为”主题活动，共500余名学生参加，通过此次活动，让青少年学生以与祖国同框的特别形式来表达祝福祖国、感恩祖国的浓浓情意，祝愿伟大祖国繁荣昌盛；5月2日，录制“庆祝中国共产主义青年团成立100周年”主题网络接力活动，体现出青年们的蓬勃朝气，5月19日，在县中学校会议室举办“喜迎二十大，铸牢中华民族共同体意识”民族团结知识竞赛活动，进一步宣传党的民族宗教政策，促进民族团结互助，共同营造和谐、团结的氛围。

【预防青少年违法犯罪】 年内，成立由县委副书记、人大常委会主任才旺仁增任组长，团县委负

2022年2月25日，共青团革吉县委员会组织青年志愿者到福康社区慰问老人

责人任副组长,团县委其他干部职工任组员的预防青少年违法犯罪工作领导小组,确保工作落到实处、取得实效;统筹县域各级团组织、青年志愿者协会到学校、社区、家庭,广泛开展未成年人保护法、预防未成年人犯罪法等普法宣传活动,不断增强县域青少年法治观念。截至年底,共开展各类宣传活动20次,参与90人次,受益群众达4500人次。

成立5个"青年之家",加强对重点青少年的帮扶教育。发挥"青年之家"平台效能,依靠志愿者和青年社团骨干等组建服务团队,针对五类重点青少年开展专业性社会服务,实现教育、帮扶、普法、服务、维权工作的全覆盖,并引导青少年家庭主动关注青少年心理健康,提升青年家长的心理辅导能力与教育能力;联合相关单位开展"轻松备考·12355与你同行"中考减压阳光行动,特邀赣南市援藏医生吕西医生为参加中考的学生进行减压心理疏导,帮助考生们缓解考试压力,轻松应考;从青少年发展特点和实际出发,先后在革吉县中学、革吉县完全小学开展"青春自护·有你有我"2022年青少年心理健康主题讲座,通过活动,提高青少年对自我安全保护的认识程度;持续推进"12355"青少年维权热线工作。采取线上线下联动宣传方式,结合日常活动、青少年志愿服务活动等充分宣传,营造积极氛围;联合相关单位,在布贡村开展暑期理论教育宣讲活动,在森布村1组开展暑期青少年自护教育系列活动,切实加强安全教育工作,确保暑期学生的生命安全,增强孩子们的安全意识,确保孩子们度过一个祥和、愉快的暑假。

【少先队建设】 年内,组织革吉县40名优秀少先队员到陕西西安,参加由共青团陕西省团委、陕西省青年联合会、陕西省少工委举办的为期1周的2022年"石榴籽一家亲"陕藏少年儿童手拉手夏令营活动。让社会主义新时代的少先队员们做到听党话、感党恩、跟党走,为成为有用的社会主义建设者而努力学习、不懈奋斗;推荐革吉县优秀少先队员嘎玛格桑扎西为全国、全区优秀少先队员,并成功当选。

2022年4月6日,共青团革吉县委员会开展"新时代 新青年 新作为"新时代合格共青团员主题团课

【民族团结进步创建】 年内,进一步做好革吉县青少年群体心中铸牢中华民族共同体意识,开展"民族团结一家亲、同心共筑中国梦""2022年全民国家安全教育日"普法宣传活动。通过面对面讲解,发放宣传册、宣传品等方式提高全县青少年群体的民族团结意识;组织青年梦公益团队·革吉分队返乡大学生志愿者到革吉县特困人员集中供养服务中心开展关爱老人服务活动、组织青年志愿者赴布贡村、福康社区开展"铸牢中华民族共同体意识·谱写革吉民族团结新篇章"送衣送物主题活动2场次,发放爱心衣物217件,受益90余户,受益群众达200余人,通过活动使民族团结进入每家每户、每个青少年心中;在革吉县中学举行阿里地区少工委发起、西藏煜诚建筑工程有限公司、革吉县少工委共同举办的"凝心聚爱·共筑梦想"公益捐赠活动,共计发放价值23万余元的书包、书籍、衣服等物品,为革吉县学生带来的不仅是物质上的帮助和精神上的鼓舞,更重要的是进一步铸牢中华民族共同体意识。应邀参加革吉县纪委监委开展的"铸牢中华民族共同体意识暨争创民族团结示范县"活动之"我们

2022年5月4日，共青团革吉县委员会组织开展集中入团仪式。图为革吉县红色教育基地宣誓现场

的节日·端午”主题党日活动，为200余名青少年宣传习近平总书记重要讲话精神，切实弘扬中华民族传统文化，传承中华民族传统美德，铸牢中华民族共同体意识，营造民族团结一家亲的良好氛围。

7月7日，联合县妇联组织青年志愿者、巾帼志愿者开展“汇聚民族团结之力共同倡导文明交通”文明交通志愿活动，通过活动，让革吉县志愿者以实际行动，倡导社会文明新风，引导革吉县各族群众、过往游客维护良好的交通文明秩序，营造安全、有序、文明的道路交通环境；联合县教育局、县委宣传部、县总工会、县民族团结创建办举办“喜迎中共二十大——民族团结暨第一届盐羊古道杯”足球联赛，进一步巩固和发展平等团结互助和谐的社会主义民族关系，营造和谐稳定的社会环境，激发广大干部职工及社会青年的积极性。

【党风廉政建设】 年内，组织全体干部职工深入学习观看《零容忍》反腐专题片，通过观看专题片，给全体人员上了一堂生动的廉政教育课，使大家接受一次思想和灵魂的洗礼；组织学习《县长彭次在革吉县进一步强化文风会风工作推进会上的讲话》《关于调整对本土确诊病例无症状感染者未划分风险登记地区旅居史人员管控措施的通知》等各项文件精神，进一步强化共青团革吉县委员会干部职工的严谨性；签署“限酒禁赌安全文明驾驶”等承诺书，要求干部职工树牢纪法意识，加强自我约束，自觉做到文明驾车、不赌博、不在法定工作日等方案规定的时间内喝酒，签署率达100%。

【改进作风狠抓落实】 年内，共青团革吉县委员会把改进作风狠抓落实工作作为重中之重，全面开展改进作风狠抓落实大检查。对共青团革吉县委员会全体干部职工的作风问题进行检查，先后召开学习会议8场次，传达各类学习文件，增强“四个意识”、坚定“四个自信”、做到“两个维护”，为进一步转变干部职工的工作作风、严肃工作纪律、增强干部职工的思想和意识，制定上下班制度；在单位内所有起草文件都要进行交叉检查制度。文件撰写后由另一名人员进行检查，然后再由单位负责人进行审核，进一步保证共青团革吉县委员会文件不出现问题。

【党建工作】 年内，组织全体党员干部职工加强党史学习教育主题理论学习，提高党员的政治理论水平。每周四组织全体支部成员学习党的各项方针政策，落实党员学习日活动，健全党支部理论学习制度，创新党员学习形式，采取主题活动、座谈交流等方式，活跃学习氛围，深入推进党员理论学习。进一步规范制度，提高党员教育的质量。抓好“三会一课”制度，严格落实党员学习教育任务。落实党支部主题活动制度，共开展7次主题党日活动，丰富支部学习实践活动。坚持民主评议党员制度和民主生活会制度，保持党员先进性教育管理力度。发挥工会、共青团、妇联、红会等群团组织特点和优势，开展民族团结进步模范创建工作。

开展“民族团结一家亲、共庆七一感党恩”主题党日活动。支部党员干部宣讲民族团结相关知识以及医疗、法律法规政策等相关知识，发放宣传手册60份、洗洁精60瓶、卫生纸60盒、笔记本

60本、碳素笔80支。以“七一”建党节为契机，对公前村老党员进行慰问，一对一为7名老党员送去日常生活必需品，详细询问了解他们的生活状况、身体健康状况、就业情况及存在的困难，倾听他们的心声。

（王建伟）

【机构领导】

书　记

洛桑央金（女，藏族）

副书记

蔡于荣（12月免）

黄芸芸（女，1月任）

妇联

【概况】 2022年，全县各级妇联组织紧紧围绕“引领、服务、联系”职能定位，以迎接、宣传、贯彻中共二十大为主线，在加强妇女思想政治引领、联系服务妇女群众、依法维护妇儿合法权益、关爱妇儿弱势群体等方面做了大量工作，取得了新进展，充分彰显了妇联作为。

【思想政治引领】 年内，全县各级妇联以民族团结、妇女儿童维权、妇女健康知识等内容，组织妇女群众收听收看线上宣讲活动5场，通过微信工作群推送民族团结各类宣讲提纲（藏语版）4次、组织群众观看西藏女性“阿佳讲堂”直播6期，覆盖妇女群众2300余人。利用“三八”维权周等时间节点，以走街入户及广场户外相结合，开展各类宣传活动15场，发放宣传资料800份，受益群众达1000余人。

为充分发挥引导、服务、联系广大妇女群众的作用，围绕就如何进一步做好思想引领、妇儿维权、发挥妇女作用、民族团结、“两癌”筛查救治、乡村振兴巾帼行动等工作，组织召开“人大女代表政协女委员”学习贯彻县两会精神座谈会1场、“美丽家园、幸福人家”创建活动座谈会1场。

【维护妇儿合法权益】 年内，革吉县妇联组织动员乡镇妇联共排查5次婚姻家庭矛盾纠纷，积极参与调解和化解各类婚姻家庭纠纷2件。全县各级妇联组织开展“三八”维权周法治宣传10次、开展寒假儿童关爱服务活动5场、“全民国家安全教育日”进校园宣传活动1场，发放《中华人民共和国妇女权益保障法》《儿童自我保护安全提示》《关爱未成年人》《青少年预防艾滋病基本知识》《中华人民共和国反对家庭暴力法》等宣传册200余份、宣传品300余件，参与妇女群众及儿童达450余人。

按照自治区排查关爱相关要求，建立各村重点人群和重点家庭台账。在“六一”国际儿童节来临之际，县人民检察院、妇联、团委等6家单位联合开展“检爱同行共护未来”专项检查活动，重点对辖区内的娱乐场所、旅馆等是否严格落实未成年人入住旅馆“五个必须”要求、是否如实登记未成年人身份信息、是否在醒目位置悬挂“未成年人禁止入内”标识等情况进行监督检查，并现场张贴强制报告宣传海报10余份，督促其依法履行相应的责任。

【关爱妇儿弱势群体】 年内，革吉县妇联联合革吉镇妇联开展以“迎三八、学雷锋”为主题的新时代文明实践志愿服务活动1场，为12名福康社区的孤寡老人打扫院子、擦玻璃、整理床铺等，同时为他们送去价值2800元的大

2022年5月13日，革吉县召开2022年妇女“两癌”筛查救治工作动员部署会

米、面粉、食用油等慰问品，活动共30余名巾帼志愿者参与。

联合县委宣传部开展雷锋纪念日志愿服务活动，为革吉县特困人员集中供养服务中心的老人们送去价值480元的面包、牛奶等慰问品。同时，组织志愿者为老人们包包子等，切实增强群众的幸福感和获得感。

为认真贯彻落实自治区党委政府十大民生项目，大力开展“我为妇女群众办实事”活动，革吉县妇联在“三八”期间入户走访慰问15名患“两癌”妇女及重病困难妇女，送去价值7500元的慰问金和节日的祝福，同时，慰问困难服刑人员家属，为其送去价值410元的防疫物资和生活用品，切实把党的温暖和关怀送到妇女群众心坎上。

联合团县委开展“喜迎二十大，同心护未来”为主题的“六一”慰问活动，为全校学生送去849张桌布，价值7640余元。

2022年5月30日，革吉县妇联联合团县委到县完全小学开展“喜迎二十大，同心护未来”六一慰问活动

【民族团结进步创建】 年内，根据《国家民委、全国总工会、共青团中央、全国妇联关于进一步做好新形势下民族团结进步创建工作的指导意见》和阿里地区民族团结进步模范区创建“九进”的部署要求，结合妇联职责职能，县妇联精心组织，谋划制定宣传方案，积极落实相关宣传教育活动。

3月28日，在革吉县民族团结广场开展以“民族团结一家亲，同心共筑中国梦”为主题的宣传活动1场，发放各类法治政策及西藏自治区民族团结进步模范区创建条例宣传册400份，发放各类宣传品300份，现场咨询解答6次，悬挂宣传横幅1条，向广大群众同时向群众讲解民族团结进步模范县创建及“五好文明家庭”创建相关知识，切实引导全县各族群众牢固树立“三个离不开”“五个认同”思想，营造平等、团结、互助、和谐的浓厚氛围。

开展“3·28”民族团结进家庭活动。积极组织动员乡镇妇联，开展“民族团结进家庭”活动，使民族团结意识真正深入每个妇女和家庭中。

分别到福康社区和布贡村开展送衣送物活动2场，共发放爱心衣物217件，受益群众达200余人，让90余户困境家庭感受到来自其他省市爱心人士的关心和热情，让困难群众切身感受到社会主义大家庭的温暖，切实促进了民族大团结。

全县各级妇联组织在“5·15”国际家庭日开展“民族团结进步模范区创建”宣传教育进家庭活动，共计发放各类宣传材料600余份，受教育群众达300余人。

为进一步激发学生们的爱国情、强国梦，县、乡镇妇联认真组织举办“我想对党说、与少先队队旗合影”活动，共计85名少先队员代表参加此次活动。

【乡村振兴巾帼行动】 年内，为全面推进“美丽家园、幸福人家”创建活动走深走实，充分发挥全县广大妇女在改善人居环境、生态文明建设中的独特作用，县妇联组织人大女代表、政协女委员，召开“美丽家园、幸福人家”创建活动座谈会1次，虚心纳谏，广泛听取意见建议。

为充分发挥广大妇女在改善人居环境、生态文明建设中的独特作用，县妇联于4月研究制定下发《革吉县妇女联合会关于开展“美丽家园、幸福人家”创建活动实施方案》。8月6日，在县级创建示范点革吉镇布贡村开展以“五美”为标准的“美丽家园、幸福

2022年2月25日，革吉县妇联组织开展巾帼志愿活动

人家”创建活动动员部署会。

革吉县妇联围绕生态宜居美丽乡村建设,以美丽家园、幸福人家创建活动为载体,持续推动乡村环境整治。截至年底,共开展环境整治活动20余场,参与妇女群众达600余人。

【“两癌”筛查】 年内,为切实提高全县适龄妇女宫颈癌和乳腺癌的早诊早治率,降低“两癌”死亡率,于4月制定下发《革吉县2022年妇女“两癌”筛查救治实施方案》,并成立以县长彭次为组长的“两癌”筛查救治领导小组。5月13日,召开2022年妇女“两癌”筛查救治工作动员部署会。6月17日,正式启动“两癌”筛查工作,全县筛查目标人数503人。6月22日,完成筛查目标任务。

【新冠疫情防控】 年内,积极动员全县各级妇女干部群众、巾帼志愿者,投身疫情防控阻击战中,全县妇女干部群众纷纷下沉基层全力以赴做好宣传,说服大家少外出少走动、不聚会不聚餐、不信谣不传谣,坚决支持配合做好疫情防控工作,充分发挥疫情防控工作中“半边天”的重要作用。

为进一步坚定广大巾帼志愿者打赢疫情防控阻击战的信心和决心,持续巩固来之不易的疫情防控成果,县妇联联合县委宣传部、团县委开展慰问一线巾帼志愿者活动,为她们送去价值2900元的爱心牛奶。

立足妇联组织职能优势,积极发挥桥梁纽带作用,聚焦受疫情影响儿童,深入开展“抗疫同行、情系童心”主题教育,向疫情防控重点区域家庭发放来自中国儿童发展基金会捐助抗疫资金共价值6000元的物资(儿童学习用品、婴儿奶粉、纸尿裤、牛奶等)。

(巴桑拉姆)

【机构领导】

副主席

巴桑拉姆(女,藏族,主持工作)

红十字会

【概况】 革吉县红十字会成立于2020年1月,应革吉县委相关工作要求,2020年8月配齐人员进行集中办公。主要职责为保护人民的生命和健康,发扬人道主义精神,促进和平进步事业。业务范围:宣传贯彻执行《中华人民共和国红十字会法》,纠正滥用红十字会标志现象;开展备灾和救灾工作;进行初步卫生救护培训和卫生知识的宣传;在战时参与救护活动;开展输血献血工作;开展红十字会青少年活动。

【新冠疫情防控】 年内,革吉县红十字会在岗人员严格按照县委、县政府关于疫情防控的总体要求,如实报备返岗情况,积极配合疫情防控工作,认真落实县委、县政府的决策部署,坚决不给国家添乱。

根据捐赠物资者意愿,依照《中国红十字会捐赠管理办法》第二十三条规定,严格按照捐赠者意愿,严禁改变捐赠财产的用途。捐赠物资出库由红十字会会长通过主管县长及疫情办主要负责人审签后发放捐赠物资,同时掌握物资保障数量并统筹调配,及时做好相关台账。革吉捐赠款物管理规范、移交手续完整,没有非法挪用、截留或侵占捐赠款物,擅自改变捐赠款物用途等行为。革吉县红十字会继续完善全县疫情防控期间捐赠款物管理制度,进一步规范出库捐赠工作,确保接收款物全部及时用于疫情防控，发挥出最大效益。款物接收发放情况及时在全县内进行公开，接受社会监督。

革吉县红十字会认真审核和登记社会各界爱心人士信息，并做好捐款物资出入库统计工作，及时与县上有关部门对接沟通，做好中间衔接工作，做到物资接收与使用情况按当天当日向地区红十字会和县上报，同时积极做好全县疫情防控物资调配与发放工作。截至8月15日，革吉县红十字会共接收71家公司及个人捐款捐物总计人民币3555892元，其中，物资折合人民币2545822元，现金捐款1010070元。因防疫需要，已使用物资折合人民币及现金总计2595652元。截至年底，剩余金额960240元。

【学习贯彻重要会议精神】 年内，传达学习中共二十大精神，党的十九届六中全会，西藏自治区第十次党代会，十九届中央纪委六次全会，自治区纪委十届二次全会，党中央、区党委、地委、县委经济工作会议以及其他重要工作和会议精神，认真学习并贯彻落实会议精神、做好当前重点工作进行安排部署认真学习并贯彻落实会议精神、做好当前重点工作进行安排部署。

把学习宣传贯彻中共十九届六中全会精神和西藏自治区第十次党代会精神作为当前及今后一段时期的重要政治任务，全体干部以高度的思想自觉、政治自觉、行动自觉，认认真真学、原原本本学、扎扎实实学，准确掌握精神实质及实践要求，把握好改革发展方向，不断推动各项工作任务落实。把学习中共二十大精神、中共十九届六中全会精神、西藏自治区第十次党代会精神及党史学习教育结合起来，通过多种形式加深学习领悟，真正做到真学、真信、真用，真正做到内化于心、外化于行，努力用全会精神凝聚共识，增强斗志。以更大干劲、更实作风学以致用，把学习成果化为工作动力，推动学习活动见思想、见行动、见实效。

2022年5月8日，革吉县红十字会组织工作人员开展宣传工作

【民生工作】 年内，树立以人民为中心的发展理念，领导干部示范先行，坚持带头做到敢于担当、勇于担当、善于担当，工作上提前谋划、认真部署、及时督促、有力推进。

1月18—21日，邀请县人民医院医护人员到县城各村居、敬老院等开展“爱心送医、送药、送温暖活动”，为群众提供入户医疗服务，切实解决群众看病难的问题。此次活动共计为170多名群众及5个村医站、县敬老院发放药品，药品价值共计58100元。

为有效解决广大人民群众最关心、最直接、最现实的利益问题，全面提高保障和改善民生工作水平，根据地委、县委相关工作要求，以“政府支持＋社会捐赠”资金为来源（政府支持种子资金90万元），设立“革吉县农牧民自然灾害应急保障基金”。革吉县红十字会组织全县干部职工、驻地部队、各企业（个体工商户）、“四乡一镇”、离退休干部、革吉县各寺庙开展捐款仪式，全县共计1393人次参与捐款，捐款总金额为517145元。同时发放感谢信、捐赠收据、捐赠证书80多份，锦旗1面。

利用“5·8”世界红十字日进行“携手人道促和谐、志愿服务为民生”宣传活动。向社会展示“奉献、友爱、互助、进步”的新时代志愿精神，同时宣传红十字会

2022年8月25日，疫情防控期间，革吉县红十字会接受各界爱心人士捐款物资

领域青少年知识及“先心病”“唇腭裂”相关政策，活动发放宣传手册250份以及价值1000元的日常生活物资。

5月11日，到福康小区开展“情系人民、爱心传递”主题活动，活动宣传红十字会相关政策和卫生健康预防知识，发放宣传手册120份及价值1000元的生活用品物资，同时为3户困难家庭送去生活物资。

开展2次“先心病”“唇腭裂”筛查救治工作，共筛查出19名唇腭裂患者，配合县卫健委于7月送患者到地区人民医院接受治疗。

自疫情发生以来，各爱心企业和爱心人士纷纷捐款捐物，爱心力量不断输入革吉县，更加坚定了打赢疫情防控阻击战的信心和决心，革吉县红十字会充分发挥桥梁作用。并于疫情期间先后8次走访慰问一线工作人员、后勤工作人员、宗教界人士以及困难群众等，送去各类防疫物资、生活物资等249863元。积极协调，把防控责任扛在肩上，将群众的生命安全放在心上，在真抓实干中“不忘初心、牢记使命”主题教育，切实做好捐赠物资发放工作，将每一份善款都用在刀刃上，发挥最大的效果，为全县疫情防控工作有序开展提供坚实的保障。

【党风廉政建设】 年内，深化学习教育，筑牢廉政基础，多次组织召开学习会议，学习县委、县政府重点工作文件及纪委部门、作风办下发《关于违法违纪典型案例的相关通报》，抓好常态化警示教育，时刻警钟长鸣，切实增强拒腐防变的自觉性。同时，积极参加群团党支部的支部学习会议24次。深刻学习通报中的典型案例，深入剖析案例发生先决条件等因素，发现思想上的松懈和侥幸心理是造成此类情况发生的导火索。

【民族团结】 年内，革吉县红十字会以铸牢中华民族共同体意识为民族工作主线，紧扣“共同团结奋斗、共同繁荣发展”目标，促进“各民族交往交流交融”，确保各民族更加和睦相处、融洽共生，民族政策全面落实、民生明显改善。全面深入持久开展民族团结进步创建工作，革吉县红十字会坚持每月进行至少2次的民族团结内容学习，结合支部深入学习贯彻习近平总书记在中央民族工作座谈会上的讲话、中央民族工作

2022年4月15日，革吉县红十字会工作人员开展“爱心送医、送药、送温暖”活动

会议、中央第七次西藏工作座谈会、王君正书记在区党委民族工作会上的讲话、习近平总书记在内蒙古审议时的讲话、习近平总书记在西藏考察讲话、全国政协主席汪洋在庆祝西藏和平解放70周年大会上的讲话等精神，聚力提高全体干部职工民族工作方面理论知识水平，在工作中熟悉把握党的民族工作主线以及各项政策内容。

【维护社会稳定】 年内，全国两会、春节及重要节点期间，革吉县红十字会在岗人员严格按照县委、县政府统一部署，在配合县卫健委统一安排下按照“看好自己的门、管好自己的人、办好自己的事”的总体要求，认真执行24小时值班带班和每日安全保卫“零报告”制度，坚决做到“严禁酗酒、严禁关闭通信工具、严禁擅离职守”，紧密配合相关部门，监督全体干部职工及周边亲人不利用网络传播不良信息，积极营造和谐稳定的社会氛围。

（玉　珍）

【机构领导】

会　长

仁青拉姆（女，藏族）

副会长

拉　　次（女，藏族）

军 事

人民武装

【概况】 2022年，革吉县人民武装部(以下简称县人武部)始终把开展党史学习教育和“忠诚维护核心、矢志奋斗强军”主题教育作为凝聚意志、统一思想、指导实践的首要政治任务来抓，坚持党委理论学习中心组带机关集体学习、官兵自主学习等制度，借力强军网、“学习强国”、军职在线等平台，引导官兵持续深入学习党的创新理论，切实弄清“中国共产党为什么‘能’”“马克思主义为什么‘行’”“中国特色社会主义为什么‘好’”，深刻领悟“两个确立”的决定性意义，增强“四个意识”、坚定“四个自信”、做到“两个维护”，贯彻军委主席负责制，坚决用统帅号令统一思想、统领行动、谋划工作。

【政治工作】 2022年，县人武部组织官兵观看庆祝中国共产主义青年团成立100周年直播，聆听习近平主席在会上的重要讲话，会后通过多种不同形式密切关注“庆祝中国共产主义青年团成立100周年”动态和热点问题，不断深化大家对精神实质的理解和把握；清明节期间，组织全体基干民兵，开展“祭奠革命先烈、弘扬爱国精神”践学活动，到革命烈士陵园祭奠、参观阿里(革吉)直属库红色爱国主义教育基地、组织向党旗宣誓和重温入党誓词、74岁老党员讲革命传统，组织基干民兵谈岗位建功、观红色电影，唱爱国歌曲，并进行1次战备拉动，使全体基干民兵在精神上受到洗礼，在心灵上受到了触动，以实际行动赓续先遣血脉，锤炼战斗作风，从岗位走向“战位”，提高民兵队伍应对突发事件的综合处理能力。

组织官兵向县红十字会抢险救灾保障基金捐款2300元、向阿里地区农牧民返贫保障基金捐款1250元，与革吉镇群众和扎西曲林寺僧众开展“感党恩听党话跟党走，军爱民民拥军稳边疆”铸牢中华民族共同体意识主题实践活动，组织上门义诊、发放药品、座谈交流、赠送慰问品和参观阿里(革吉)红色爱国主义教育、观看红色电影等。

4月5日，《缅怀革命先烈、追寻红色记忆——革吉县人武部“雪域高原祭奠先烈”》刊载于南疆军区强军号、军委机关网“强军论坛”。6月15日，《开展民兵应急分队集中轮训》图文报道，被人民日报客户端刊载，浏览量达3.6万人次。8月1日，《让民族团结之花开在羌塘草原》图文，刊载于人民日报客户端，浏览量1.6万人次，刊载在军委机关网“强军论坛”，受到分区党委首长机关和县委、县政府的高度好评，得到广大民兵和各族群众以及全体官兵的广泛赞誉。《让民族团结之花开在羌塘草原》图文刊载于阿里地区关注度最高的“天上阿里”微信公众号，《双拥共建军民团结一家亲》《义务兵家庭优待金发放仪式》图文刊载在“阿里统战”“革吉融媒体”。县人武部被西藏自治区表彰命名为“2022年度自治区级民族团结进步模范单位”。

【练兵备战】 5月23日，县人武部以《民兵军事训练大纲》《民兵应急分队训练教材》为依据，扎实展开为期1周的队列军姿、包扎救护、紧急运送、警棍盾牌、反恐防暴、装备操作、拉动演练等民兵应急分队集中轮训，对轮训中涌现出来的优秀专武干部、优秀民兵班长以及优秀基干民兵，联合县委、县政府进行通报表彰，并颁发奖状，有力提高基干民兵队伍按纲施训能力，推动民兵军事训练高质量落实，增强应对突发事件的应急能力，确保关键时刻能够联得上、拉得出、靠得住、起作用，为全县民兵树立练兵打仗的鲜明导向。

6月14—21日，对全县4个乡1个镇已任命的各基层人武部部长、专武干事，以《民兵军事训练大纲》《专职人民武装干事资格认证业务考核细则(试行)》为依据，展开为期1周的基础理论、基本技能、组织指挥、体能训练和工作研究，邀请县政府办公室、组织部、人社局等单位领导，全程参与并监督，进一步提高专武干部业务素质和岗位任职能力，切实配强专武干部队伍，推动全县后备力量建设全面发展，受到分区参谋部的点名表扬。

【后装建设】 2022年，在县委、县政府和中国联通公司援藏资金的关爱支持下，总投资262万元的“民兵之家”建设项目于6月17日破土动工〔含新建生态园368.73平方米，大门改造、暖廊改造126.48平方米，原有锅炉房、柴油发电机房门窗改造，室外给排水1项，室外暖通工程1项，室内线路改造1项，卫生间改造1项，洗澡间、桑拿室改造1项，厨房改造1项及相关设备购置1项等(中标企业：西藏君太建设工程有限公司，中标监理：西藏金卓环境工程监理有限公司)〕，参加开工仪式的4个乡1个镇基层武装部部长、专武干事纷纷表示，立足岗位，刻苦训练，发挥民兵突击队作用，以优异成绩迎接中共二十大胜利召开。

协调联通公司援藏资金11.37万元，解决实弹射击场监控设备。在市政改造建设中。协调县政府投入43.6万元，解决人武部下水管道及给水改造。

(肖江东)

武警

【概况】 武警革吉中队隶属于武警西藏总队阿里支队，主要担负革吉县突发事件处置、本级力量反恐、抗震救灾、抢险救援和看守所外围武装警戒等任务，是革吉县一支重要的武装力量。

2022年，武警革吉中队以习近平新时代中国特色社会主义思想为指导，深入贯彻习近平强军思想，认真贯彻武警部队、总队、支队党委决策部署，突出政治之年一定讲好政治、大事之年一定干好大事，紧紧围绕“稳中求进、进位争先”的目标，更加突出政治提领，夯基固本，开拓创新，争创一流，守好底线，经过全体官兵的共同努力，各项工作稳步推进，全面建设呈现良好发展态势。

【政治建设】 2022年，武警革吉中队重点组织学习贯彻中共十九届六中全会精神、全国两会精神、军委扩大会议精神、武警部队党委扩大会议精神等；中共二十大召开，突出学习中共二十大精神。中队党支部始终坚持用习近平新时代中国特色社会主义思想和习近平强军思想武装官兵头脑，根据支队年度思想政治教育实施方案统筹抓好政治教育工作。通过班级理论骨干宣讲、干部领学、个人自学等方式，对中共二十大原文进行学习；又利用政治教育时机，官兵自发对中共二十大报告的主题、脉络、新表述新概括新论断进行小课串讲，并讲解学习宣传贯彻中共二十大精神提纲；在课后，以个人自学的方式全面深刻领会中共二十大精神，撰写个人学习体会并利用党团活动时间进行学习心得讨论交流，确保官兵全面领会中共二十大精神的核心要义，准确把握精神实质。新《中国共产党章程》公布后，中队党支部迅速专题部署，组织全体党员学习并下发新《中国共产党章程》知识点，利用党团活动时间对党员进行理论测试。充分利用中共二十大专题板报、中共二十大宣传展板等宣传载体，分别制作中共二十大精神内容摘要橱窗、中共二十大专题板报，进一步营造学习宣传贯彻中共二十大精神的浓厚氛围。

2022年8月1日，革吉县开展军民共建活动

【军事训练】 2022年，武警革吉中队认真落实军事训练实战化要求，严格按照军事训练"四落实"要求，完善登记统计资料，促进训练秩序正规；突出抓好教练员队伍这个源头，科目开始前教练员统一示范规范动作，重难点科目坚持干部任教；统一教学思路方法，编写各类教学设计、训练教案、教学笔记，提升军事训练标准。针对官兵身体状况，对训练课目、内容进行分阶段训练，提升训练的实效性。时刻确保训练安全，及时抓好训练"安全回头看"工作，加强安全防护教育，打牢官兵安全意识；坚持训练安全检查，确保训练设施安全牢固，防护器材完好有效；严密组织训练，干部全程跟训，对危险性高的科目亲自组训，确保训练组织不出问题。

【战备执勤】 2022年，武警革吉中队始终把执勤工作作为中队建设的重中之重，紧盯哨位和哨兵，提高经常性执勤能力，提高中队的核心战力；瞄准支部管勤这个关键，不断强化中心居中意识；始终坚持以实战为导向，加强对勤务的组织管控，确保执勤工作万无一失。严格制度落实，确保勤务正规有序。

【后勤保障】 2022年，武警革吉中队以全面建设现代后勤为主线，坚持勤俭节约、建管并举，抓好后勤服务保障工作。狠抓后勤队伍建设。注重建好、用好、管好后勤队伍，通过岗位锻炼、送学培训、以老带新等方式，实现梯次培养、持证上岗。

年内，中队注重加大对后勤队伍指导力度，严格落实专业训练。扎实开展"厉行节约、反对浪费"活动，发扬艰苦奋斗优良传统，中队"四小工"多次牺牲休息时间，对营产营具、安全隐患及时维修整改，将多处营产营具变废为旧、变旧为新，实现"小修不花钱、大修少花钱"目标，基本实现维修不请人、理发不出门。

以"军队存量资产打码贴签工作"为契机，在营产营具的管理上，严格计价挂账，落实责任到具体人，定期进行维护保养，保证性能状态良好。对无法使用需要报废的资产，按规定进行报废处理。坚持每周召开经济民主会，通畅官兵民主渠道，区分不同层级、不同地域、不同民族人员，广泛听取意见建议，科学合理调剂伙食口味。鼓励炊事员业余时间学习制作蛋糕甜品，不断提升炊事人员专业素质。严把食品采购、制作和储存关，落实餐厨具消毒、食物留验制度，从源头上杜绝病情传入。

（晏小龙）

法　　治

政法委及综治

【概况】　2022年，革吉县委政法委内设政法委办公室（含法学会）、综治办（先进“双联户”创评办、平安创建办）。

【综治工作】　年内，革吉县委政法委牵头召开革吉县政法工作会议，平安革吉建设领导小组2022年第1次会议，教育整顿后续工作动员部署会议，革吉县关于《自治区督导检查组督导检查〈中国共产党政法工作条例〉及区党委实施细则贯彻落实情况反馈意见整改》动员部署会议，革吉县政法系统关于执法司法案件“回头看”动员部署会议，革吉县打击整治养老诈骗专项行动动员部署会，中共二十大维稳安保突出风险隐患排查整治动员部署会1次、专题工作推进会2次。在中共革吉县第十届委员会第41次常委会上学习《中国共产党政法工作条例》及区党委实施细则、《中华人民共和国反有组织犯罪法》，在中共革吉县第十届委员会第42次常委会上研究《平安革吉建设工作要点》，同时及时下发《县域社会治理现代化工作实施细则》。

【宣传教育】　年内，夯实平安建设（综治）、“先进双联户”创建评选、网格化服务管理及扫黑除恶专项斗争工作基础，由县委政法委牵头，以“3月综治宣传月”活动为契机，整合工作力量，开展各类宣传共15场次，发放宣传资料3546份、各类宣传品656份，受教育群众5600余人。

加强与公安、司法、教育、妇联等部门协作，联合开展对留守儿童、留守妇女、留守老人的社会关爱活动。截至年底，县委政法委对三级以上精神障碍患者进行走访入户服务监管32人。

【网格化服务管理】　年内，县委政法委按照村（社区）防控工作部署要求对原有22个治安网格区域立即调整，精准划分59个网格区域，其中，县城14个区域、革吉镇9个，雄巴乡8个，盐湖乡10个，文布当桑乡11个，亚热乡7个。全面落实、执行疫情防控和治安维稳联管联治联控模式，制订落实“网格5本台账”。年内，开展各类政策及防疫健康知识宣传40235人次，消毒消杀5896人次，为老弱病残等人员配送生活物资11357次。

紧扣疫情防控部署要求，对防疫防控期间的各类矛盾纠纷及时排查调处，对涉疫舆情信息和问题线索及时发现、及时调查、及时处置，并深入开展教育引导工作。共排查各类矛盾纠纷45起，调解45起，调解率100%，确保小事不出村、大事不出乡、矛盾不上交，将矛盾纠纷化解在当地，坚决不给党中央、区党委、地委添乱。

【公共安全管理】　年内，坚持“外防输入、内防反弹”总策略，结合革吉县疫情防控总体部署，按照网格化的最小范围管控形式，组织动员党员干部、“双联户户长”、网格居民以及各级志愿者等群防群治力量参与到疫情防控工作中来，强化和提高防疫防控各项工作的落实执行与服务保障网格区域居民日常生活保障工作，通过“防疫＋治安”齐抓共管的工作模式，进一步细化量化防控工作任务，对重点部位点位加强人员力量调配，在村口、路口等主要交通路段设立检查站，严格排查外来车辆和人员。运用疫情防控网格化管理方案，对重点人群实施动态管理，严格落实定期连续监测体温等措施。建立出入证管理制度，加强外来人员出入管理。共59个网格区域设立临时防疫检查点位33个，网格工作人员参与治安、防疫巡逻653人次，登记排查进入社区人员3548人次，劝返进入村居（社区）人员59人次。

按照“疫情要防住、经济要稳住、发展要安全”的要求，特别是《平安中国建设协调小组中共二十大维稳安保突出风险问题及责任清单任务分解方案》要求，县委、县政府逐条逐项听取汇报，安排部署整改工作，其间县委、县政府主要领导主持召开专题动员部署会1次、专项推进会2次，确保疫情期间和中共二十大全县社会局势持续和谐稳定。截至年底，革吉县共开展风险隐患排查14次，发现问题30个，已全部整改完成。

【违法犯罪打击整治】 自疫情发生以来，充分发挥网格区域管控工作职责职能，在落实执行村（社区）防控职责职能的基础上，组织各执法监管部门深入开展辖区治安防控排查整治，通过联合执法和行业主管领域部门专项检查，严打疫情期间违反防疫管控要求、捏造抹黑防疫工作、趁“疫”扰乱正常社会经济秩序的案（事）件，有力确保疫情期间社会面局势稳定有序。全县共处理涉疫案件17起、处理违法人员37人，市场领域开展问题隐患整治排查180场次，开展市场巡逻150人次、发现问题2起，停业整顿2户商铺。

【打击整治养老诈骗专项行动】 年内，由政法委统筹公安机关与有关行业主管部门加强对接协同，针对投资“养老项目”、销售“养老产品”、宣传“以房养老”、代办“养老保险”、开展“养老帮扶”等为名实施诈骗、侵害老年人合法权益的各类违法犯罪行为，查出后一律严惩。年内，隐患排查32场次，参与15人次，未发现隐患及线索。

县专项办充分发挥牵头抓总、统筹协调的作用，指导督促各成员单位跟踪线索办理，加强指导，同时，设立6个举报箱，开通1个举报电话，未发现举报线索。

充分发挥基层组织、乡镇平安办、综治中心、驻村工作队、“联户长”网格员、群防群治队伍等力量作用，通过印发宣传册、张贴标语等形式，让涉老反诈宣传进机关、进村居、进家庭，对老年人“点对点”发布风险提示和预警信息，确保宣传工作横向到边、纵向到底，营造良好氛围。年内，共宣传25场次，发放藏语和汉语宣传资料5563册、宣传品550份，张贴各类宣传标语325份，悬挂横幅22次、受教育群众5563人。

【扫黑除恶专项斗争】 年内，严格落实线索“六清”专项行动方案，划分任务、明确责任人、加大对现有线索的侦办力度。积极发动各乡镇派出所、联户长、网格员、驻村工作队等基层力量深入摸排线索，设立扫黑除恶举报箱56个。截至年底，共处理线索1条，办结1条。

严格按照《关于组织开展学习贯彻反有组织犯罪法》实施方案要求，积极组织开展入户宣传、问卷调查、动用各乡镇派出所及基层群防群治力量广泛宣传《中华人民共和国反有组织犯罪法》工作。截至年底，共宣传15场次，发放藏语和汉语宣传资料1500份，受教育群众2500人，有效提高了广大农牧民群众对常态化扫黑除恶宣传工作的知晓率。

【执法司法“回头看”】 年内，持续深入开展案件“回访”工作，革吉县共开展“回头看”案件总数25件，回访案件25件，评查案件25件（民事案件6件、刑事案件9件、行政案件2件、执行案件3件、治安案件2件、社区矫正案件3件），通过此次执法司法“回头看”工作，提升执法司法公信力。

【“先进双联户”创建评选】 年内，革吉县共有“双联户”户长667户，开展环境卫生整治85次、安全隐患排查整治37次；开展科技知识学习32次，参与群众5865人；开展精神文化联娱联扬26场，参与群众755人次。基本实现“双联户”创建评选工作的“五大目标”。

（旦巴旦增）

【机构领导】

县委常委、政法委书记、国安办主任、公安局局长

白玛扎西（藏族）

副书记

洛　　生（藏族）

旦巴旦增（藏族）

公安

【概况】 2022年，革吉县公安局内设机构10个，派驻机构10个，为政府工作部门，正科级单位。牢牢把握中共二十大安保维稳工作主线，锚定“四件大事”“四个确保”，着力推进“四个创建”“四个走在前列”，紧扣“12114”工作思路；认真贯彻落实县委、县政府和公安处党委对公安工作的新部署、新要求，坚持以防范化解重大风险为基点，以全面深化公安改革为动力，以开展队伍教育整顿为基础，立足岗位实际，不断改进作风狠抓落实，统筹抓好“战疫情、防风险、保安全、护稳定”各项工作，全力推动公安工作高质量发展，全年社会治安形势整体平稳向好。先后荣获全区公安机关集体三等功1个、集体嘉奖1个、个人三等功2个、个人嘉奖2个，荣获全区公安机关抗疫成绩突出集体1个、成绩突出个人2个，荣获公安处集体嘉奖2个、个人三等功1个、个人嘉奖4个、优秀警务辅助人员2个。

【党建工作】 年内，革吉县公安局通过党委会议、理论学习中心组学习、机关党支部集体学习和专题学习研讨等方式深入学习贯彻习近平新时代中国特色社会主义思想、习近平法治思想、习近平总书记关于新时代公安工作重要论述精神等14次，进一步铸牢民警思想认识，教育引导全警坚定不移做“两个确立”忠诚拥护者、“两个维护”示范引领者。同时，不断完善党建带队建长效机制，开展政治督察和巡察工作3次，以实际行动捍卫“两个确立”、做到“两个维护”。

【队伍建设】 年内，革吉县公安局不断巩固深化政法队伍教育整顿成果，严格执行违反“三个规定”自查工作，填写自查报告101份，有效确保全县公安队伍的绝对忠诚、绝对纯洁、绝对可靠。

【执法规范化建设】 年内，革吉县公安局突出法治思维、强基导向、智慧赋能，推动公安工作高质量发展。对办案实行全流程管理和监督，落实执法关键节点的审核把关。成立由一把手任负责人的执法监督管理委员会，建立重大疑难案件集体议案制度，推进政法大数据办案系统的应用工作，实现刑事案件跨部门网上协同办理、刑事诉讼的全流程闭环管理，侦办的刑事案件均通过政法跨部门大数据办案平台协同办理。

依托执法管理网上平台建立网上受立案监督管理巡查机制，针对接处警、受立案、涉案财物、强制措施等执法环节，开展“全覆盖、无死角”巡查，确保有案必受、受案必核、立案必查。同时，结合实际，制定完善《执法公开规定》《执法错案追究制度》《冤假错案责任终身追究制度》等26个执法制度，提高执法监督频率，形成执法监督长效机制。不定期深入基层派出所和各办案部门，实地巡

2022年6月11日，革吉县公安局组织民警开展旅馆业检查

2022年5月1日，革吉县公安局开展“五一”道路交通安全整治行动

查执法办案情况，结合实际给予法治业务指导。

以“注重实例、注重实战”为目标，大力推进执法主体建设，通过以会代训、随岗培训、庭审现场、以案释法等方式加强办案民警的业务指导，使办案民警业务更加精通，为高效办案、快侦快破奠定了坚实的基础。

【新冠疫情防控】 年内，革吉县公安局紧紧聚焦公安工作职能，第一时间全警动员，集结在岗的民（辅）警实施转运、启动流调溯源和做好防控等工作，为打赢疫情防控阻击战发挥关键作用。同时，投入15万元为基层一线执勤民警采购和发放防疫物资，疫情防控期间，投入250万元购置防护物资和生活物品等，竭尽全力为抗疫一线民（辅）警提供最安全的防护物资和生活保障。

【维护稳定】 年内，革吉县公安局牢固树立“稳”字当头、稳定优先、稳定压倒一切的思想，坚持“保安全、护稳定、促发展”，忠实履行好维护国家政治安全和社会稳定的职责使命。严格落实年初公安工作要点，将“7+1”维稳防控措施要求贯穿到全年安保维稳工作中，持续做好元旦、春节、藏历新年、萨噶达瓦节、雪顿节、中秋节、国庆节期间安保维稳工作，进一步统一全警思想、统一全局认识、统一全员行动，不断树牢民警责任意识、风险意识和底线思维，保持清醒冷静头脑、去除麻痹大意思想，全力以赴“防风险、固安全、保平安”，在安保维稳大考中，充分展现革吉公安的担当作为。

紧紧围绕“平安革吉”创建，向影响社会稳定的黑恶犯罪、极端暴力犯罪及影响群众利益的盗抢骗、食药环、黄赌毒等违法犯罪活动展开凌厉攻势，切实打出声威、打出实效。同时，聚焦辖区案件发案规律和实际，把打击传统盗抢骗和新型电信网络诈骗作为重点，常态化开展扫黑除恶斗争、道路交通安全预防“减量控大”、“缉枪治爆”、交警治安“百日行动”等专项行动。

按照“矛盾纠纷不出门、不上交”和“属地管理”的原则，以“百万警进千万家”活动为载体，各基层派出所不断强化调解模式落实和矛盾纠纷多元化解机制运转，对排查出的各类矛盾纠纷，做到及时妥善化解。全年共组织开展矛盾纠纷排查250次，排查各

2022年3月14日，革吉县公安局组织民警开展普法宣传活动

类矛盾纠纷 96 起，化解 91 起，转交其他单位调解 5 起。

准确把握社会矛盾风险新趋势新特点，全力做好各个重要节点的治安防控和安保维稳，坚持现有的防控机制不变，力度不减，持续开展政治安全隐患排查整治、道路交通隐患排查整治、公共安全领域隐患排查整治等行动，重点做好各个重要节点风险防控工作，全年共排查各类风险隐患 13 起，整改完成 13 起，需要长期坚持整改的 4 起。

2022年10月22日，革吉县公安局组织民警开展行业场所隐患排查

【社会治安治理】 年内，革吉县公安局深入推进县域社会治理现代化，积极构建共建共治共享治理新格局，把社会治理作为公安重点工作抓实抓细抓好。严格落实公安武警联勤武装巡逻和“1、3、5”快速反应机制，最大限度把警力摆上街面、压到一线，加强对中小学、幼儿园“高峰勤务”，对重点区域、重要场所进行定点屯警。

以夏季治安打击整治“百日行动”为契机，持续开展社会治安大清查、大整治行动，严格落实人防、物防、技防措施，开展大排查大整治 52 次，开展日常安全检查 600 次，开展寄递物流检查 34 场次，检查重点区域 2000 处、重点单位 2400 次、重点场所 3000 次，盘查流动人口 9000 人次，发现整改各类安全隐患 54 处。

【案件侦破】 年内，革吉县公安局坚持依法严打整治方针，纵深推进“昆仑·2022”、交通事故预防“减量控大”、打击养老诈骗、打击个人极端暴力案（事）件等专项行动。始终坚持将扫黑除恶斗争作为一项重要的政治任务来抓，持续开展好“六清”行动，加强与相关行业主管部门对接，深入排查各类涉案线索 17 条，充实办案力量，加强专案攻坚，坚持对黑恶犯罪打早打小、露头就打，共办理扫黑除恶专项斗争个案 1 起，抓获犯罪嫌疑人 1 名，开展宣传 63 次，发放宣传资料 2000 份。

深入开展“命案防范”等专项行动，加大对各类违法犯罪案件的侦办力度，有效打击震慑违法犯罪，全年共破获各类刑事案件 17 起（盗窃案 12 起、电信诈骗案 3 起、故意毁坏财物案 1 起、过失致人死亡案 1 起），追回涉案资金 14 万余元，命案实现全破，比 2021 年发案率下降 15%。办理各类行政案件 52 起，其中治安案件 43 起，交通违法行为 9 起。

【道路交通安全管理】 年内，革吉县公安局始终坚持人民至上、生命至上的理念，不断织牢织密公共安全防护网，保障城市安全运行。以道路交通安全百日专项整治行动、节假日期间道路交通管理工作、安全生产隐患排查等工作为重点，结合道路交通事故预防“减量控大”，围绕“保安全、保畅通、降事故”的工作总目标，有计划、有步骤地组织开展各项专项整治行动，2022 年，全县共发生各类道路交通事故 78 起，其中亡人交通事故 4 起，一般交通事故 7 起，轻微交通事故 67 起。交通事故发生率同比 2021 年下降 27%。

采取“白＋黑”“5 ＋ 2”的超常规勤务模式，持续加大对“两客一危一货”等重点车辆的排查力度，重点对无证驾驶、涉牌涉证、酒驾醉驾、“三超一疲劳”、驾驶证与准驾车型不符等交通违法行为进行查处。2022 年，辖区共处理交通违法行为 348 起，其中无证驾驶 5 起，酒驾 1 起，超员 1 起，未系安全带 184 起，电动车、摩托车未戴安全头盔157起。同比2021年查处率上升57%。

革吉县公安局交警大队以交通安全宣传“七进”活动为主线，积极开展道路交通安全宣传、宣讲工作，2022年，共开展宣传、宣讲活动50次，共发放各类宣传资料4000余份，受教群众达4000余人，展出典型事故案例展板12块、悬挂横幅20余条，创建零酒驾示范单位1家、零酒驾示范社区1个、交通安全宣传阵地10处、零酒驾街道2条。

（将顺桥）

【机构领导】

县委常委、政法委书记、公安局党委书记、局长、督察长、三级高级警长

白玛扎西（藏族）

党委副书记、政委、四级高级警长

杨　帆

革狮一级公安检查站站长、四级高级警长

龙　武（4月任）

革狮一级公安检查站站长、三级高级警长

格桑朗杰（藏族，4月免）

党委委员、副局长、四级高级警长

次仁阿旺（藏族）

党委委员、副局长、一级警长

游昕鑫

党委委员、副局长、三级警长

扎西次仁（藏族）

党委委员、一级警长

洛松云邓（藏族）

党委委员、革吉镇派出所所长、四级高级警长

索南才让（藏族）

检察

【概况】 2022年，革吉县人民检察院原有四科一室改为检察业务部和检察综合部。有人员编制10名，实有干警10名，检察长、四级高级检察官1名，副检察长、一级检察官2名，检察业务部主任、二级检察官1名，办公室主任1名；本科学历10名；男干警4名，女干警6名；藏族9名，汉族1名；院党组成员5名，支部成员5名；平均年龄30岁，入额检察官4名；检察辅助人员4名；行政人员2名。2022年，共办理审查逮捕案件7件9人，其中不批准逮捕案件2件3人；审查起诉案件10件11人；不起诉复议案件1件2人；适时介入案件2件3人；收监执行审查案件1件1人。

【法律监督】 年内，依法严厉打击危害国家安全和严重危害人民群众生命财产安全犯罪，保持高压态势，严把事实关、证据关、程序关，做到严格依法审查，全年受理审查逮捕案件7件9人。受理审查起诉案件8件11人，依法提起公诉7件9人。

加强对批捕、起诉、羁押等重点环节监督，同公安机关建立侦查监督与协作配合办公室，强化提前介入、证据指引等工作，切实从源头上把好案件质量关。向县公安局制发纠正违法通知书1份，纠正漏诉2件；刑事执行检察部门对县看守所、社区矫正工作进行监督检查4次，针对监督检查中发现的问题向县看守所和司法局制发纠正违法通知书6份，有效确保监管场所的安全，防止出现社区矫正服刑人员脱管、漏管现象。

根据《检察阿里机关开展民事行政执行监督专项活动实施方案》要求，革吉县人民检察院成立专项活动领导小组，并调阅2021年革吉县人民法院民事执行终结、终本、诉讼费执行等卷宗20

2022年4月17日，革吉县人民检察院组织全体干警学习《新时代政法干警“十个严禁”》

余宗，对发现的问题制发检察建议1份。

持续开展专项监督，积极与相关行政部门协调配合，对食品药品、安全生产、生态环境等领域开展专项监督，办理公益诉讼案件线索5件，不立案1件，制发检察建议3份，相关行政部门积极采纳并及时整改，整改回复率达100%。认真落实“河（湖、林草）长+检察长”协作机制，检察长到雄巴乡开展巡河5次，持续加大对水资源保护、水环境治理的法律监督力度，同时加强生态环保法治宣传，进一步提升检察机关生态环境和资源保护等重点领域的社会治理能力。

2022年6月26日，革吉县人民检察院干警开展禁毒普法宣传活动

【党风廉政建设】 年内，坚持把党风廉政建设和业务工作同部署、同推进、同落实、同考核，层层签订党风廉政建设责任书，召开党风廉政建设和反腐败工作专题会议3次，听取班子成员“一岗双责”履职情况报告，全院干警签订《党员干部廉洁自律承诺书》8份。深入开展廉政教育，开展常态化政法队伍教育整顿，不断巩固整治“四风”成果。组织干警观看《零容忍》警示教育片5场次，观看《家庭腐败警示录》1场次，签订领导干部家属当好“廉内助”承诺书8份，“廉内助”座谈会1场次，全年填报记录过问或干预、插手检察办案等重大事项报告2件次。

【党建工作】 年内，坚持党的一切工作到支部的鲜明导向，全面加强检察机关党的建设，扎实开展党支部标准化体系建设，积极投身党支部结对共建活动，着力打造“党建+业务”特色党支部。严格执行党内政治生活，认真落实“三会一课”制度，全年召开支委会12次、党员大会4次、讲党课3次。扎实开展城乡结对共建活动，到联系村签订结对共建承诺书，并以此为契机，向雄巴乡巴措村村民开展法治宣讲1次，发放各类宣传资料152份。服务保障乡村振兴战略实施，全年开展结对帮扶看望慰问2次，送去价值2400元慰问物资。

【维护社会稳定】 年内，贯彻总体国家安全观，统筹发展和安全两件大事，严格按照区地县三级维稳工作安排部署，全力参与县城维稳安保工作，顺利完成全国两会、自治区两会、春节及藏历新年、萨噶达瓦等期间的维稳安保任务，确保社会和谐安全稳定。

【队伍建设】 年内，对符合选任条件的1名干警通过全区员额检察官考试测评，进行定岗定位及检察官等级套改工作；革吉县人民检察院积极与县委组织部沟通协调，对3名干警进行职级晋升，1名干警被提拔任命为副检察长；选派3名干警参加各业务条线培训4次，积极开展返岗转训工作，达到一人受训全员受益的效果。

【专项活动】 年内，深入推进进一步改进作风狠抓落实工作，促进全院干警更好地转变作风增强干事创业的责任感和使命感，不断提升工作质效。开展“作风怎么看、改进怎么办、工作怎么干”大讨论活动1次，研讨7人次；严格把好审核关，对上报材料、简报及“两微一端”发布的信息等情况进行监督12场次，学习会风会纪问题通报10次；深入开展以“四查四问”为主要内容的改进作风狠抓落实工作，对院党组、班子成员

2022年4月21日，革吉县人民检察院干警开展食品安全大检查活动

及党员干部对照"四查四问"检视问题，制定整改问题清单9份，年底已整改。

【新冠疫情防控】 年内，为响应区党委、地委、县委以及检察分院号召，做好新冠疫情防控，革吉县人民检察院先后成立疫情防控支援服务队，为疫情防控工作凝聚起众志成城、全力以赴、共克时艰的强大正能量。选派2名干警到辖区重点区域进行执勤蹲点工作，1名干警支援雄巴乡开展新冠疫情核酸采样工作，切实体现检察干警政治担当、责任担当。

值班干警围绕新冠疫情防控工作要求，按时对办公场所、值班室进行消杀，及时掌握并登记不在岗干警的活动轨迹、健康动态，全心投入抗"疫"队伍，以坚定的理想信念冲在前、干在前，用实际行动践行共产党员的初心使命，用检察责任和担当筑起一道"红色堡垒"。

（南加拉姆）

【机构领导】

党组书记、检察长

陈　杰

党组副书记、副检察长

旦　巴（藏族）

党组成员、副检察长

拉巴卓玛（女，藏族）

党组成员、检察业务部主任

次　央（女，藏族）

党组成员、二级主任科员

南加拉姆（女，藏族）

法院

【概况】 2022年，革吉县人民法院内设5个机构（副科级），分别为审判管理办公室（综合办公室）、立案庭（诉讼服务中心）、综合审判庭、执行局（司法警察大队）、政治部，派驻法庭1个（盐湖中心人民法庭）；核定政法专项编制19人（含盐湖中心人民法庭政法专项编制5人），实有在编人数18人（含实有盐湖中心人民法庭政法专项编制3人），编外聘用制书记员3人。下设党支部1个，有党员15名；审判委员会委员4名。

【审判工作】 年内，以"努力让人民群众在每一个司法案件中感受到公平正义"为目标，忠实履行宪法法律赋予的职责，强化队伍建设，提升审判执行工作质效，为革吉长治久安和高质量发展贡献人民法院智慧和力量。共受理各类案件296件，其中，新收案件265件，2021年旧存案件31件，审执结286件，未结10件，审执结率96.62%，综合结案率在全地区名列前茅。比2021年收案数减少75件，收案数下降22%，结案率增长7.02%。

【诉讼服务】 年内，革吉县人民法院着眼方便群众诉讼，减轻群众诉累，落实司法便民各项举措，在推进"一站式"建设运用的基础上，立足革吉农牧区群众生产生活实际，全力满足人民群众对司法服务的新要求、新期盼，切实让当地农牧区群众感受到近距离的司法服务。充分发挥车载科技流动法庭"广覆盖、宽服务"的独特优势，组织审判团队巡回农牧区办案达126次，派出干警252人次，累计巡回办案113件，开展法治宣传23场次；狠抓办案质效，全力缩短办案周期。适用简易程序审理案件88件，适用率达75.21%。已结案件平均办理天数（不包含应扣除天数）为57.9天，其中民事一审34.1天，刑事一审

34.5 天，执行实施类案件 97.6 天，执行财产保全类案件 28.3 天。

2022年1月24日，革吉县人民法院党组召开党史学习教育专题民主生活会

【自身建设】 年内，革吉县人民法院党组坚持以习近平新时代中国特色社会主义思想为指导，深刻认识“两个确立”的决定性意义，增强“四个意识”、坚定“四个自信”、做到“两个维护”，深入贯彻落实中共十九大、二十大，中共十九届历次全会精神，深入贯彻习近平法治思想、关于西藏工作的重要论述和新时代党的治藏方略，有力推进机关进一步改进作风狠抓落实，以强的责任担当、实的举措抓好各环节工作。

坚持问题导向，结果导向，要以改进司法作风为抓手，按照县委部署要求，聚焦“四查四问”，围绕践行“六个表率”、坚决做到“八个必须”，有效开展学习检视，全力抓好整改工作，扎实推进“我为群众办实事”30 余件。通过开展“作风怎么看、工作怎么干”大讨论，主动检视个人问题与不足等方式，使干警责任担当意识和工作作风得到明显改进。

2022年4月11日，革吉县人民法院组织党员参观红色教育基地、重温入党誓词

【维护稳定】 年内，坚持以习近平新时代中国特色社会主义思想为指导，深入贯彻中共二十大精神，贯彻落实区、地、县维稳安保工作精神，坚决克服麻痹思想、厌战情绪、侥幸心理、松劲心态，增强“四个意识”、坚定“四个自信”、做到“两个维护”，抓好抓紧抓实抓细机关维稳安保和疫情防控工作，为中共二十大顺利召开营造和谐稳定的社会局势。深入开展常态扫黑除恶斗争，严格落实司法责任规定，为打击涉黑涉恶性质案件做好充分准备，畅通举报渠道。

【党建工作】 年内，坚持以习近平新时代中国特色社会主义思想为指导，按照党的基层组织建设要求，坚持“抓党建带队建促审判”工作思路，始终树牢抓党建就是抓责任落实、不抓党建就是失职渎职的理念，进一步加强新形势下法院队伍建设。严格执行“三会一课”制度，进一步规范机关党组织生活。截至年底，召开专题党建工作会议 2 次，召开党员大会 4 次，召开支委会 12 次，召开党小组会议 7 次，讲党课 4 次。

【党风廉政建设】 年内，革吉县人民法院坚决落实中央八项规定及其实施细则和区党委实施办法，严格执行防止干预司法“三个

2022年9月13日，革吉县人民法院组织全体人员学习中共二十大精神

规定”、新时代政法干警“十个严禁”、西藏政法干警“十个一律”等铁规禁令作为最大政治原则，牢记抓党建就是最大的政绩，不抓党建就是失职渎职的抓党建带队建的政治责任，坚持以抓党建带队建促审判思路，严格落实党内组织生活，扎实履行全面从严治党主体责任，推动全面从严治院从严治警向纵深发展。召开党风廉政建设专题会议4次，召开党员大会4次、支委会12次、党小组会议7次、专题讲党课4次，开展各类警示教育8场次，组织参观红色教育基地和廉政警示教育场所各1次，对院各部门、重点工作情况监督检查9次，对6名干警进行工作督促提醒谈话，提出责令现场整改并完成整改问题6条。

【乡村振兴】 年内，有效发挥审判工作职能，有力推进乡村振兴战略法治服务。坚持以回应群众司法服务为目标，紧盯农牧区群众法律意识淡薄、司法服务不便的实际，有效采取巡回办案、巡回法治宣传等措施，司法服务保障乡村振兴战略。认真落实脱贫四不摘帮扶政策，组织干警分别到结对帮扶点亚热乡赛利普、盐湖乡羌麦村、羌堆村开展结对帮扶工作30次，解决帮扶对象就业岗位1个。

【党史学习教育】 年内，坚持“学党史、悟思想、办实事、开新局”党史学习教育活动的基本路线，持续巩固拓展党史学习教育成果和深入开展党史学习教育，引导干警发扬革命精神，传承红色基因，更好地服务人民群众。

年内，组织全院干警集中学习党史、新中国史、改革开放史、社会主义发展史等方面学习5次，组织全院干警参观红色教育基地3场次、观看红色影片4场次。

【学习宣传中共二十大精神】 年内，革吉县人民法院坚持正确政治方向，有力推进学习宣传贯彻中共二十大精神。先后组织干警集中学习17次，交流学习研讨19人次，撰写学习心得体会34份，深入社区宣讲1场次，开展党组、党支部书记向全院干警宣讲中共二十大精神各1次，开展朗读学习中共二十大精神1次，及时转发转载有关中共二十大精神报道18篇。

【新冠疫情防控】 年内，革吉县

2022年7月20日，革吉县人民法院干警到亚热乡开展普法宣传活动

人民法院积极响应“疫情就是命令，防疫就是责任”的号召，坚决扛起疫情防控政治责任，动员干警克服个人困难，服从服务大局，主动参与防疫一线，以实际行动忠诚捍卫“两个确立”、践行“两个维护”。疫情期间，18 名干警投身社区人员管控、核酸检测、消毒消杀、物资配送、便民服务等各项工作，8 辆公务用车用于执勤巡逻、物资配送、巡回核酸检测、滞留人员转运等，投入 3.41 万元用于采购机关防疫物资。

（普布旦增）

【机构领导】

党组书记、院长

马　瑞（回族）

党组成员、副院长

次　吉（女，藏族）

党组成员、审判管理办公室（综合办公室）主任

顿　珠（藏族）

党组成员、综合审判庭庭长

尼　珍（女，藏族）

政治部主任

张锦涛（12 月任）

司法行政

【概况】 革吉县司法局承担全面依法治县重大问题的政策研究，承办县政府及其部门规范性文件备案审查，承担统筹推进全县法治政府建设，负责综合协调全县行政执法监督，承担统筹规划全县法治社会建设，指导、管理全县社区矫正工作，指导全县刑满释放人员帮教安置工作，负责拟订全县公共法律服务体系建设规划并指导实施，负责规划、协调、指导全县法治建设相关工作。

2022年7月15日，革吉县司法局开展法律进企业活动。图为干部在县域内为商店负责人讲解法律知识

2022 年，革吉县司法行政系统核定编制 12 名，其中县司法局编制 5 名，乡镇司法干部编制 5 名；实有 12 人，其中县司法局实有 6 人，乡镇司法干部实有 6 人。

【依法治县】 年内，加强法治建设蓝图规划，筹备协调召开县委全面依法治县委员会第一次会议，通过《革吉县关于贯彻落实中央自治区、地区〈法治政府建设实施纲要（2021—2025 年）的实施方案〉的通知》等文件，扎实推进全面依法治县各项工作有序开展；构建责任落实工作机制，将履行推进法治建设第一责任人职责情况纳入法治建设绩效考核指标体系、列入年终述职内容。抓住“关键少数”，持续提升领导干部法治思维和依法行政能力，印发《关于认真组织学习〈习近平法治思想学习纲要〉的通知》，把推进习近平法治思想作为党委（党组）理论学习中心组必学内容，列入中心组学习计划，纳入干部教育培训计划。全年共举办领导干部法治专题培训班 4 期，切实提高领导干部的法治思维和依法行政能力。

【法治政府】 年内，落实《党政主要负责人履行推进法治政府建设第一责任人职责规定》《法治政府建设与责任落实督察工作规定》，将法治政府建设纳入政府年度工作计划，与其他相关工作任务同部署、同检查、同考核，推动各项工作任务落地落实。在全县 5 个乡（镇）、20 余个行政执法部门开展调研督导，反馈督导问题，限期整改，并将调研督导结果作为年度法治建设考核的重要依据，以督导考核倒逼法治政府建设各项工作落到实处。健全规范性文件合法性审查备案制度，全面推进公平竞争审查制度落实落细。年

2022年8月4日，革吉县司法局干部到森布村开展道路交通、家用电器安全和打击整治养老诈骗犯罪宣讲活动

内，共审查、修改、完善政府合同2份，文件27份。认真做好全县行政执法人员的信息采集、统计、报送工作，共采集行政执法人员信息71条，及时对接上级领导部门，完成对全县各行政执法单位执法人员的信息审核。7月，与相关部门单位协调配合，组织开展2022年行政执法换证综合法律知识考试，参加考试人员560人，通过率达100%，提高行政执法人员的执法水平和执法能力，规范行政执法行为。

年内，严格按照《自治区关于落实和衔接国务院取消和下放行政许可事项的通知》，要求各单位切实做好已取消证明事项相关规范性文件的修订工作，及时公布新的办事指南，对保留的证明事项实行清单管理，做到“清单之外无证明”，切实减轻中小企业、群众负担；提供“一站式”公共法律服务，开展“证明事项”清理工作，清理证明事项3项，公布地方性法规设定的有关部门保留证明事项24项、地方性法规设定的保留证明事项24项，解决“奇葩证明”“循环证明”等问题。全面推行证明事项告知承诺制工作，通过证明事项告知承诺制办理申请行政事项23件，解决群众办证多、办事难、来回跑等问题。引导企业、群众通过政务网申请法律援助、法律咨询等服务，切实实现让企业、群众“少跑腿”、数据信息“多跑路”。加强行政执法主体和行政执法人员资格管理，完善行政执法案件管理制度，切实为涉企执法活动提供保障。以企业、群众需求为导向，努力营造放心满意的服务环境。组织开展送法进企业活动，开展“法治体检”活动，服务民营企业5家，宣讲疫情防控政策14次。

【法律服务】 年内，革吉县公共法律服务中心挂牌成立，健全公共法律服务实体平台，为群众提供“一站式”服务，力争让群众少跑路，最大限度地满足群众的法律援助服务需求。

由革吉县援藏律师随时为群众答疑解惑，畅通农民工工资争议案件绿色通道。年内，革吉县司法局办理劳动争议案件3件，努力让社会弱势群体能够更加便捷地享受优质法律服务。加强和规范刑事法律援助工作，建立健全刑事诉讼中援藏律师法律援助、认罪认罚从宽等制度，健全与法院、检察院、公安等部门间的协作机制，保障犯罪嫌疑人、被告人的合法权益，促进司法公正。全年办理法律援助案件57件，其中刑事案件6件(认罪认罚4起)，民事案件51件，回访案件17次，群众满意率100%。科学化、规范化管理法律援助信息系统，实现法律援助日常管理工作的网络化和信息化。

落实优化营商环境系列任务，加强与相关单位的沟通协调，及时组织相关单位对各自领域的工作任务进行统筹梳理，精准掌握各单位任务完成情况。年内，共走访民营企业20家，政策宣讲解读18次，提出解决纠纷意见5条。

积极推进“一村(社区)一法律顾问”工作，确保乡(镇)有法律顾问，队、村(社区)有法律顾问，完善村(社区)法律顾问服务机制，实现“一村(社区)一法律顾问”全覆盖。

【法治宣传】 年内，科学谋划“八五”普法工作，广泛深入开展“送法下乡”、乡村法治宣传教育月、青少年法治宣传教育周等集中宣传活动40余场次。利用微信等新媒体网络普法平台开展普法教育，全年共发布信息100余条。加强民主法治村（社区）建设，向辖区居民宣传，把革吉镇那普社区顺利创建为国家级民主法治示范社区，发挥典型辐射带动作用，助力法治乡村建设。

【社区矫正】 年内，加强社区矫正对象教育工作，增强社区矫正对象的自律意识，强化其身份意识，积极推进教育矫正创新，拓展教育内容、载体和方法，督促指导基层司法所做好社区矫正执法数据的统计上报，进一步规范社区矫正执法统计工作。截至年底，共组织社区矫正对象开展法治教育课10次、公益劳动21场次、月考核36人次、季度考核12人次、利用微信“革吉社矫阳光之路”学习群线上开展法治教育40次，共发送90次微信定位，对2名违纪违规对象依法给予训诫。

通过建立“革吉社矫阳光之路”微信群发送语音、文字消息向他们发布日常报到、集中教育等通知外，要求社区矫正对象每天通过微信将实时的位置、工作、生活动态用定位、图片、语音的形式进行报告，实现日常报到、平常监管全覆盖。

年内，全县共有社区矫正对象4人，其中全年新入矫3人，解除矫正2人，举行解矫宣告2人，未发生脱漏管现象。

【安置帮教】 年内，积极争取有关部门支持，落实帮扶政策，扎实开展刑满释放人员安置帮教工作。对革吉县刑满释放人员全部落实“必接必送”和临时安置措施。年内，共有安置帮教人员52名，刑满释放人员核查率、衔接率、安置率和帮教率均为100%。实现社区矫正远程视频督察系统全覆盖，建立健全值班值守制度；加强监地协作，全年办理开展远程视频会见手续4件，成功会见2场，为服刑家属降低探监成本和便利的同时，增强了刑满释放人员积极改造的动力。

2022年9月12日，革吉县司法局干部志愿者在民族团结广场开展核酸采样工作

【人民调解】 年内，坚持和发展新时代“枫桥经验”，积极推进乡镇、村（社区）人民调解组织建设，加强社会矛盾化解，切实防范化解重大风险，维护和谐社会稳定。全县共有兼职人民调解人员160余人，实现道路交通、信访、婚姻家庭等重点行业与领域的人民调解组织全覆盖。截至年底，全县各类人民调解组织成功化解矛盾纠纷80余宗，调解成功率100%。

【党建工作】 年内，坚持用习近平新时代中国特色社会主义思想凝心聚魂，深入开展进一步改进作风狠抓落实各项工作，组织开展理论学习36次，专题学习研讨6场次，召开干部学习大会20次、党员大会2次、党课2次、主题党日活动2次，撰写心得体会56篇。

在重大问题、重大事项方面推进领导方法合理化和领导决策的科学化，提高局长办公会议事决策制度的公开性和透明度。年内，共召开局长办公（扩大）会7次。

按照县委、县政府关于进一步改进作风狠抓落实部署，聚焦“四查四问”，以文风会风学风为切入点，组织全体干部职工开展“作风怎么看、工作怎么干”大讨论，并进行多次自查自纠。通过深入检视剖析在宗旨意识、履职尽责、真抓实干等方面的短板弱项，查找个人和单位问题共7条。经集体讨论研究，对存在问题人员采取相应处理措施，年底已全部整改。

【党风廉政建设】 年内，结合革吉县司法局党风廉政建设工作实际，明确以思想建设、组织建设、作风建设和廉政建设等方面为抓手，努力提高干部队伍的综合素质，严肃党风党纪。组织全局干部重点学习贯彻中共十九届中央纪律检查委员会第六次全体会议、阿里地区党风廉政建设和反腐败工作会议精神、《中国共产党廉洁自律准则》、《中国共产党纪律处分条例》等，基本实现全员全覆盖，学习无死角。

严格落实好一岗双责，根据一级抓一级、层层抓落实的原则，深化推动党风廉政建设。年内，召开研究部署党风廉政建设会议1次，进行廉政谈话1次。

积极组织开展反腐倡廉教育活动，提高司法行政干部队伍整体素养，努力打造一支政治坚决、业务精通、纪律严明、作风过硬、执法公正、适应时代需求的高素养干部队伍。大力运用正反典型案例开展教育，观看警示教育片4场次，撰写心得体会20余篇，使党员干部心中时刻保持警钟长鸣，真正做到自重、自省、自警、自励，严格规范从政行为，自觉遵守党纪条规和政策法规。

【学习中共二十大精神】 年内，坚持集中学习与分散自学相结合，结合实际抓好自学，真正领会报告精神实质。通过召开支部学习会，组织全局党员干部撰写心得体会、交流发言等方式，引导全局党员干部共同学习研讨，注重强调在全面学习、全面把握、全面落实上下功夫，深入把握中共二十大精神实质。

年内，组织全体党员干部采取多种形式收听观看中共二十大开幕盛况1次，开展专题学习研讨2次，开展以“贯彻中共二十大精神、牢记法治建设职责使命、充分发挥司法行政职能”为主题讲党课活动1次，开展支部集体学习中共二十大精神5场次，撰写心得体会20余篇，全体党员干部完成中共二十大报告抄写。为切实把中共二十大精神学习好、开展好、宣传好，革吉县司法局在充分利用传统媒体的同时，借助微信、抖音、微信公众号等新媒体平台，聚焦党和人民群众的血肉联系，聚焦增进党群干群关系，聚焦困难群众感受到党和政府温暖关怀，大力宣传中共二十大精神和人民群众切身利益的重点领域法律法规知识20余篇，广泛宣传以宪法为核心的中国特色社会主义法律体系，全力提升干部群众的法律意识和法律素养。

（益西白玛）

【机构领导】

局　长

黄　刚（12月免）

文旭维（女，土家族，12月任）

副局长

张帅东

索　曲（女，藏族，12月任）

经济管理

发展和改革

【项目审批】 年内，严把项目审批关，完成企业投资备案项目5件，项目建议书审批70件、项目可行性研究报告审批39件、项目初步设计概算审批30件、实施方案审批31件。上述受理事项已全部办结，总体受理办结率100%，未发生超时办件情况。

【协调解决经济问题】 年内，为补齐革吉县公共服务领域短板，争取2023年度教育强国推进工程项目3个，下达投资计划2930万元，项目已完成招投标等各项前期工作，待2023年开工令下达后及时复工。

【物价调控】 年内，为切实维护市场价格稳定，维护消费者合法权益，按照上级行业部门及县委、县政府工作部署要求，积极粮油市场、乡镇救灾粮、学校粮油安全等安全大检查，组织成立价格监测小组，以抽查形式在疫情防控等时期对县城内超市、粮油菜店应对疫情防控相关居民生活必需品、粮油蔬菜等价格及货源情况进行监测。协助做好价格认证工作，完成各类价格认定8件，总认定金额299757.06元。

2022年1月21日，县委副书记、常务副县长张树强（中）主持召开革吉县2022年重点建设项目第三次推进会

【项目建设】 年内，突出抓好补齐教育、医疗卫生、文化、市政、信息化领域民生短板，狠抓与行业部门的汇报衔接力度，争取更多资金向革吉县倾斜。截至年底，召开重点项目调度会20次、基建领导小组全体会3次及专题会议10次。全年固定资产投资项目共计66个，完成固定资产投资3.9亿元。已开工招商引资项目2个，完成投资1.98亿元。

【粮食和物资储备】 年内，按照《关于下达县级新增粮食储备规模的通知》文件精神，革吉县发展和改革委员会高度重视，围绕当前救灾物资口粮储备及本级政策性粮食增储31吨相关工作要求，及时研究制定新增储备品种及相

2022年3月18日，县委常务副书记、政府常务副县长韩军峰（左一）到盐湖乡羌麦村调研控辍保学工作

关资金预算,并经政府党组研究审议通过,同意解决资金6.34万元,用于原粮采购、保管及轮换差价等。

为切实保障疫情防控期间革吉县市场价格稳定,维护干部群众合法权益,按照上级行业部门及县委、县政府工作部署要求,革吉县发展和改革委员会在疫情防控期间及端午节、中秋节等节假日期间,组织成立价格监测小组,以抽查形式对县城内超市、粮油菜店对应对疫情防控相关居民生活必需品、粮油蔬菜等价格及货源情况进行监测。

【乡村振兴】 年内,严格落实“四个不摘”要求,压紧压实责任,严格落实防返贫动态监测和帮扶机制。将项目总投资400万元以下、技术要求不高、农牧民能干会干有能力承接的项目,交由当地农牧民施工队实施项目10个,总投资1994.21万元。

【援藏工作】 年内,着眼全面小康,着力补齐基础设施短板、强化信息化带动引领,全年在基础设施、产业发展、民生保障、信息化建设等领域开展复工援藏项目9个,完成投资0.45亿元。为进一步加强发挥援助工作力度,同中国联通西藏分公司召开2022年援藏工作联席会议2次,研究讨论援藏项目进度实施情况及存在问题。

【党风廉政建设】 年内,持续加强对干部职工的党风廉政教育,认真贯彻落实党风廉政建设主体责任和班子成员“一岗双责”制度的各项要求。巩固党史学习教育成果,不断提高干部职工学党史、悟思想、办实事、开新局的能力,并增强勤政廉洁意识,严格贯彻落实县委、县政府关于进一步改进干部作风、提升工作效能、加强机关内部管理,严格执行工作计划、汇报、考核、考勤等制度,确保全委上下保持良好工作状态和作风面貌。

【党建工作】 年内,认真落实发改党支部“三会一课”制度。严格落实意识形态工作责任制,守牢意识形态阵地。加强干部队伍建设,提高综合统筹能力,激发广大干部干事创业积极性。

【新冠疫情防控】 年内,革吉县发展和改革委员会上下高度重视,统筹抓好疫情防控和经济发展工作。严格落实疫情防控相关工作要求,及时调整疫情防控措施。安排值班、测温、消毒、登记等防控措施,落实每日健康检查制度,按要求查验“藏易通”,确保委内环境安全;要求全体干部做好个人、家庭的防疫工作,特别是在疫情防控期间,革吉县发展和改革委员会干部职工切实发挥职能,履职尽责,在物资保供、核酸采样、志愿队伍等工作中发挥党员的模范作用,助力全县疫情防控工作。

狠抓价格监测,密切监测市场供需动态。会同县市场监管局、商务局等单位对县域内重点商品保供及价格情况进行监督监测,全力保障疫情防控期间重要民生商品价格的稳定。

遵循“主动对接、提前预判、按需保障、及时供给”的原则,科学调配物资,精准精细组织防控物资保障。2022年疫情防控期间,先后调出帐篷、折叠床、棉衣、棉褥、棉被等物资1万余件(张、顶)。

【易地扶贫搬迁后续扶持】 年内,统筹乡村振兴资金260万元用于革吉县易地搬迁福康小区后

2022年3月28日，革吉县盐湖乡开展西藏百万农奴解放纪念日活动，县委常务副书记、政府常务副县长韩军峰（右三）与各族群众座谈进行文化交流

续扶持项目，项目的实施将进一步提高搬迁群众劳务创收，提升群众的幸福感、获得感、安全感。

加强对搬迁户利用产业发展和就业扶持情况督促指导。鼓励搬迁群众积极参与工程建设、特色产业等领域增收。

【以工代赈】 年内，围绕提升农牧民劳务创收，积极申报革吉县亚热乡罗玛村松当至那纳转场道路维修建设项目及革吉县雄巴乡巴措村姜龙至扎岗旦转场道路维修建设项目，申请地县财政资金共计483万元，项目于2022年年底开工建设，预计农牧民参与劳务创收达144.9万元。

狠抓节能降耗。有序推进蓝天、碧水、净土保卫战。研究制定革吉县2022年推进塑料染治理工作方案，进一步细化责任分工，明确工作任务，统筹推进塑料污染防治各项工作。倡导生态文明、绿色低碳发展理念和普及相关知识，营造崇尚节约、合理消费与低碳环保的社会风尚。联合阿里地区生态环境局革吉县分局、自然资源局、住建局、县教育局、应急管理局等部门开展以“节能减排、低碳生活”为主题的宣传活动，进一步为节能降耗，建设环境友好型和资源节能型社会奠定基础。按照《国家能源局综合司关于公布整县（市、区）屋顶分布式光伏开发点名单的通知》，革吉县获批试点，及时召开党组会议研究项目方案，拓宽渠道招商投资主体。

（次央拉姆）

【机构领导】

主　任

郭 海 林

副主任

次仁德吉（女，藏族）

南桑加措（藏族）

自然资源

【概况】 革吉县自然资源局（林业和草原局）无内设机构，中心编制为3名（领导职数2名，其他编制1名）不动产登记中心编制3名（领导职数2名，其他编制1名）革吉县自然资源局（林业和草原局）主要负责土地、矿产、森林、草原、湿地、水等自然资源资产所有工作。

【国土空间用途管制】 年内，持续开展革吉县城和四乡国土空间规划编制工作，完成国土空间规划配套6个专题研究报告和村庄规划布局谋划研究工作，认真划定革吉县“三区三线”数据，革吉县国土空间总体规划已形成初稿待审，四乡国土空间规划完善推进阶段，县政府解决资金212500元全力推进国土空间规划“一张图”数据建设。

【自然资源开发利用】 年内，始终坚持以节约集约的原则，有效监督和管理全县自然资源开发利用，持续做到依法管地用地。截至年底，共办理建设项目用地预审与选址意见书27件、建设项目用地初审意见12件、建设用地规划许可证13件，办理建设用地供地手续24宗（其中划拨16宗，挂牌出让8宗），供地面积达155.47亩，缴纳土地出让金2361800元，共征地18宗，征地面积676.67亩，兑现征地补偿费1660651.74元，办理建设项目农用地转用审批手续3个批次，转用面积58.59亩，实现土地资源要素的高效、集约配置。

完成《革吉县矿产资源总体规划（2021—2025年）》编制工作，

2022年5月1日，县委副书记、县长彭次（前排左一）参加义务植树活动

备案和服务保障国家矿产资源科学研究和基础调查公益项目2个。

全力支持优势矿产资源勘查开发工作，西藏鹏程矿业公司革吉县扎仓茶卡液体锂矿500吨试验项目顺利推进，试验成果达到预期效果，捌千错盐湖资源开发项目稳步推进，预计2023年投产。并继续对盐湖乡扎仓茶卡老矿区开展常态化日常监管工作，充分发挥盐湖矿区管理站和矿区监管员作用，从严落实监管措施，坚决杜绝矿区范围内发生新的环境突出问题。

【自然资源确权】 年内，按照《革吉县农村宅基地房地一体确权登记颁证工作实施方案》部署要求，举行革吉县农村宅基地房地一体确权登记发证首发仪式，颁发农村宅基地房地一体确权登记证书198张。

截至年底，办理不动产统一登记48宗，办理不动产登记补缴土地出让金195140元，收取不动产登记费11990元。按照自治区、地区自然资源部门部署要求，制定印发《革吉县草原经营权确权登记工作实施方案》，专门成立工作领导小组，已完成招投标工作。

【自然灾害防治】 年内，针对雄巴乡冻土冻融地质灾害问题，积极争取项目资金，有序开展勘察调查设计。并充分发挥地质灾害群测群防员作用，有序开展汛期地灾隐患排查和监测工作，严格执行汛期日报告制度。截至年底，全县辖区未发生突发性地质灾害，实现因地质灾害零伤亡事故。

严格履行新增建设项目地质灾害危险性评估工作，投入资金30万元完成更新4个乡1个镇规划用地地质灾害危险性评估报告编制工作，为建设项目用地审查报批工作提供有效的依据。按照“以人为本、预防为主”的原则，加大地质灾害宣传教育力度，建立完善地质灾害防灾减灾相关制度和应急预案，同时组织开展多种形式的防灾减灾宣传教育，全力增强人民群众的地质灾害防灾减灾意识。

【林草资源保护】 年内，依据《中华人民共和国草原法》《国家林业和草原局草原征占用审核审批管理办法》《林地征占用管理办法》等相关规定，积极督促相关项目单位，及时办理林草资源征占用审批工作。截至年底，共办理草原征占用手续15件，征占面积达484.02亩，上缴草原植被恢复费1896771元。

从严落实革吉县2021年森林督查发现问题的整改工作，指定专人负责经过实地核查、资料收集、补办审批手续等措施、于2022年5月18日将革吉县县城生活垃圾卫生填埋场建设项目未办理任何使用草地审批手续问题完成整改。

有序落实森林生态效益补偿机制政策，积极完成2022年26名生态公益林管护员补贴资金的兑现工作，共计兑现12.8276万元，同时完成2023年公益林管护员聘用工作。

每月定期开展林草资源专项巡察，先后开展巡察12次，认真排查违法占用林地草地问题，从严查处林地乱采伐和草地乱采乱挖等违法行为。

从严落实森林草原防灭火工作，及时与各乡镇签订责任书，完成草原防火站建设项目前期工作；为增强广大牧民群众森林草原防火意识，不断增强森林草原火灾预防能力，持续强化林草防火宣传工作，全年共发放宣传单和宣传物品1500份。

根据《关于全面推行林长制的意见》和中央、自治区、地区和县委、县政府关于全面推行林长制的工作部署要求，成立革吉县全面推行林长制工作领导小组，制定印发《革吉县推行林长制工作方案》，划分各林草长管护区域，明确工作职责，设立办公场所，县乡村三级林草长体制机制全面健全。

2022年1月13日，革吉县自然资源局召开2021年第三批国有建设用地使用权挂牌会

【自然保护区管护和野生动物保护】 年内，进一步强化野生动物保护工作，特别是紧密结合疫情防控工作，开展野生动物和制品交易清查行动，全年革吉县境内未发现野生动物保护违法犯罪行为，成功救助4头国家级一级保护野生动物。

为进一步加强全县自然保护区管理工作，切实提升全县辖区自然保护区管护工作和野生动植物保护工作水平，规范和完善农牧民管护人员聘用程序，深入推进2022年全县自然保护区管护员和野生动物疫源疫病监测员聘用工作，共聘用42名（其中3名监测员、39名管护员）。

组织工作人员到4个乡1个镇召集2022年度农牧民协议管护员（监测员）开展业务培训和签订年度劳动合同。并检查指导自然保护区各管理站工作开展情况8次，宣传保护野生动物法律法规8次，发放各类宣传物品1500余件。羌塘国家级自然保护区管护站及36名管护员，坚持每周最少2次巡逻，全面打击非法侵入自然保护区内的单位或个人行为，坚决打击非法捕猎、盗猎等现象。

2022年6月6日，县委副书记、县长彭次（中）主持召开革吉县国土资源规划委员会2022年第一次会议

【国土绿化】 年内，为更好地推动革吉县2022年植树造林和国土绿化行动，结合革吉县实际，认真制定植树造林和国土绿化行动工作方案，明确工作职责和任务，申请预算国土绿化资金120万元。

县级投资100万元，开工建设革吉县文布当桑乡育苗基地建设项目，积极引导群众在培育本地树种育苗上下功夫。开展2022年植树造林工作，按照《革吉县2022年植树造林和国土绿化行动工作方案》要求，明确植树区域，精心采购树苗，于2022年4月20日至5月10日在县城北侧污水处理厂旁、县城内、4个乡1个镇、村居、庭院、屋前屋后开展植树、种草、种花工作，积极开展干部群众义务植树活动，共计种植1.3万株（班公柳），种植面积达200亩。

不断加强绿化管护工作，在全县植树区域内进行开展监督和管护工作，及时修理损坏的网围栏，按时灌溉等有序推动相关工作。实施狮泉河国家湿地公园江水上山生态修复工程，总投资1000万元，生态修复面积达1800亩。

坚持在初春进行林木修剪，及时清理杂草，争取资金不定期开展林业有害生物防治工作，进一步压实承包方责任，扩大面积，提高成活质量。年内，实施革吉县文布当桑乡育苗基地建设项目，实施盐湖乡和文布当桑乡规划区乡村振兴绿化项目，全县绿化率成活率不断提升，绿化面积不断扩大。

【生态补偿】 年内，向各乡（镇）、村（居）下发《革吉县自然资源局关于遴选2022年林业系统、草原监督员、地质灾害群防群测员等生态保护岗位的通知》文件，经过反复核实，2022年上半年确定林业系统、草原监督员、地质灾害群防群测员生态保护岗位共计1991个，其中，林业系统生态保护岗位956个，草原监督员1000个，地质灾害群防群测员35个。2022年，通过县、乡（镇）、村（社区）层层核查，以“应纳尽纳、应退尽退”的原则，清退不符合条件人员，新增适宜条件人员，2022年下半年确定林业系统、草原监督员、地质灾害群防群测员生态保护岗位共计2013个，其中，林业系统生态保护岗位973个，草原监督员1008个，地质灾害群防群测员32个。截至年底，共兑现资金总额700.7万元。

【执法工作】 年内，持续落实矿山例行巡查机制，强化全县重点矿山领域日常监管工作。截至年底，开展矿区联合巡查11次，备案矿产资源勘查基础调查科研项目2件，完成中央第十巡视组反馈的历史遗留砂金矿整改相关工作。

年内，开展卫片执法实地核查和判定工作，完成64个图斑外业系统录入及判定合法性等相关工作。查处自然资源违法行为6起，共计行政处罚74000元。

2022年2月25日，革吉县自然资源局工作人员协同第三方开展第一次自然灾害风险普查工作

全面推进自然资源执法工作，在矿区、自然保护区等重点区域内不定期开展执法检查工作，有效减少在矿区和自然保护区内的非法行为。

【党风廉政建设】 年内，全体干部职工签订党员公开承诺书8份、革吉县领导干部家属当好“廉内助”承诺书5份、“限酒禁赌”承诺书8份，分管领导与单位负责人，单位负责人与全体干部职工每季度开展廉政谈话1次。召开党风廉政建设和反腐败工作会议1次，每季度开展1次党风廉政建设专题学习会议或工作安排会，观看《零容忍》专题片和《家庭腐败警示录》等廉政教育片，撰写心得体会9篇，支部书记、局长以“当好廉内助、把好幸福门”为主题讲廉政党课1次，到红色爱国教育基地参观学习1场次，召开以“树立好家风、当好廉内助”为主题座谈会1场次，召开开展“限酒禁赌”专项整治活动部署会1场次，全年全局干部队伍未出现违法违规处理和被通报等问题。

【新冠疫情防控】 年内，革吉县自然资源局全体干部从严遵守疫情防控规定要求，服从组织安排，在岗9名干部均积极参与疫情一线志愿服务，承担着县城重点区域车辆消杀工作、雄巴乡抗疫前线、新退休区前线、革狮一级检查站前线领队、核酸信息录入、县卫健委（疾控中心）统计数据、人员转运和物资保障等工作任务，其中有坚持长达114天的志愿服务者、也有返岗后立即加入到疫情防控志愿中的，均得到上级领导的充分肯定。同时，坚决落实常态化疫情防控工作，对单位办公场所进行定期消毒，坚持每天对全体干部职工测体温，按时做好相关登记工作。

（欧珠旺姆）

2022年4月12日，革吉县委县级交叉巡察组对革吉县经济和信息化局开展巡察进驻动员部署会

【机构领导】

局　长

索朗多吉（藏族）

一级主任科员

尼　　珍（女，藏族）

副局长

洛桑卓嘎（女，藏族）

平措格列（藏族）

经济和信息化

【概况】 2022年，革吉县经济和信息化局坚持以习近平新时代中国特色社会主义思想为指导，深入贯彻落实中共十九大和十九届历次全会精神，深入学习贯彻新时代党的治藏方略和中央第七次西藏工作座谈会精神，认真贯彻落实中央、自治区、地区重大决策部署和区、地、县三级经济工作会议精神以及全区经济和信息化工作会议精神，坚持稳中求进工作总基调，立足新发展阶段，贯彻新发展理念，构建新发展格局，以推动高质量发展为主题，以深化供给侧结构性改革为主线，以改革创新为根本动力，以满足人民日益增长的美好生活需要为根本目的，确保“十四五”开好局。

【智慧革吉建设】 年内，积极协调援藏资金，申请智慧革吉建设项目一期“智能交通”和“智慧食安”建设项目总投资550万元，办理项目前期工作，年底完成招标。

推进建设革吉县信息化建设项目，革吉镇平安乡镇建设、革吉镇数字乡村建设、革吉县武装部靶场监控项目，卫健委“智慧安防”项目，革吉县21所教育云业务开通班班通网络建设、数字监控、摄像头及平台建设，县教育统筹管理平台并链接到自治区教育维稳平台云眼平台，革吉县盐湖乡中小学精品录播室和文布当桑乡云机房已建设完成并投入使用。2022年革吉县市场监督管理局完成明厨亮灶平台建设。

【数字经济】 年内，革吉县维护基站数量为178个，其中移动基站86个，电信基站76个，联通基站16个，其中移动2G基站2个，5G基站7个，其余为4G传输基站。各个乡镇覆盖率99.98%，行政村覆盖率95%（含2G/4G），县城覆盖率99.98%，10年内受益群众6600人，投入资金2.5亿元，整体通信网络覆盖率从2012年的40%提升至90%以上；联通：县城6个5G基站、5G网络未通达的行政村，联通固网宽带资源覆盖革吉县“四乡一镇”，端口总数1693个，覆盖率达85%；10年内受益群众476人，投入资金0.7亿元；电信4G基站69个，5G基站7个，光缆总长度3569千米，县城4G基站覆盖率99%，5G覆盖98%，各乡镇和行政村4G覆盖97.5%。基站同比增长171%，光缆总长度同比增长107.8%，10年内受益群众7200人，投入资金2.5亿，已实现村村通光缆目标。

年内，革吉县、镇、行政村基本都覆盖光纤宽带资源、光纤宽带资源覆盖“四乡一镇”及19个行政村，部分村委会安装免费宽带。年内，对全县范围内通信基础盲区进行调研，并积极协调运营商加快信号盲区覆盖。全县4G信号覆盖率达98.8%，自然村宽带覆盖率达96%。

【碘盐配送和自然盐开发】 年内，认真学习《食盐专营办法》等法律法规，积极配合各乡镇、地区盐业公司加强碘盐配送的宣传教育，引导群众转变观念，接受和食用加碘盐，享受绿色健康的生活方式。5月，已配送碘盐79845千克，覆盖群众5176户17790人。

【绿色工业】 年内，按照《自治区人民政府办公厅关于调整自治区产业建设领导小组的通知》要求，积极负责贯彻落实自治区、地区相关政策措施并推动实施。西藏阿里锂源矿业开发有限公司（原名阿里旭升盐湖资源开发有限公司）于2020年在革吉登记注册，2022年开始实现投产计划1万—2万吨硼镁矿及1000吨碳酸锂。扎仓茶卡矿公司2004年5月注册、换新证过程中分为固体矿和液体矿，西藏鹏程矿业有限责任公司，筹备科技部“科技助力经济2020年国家级重点科研专项”盐湖原卤水提锂新技术及中试研究工作，实验设备安装调试联动工作全面完成，2022年5月开展试验工作。固体矿阿里华峰山水矿业有限公司继续推进库存硼镁矿调运工作，截至10月4日固定投资支出14174.37万元。

【党建工作】 年内，坚持以习近平新时代中国特色社会主义思想为指导，深入贯彻落实中共十九大和十九届历次全会精神，深入学习贯彻新时代党的治藏方略和中央第七次西藏工作座谈会精神，深入学习贯彻习近平总书记关于全面从严治党重要论述，使局机关党员干部增强“四个意识”、坚定“四个自信”、做到“两个维护”。

【党风廉政建设】 年内，认真落实党风廉政建设责任制“一岗双责”，深入推进廉政风险防控体系建设，持续纠正“四风”，切实落实违反中央八项规定精神问题的整改，强化法纪意识，抓好廉政教育，强化政治纪律和政治规矩，抓好制度建设。加强日常监督，对苗头性、倾向性问题早发现、早提醒、早处置。

2022年7月6日，革吉县经济和信息化局工作人员与通信企业核实2022年度数据

【意识形态工作】 年内，加强意识形态工作，筑牢思想防线。严格落实意识形态工作责任制，形成“一把手”统一领导、班子齐抓共管、干部职工积极配合，共同提高意识形态新格局；定期研究意识形态工作，加强分析研判，全面了解掌握党员干部思想动态；充分运用谈心谈话、民主讨论等方式方法，加强正面引导，让党员干部在工作上始终充满激情。

【运行监测分析】 年内，狠抓工业运行调度不放松，建立健全新形势下工业产值申报机制、统计台账，继续强化工业经济运行动态监测分析，加强与统计部门、涉企部门的协调联动，合力抓工业经济发展；及时了解重点行业和规上企业生产经营情况，针对经济运行中存在的各类问题，有针对性地予以协调解决，防止工业经济运行大起大落，确保工业经济在合理区间运行。

认真贯彻习近平生态文明思想，全面落实国家、自治区和地区工业和信息化领域节能环保各项要求；认真开展工业节能监察，推动实施工业企业能效水平对标达

2022年5月7日，革吉县经济和信息化局组织开展“两代表”意见建议研讨会

标和强制性能耗限额标准。

严格执行《阿里地区民爆行业安全生产应急预案》，定期、不定期开展安全隐患排查，督促企业建立健全消防工作应急预案，狠抓安全生产隐患整改落实，强化企业安全生产和职业健康业务培训，实现全年无安全生产事故，确保社会局势安全稳定。

【企业发展】 年内，鼓励企业通过合理的技术改造实现产品更新换代；组织各类特色企业积极参加博览会、展销会等，推广本地特色品牌，扩大对外知晓度。支持中小微企业健康发展，加强企业项目申报工作，积极争取自治区项目资金，建立项目储备库，筛选储备一批基础条件优、市场前景广、带动能力强、综合效益好的项目；认真贯彻落实《阿里地区中小企业专项扶持资金管理办法（暂行）》，用好阿里地区中小企业专项扶持资金，组织企业积极申报2022年阿里地区中小企业专项扶持资金项目，缓解资金短缺融资困难等问题，帮助中小微企业渡难关、谋发展，确保推进特色优势产业发展，同时组织全县中小企业积极参加区工信厅举办的工业设计大赛，助力小微企业转型升级。切实做好涉企减负工作。充分发挥减轻企业负担工作机制的统筹协调作用，力促各项惠企减负政策落地生根，增强企业获得感；聚焦清理拖欠民营企业中小企业账款、涉企保证金等减负政策的落实，进一步提高认识、明确目标、强化措施、压实责任；继续依托全国减轻企业负担综合服务平台，结合全国减轻企业负担宣传周活动，开展调查研究，配合做好全国企业负担调查和评估工作；建立企业负担问题举报和查处机制，为稳定实体经济增长保驾护航。

（索朗曲珍）

【机构领导】

局　长

加央扎西（藏族）

副局长

索朗曲珍（女，藏族）

统计

【概况】 革吉县统计局于2017年1月成立，与革吉县发展和改革委员会合署办公，革吉县统计局是县人民政府工作部门，为正科级，所属事业单位有革吉县社会经济调查大队（参公管理，正科级），共有编制5人。

【完成月报、定期报表】 年内，上报村（居）社会经济基本情况、乡（镇）社会经济基本情况、县域社会经济基本情况等报表利用联网直报以年报形式上报。上报“四下”单位抽样调查统计、劳动工资统计报表、规模以下企业统计、部分行业事业单位统计调查报表、住宿和餐饮业统计报表、农牧业统计报表、能源统计报表、批发和零售业统计报表、工业统计报表、领导干部干预统计报表等利用联网直报以月报形式上报上级统计部门。全县固定资产投资500万—5000万元在库项目21个，按时将每月新增项目录入库中，同时督促各单位按时将自己的项目投资完成额录入系统。

【统计业务培训】 4月18日，组织各乡镇统计专干人员培训村域社会基本情况、乡域社会基本情况联网直报上报情况的上报工作。同时做好2022年革吉县村（居）经济基本情况及乡（镇）社会经济基本情况、县域社会经济基本情况等数据上报工作。

7月20日，县委党校统一安

排，学习培训统计法律法规，主要学习《中华人民共和国统计法》《关于深化统计管理体制改革提高统计数据真实性的意见》《统计违纪违法责任人处分处理建议办法》《防范和惩治统计造假、弄虚作假督察工作规定》《关于更加有效发挥统计监督职能作用的意见》等内容，进一步强化统计方面法律知识和法治意识。

11月4日，开展线上统计业务培训会，就2022年革吉县基层年底统计表内容进行系统培训。结合实际案例，针对报表中发现的问题进行剖析和讲解，厘清各报表及指标间的逻辑审核关系，详细介绍统计方法制度、工作流程及实际工作中需要注意的有关问题和解决方法。

【第五次经济普查前期工作】 年内，成立革吉县第五次经济普查前期工作准备领导小组。为顺利完成第五次经济普查经费预算工作，革吉县统计局申请经费27万元，保障第五次全国经济普查工作。

【“企业一套表”联网直报】 年内，革吉县共有限额以下批发单位6家、零售单位13家、住宿单位12家、餐饮单位97家。革吉县统计局每月以抽样方式随机抽取20家限额以下批发零售和住宿餐饮业单位开展社会消费品总额月度调查，并及时将调查问卷按月统计上报。每季度及时催报审核14家“四下”企业联网直报各项季报、年报表。

【名录库建设维护更新】 年内，为专业年报、定报调查提供调查单位库，为抽样调查提供抽样框，革吉县统计局积极主动联系县市场监督管理局、民政局、税务局、组织部（编办）等，革吉县统计局名录库中共240多家法人单位及产业活动单位。开展住户调查样本轮换（扩增）工作，五年一次的住户调查样本轮换，也是革吉县第一次开展住户调查，是城乡居民收入与消费、脱贫县农村住户监测、农民工就业、农户固定资产投资、乡村振兴考核等重要经济指标核算的法定数据来源，意义重大。样本轮换事关2023—2027年住户调查数据的采集和汇总。

10月，国家统计局已在革吉县5个乡镇中抽选出10个调查点，把1022户居民作为本轮样本摸底调查对象，最终将从1022户居民中抽选出100户居民作为新一轮住户样本调查户。革吉县统计局已经确定全县内农牧民调查对象50户，城镇调查对象50户，并在11月开展试记账工作，选聘2名专职住户调查员，聘用15名记账员并按照国家规定给予相关补助。

【经济指标】 年内，革吉县地区生产总值90653万元，同比增长4.5%。其中，第一产业16100万元，同比增长2.9%；第二产业21692万元，同比增长12.3%；第三产业52861万元，同比增长2.9%。全县社会固定资产投资33327万元，城镇居民人均可支配收入51910元，同比增长4.4%。农村居民人均可支配收入16880元，同比增长7.4%。社会消费品零售总额10988.89万元。一般公共财政预算收入2000万元，同比增长47.1%，公共财政预算支出完成89539万元。

【政治理论学习】 年内，革吉县统计局结合支部工作围绕基层党建、党风廉政建设、社会治安综合治理工作，组织全局党员干部深入学习党史、政治纪律教育，并要求做好学习笔记，制订学习计划，坚持集中学习和自我学习相结合，积极转变“要我学”为“我要学”观念，组织支部开展学习37场次、党史学习教育23场次，同时切实引导党员干部明纪律、守纪律，懂规矩、讲规矩，把握角色定位，做清醒人和明白人。

【宣传执行统计法律法规】 年内，革吉县统计局认真宣传和执行《中华人民共和国统计法》，利用各种会议、检查等方式，继续学习贯彻《关于深化统计管理体制改革提高统计数据真实性的意见》《统计违纪违法责任人处分处理建议办法》《防范和惩治统计造假、弄虚作假督察工作规定》解读，使基层统计工作者准确把握法律法规内涵，夯实依法行政、依法统计的基础。狠抓基层基础建设，切实提高统计数据质量。革吉县统计局在实施统计法的同时认真做好保密工作，特别是一些重要的统计数据，经审核汇总后，才对外公布和使用，未发生任何泄密事件，明确统计责任，全面完成各项调查工作。

【党风廉政建设】 年内，根据革吉县委、县纪委统一部署切实加强革吉县统计局党风廉政建设。主要领导以身作则，首先执行以上相关文件指示精神，并组织全局干部职工学习党风廉政法规，进行党性党风党纪廉政教育；并把党风廉政建设和反腐败工作列入党小组的会议议题；严肃党的政治、组织、宣传、外事、保密及廉政等方面的纪律，教育和引导广大群众崇尚科学，破除迷信，旗帜鲜明地揭批十四世达赖集团，反对分裂，切实做到维护祖国统一，加强民族团结。

【新冠疫情防控】 年内，为贯彻落实县委、县政府关于做好疫情防控、社会稳定、经济发展三项重点工作的通知要求，面对疫情，革吉县统计局深入学习贯彻习近平总书记关于疫情防控的系列重要指示精神，认真落实县委、县政府决策部署和工作要求，积极采取多项措施，全力做好疫情防控期间各项工作。

【民族团结】 年内，在"3·28"纪念西藏百万农奴解放63周年之际，以"铸牢中华民族共同体意识谱写革吉民族团结新篇章"为主题开展系列活动，促进各民族广泛交往、全面交流、深度交融，形成各民族相互了解、相互尊重、相互包容、相互欣赏、团结互助、共同发展的良好氛围。在革吉县市场监督管理局院内召开民族团结座谈会（藏族、汉族、回族、维族各2名代表参会），组织趣味游戏、有奖竞答、夹乒乓球、抢凳子、吹乒乓球、集体舞蹈（民族团结一家亲）等系列活动。

利用支部会议、单位内部会议等契机组织学习《习近平总书记关于加强和改进民族工作的重要思想》《习近平总书记加强和改进民族工作的重要思想学习读本》《习近平总书记民族工作论述》《卓嘎、央宗姐妹爱国守边故事》等内容。全局干部职工将习近平总书记关于加强和改进民族工作的重要思想入脑入心。7月11日，组织干部职工开展民族团结应知应会测试。

【"新"做法、"新"成效、"新"特点】 年内，加快推进统计四大工程"基本单位名录库、企业一套表制度、数据采集处理软件系统和联网直报系统"等互相联系、互为整体的四大工程。通过建设基本单位名录库，以全面准确掌握调查对象的基本状况，有效避免调查对象重复遗漏，提高调查对象的可核实性，确保填报单位的真实性。通过建立企业一套表制度，可以统一统计指标含义、计算方法、分类记录、调查表式和统计编码，有效提高统计数据的可比性和适用性。通过建设数据采集处理软件系统，统一规范数据加工过程，杜绝对统计数据的临时处理，提高统计数据的准确性、及时性和共享性。通过建设联网直报系统，实现国家对源头统计数据的集中管理，减少中间环节对统计数据的干扰，确保各级统计机构同时获得调查对象报送的原始数据，已初步走向正规。

（边巴伦珠）

【机构领导】

局　长

潘忠进（水族）

副局长

边巴伦珠（藏族）

社会经济调查大队副队长

楚成加措（藏族，12月任）

商务

【概况】 2022年，革吉县商务局编制2名（行政编制1名、机关其他编制1名），科级领导职数2名（正科级1名、副科级1名）。革吉县商务局下设供销合作社，正科级编制，核定事业3名，科级领导2名（正科级1名、副科级1名）。

革吉县商务局的具体职能为推进商贸流通业、商贸服务业发展拟订开拓市场、促进消费的政策措施；组织实施重要商品的市场调控和流通管理；负责城乡商贸统筹发展工作，拟订商贸流通发展的中长期规划，承担城乡统筹商贸网络体系的建设工作，推进城乡市场体系建设；牵头协调、整顿和规范市场经济秩序；负责商贸流通业的监督管理；承担重要消费品市场调控和重要生产资料流通管理的责任；负责建立健全生活必需品市场供应应急管理机制，监测分析市场运行、商品供求状况，调查分析商品价格信息，进行预测预警和信息引导；按分工负责市场调控工作；按照有关规定对成品油流通储备进行监督管理；承办县委、县政府交办的其他事项。供销合作社的具体职能负责宣传贯彻党中央、国务院及自治区党委、政府、地委、行署、县委、县政府有关农牧区经济工作和社会发展方针政策负责指导全县供销合作社改革与发展，促进合作经济发展；研究拟定革吉县供销合作社发展战略和发展规划，加强农牧区流通体系建设，指导全县供销合作社发展，参与和推进农牧业产业化经营，开拓城乡市场，为全县合作经济组织提供服务；联合县财政、农发等部门对符合条件的企业、农牧民专业合作社给予申报"新农村流通网络""新型农业综合开发"等项目资金；鼓励供销合作社由企业承揽白糖、边销茶、碘盐等储备和经营业务；参与协调县有关部门对重要农牧业生产资料、农副产品经营进行组织、管理；协调有关部门，指导全县供销合作社的业务活动，促进城乡物资交流；维护县供销合作社的合法权益；承办县商务局及地区供销合作社交办的其他事项。

【成品油监管】 年内，为贯彻落实《西藏自治区零散成品油管理办法》，对革吉县、乡加油站进行监督和检查50次。截至年底，零散成品油加油审批统计共368人次，确保成品油监管工作落到实处。

年内，为进一步加强革吉县成品油监管，消除成品油市场安全隐患，提高成品油审批，不断简化程序，规范成品油市场经营秩序。及时宣传成品油相关审批程序，不断加强成品油管理。

【新冠疫情防控】 年内，革吉县商务局按照区、地、县疫情防控常态化工作要求，实行"日监测、周报送"，及时向地区商务局上报生活必需品保供周报表20次，日报63次。革吉县重点商超现库存蔬菜26.192吨，米面87.874吨，其中政府储备粮44.25吨，肉8.19吨，其中政府储备2吨，蛋1420板，酥油2.38吨，糌粑6吨，物资充足，并且每天还有源源不断的货物送达革吉县，能够满足革吉县居民基本生活需要。革吉县商务局对县城冷链食品、物流、超市、加油站等重点领域联合相关单位监督检查30次，并现场督促指导商户、加油站落实藏易通"健康码""场所码"严格要求进店人员扫码和测温登记。同时保障货源充足，截至11月30日，核酸采样组开展市场主体环境、物资、蔬菜、冷链食品核酸采样10780批次，外地来革物资运送车辆151车次。

2022年1月29日，县委副书记、县长彭次（右三）一行调研市场保供工作

【安全生产】 年内，在安全隐患排查治理中，认真排查加油站、超市、菜店等场所安全隐患，共累计检查45次，切实做到安全生产"放在心上、扛在肩上、抓在手上"。

【作风建设】 年内，革吉县商务局以"转变作风，狠抓落实"活动为契机，学习贯彻中共十九大及十九届历次全会精神、中央第七次西藏工作座谈会精神及自治区第十次党代会精神，组织党员干部开展集中学习、自学等形式多样的学习活动。截至年底，共开展学习19次，到革吉县直库红色基地参观学习2次，撰写心得体会8篇。

【维护社会稳定】 年内，按照区党委、政府和地委、行署的决策部署，根据县委、县政府的具体安排，革吉县商务局将维稳工作纳

2022年12月20日，革吉县商务局组织群众参加阿里地区第八届农畜产品物交会

入重要工作日程，加强组织领导，采取积极措施，确保革吉县商务局管辖范围内的稳定。特别是按照重要节点“看好自己的门、管好自己的人、办好自己的事”的要求，切实加强内部管理。严格执行单位24小时值班、带班制度，切实做到人不离岗、岗上有人。

【市场保供】 年内，为推动商贸流通体系向偏远乡村延伸，扩大果蔬配送工程覆盖面，同时为满足革吉县广大消费者的需求，确定17家“三大节日”期间生活必需品市场保供点，其中县城10家、四乡7家。兑现资金6.98万元，县级配套资金2.8万元已到位，地区配套资金4.18万元，并已兑现完成。

【供销改革】 按照地区商务局下发的《关于协助做好各县供销社社属企业组建及乡村基层供销社发展工作的函》要求，2021年10月26日，阿里净土供销集团有限公司到革吉县洽谈组建县级社属企业工作，由县政府分管商务副县长牵头协调相关事宜，同时向政府主要领导汇报社属企业组建情况。根据双方协商的初步意向，电子商务局部分房屋租赁给阿里净土供销集团有限公司，公共服务中心便利店于2021年2月挂牌，5月开始运营，有工业品204种，以革吉县盐湖足疗盐为主的农特产品6类12种，电子商务采取以线下线上相结合的方式，推动电子商务进牧区。

年内，革吉县社属企业阿里净土供销集团有限公司革吉县分公司注册完成，同时该公司的监事、理事及相关制度处于完善中。

【基层供销社建设】 年内，根据基层社相关工作要求，革吉镇和盐湖乡乡级供销社已挂牌并由乡镇工作人员兼任供销社负责相关工作。以经营比较齐全、规模较大的盐湖乡羌麦村益民合作社、革吉镇那普居委会经合组织、布贡村村委会经合组织、多仁村村委会经合组织作为“四位一体”村级点位上报地区商务局，积极推进基层供销社改革，从而进一步扩大基层供销社改革范围，保质保量完成基层社组建工作。

【解决原供销遗留问题】 年内，按照解决原历史遗留问题相关工作要求，结合革吉县实际，专门安排人员对历史遗留问题进行逐一调查。

原供销社不存在债务情况，同时原供销社资产在原畜产公司被撤销时已移交至县政府，供销社无资产、无资金；原供销社（畜产公司）半脱产人员共10人，其中已去世3人，经调查抚恤金均已拿到，退休4人，在职3人已分流至县有关单位以事业工人身份安置，享有养老金、社保金。原乡镇供销社半脱产人员共38人，其中去世人员9人，在世人员29人，38人均在原各乡镇供销社工作过，后均自愿返乡从事牧业或城镇自主创业，经调查此38人未找到发放工资、从事供销社工作相关文件等材料，派专人对以上38人进行家访，并将从事原供销社工作的相关情况上报地区供销社，之后按照地区要求，解决在世人员的一次性生活补助和去世人员的抚恤金问题。

（王祖红）

【机构领导】

局　长

次仁旺加（藏族）

副局长

土登旦巴（藏族，1月免）

王　祖　红（1月任）

供销合作社主任

旺　　久（藏族）

农业农村

概述

【概况】 革吉县农业农村局是政府工作部门，县委农村工作领导小组设在县农业农村局。2022年，革吉县农业农村局共有3名行政编制人员，1名局长，1名副局长，1名科员，下设3个事业单位，分别是革吉县农牧业技术推广站、革吉县动物疫病防控中心、革吉县绒山羊良种扩繁场，事业编制共有20人，其中管理岗位3人，技术岗位17人。

2022年，革吉县农业农村局紧紧围绕农牧业供给侧结构性改革，不断提高畜产品供给水平和质量，大力促进畜牧业发展方式的转变，牧业现代化发展和牧民增收致富。以加快转变牧业发展方式为重点，以全面改善牧区民生为核心，明确工作思路和重点，稳步推进牧区改革、集体产权制度改革，完成人居环境、农牧民补奖政策、农机购置补贴、动物防疫工作、绒山羊改良、种植业、防抗灾等各项工作。

2022年3月15日，革吉县委召开农村工作会议

【草原生态保护补助奖励】 年内，按照《西藏自治区第三轮草原生态保护补助奖励政策实施方案(2021—2025年)》的通知要求，严格落实草补奖阶段性工作。全县2021年末牲畜存栏数为437578头(只、匹)，折合绵羊单位401013.42只，全县实现草畜平衡。2022年草补奖涉及户数3539户、17798人。2022年兑现补助奖励资金116975035.64元，兑现草原监督员补助资金2478000元。2022年两项共计兑现119453035.64元，实现户均增收33838.1元，人均增收6728.45元。

【牧区改革】 全面推进牧区改革是当前农牧民经济持续发展的主旋律，积极探索牧业发展、牧区建设、农牧民增收新机制，全力推进五项改革。2022年，全县草场经营权流转558户4358人，流转面积469.8844万亩，群众草场流转资金达188.4241万元；联户联组放牧户915户3394人，解放劳动

2022年12月30日，文布当桑乡夏玛村合作社举行分红仪式

力 1576 人；培养牧业经营大户 80 户。

【农牧民转移就业】 年内，全县农牧民总人数 17790 人，劳动力人数 8400 人，从事牧业 5001 人，富余劳动力 3399 人（其中男 1911 人，女 1488 人）。转移就业目标任务 1200 人，创收任务 1030 万元，2022 年完成转移就业 3298 人，完成创收 3528.9 万元。2022 年农村居民人均可支配收入 16680 元。

【动物防疫】 年内，严格按照“县不漏乡、乡不漏村、村不漏组、组不漏户、户不漏畜、畜不漏针、针不漏量”的工作要求，认真开展全县春秋季强制免疫工作及效价监测工作。全年共有免疫羊 446423 份、牦牛 21800 份，累计开展动物重大疫病强制免疫 468223 份，接种包虫病免疫羊羔 119696 只。先后对革吉县牦牛养殖基地、县绒山羊良种扩繁场开展牛羊布病监测采血工作，共采集牛血样 186 份、羊血样 480 份，并送往拉萨进行监测，为后续开展布病处置工作奠定了良好的基础。全年发放常规牛羊疫苗 227 箱、免洗手凝胶 75 瓶、二氯异氰尿酸钠和三氯异氰尿酸钠 40 件。

【农产品质量安全检测】 年内，为保障农产品质量安全，先后开展农产品质量安全检测工作 12 次，抽检 5 家农产品经营销售店，共检测 76 个样品，合格率达到 100%。

【农机购置补贴宣传】 年内，革吉县农业农村局以综治宣传月、西藏百万农奴解放纪念日活动等各种活动为契机，到基层一线大力宣传农机购置补贴、农机报废更新补贴、农机购置贷款三项政策。截至年底，宣传 5 次，发放宣传册 210 份，进一步提高农牧民群众的政策知晓率。

【种植业】 年内，全县人工种草面积 7109 亩，积极与地区农业农村局、县人民政府、文布当桑乡夏玛村沟通协调，解决人工种草草籽 96.73 吨，其中县人民政府解决 52.01 吨，地区农业农村局解决 13.85 吨，县农业农村局解决 7.9 吨，文布当桑乡夏玛村荣热农业点群众自行解决 22.97 吨。全年共产青干草 885 吨。

年内，全县能正常运行的温室大棚 72 座，种植蔬菜的 30 座，面积为 22.66 亩，全年蔬菜产量 67 吨，其余 42 座温室大棚种植树苗和牧草。

【废旧农膜回收】 年内，革吉县农业农村局组织干部职工到产业园区、原蔬菜基地，开展废弃农膜回收及清理场内垃圾共 5 次，回收废旧农膜 502.5 千克，并与蔬菜基地租户签订《革吉县农膜回收处置协议》，完善革吉县农膜使用及回收台账。

【良种推广】 年内，绒山羊良种扩繁场有白绒山羊 726 只，全年推广牲畜良种 829 只，兑现补贴资金 87.48 万元。

【牲畜出栏】 年内，全县幼畜繁殖成活 100292 头（只、匹），幼畜成活率为 84.89%，成畜死亡率为 3%。2022 年牲畜出栏 123361.5 头（只、匹），肉产量达 3110 吨，奶产量达 2190 吨，绒产量达 54 吨。已完成兑现 2021 年牛羊出售补贴资金 324.4 万元。

【防灾减灾】 年内，严格按照区、地关于今冬明春防灾减灾工作部署要求，县委、县政府高度重视，全面加强防灾减灾工作的组织保障，增强抵御自然灾害的能力，全力保障人民群众生命财产安全。2022年县人民政府预算今冬明春防灾减灾资金300万元。印发《革吉县2022年今冬明春防灾减灾救灾工作实施方案》《革吉县2022年今冬明春防灾减灾救灾工作应急预案》,2022年全县防灾减灾储备精饲料1065.25吨，青干草500.1吨，精饲料和青干草共计1565.35吨。采购价值10万元的防灾减灾兽药，采购价值12万元的常规兽药，县乡两级共预算今冬明春防灾减灾油料59万元，预算车辆维修维护和物资装卸费7万元。

【人居环境整治】 年内，革吉县紧紧围绕自治区人居环境整治“四清两改”的工作总基调持续开展村庄清洁行动，制定印发《革吉县2022年人居环境整治工作实施方案》。全年开展进村入户宣传教育414场次、11385人次，清理农村各种垃圾175.39吨（包含建筑垃圾），累计清理河道、湖泊、村内沟渠451千米（包含巡湖巡河），清理村内残垣断壁16处，清理维修村内废旧机械32辆，清理畜禽养殖粪污等废弃物254.9吨，清理卫生死角355处。

【合作社发展】 年内，农牧民专业合作社紧紧围绕“牧业增收、牧民增效”这一目标，按照“民办、民管、民受益”的原则，依靠科技与创新，建立机制，规范运作，完善管理，强化服务，在农牧民增收、开拓市场等方面取得一定成效。

截至年底，革吉县在市场监管部门登记的农牧民专业合作社有23家，主要有经营副食品、民族手工业品、招待所、牦牛养殖基地、盐巴加工厂、农畜产品、住宿、饮料厂、砂厂、砖厂等。参与农牧民有4494户、17995人，注册资金1774.14万元，2021年总收入909万元，其中国家级专业合作社示范社2个（革吉镇加布村益民合作社、布贡村惠民合作社），自治区级专业合作社示范社2个（革吉镇加布村益民合作社、布贡村惠民合作社），地区级合作社2个（羌堆村经济合作社、羌麦村益民合作社）。

2022年4月1日，革吉县召开2022年农牧民持续增收务虚会

【兽医站工作】 年内，县动物疫病预防控制中心坚持以习近平新时代中国特色社会主义思想为指导，深入学习贯彻中共十九大、十九届历次全会，以及中央经济工作会议精神、中央第七次西藏工作座谈会精神、中央农村工作会议精神，深入贯彻落实自治区第十次党代会、区党委经济工作会以及区党委农村工作会议精神、贯彻落实王君正书记对全区“三农”工作作出的批示精神，贯彻落实地委经济工作会议、地委（扩大）会议精神、地委农村工作会议、地区农牧业工作会议精神，在区党委、政府和地委、行署和县委、县政府的坚强领导下，自觉同以习近平同志为核心的党中央保持高度一致，坚决捍卫“两个确立”、增强“四个意识”、坚定“四个自信”、做到“两个维护”，深入贯彻落实地委提出的“12114”工作思路，树立以民生为导向的政绩观、一切为了人民的利益观，把“三农”工作要求与人民群众期盼结合起来，找准切入点、抓住结合点，对照目标任务，进一步改进工作作风，狠抓落实，力争高标准高质量完成各项工作。

【重大动物疫病强制免疫】 年内，

春季共免疫羊446423份、牦牛21800份,累计开展动物重大疫病强制免疫468223份。秋季共免疫羊372695份、牦牛16316份,累计开展强制免疫389011份。接种包虫病免疫羊羔119696只。免疫接种羊痘疫苗共429100只。

【布鲁氏杆菌病监测】 年内,先后对革吉县牦牛养殖基地、县绒山羊良种扩繁场开展牛羊布病监测采血工作,共采集牛血样186份、羊血样480份,并送往拉萨进行监测,为后续开展布病处置工作奠定了良好的基础。

【固体废弃物整治】 年内,共回收空瓶10468瓶,并对所回收的空瓶严格按照危险固体废弃物管理制度,标贴医疗废物字样的标志,规范认真填写转移联单,同时出动3名工作人员按照阿里地区第二次生态环境保护督查反馈问题情况,对危险废弃物暂存间标识标牌设置不规范问题进行整改,在固体废弃物暂存间内安装监控,共安装2个摄像头,做到无死角全程监控固体废弃物暂存间动态。

【扩繁场工作】 年内,革吉县委、县政府立足本地绒山羊资源优势,大力推广白绒山羊养殖,坚持每年把优良品种推向养殖户,使广大牧民不断在白绒山羊产业中得到实惠,让群众增收。自2016年以来,累计投入绒山羊产业发展资金434.12万元,选育体质强壮、身体呈纯白色,羊角形成"倒八"字形、确保有繁殖能力的绒山羊进行推广,建立示范户529户,推广优质白绒山羊83922只。

大力实施"科技兴牧"工程,积极与自治区农科院畜科所合作,选拔30名优秀畜牧专业技术人才先后2次到自治区农科院进行跟班培训,以提高疫病防治、饲养管理、羊绒质量的关键技术学习能力。截至年底,未发生过一起小反刍疫病。

【党建工作】 年内,革吉县农业农村局党支部制订2022年学习计划,先后组织学习中共二十大精神、中共十九届六中全会精神、西藏自治区第十次党代会精神、西藏自治区改进作风狠抓落实会议精神、西藏自治区改进作风狠抓落实会议精神、西藏自治区第十次党代会精神、《关于召开2021年度基层党组织组织生活会和开展民主评议党员的通知》、《中共中央关于党的百年奋斗重大成就和历史经验的决议》、自治区党委组织部研究制定细化举措全力推进改进作风狠抓落实工作扎实开展等,累计学习各级各类会议精神、文件精神500份。全年累计组织支部学习会34次、专题学习会12次,由支部书记对相关工作进行安排部署,研究贯彻落实意见。书记带头讲党课2次,开展集体谈话3次、谈心谈话2次,每名党员干部撰写各类心得体会8篇。

【新冠疫情防控】 年内,革吉县农业农村局严格按照县委、县政府部署要求,对疫情防控工作再部署、再强调。同时修改完善《革吉县农业农业农村局关于新冠肺炎疫情防控工作实施方案》《革吉县农业农业农村局关于新冠肺炎疫情防控应急预案》,明确工作责任,细化工作措施。

革吉县农业农村局积极反应、快速响应,要求在岗全体干部职工踊跃参加全县疫情防控各项工作中,切实发挥出党员干部在疫情防控工作中先锋模范作用。在岗干部全部派出雄巴乡、市场保供、信息录入、后备机动等点位。共有14名干部职工和3名驾驶员以及3辆车辆参与。

全体干部职工(工人、公益性、合同工)上下班途中、出入办公室、核酸检测和外出期间全程佩戴口罩、保持安全距离,不得串访、聚集、聚餐等,有效阻断病毒传播。反复强调休(事假)人员严格遵守当地疫情防控要求,积极主动参与核酸检测、抗原检测等工作。同时要求全体干部职工认真学习新冠肺炎疫情防控方案(第九版)相关知识,从严、从实、从细抓好疫情防控工作。

(卢　李)

【机构领导】

局　长

多吉洛珠(藏族)

副局长、农业综合行政执法队副队长

次　多(藏族)

副局长

卢　李

动物疫病预防控制中心主任

达瓦卓玛(女,藏族)

动物疫病预防控制中心副主任

多　　吉（藏族）

绒山羊良种扩繁场场长

党　　确（藏族）

绒山羊良种扩繁场副场长

布 次 仁（藏族）

农牧业技术推广站站长

巴桑贵杰（藏族）

农牧业技术推广站副站长

拉巴次仁（藏族）

2022年5月15日，革吉县政协副主席、乡村振兴局负责人扎南（前排右一）一行调研雄亚公路项目

乡村振兴

【概况】 2022年，革吉县乡村振兴局实有17人，其中，借调5人，“三支一扶”5人，公益性1人，暂无内设机构。

2022年，革吉县乡村振兴局坚持以人民为中心的发展思想，认真贯彻落实《中共中央 国务院关于实现巩固拓展脱贫攻坚成果同乡村振兴有效衔接的意见》《中共西藏自治区委员会 西藏自治区人民政府关于实现巩固拓展脱贫攻坚成果同乡村振兴有效衔接的实施意见》等文件精神，结合革吉实际研究制定《革吉县关于实现巩固拓展脱贫攻坚成果同乡村振兴有效衔接的实施方案》，进一步明确“四个不摘”工作要求，把“三个赋予、一个有利于”贯穿产业项目发展壮大、农牧民就业技能培训、易地搬迁后续扶持、基础设施建设等各方面、全过程，在保障和改善民生中不断凝聚人心、汇聚力量。

【坚持“四个不摘”】 摘帽不摘责任。县委、县政府始终坚持把巩固拓展脱贫攻坚成果同乡村振兴有效衔接工作列入重要议事日程，结合人员变动实际，调整充实县委农村工作会议领导小组（实施乡村振兴战略领导小组）人员，由县委书记、县长担任双组长，把主要精力放在“三农”工作上，当好“一线总指挥”，下设的10个专项组持续发挥作用。2022年度召开县委农村工作会议领导小组（实施乡村振兴战略领导小组）会议5次，对相关工作进行全面安排部署，及时研究解决工作中的困难问题，不断压实乡村振兴工作责任，切实强化县委、县政府主体责任落实。

2022年7月5日，阿里地委委员、县委书记辜建中（中）主持召开加快推进乡村振兴补助资金预算执行情况专题会议

摘帽不摘政策。严格按照“过渡期”要求，坚持现行政策标准，研究制定《革吉县关于实现巩固拓展脱贫攻坚成果同乡村振兴有效衔接的实施方案》，明确产业发

展、稳岗就业、兜底保障等政策继续衔接落实。继续落实小额信贷政策，助力乡村振兴，持续满足涉农全领域金融需求。

摘帽不摘监管。制定《全年巩固拓展脱贫攻坚成果同乡村振兴有效衔接实施方案》，制定26项具体措施，进一步明确各成员单位年度工作目标及监管责任，确保住房、水利、教育、卫生等各方面工作稳步推进。持续抓好队伍建设，深入开展乡村振兴领域作风问题专项治理，继续保持攻坚作风，严肃处理乡村振兴领域的违纪问题和腐败问题，以及责任落实不到位、工作措施不精准、工作作风不扎实等突出问题，确保乡村振兴领域项目安全、资金安全、干部安全。

摘帽不摘帮扶。调整充实“十四五”期间全县干部结对帮扶方案，继续实施“县级领导包乡包村”制度和“54321”结对帮扶机制。持续开展“十企兴十村”工作，引导民营企业认真履行社会帮扶责任。

2022年3月26日，阿里地委委员、县委书记、县委农村工作领导小组（县委实施乡村振兴战略领导小组）组长辜建中（中）主持召开革吉县委农村工作领导小组（县委实施乡村振兴战略领导小组）2022年第2次会议

【开展防返贫监测】 年内，开展巩固脱贫攻坚成果、防止返贫等调研工作，进一步掌握收入人群生产生活情况，并结合调研实际进一步充实完善《革吉县巩固提升脱贫成果防止返贫工作方案》《革吉县已脱贫群众及边缘户动态跟踪监测预警机制》。

制发《革吉县关于健全防止返贫监测和帮扶机制的工作方案》，明确防返贫致贫监测对象范围、监测标准和监测预警、监测审核、监测帮扶等有关程序要求，稳步推进了监测帮扶工作实施。

制定《革吉县防返贫动态监测大排查实施方案》，及时开展入户大排查，全面掌握已脱贫户和非贫困户因病、因灾、因突发事件导致易返贫、致贫基本信息。截至年底，革吉县已脱贫群众年人均纯收入达12686.73元，同比增长13.7%。累计识别监测户79户325人，已消除40户155人，未消除39户170人（缺劳力15户、因病4户、因残2户、因学1户、其他1户、因自然灾害3户、因意外事故2户、因就业不稳11户）。

【项目申报】 “十四五”项目库中录入2022年度巩固拓展脱贫攻坚成果同乡村振兴有效衔接项目26个，总投资17997.47万元，实际到位资金14997.47万元，其中，产业类项目4个，总投资1086.1万元；小型基础设施类项目14个，总投资6220.98万元；巩固提升类（人居环境整治类）项目1个，总投资2900万元；人居环境整治类项目2个，总投资6040万元。生态项目1个、总投资1552万元、其他类贷款贴（息）项目4个、总投资198.3893万元。

【教育保障】 年内，严格执行“控辍保学四书制”和“双线目标责任制”。革吉县小学入学率达99.95%，初中毛入学率达103.71%，义务教育巩固率达99.76%，残疾儿童入学率达100%。资助革吉籍考入其他省市初中班10人10万元。为7—15周岁适龄残疾儿童（少年）93人（随班就读37人、送教上门56人）发放关爱学习用品和生活物资。认真落实“三包”及营养改善教育惠民政策，兑现“三包”经费661.22万元、营养改善经费129.29万元。

【住房保障】 年内，制定《革吉县2022年农村危房改造实施方案》《牧区住房安全动态监测机制》，完成全县农村住房质量安全隐患排查及平台录入工作，投资333万元新建54户农村房屋；投资162万元完成福康小区供暖维修，解决易地搬迁住户冬季取暖问题，群众住房安全得到全面保障。

【饮水安全保障】 年内，全面落实农村饮水安全管理“三个责任”“三项制度”要求，加强饮水安全工程运行管护，确保582名“一井一长”履职尽责。积极争取申报2022年农村饮水提档升级项目，建设点位35处，该项目已完成总工程量的86%，农村饮水安全巩固提升工程（第二批）维修项目，维修饮水点位7处，全县饮水安全得到显著改善和提升。

【医疗保障】 年内，为50对夫妻提供优生优育免费体检，有效降低新生儿出生缺陷；兑现老年健康（寿星老人）补贴6.45万元；兑现“一孩双女”、村医工资、住院分娩补助等资金100.97万元；开展基层巡回诊疗140次6001人，家庭医生签约服务888户1722人。持续加强医疗参保、缴费政策宣传，强化基本医疗保险、大病保险、医疗救助三重保障制度，推进医疗保险应保尽保，城乡居民2022年参保覆盖率达100%、缴费率达98.2%、特殊人群参保缴费率达100%。卫生健康各项惠民政策全面落实，群众看病难、看病贵的问题得到有效解决。

【“四好农村路”建设】 年内，制定《关于争创全国“四好农村路”示范县推进工作实施方案》以及农村公路养护管理试行办法，加强对农村公路养护工作的检查、考核，革吉县乡镇公路通畅率达100%、建制村通达率达100%。开通农村客运班线，牧区群众出行更加便捷。

【网络覆盖】 年内，新建电信基站7个、5G基站5个，电信服务网点（营业厅）实现全覆盖，牧区群众生活更加丰富多彩。

2022年6月20日，革吉县政协副主席、乡村振兴局负责人扎南（左一）实地考察文布当桑乡红柳育苗种植点

【农牧区电力保障】 年内，加快推进辖区电网建设，先后完成文布当桑乡、盐湖乡主电网架设及三区三州农网改造升级工程；对亚热乡原有光电站进行扩建，扩建容量100千瓦，并为偏远地区牧民发放民用光伏电源设备748套，切实缓解偏远牧区群众用电可靠性低的问题；革吉县蔬菜基地、文布当桑乡绵羊育肥基地、盐湖乡羌麦村砂石场产业项目等先后接入主电网，实现产业项目电气化，降低了生产成本。

【社会保障兜底】 年内，累计兑现城乡低保金47万元，发放临时救助金443人次28.02万元；及时兑现残疾人“两项补贴”129.78万元；56名特困人员有意愿集中供养率达100%，兑现特困供养金119.35万元；兑现5名分散孤儿资金8.58万元，实现应保尽保。继续抓好农村养老保险收缴工作，通过社保卡“一卡通”发放养老金1259人；城乡居民养老保险参保10686人，实际参保率达95%。

【农村人居环境整治】 年内，开展进村入户宣传教育414场次11385人次，清理农村各种垃圾175.39吨，累计清理河道、湖泊、村内沟渠451千米（包含巡湖巡河），清理村内残垣断壁16处，清理维修村内废旧机械32辆，清理畜禽养殖粪污等废弃物数量254.9吨，清理卫生死角355处。累计完成户厕改造31座，兑现资金6.2万元。

【后续扶持】 年内，研究制定《革吉县关于进一步加大易地扶贫搬迁后续扶持工作力度的实施意见（试行）》《革吉县各易地扶贫搬迁安置点后续扶持发展方案》，明确后续扶持工作具体任务及责任。统筹公共服务设施布局，完善易地搬迁点配套超市、修理厂、洗车场等小型产业配套建设，帮助搬迁群众创收81.5万元。及时成立易地搬迁防返贫风险入户排查领导小组，深入各搬迁安置点开展为期6天的入户排查工作，入户排查率达100%，及时发现问题、查漏补缺。

【产业项目】 完成2012—2020年132个扶贫项目资产确权登记，并已全部录入项目库。2021年，15个扶贫产业项目总收入1502.96万元，参与就业或灵活就业人数180余人，发放就业工资或灵活就业工资122.88万元，其中12个项目为59户5857人分红185.48万元；1个项目为“四乡一镇”畜产品销售点，该项目2021年运营，就业10人，发放工资23628元。截至年底，13个项目均正常投入运营，2个项目因部队征用未投入运营。同时，“十三五”期间实施的15个扶贫产业项目已完成，积极筹备资产移交相关工作；按照地委、行署要求，革吉县对“十三五”已建成15个扶贫产业项目的运营、效益情况进行全面的自查，形成自查报告和产业项目效益分析报告，并印发《革吉县“十三五”时期扶贫产业项目效益提升行动方案》，逐步提升项目经济效益，确保产业项目保值、增值。

在产业规划上做好衔接，组织召开2022年产业专班专题会议，围绕“十三五”扶贫产业巩固发展和“十四五”振兴项目规划进行研讨，为全年及“十四五”项目规划奠定坚实基础。

2022年10月13日，革吉县政协副主席、乡村振兴局负责人扎南（左一）到盐湖乡慰问未消除贫困风险监测户

年内，共实施统筹整合类项目26个，总投资17997.47万元，实际到位资金14997.47万元，已开工26个，开工率100%。

【转移就业】 年内，制发《革吉县2022年高校毕业生就业帮扶工作方案》《革吉县推进2022年高校毕业生就业创业工作方案》，组织召开高校毕业生就业创业工作推进会2次，对59名应届高校毕业生基本信息进行完善并录入公共就业系统，已实现初次就业58人，就业率达98.3%。

调整充实革吉县2022年就业工作领导小组，制定《革吉县2022年农牧民技能培训工作方案》和《革吉县2022年转移就业工作方案》，组织开展农牧民技能培训10期404人，培训后就业237人，就业率达59%。

年内，转移就业1544人次，实名登记1319人，完成年度目标任务的128%，创收1570.91万元。

年内，县政府投资项目、重大项目建设中工程用工总量为540人，其中吸纳本地农牧民劳务用工225人，占比41.6%；400万元以下建设项目中工程用工总量为285人，其中吸纳本地农牧民劳务用工196人，占比68.77%，交由当地农牧民施工队建设的项目共10个。

为3539户17798人兑现禁牧和草畜平衡补助奖励资金1194.5万元，户均增收33800元，人均增收6700元。

【资金支持】 年内，县本级财政投入巩固拓展脱贫攻坚成果同乡村振兴有效衔接资金176.1万元。

制发《革吉县2022年统筹整合财政涉农资金使用方案》，针对2022年统筹整合财政涉农资金14997.47万元（含财政衔接推进乡村振兴补助资金13445.47万元），已通过政府门户网站、“网信革吉”微信公众号平台进行公示。截至年底，共支出财政衔接资金11055.46322万元，支出率73.72%。其中，中央财政衔接资金8715.85万元，已支出中央资金7873.021124万元，支出率90.33%

【宣传教育】 年内，将新时代文明实践活动、党史学习教育与“树勤去懒”“七严禁一必须”相结合，开展“五下乡”、“送文艺下基层”、“国家通用语言文字培训”、各项政策宣讲等多形式活动，不断丰富群众精神文化生活，进一步解放思想、激发内生动力。

制发《开展巩固拓展脱贫攻坚成果政策巡回宣传工作方案》，深入挖掘脱贫攻坚典型，采访报道脱贫攻坚工作中涌现出的致富带头人、脱贫户等先进事迹，用身边人的脱贫攻坚故事，传递正能量；继续宣传“牧民十项行为规范”、各项惠民政策、“移风易俗”等内容，进一步提高广大牧民群众对政策的知晓度，教育引导广大群众摒弃陈规陋习，淡化宗教消极影响，始终做听党话、感党恩、跟党走的好群众。县乡村三级巡回宣讲团（组）、农牧民宣讲员、依托新时代文明实践中心（所、站）志愿队开展宣讲宣传及实践活动300场次，参与群众1.1万人次。

利用革吉县“一台一网一微”，积极推送革吉县在乡村振兴、农牧民增收等方面的典型做法和经验。县电视台报道全县巩固拓展脱贫攻坚成果同乡村振兴有效衔接新闻9条，地区电视台采用报道3条，“网信革吉”微信公众号发布巩固拓展脱贫攻坚成果同乡村振兴有效衔接工作信息100条，“天上阿里”“网信阿里”微信公众号采纳10条。

【推进“五大振兴”】 推进产业振兴。成立产业振兴组，进一步调整充实革吉县产业振兴项目“三个一”工作机制，健全完善组织领导体系和工作机制；针对“十三五”期间建设的15个产业扶贫项目制定效益提升方案，完善项目运营管理方案，逐步提升项目经济效益，确保产业项目保值、增值。截至年底，牲畜出栏31076万头（只、匹），年底牲畜出栏16万头（只、匹），农村居民可支配收入达17760元，同比增长13%。

推进人才振兴。成立人才振兴组，明确工作职责。制定科技专干方案，培养科技人才，助力农牧区发展，开展督导3次，组织技能培训4次，培养科技服务特派员36名，兑现2022年工作经费21.6万元，大学生科技专干21名。截至年底，发放工资93.61万元。

推进文化振兴。成立文化振兴组，及时宣传党中央、区党委重要会议精神。制定学习宣传贯彻习近平总书记“七一”重要讲话精神、西藏考察时的重要讲话精神的工作方案，以及学习贯彻中共十九届六中全会和自治区第十次党代会精神集中宣讲方案等，在广大干部群众中以喜闻乐见、典型案例、面对面谈等多种形式，深入学习宣讲重要会议精神、讲话精神。截至年底，县级领导、巡回宣讲团（组）、农牧民宣讲员、驻村工作队先后开展学习宣讲活动100场次，受众达3700人；“网信革吉”微信公众号刊发学习宣传信息58条，革吉县融媒体抖音平台播放相关学习情况20次。

推进生态振兴。成立生态振兴组，制定2022年生态保护岗位工作方案，签订目标责任书，有力推进2022年生态保护岗位人员遴选及信息录入工作，为4289人兑现上半年岗位资金750.575万元，为4310人兑现下半年岗位资金754.25万元。

推进组织振兴。成立组织振兴组，进一步细化干部考核指标，将巩固脱贫攻坚成果纳入领导干部考核考察指标体系，注重了解掌握考核考察人选履行巩固拓展脱贫攻坚成果责任情况，切实压紧压实各级领导干部履行巩固脱贫攻坚成果同乡村振兴有效衔接责任；坚持严肃换届纪律、严格换届程序、依法组织选举，20个村（社区）“两委”实现100%是党员，一大批优秀干部、群众认可的干部进入村（社区）“两委”和乡镇党政班子。为18个行政村2个社区配备乡村振兴专干15名、驻村干部89名，每个工作队队长兼第一书记，并组织培训3次，各驻村工作队认真履行思想教育宣传、农厕改造、村规民约等帮扶责任，落实办实事经费30万元。

【新冠疫情防控】 年内，在县政协副主席、乡村振兴局负责人带领下，乡村振兴局11名干部职工，坚决贯彻落实区党委、地委、县委关于疫情防控工作的决策部署，坚持一线思维，强化使命担当，主动靠前服务，冲锋在抗击新冠肺炎疫情第一线，他们用实际行动诠释干部担当本色，昭示党员为民初心，为革吉县坚决打赢疫情防控阻击战贡献力量。

县政协副主席、乡村振兴局负责人带领8名工作人员经过为期40天的不懈坚守和英勇奋战，完成革吉县滞留巴嘎乡农牧民群众服务管理工作，用实际行动诠释着共产党员的初心和使命，奋力守护着革吉人民的幸福安康。

（巴桑次仁）

【机构领导】

县政协副主席、乡村振兴局负责人

扎　　南（藏族）

副局长

索朗曲珍（女，藏族，1月免）

嘎玛曲桑（藏族，1月任）

巴桑次仁（藏族）

水利

【概况】 2022年，革吉县水利局实有人数5人，领导3人（1名正科，2名副科），编制3名（1正2副）。下属事业单位水旱灾害防御中心，实有人数4人（中级职称1人、初级职称2人、员级1人），领导1人（八级主任科员），编制4名。

2022年7月25日，革吉县副县长国吉次仁（右三）一行调研农村饮水工作

【项目建设】 革吉县农村供水提档升级项目。该项目总投资为1000万元，在革吉县“四乡一镇”范围内新建15眼钻井、2处管道引水、17处升级改造工程，该项目于5月20日进场，截至目前完成工程量的86%。

县城防洪堤改扩建工程的各项前期工作。该项目总投资1988.44万元，由于该项目需依法办理农用地转用手续，年底已完成勘测定界实地测量工作及勘测定界报告编制工作，地区自然资源局评审已通过，自治区自然资源厅评审地质灾害可行性研究报告已通过，处于办理农用地转用手续阶段。

革吉县2021第二批农村饮水安全巩固提升工程。该项目总投资51万元，维修7口水井，于2022年5月10日开工建设，年底已完工。

【水资源管理】 年内，革吉县水利局加大取水工程（设施）核查登记力度，强化取水许可证办理工作，全年办理3家非重点工业取水单位的取水许可证，县域性农村供水工程和小型灌区取水许可工作已完成水资源论证报告编制工作。

【水土保持审批】 年内，加强水土保持审批和水土流失防治工作，开展水土保持违规建设项目检查复核工作。截至年底，革吉县水利局共批复15个生产建设项目水土保持报告。

【防汛抗旱】 年内，严格落实防汛抗旱职责，全面开展防汛检查工作5次，自查本单位行业领域内存在的隐患、冰雪消融产生的隐患，对水库、灌区、水利设施、漫冰灾害易发点进行全面排查，督促各乡镇完成河道、排水大沟的清淤除障及水库、重点部位防汛责任人的落实，督促水库电站做好各类防汛预案、山洪灾害预案的修编工作和度汛措施的落实，并于7月7日开展山洪灾害防治演练。

【“河（湖）长制”工作】 年内，结合革吉县河湖长制工作实际调整县河湖长制工作领导小组办公室成员及部分县级河湖长，进一步完善河湖长制工作体系，完善河湖信息，更新河湖长巡河湖纪录。已完成《9条县级河湖管理范围划定和20条县级河湖“一河（湖）一策”修编》编制工作。

【水源地保护建设】 年内，多次到县城驻备2处水源地检查水源地保护区范围内的设施设备、环境卫生，并安排专人每月不少于4次对备用水源地开展巡逻，消除水源地内污染隐患，及时将2处水源地的监控系统进行维修恢复，检查、督促运营方做好院内的环境保护工作，确保水源地保护工作有序开展。

【“三项制度”“三个责任”落实】 年内，严格按照“三项制度”“三个责任”要求，进一步履行各项职责，督促用水协会发挥“纽带作用”，开展宣传水利建设惠农政策、加强饮水安全工程管理，保障已建工程良性运行。

【民族团结教育活动】 年内，革吉县水利局以习近平新时代中国特色社会主义思想为指导，以铸牢中华民族共同体意识为主线，加强干部职工对民族团结进步创建工作的重要性教育，充分利用单位以及支部集中学习机会，将《中华人民共和国宪法》《中华人民共和国民族区域自治法》《西藏自治区民族团结进步模范区创建条例》《革吉县民族团结应知应会》等相关法律法规、基本知识及各级民族会议精神纳入学习范围，组织开展参观革吉直属库教育基地等形式多样、内容丰富的主题活动，不断增强自主学习的动力。同时要求全体人员做好学习笔记，增强思想意识，加强对相关理论政策、上级指示精神的学习，时刻关注最新的理论政策。年内，开展学习8次。

【宣传工作】 年内，充分利用“3·22”世界水日、“6·5”世界环境日等重要节点开展水生态保护宣传活动，宣传习近平生态文明思想、全面推行河湖长制和环境保护各项方针政策，使习近平生态文明思想和水资源保护、节约用水的意识进一步融入广大干部群众的工作生活，做到全民参与、社会关心。全年共宣传5次，悬挂横幅5条，发放各类宣传资料约800份，宣传普及1000余人次，开展巡河湖1300余次，清理河湖垃圾41次。

【党风廉政建设】 年内，切实履行好党风廉政建设“一岗双责”责任，持续将廉政教育工作与水利业务工作结合起来，以身边违法违纪案件为教材，用身边事教育身边人，开展专题警示教育，时刻警醒干部职工始终心存敬畏，始终保持清醒头脑，树立底线思维，增强红线意识，切实筑牢拒腐防线。年内，召开安排部署会议2次，集体约谈2次，讲党课2次，观看警示教育片5次。

【安全生产】 年内，认真开展安全生产检查工作，认真自查行业领域内存在的隐患、冰雪消融产生

2022年3月23日，革吉县水利局技术人员在乡村寻找水源

的隐患，对水库、灌区、水利设施、漫冰灾害易发点进行全面排查8次，检查督促乡镇完成河道、排水大沟的清淤除障及水库、重点部位防汛责任人的落实。组织应急管理局、消防救援大队等部门开展山洪防御演练1次，提升各部门应对突发性灾害的快速反应能力和应急处置协作能力。

【改进作风狠抓落实】 年内，为切实把水利作风建设各项工作落实落地，革吉县水利局积极组织在岗干部，认真传达各类文件精神，进一步提高思想认识，强化责任担当，能够从政治和全局的高度认识改进作风、狠抓落实的重要性和必要性，切实把改进作风、狠抓落实工作作为当前重要任务，进一步坚定作风建设从严抓下去、长期抓下去的决心。截至年底，革吉县水利局共召开“改进作风、狠抓落实”贯彻落实学习9次，召开部署会议1次、个人研讨8人次。

【党建工作】 年内，全面系统学习贯彻习近平新时代中国特色社会主义思想、习近平生态文明思想等重要思想。召开党支部学习会19次，交流研讨3次，全部党员参与“学习强国”在线学习，完成各类培训学习任务。

严格落实“三会一课”制度，每月至少召开1次支部委员会，传达上级会议精神，研究党员教育管理和发展党员工作，处理日常事务和研究落实措施；每季度至少主持召开1次党员大会传达学习党的路线、方针、政策和上级党组织的决议、指示，采取领导班子轮流讲党课原则，每季度至少讲授1次党课，加强党员干部的理想信念教育。

（穆小东）

【机构领导】

局　长

边巴扎西（藏族）

副局长

陈　雪　挥（女，藏族）

穆　小　东（1月任）

水旱灾害防御中心主任

索朗多拉（藏族）

教育·体育

综述

【概况】 革吉县教育(体育)局(以下简称革吉县教体局)属行政管理部门,下设2个所属事业单位,分别为教研室和电教馆。革吉县教体局实有人数8名,其中科级领导干部3名,四级主任科员1名,教研室主任1名,教研员1名,电教馆馆长1名,电教员1名。全县各级各类学校共22所,其中初级中学1所,完全小学3所,初级小学2所,幼儿园16所。全县在校生3658人,其中中学在校生835人,初中毛入学率118.27%;小学在校生2046人,小学净入学率达100%;幼儿园在园632人,学前毛入学率87.16%;义务教育阶段巩固率99.97%。

2022年,革吉县教体局坚持以习近平新时代中国特色社会主义思想为指导,全面贯彻中共二十大精神和区委、地委、县委相关会议精神,紧紧围绕革吉县委、县政府中心工作和阿里地区教育局责任目标,努力推进优质教育,提高教育质量,改善教育民生,促进教育公平,深化改革创新,强化教育管理,提升各类教育发展水平,全面推进革吉县教育内涵发展,完成全年各项工作任务。

2022年3月5日,革吉县教育局党支部组织开展学雷锋主题党日活动

【党建工作】 年内,党组书记严格履行抓基层党建第一责任人责任,对党建工作亲自谋划、带头落实、全面掌握情况,分管党建领导承担直接责任,负责各项工作的组织实施、检查督促。严格执行“三会一课”、民主评议党员、民主生活会制度,严格执行民主集中制,坚持民主议事,实现教育(体育)局党组班子集体领导地位。

年内,先后制定《革吉县教育(体育)局“三重一大”事项集体决策制度》《革吉县教育(体育)局党组会、局长办公会研究事项范围》。加强对学生“三包”采购管理、义务教育营养改善计划资金等关键环节的监督。共研究“三重一大”事项15次。

坚持“严”的主基调,落实中央八项规定精神作为重要政治任

2022年4月1—4日，革吉县2022年度“县级培训”——近三年参加工作教师业务能力提升专项培训，图为在革吉县中学教学楼前的合影

务，教育系统召开专题支部会议学习中国共产党第十九届中央纪律检查委员会第六次全会、自治区纪委十届二次全会精神，组织召开党员领导干部“廉内助”座谈会，分别签订领导干部家属当好“廉内助”承诺书30余份，党组书记讲授以“树立清廉家风、清正党风政风”为主题的党课，做到带头身正立家、带头从严治家。

及时跟进学习习近平新时代中国特色社会主义思想、中共二十大精神，以及自治区、地委和县委重大决策部署。截至年底，开展党组扩大会学习8次、党组书记讲党课3次、支部集中学习24次、主题党日活动5次，观看4次警示教育片，撰写心得体会4篇（每人）。

【德育工作】 年内，革吉县高度重视义务教育发展内涵，坚持立德树人根本任务，坚持推进“五个100%”工作，把深化教学改革、实施基础教育质量监测、建设校园文化和学生社团、兴趣小组等内容作为实施素质教育的主渠道和提高教育质量的总纲领，重点加以推进。以爱国主义、民族团结、新旧西藏对比和反分裂斗争教育为重点，着力构建培育和践行社会主义核心价值观长效机制。广泛开展“三联三进一交友”“五讲五看五做”“民族团结七进活动”等教育实践活动，广泛开展“寻找最美孝心少年”“阳光体育艺术”等系列活动。促进学生德智体美劳全面发展，着力培养合格的新时代社会主义接班人。

【教育教学】 年内，实施深化教学改革和“五个100%”推动计划，构建符合教育规律和学生成长规律的教学模式，切实提高课堂效率，调动学生学习兴趣，培养学生自主学习的能力，使课堂教学效率得到大幅度提高。截至年底，革吉县中小学藏语和汉语教学普及率、小学数学课程开课率和中学数理化课程教学计划完成率基本达到100%，中学理化生实验课开课率达100%。制定出台《革吉县中小学教育教学质量综合评价办法（试行）》《革吉县教学质量抽测实施方案》《革吉县改进和加强教育教学质量提升管理办法的措施》。2022年针对六年级毕业生开展全校六年级毕业生联考2次，并召开成绩分析会，分析革吉县2022年六年级毕业生情况及努力方向，通过全县师生的共同努力，2022年革吉县有8名学生考入其他省市西藏班。年内，全县中小学全科合格率、毕业率、体质健康合格率均达到自治区标准，中小学实验操作合格率逐步提升。

【队伍建设】 年内，革吉县教体局立足全县教育系统实际，结合各学校党支部“三会一课”，坚持把学习教育作为教师队伍建设的首要环节，通过学党章党规、学系列讲话、学政策法规、学先进典型、学职业道德，增强广大教师师德意识、廉洁意识和为民服务意识，自觉挺纪在前，增强工作责任心。

革吉县教育局以增强工作能力为重点，按照积极扩宽渠道，创新思路，采用“校本培训、集中培训、远程培训、继续教育培训”等方式，制定《2022年度革吉县教育局新教师培训方案》，先后培训教师46人次。坚持以校本研修为基础，采取目标管理“逼”、优惠政策“促”、岗位练兵“引”、结对帮扶“带”、各种培训“育”等渠道，着力打造“学习型”“研究型”“专家型”和梯级骨干教师队伍。

强化县域内教师交流和校际之间的互动交流，促进优质资源共享。下发《关于革吉县2021年县域内小学教师交流的通知》，共选派6名教师进行交流，进一步推进全县义务教育城乡一体化改革发展，提高了县域内义务教育均衡水平。

【教研教改】 年内，革吉县教研工作围绕抓质量、促素质、提体质的总目标开展各项教研工作，以务实的工作作风，精心谋划，明确工作思路和要点，推动教研工作上一个新台阶。制定印发《革吉县教育局教研室2022年工作计划》，根据计划内容有序开展各项教研工作，教研员深入各校检查“三到位”情况及指导教育教学工作；制定《革吉县教育系统2022年六年级毕业班摸底考试实施方案》，着重摸底了解毕业班学生开展情况理论知识掌握情况。

【校园安全】 年内，革吉县教体局始终坚持把安全工作摆在学校重要议事日程，调整和充实安全工作领导小组。为切实维护校园安全，巩固“平安校园”建设成果，革吉县教体局结合实际，调整充实校园安全工作领导机构，成立以分管副县长为组长，教育、政法、公安、市监局、应急管理局、消防等单位为成员的安全领导小组。

从建章立制入手，建立学校安全定期检查和日常防范相结合的安全管理制度，健全安全值班、防火防灾等安全生产规章制度。年初教体局与各学校签订校园安全责任书，层层明确安全工作责任，各学校安全工作基本实现有章可循、违章必究、不留盲点、不出漏洞。

全县各学校全覆盖安装一键式报警系统，聘请保安人员14名，监控系统全覆盖、无死角，并实现与教体局互联，切实保障广大师生员工的身体健康和生命安全。年内，各学校保持持续安全稳定，没有发生安全事故。

2022年7月1日，革吉县教育局开展“七一”主题党日活动

由分管副县长和教体局领导带队，制定安全排查方案，组织领导小组成员部门，每季度均深入各学校及校园周边开展安全隐患排查，特别是对教育教学设备情况、交通安全、消防安全、饮食安全等方面深入排查，发现问题及时进行整改。

【体育卫生艺术】 年内，根据《革吉县盐羊古道足球杯暨第3届教育杯实施方案》的要求，革吉县教体局承办盐羊古道足球杯暨第3届教育杯。各学校每年定期举办秋季运动会、冬季环城赛、周末趣味运动、爬山等活动。坚持每天做两操，将大课间活动和课外体育活动也纳入课程表，体育教师轮流组织，值班老师、班主任参与。坚持每天眼保健操活动，有效预防青少年近视，每周一次体育锻炼（社团活动）由社团负责人组织，制订计划，形成多样。同时开展学生体质健康标准测试，覆盖率达100%，严格考核成绩，合格率达到75%，保证学生每天一小时的锻炼时间。

【教育信息化】 年内，为各学校加快教育信息化建设，共投资300余万元，为县中学、县完全小学和县幼儿园购置电子白板；为盐湖乡小学安装精品录播室1间；为文布当桑乡小学建云机房1间；为各学校购置视频监控云端，实现校园监控全覆盖。

【教育项目建设】 年内，革吉县

高度重视义务教育学校标准化建设，将其作为均衡发展基础性工程的门槛，按照《西藏自治区普通中小学幼儿园基本办学条件标准（试行）》，分步实施，有序推进，持续改善全县义务教育学校办学条件。

积极实施义务教育学校校园校舍建设与改造工程，2022 年共投入资金 2930 万元。革吉县中学改扩建、县完全小学新建教师宿舍及附属设施建设项目、雄巴乡小学维修改造项目等 3 个项目，因疫情影响，3 个项目均未竣工。

【教育经费】 年内，认真落实国家和自治区对教育实施的优惠政策，进一步规范学校财务制度，加大对经费管理人员的培训力度，加强“三包”经费等各项教育经费的管理和使用工作，加大经费监督管理力度。全面落实相关政策、按时足额执行到校，严格执行“三包”及“营养改善”经费结构比例及政策。年内，阿里地区预算并拨付革吉县学生“三包”政策资金 1472.55 万元、营养改善资金 273.8 万元。教体局严格校财局管的工作制度，落实“三包”资金，确保每一名农牧民子女都能享受到党的优惠政策。

截至年底，已对全县 3276 名学生落实“三包”资金 661.22 万元；对全县 2738 名学生落实营养餐资金 129.29 万元；对 10 名革吉县户籍农牧民子女考入其他省市西藏班的学生发放助学金 10 万元，贫困学生受资助覆盖率 100%。全力保障革吉县各级各类学校正常教育教学工作的有序开展。

【教研督导】 年内，全面贯彻教育方针，认真落实立德树人根本任务，始终把“双减”作为一项重要政治任务，深化综合改革，坚持素质教育，多措并举提升校内教育教学质量，丰富课后服务供给，促进学生全面发展和健康成长。将中小学生减负工作纳入局重要议事日程，教育局每年以随机抽查、实地检查等方式对各学校减负工作进行督导检查，对减负工作不力、群众反映强烈的依法依规予以严肃问责。

全县各学校健全作业管理机制，完善作业管理办法，建立作业校内公示制度，分类明确作业总量，提高作业设计质量，加强作业完成指导。小学一、二年级不布置家庭书面作业，小学三至六年级书面作业平均完成时间不超过 60 分钟，七至九年级书面作业平均完成时间不超过 90 分钟，严禁给家长布置或变相布置作业，严禁要求家长检查、批改作业。

革吉县教体局及时转发教育部印发的“五项管理”文件指导各校开展工作，要求全县各校从政治高度认识做好“五项管理”工作的意义，为党育人、为国育才，培养出全面发展、身心健康、有高度思想觉悟、掌握现代科学文化知识的栋梁人才。对做好全县中小学校“五项管理”工作提出明确要求，以做好“五项管理”工作促进学生身心健康发展。

【服务社会】 疫情期间，为确保革吉县其他省市西藏班初中、高中、中职班学生和大学生能够统一、安全、有序出藏返校就读，革吉县教体局根据自治区、地区关于学生出藏返校相关文件精神，按照“前提要安全、关键在调度、重点在服务”的工作原则，结合革吉县实际制定《革吉县出藏返校学生工作实施方案》，成立以分管教育副县长为组长的领导小组，并组建综合协调组、疫情防控组、交通保障组、拉萨中转对接组等 4 个工作小组，各小组分工明确、职责清晰，确保学生出西藏返校工作能够安全、有序、稳定开展。截至年底，革吉县共有出西藏返校需求的学生 222 人。其他省市西藏班初中生、高中生和中职班学生出藏工作严格按照自治区教育厅制订的出藏计划，按批次安排学生提前在县城集中、封闭管理、全面健康监测、全员核酸检测，并安排安全有保障的车辆，选派公安、医务、教师等人员全程护送至拉萨中转站，确保学生全程点对点、闭环运输。

（旦增朗加）

【机构领导】

局　长

达娃卓玛（女，藏族）

副局长

罗　　桑（藏族）

革吉县中学

【概况】 革吉县中学于 2007 年建校，是建立在平均海拔 4800 米以上革吉县唯一一所初级中学，全校有85名教职工。2022年在校学生共756人，有19个教学班，学校占地面积80369平方米。

【党建工作】 革吉县中学党支部成立于2007年，隶属革吉县县直机关工委，下有3个党小组。年内，革吉县中学有正式在编教职工60人，其中正式党员21人，预备党员4人。学校党支部坚持以习近平新时代中国特色社会主义思想为指导，全面贯彻落实中共二十大精神，贯彻落实自治区第十次党代会精神，坚决捍卫"两个确立"、增强"四个意识"、坚定"四个自信"、做到"两个维护"，牢记"三个务必"、锚定"四件大事"、实现"四个确保"、着力推进"四个创建"、努力做到"四个走在前列"、实现"四个争"，解决好"培养什么人、怎样培养人、为谁培养人"这一根本问题，落实好立德树人根本任务；落实好"三会一课"制度；抓好"支部学习日"学习安排；积极开展"主题党日活动"；认真落实中共中央办公厅印发的《关于建立中小学校党组织领导的校长负责制的意见(试行)》，积极配全、配齐党支部领导班子；积极推行"双覆盖、双培养"工程；推行"三议三公开"做法，接受教职工的监督和评议；以"改进作风，狠抓落实"为抓手，仔细查找作风建设中存在的突出问题，深刻分析原因，列出个人问题清单，认真制定能够落实的实际措施，开展集中整顿。

制定《革吉县中学2022年党风廉政建设和反腐败工作方案》《革吉县中学教职工与学生交往行为准则》《革吉县中学教职工违法违纪惩戒制度》《革吉县中学关于教师考核的工作方案(试行)》，用制度管人，用规矩说话；积极落实"三联三进一交友"活动工作措施，以班级为单位，充分发挥党组织、学生会等集体组织作用和班主任、任课教师、班干部等不同层面的队伍力量，确保每一名党员结对班级、宿舍和学生，开展道德教育、习惯养成、功课辅导、生活帮扶等工作，把学生培养成中国特色社会主义合格建设者和可靠接班人，促进学生德智体美劳全面发展；切实做好铸牢中华民族共同体意识工作，维护民族团结，推进学校稳步发展。

2022年5月15日，革吉县中学召开2021—2022学年第二学期期中评价总结表彰大会

【教育教学】 年内，革吉县中学教务处在学校的正确领导下，牢固树立教育教学是中心，教学质量是生命的观念，认真落实"五项管理"和"双减"的各项工作，发挥教务处对学校教学的研究、指导、服务的功能，注重教学过程检查与监督，提高备课组、教研组工作的实效性。以"质量第一，能力第一"为宗旨，创建良好的教风；要求教师备课要做到"七备"：备教材、备目标、备学生、备教法、备学法、备练习、备作业；实行"推门式"听课，校长听课30节以上，副校长听课25节以上，其余教师听课20节以上；教研组每周都要定时间组织开展有效有质量的教研活动，开展校本教研学习培训活动，转变教师教学理念，构建高效课堂。

每月组织一次有计划、有目的的检查、抽查，及时反馈和处理教学中发现的问题，真正把教学常规落到实处，收到实效；制定《革吉县中学教师请(销)假制度》《革吉县中学教师坐班管理办法》，量化教师请销假制度和坐班的管理办法，严明工作纪律，维护正常的教育教学秩序和教师的良好形象；通过主题班会、主题板报、文化建设的评比等活动营造良好的学习氛围，推动建立学风建设的长效机制；按照学生实际情况制订学困生帮扶计划，安排教师一对一进行帮扶指导。

【德育工作】 年内，革吉县中学政教处以学校整体工作计划为指导思想，认真履行工作职责，坚持“德育为首、教学为主、立德树人”的办学思路，以“培养什么人、怎样培养人、为谁培养人”这一主题，全面开展学生德育工作。每月组织班主任会议，总结工作经验，布置阶段工作任务，提出工作要求；以党员教师为负责人，每周带领学生参观校德育室，提升他们的思想品德意识，让学生们对国家的发展和新旧社会有更多的了解；每月召开德困生思想转化教育专题会议，让德困生养成良好的行为习惯；邀请普法办、法治副校长为学生开展“法治第一课”，讲解相关法律法规知识；进一步加强青少年禁毒宣传教育工作，提高青少年识毒、防毒、拒毒的意识和能力，带领学生参观禁毒室教育基地，增强学生的禁毒决心。

明确班级的卫生区域，每天早、中、晚安排专人打扫，组织卫生打分员到自己负责区域进行打分，周五开展卫生工作总结及部署会议，每周一组织全校教师检查学生的个人卫生；每月组织全校师生对学校绿化区、楼道、走廊、教室、操场、校外周边环境等场所进行全方位的清理和打扫，为美育教育的开展打下良好的基础；根据上级会议及文件精神，建立健全有关安全的各项制度、登记台账、安全应急预案方案、严格执行24小时维稳值班制和校内值班制；结合实际，建立3支由教师组成的护校队，每天对学校内外进行全方位的巡逻，保证校园安全；深入贯彻落实上级会议和文件精神要求，结合实际多次开展形式多样、内容丰富的民族团结教育活动，教育引导广大师生、家长树立正确的国家观、民族观、历史观、文化观、宗教观。

2022年4月11日，阿里地区级骨干老师到革吉县中学开展示范课

【团建工作】 年内，革吉县中学团委以习近平新时代中国特色社会主义理论体系为指导，以推进共青团工作现代化为抓手，以助力五育并举为目标，大力提倡科学精神和创新精神，团结、带领广大团员青年紧紧围绕学校工作大局，深化思想教育和社会实践活动，不断加强自身建设，积极推进素质教育。坚持以爱国主义、民族团结教育为“主旋律”来鼓舞学生，每周一举行升旗仪式，升国旗，唱国歌，学生代表在国旗下演讲；结合一些重大节日开展有意义的活动，如“3·28”红歌合唱比赛、“五四”入团仪式暨文艺会演等，注重把爱国主义、民族团结的教育内容具体化，并赋予时代特色。

每学期开学典礼上表彰优秀团员、优秀团干部，积极树立身边的典型，激励学生，起到良好的导向作用；组织学生到社团工作，丰富校园文化生活，提升学生的人文素养，先后建立篮球社团、足球社团、舞蹈社团、汉字书法社团、藏文书法社团、英语社团、合唱社团、棋艺社团、计算机社团、电子琴社团、手工刺绣社团、拼图社团、科技社团、跳绳社团等多种社团，并逐步走向规范化、制度化，使学生的才能得到全面发展；做好校园绿化区和厕所卫生、新闻课观看的常规管理工作，以各班级团干部为打分员，校团委监督，各班级班主任协助核查，督促学

2022年5月23日，革吉县中学召开德困生思想转化教育会议

生做好绿化区和厕所卫生，认真观看西藏新闻联播，养成关心时事的好习惯；以班级为基础、团委为主导、团校为主要阵地，培养优秀学生加入共青团，每学年举行一期团校培训班，对入团积极分子进行教育，对于团校结业的学生进行重点培养，为团组织输入新鲜血液。

【后勤服务】 年内，革吉县中学后勤工作坚持管理育人、服务育人的方向，发扬勤快、务实、高效、优质的工作作风，勤奋踏实工作，关心爱护学生，不断提高办学效益，改善办学条件。根据教育局的“三包”采购要求，每月20日之前统计下一个月的“三包”物资；物资送达以后，对每一个物资的保质期和数量进行核对并登记，出库时也做好相应的检查和登记。

及时检查维修电线线路及其他公共设施设备，及时排除一切不安全因素；从校园环境入手，加强校园文化建设；加强校园绿化管理，力求校园环境更加美丽；注重勤俭办学，加强物资采购流程管理，真正把钱用在刀刃上；加强校产管理，提高使用率，做好日常维护保养；做好师生每年体检及学生疫苗接种工作，开展健康饮食习惯养成讲座，增强师生健康意识。

【信息化建设】 年内，革吉县中学电教部门积极开展现代教育技术的培训和现代教育技术应用的研究，努力提高教师现代教育技术水平，大力提升校园文化中的教育信息化作用，深入研究信息技术课堂教学，不断提高电教工作管理水平。按照课标和学业水平考试要求，结合学生的学习基础与地方教学特点，加入藏文输入法应用的课程；在教师现代教育技术提升方面，每学期至少有2次校本培训，有2次优质课的学习安排；在日常教学中每名老师每学期平均使用“希沃”白板56次；利用课余时间，做好校园监控的查询、相关片段的刻录以及摄像头的管理与维护工作；做好校园网络、校园广播的设置、管理与维修维护工作。

做好校内各级各类比赛课的录刻、剪辑、刻盘等工作；做好标准化考场的系统设置、设备的管理与维护工作；做好学习宣传网络安全活动“二十禁”工作；做好校园LED电子屏文字的审核、发布及相关的维修维护管理工作；做好日常资料和考试试卷的复印工作；严格执行电教制度，如：机房使用及管理制度、电教设备与资料的借还、使用、管理制度、电子白板使用登记制度等，努力做到有记载、有检查、有落实，注重实效；将信息技术与各学科教研组相结合，在教学与科研并进的同时融入信息技术的理念和技术的学习研究，从而不断提升教师的科研水平，加强教师自身素质的锻炼，更新观念，经营理念，以更好地适应新课程改革的需求。

【新冠疫情防控】 年内，革吉县中学以习近平总书记关于疫情防控的系列重要指示精神为指导，坚持“外防输入，内防反弹”的总策略和“动态清零”的总方针，根据《教育部应对新冠肺炎疫情工作领导小组办公室关于统筹做好2022年秋季学期开学和疫情防控工作的通知》《西藏自治区高风险区　中风险区　低风险区疫情精准防控办法》《新型冠状病毒肺炎防控方案（第九版）》，以及阿里地区、革吉县疫情防控工作领导小组关于新冠疫情防控的指导精神，按照革吉县疫情形势、防控规定和“一校一策”精准防控的具体要求，及时制定《革吉县中学2022—2023学年第一学期新冠疫情防控工作方案》和《革吉县中学2022—2023学年第一学期新冠疫情防控应急预案》，成立学校疫情防控工作专项领导小组，包括综合协调组、数据统计组、物资保障组、宣传报道组、线上教学组、督导检查组，明确疫情防控的组织管理、具体举措、预警与应急等内容，落实防控经费，做好物资储备，加强人员培训，增强应急处理能力，切实做好疫情防控各项工作。

年内，革吉县中学响应政府号召，及时安排暑假留校教师及员工住所，切实把生命安全放在第一位。根据阿里地区教育局及县教育局的统一部署，安排全校教师进行线上教学，对教学计划作出合理规划，保证学生“停课不停学”；准确开展师生员工信息统计工作，每天汇总统计、审核全校师生员工疫苗接种、核酸检测、健康监测等各类疫情防控数据，做到底数清、情况明，并及时向县委、县政府、地区教育局、县教育局、县疫情办报送数据；开展线上“疫情防控”主题班会，分析疫情防控形势，讲解疫情防控现状、疫情防控措施，向学生宣传科学防护科普知识，增强学生的预防能力，并呼吁学生做好个人和家庭防护，积极听从学校、当地政府安排，严格执行防疫指令；开展线上师生心理健康问题疏导会议，讲解疫情期间心理危机的表现形式，提出解决心理问题的各种有效方式、方法，帮助教师及学生缓解心理压力，切实筑牢心理健康教育防线。

（扎西多吉）

【机构领导】

校　长

石曲拉姆（女，藏族，12月免）

党支部书记

王　智　辉

副校长

洛　　桑（藏族）

旦增项杰（藏族）

扎西多吉（藏族）

革吉县完全小学

【概况】 革吉县完全小学位于革吉县那普西路1号，占地面积59957.22平方米，校舍占地面积5950平方米。2022年，学校有22个教学班，在校学生847人（“三包”学生824人），学校专任教师59人，党员教师36名，学历合格率100%。教师队伍配置合理，学校整体规划美观，校内教学设施和设备配备齐全，学生食舍设施、互联网覆盖全校、多媒体设备齐全、有供学生学习的图书室和供住校学生周末观看电视的影视设备，校园文化氛围浓厚，办学特色不断凸显。

2022年，在社会各界及教育行政部门的关心支持下，齐心协力，开拓创新，谋求学校发展，从规范学校管理、完善装备设施、加强师资培训、打造学校特色、提升校园文化等方面入手，努力改善办学条件，提升办学水平。

【思想政治建设】 年内，以迎接中共二十大、学习贯彻中共二十大精神和区第十二次党代会精神为主线，持续推动学校党的建设。发挥理论学习示范引领作用，利用周例会、学习会、班主任例会、教研会、支部会议等，深入学习中共二十大报告和习近平总书记重要讲话精神，把精神实质贯彻落实到学校各项工作中。开展“童心向党、喜迎二十大”线上线下主题系列活动20场，学习贯彻中共二十大精神主题活动10场，同时借助“学习强国”学习平台、微信公众号、支部学习群等平台，引导全体教师牢固增强“四个意识”、坚定“四个自信”、做到“两个维护”，不断提高政治站位、增进政治认同。党员先锋模范作用发挥更加充分，新发展党员2人，入党积极分子2人，获校级表彰党员先进个人11人。

年内，层层签订《党风廉政责任书》，梳理岗位风险点，提出防范措施，制作责任清单，召开年度工作安排部署会，开展党风廉政建设专题讲座，校级领导干部按照“谁分管、谁负责”的原则，将党风廉政建设与分管工作同部署同考核。校级领导干部严格执行请示报告制度、个人重大事项报告制度，确保纪律刚性约束。

【安全工作】 年内，革吉县完全小学充分利用周例会、国旗下讲话、红领巾广播站、宣传窗等各种阵地，在全体师生中，进一步增强安全工作的法治观念，切实做到学校发展与学校安全两头兼顾，做到领导落实、岗位落实、措施落实。认真抓好师生安全教育，积极采取各种预防措施，强化校舍、教育教学设施、食品卫生、师生活动、食堂用火等的安全工作，多次组织人员检查学校的安全状况，从而确保学校平安。

开展安全知识教育和应急演练，提高师生安全意识和自救互救能力，积极开展中小学安全教育周、安全教育日活动。严格执行学校突发公共安全事件报告制度，做好预防和处置工作，进一步完善教师值班制度和校园安全联防制度，深入开展学校及周边治安综合治理，确保校园安全稳定。

【德育工作】 年内，首先着力抓教师的职业道德，认真学习教师职业道德规范、师德师风建设等相关精神，通过学习，大大提高教师自身的素养。在提高教师队伍自身认识的条件下，要求各班老师利用主题班会、班队会、少队活动、校园广播、国旗下的讲话等形式对学生进行思想品德教育，学生在各方面的思想意识都有所增强，凝聚学生的学习氛围，使得学生有了更高涨的学习激情。同时为有效降低疫情对学生成长的影响，切实增强特殊时期育人实效性，通过一系列活动落实立德树人根本任务。

为应对学生防疫期间可能出现的恐慌、焦虑等心理状况，缓解学生心理压力，组织全校学生收看居家学习心理防护要点和心理疏导视频等。引导学生做到不信谣、不传谣、不轻视、不恐慌，营造健康、科学、乐观的居家防疫氛围。每周在线上进行升旗仪式，向伟大的祖国和人民致敬、向抗疫一线的英雄致敬。录制“居家防护、为爱值守”系列宣传视频，对居家好习惯、涵养好家风、抗疫“心”防线等方面进行德育教育，鼓励同学们做好自我管理、养成居家好习惯，并积极参与到劳动中去。开展绘制手抄报、录制短视频等丰富多彩的为抗疫助力的活动。

【队伍建设】 年内，学校班子团队团结协力，带领全体教职工贯彻落实《中小学教师职业道德规范》，努力提升教师队伍职业思想和业务能力，全面提高教育教学质量，学校班子成员，在行为上，一向重视自身建设，勤政敬业，在工作中，每位成员都是学校教学骨干，负责部门管理工作同时，多数担任主要学科教学工作，他们能站在课程改革最前沿，引领全校教师投入教育教学。他们主动听课，组织、参加教研活动。和教师一起研讨教育教学规律，把学到的教育理论贯穿于教育教学实际中，以新颖的教学方法和创新的管理思路赢得教师的信赖，从而以领导班子的模范形象凝聚人心。班子成员每学期听课均达30节，参加教研活动10次。组织教师认真研究新《中华人民共和国义务教育法》《中华人民共和国教师法》《教师职业道德规范》《中华人民共和国未成年人保护法》《学生伤害事故处理办法》等一系列与教育教学相关的法律法规和制度，督促广大教师不断提高政治思想觉悟，提高理论水平，依法执教。相继制定完善《教师行为十不准》《师德师风建设实施方案》《加强师德师风建设的计划》《教师廉洁从教二十条》等一系列规章制度，与教师签订“师德承诺书”，责任到人，狠抓践诺。每学期开展丰富多彩的师德教育活动和师德实践，涌现出一批先进个人和优秀教师，提升了学校师德素养。全体教职工职业素养、道德素养普遍较高，能自觉遵守师德规范及有关规章制度，没有发生过违反师德的行为，学生、家长、社会评价高。

在教研教学工作上，使用多种形式开展丰富多彩的教研活动。为发挥优秀教师的传、帮、带作用，促进青年教师业务快速成长，让老教师和年轻教师结成师徒关系。通过“师徒”间每周相互上课、听课、评课，有力地促进教师间交流互动，共同进步。积极开展互听互学活动，对每学期的听课数量有明确要求。每周的二、三、四下午各教研组开展骨干教师上“示范课”；优秀青年教师上“展示课”；开展公开课、听评课等活动，通过不断听课、研究，强化对年轻教师培养，促使其快速成长，同时不断完善师“汇报课”、说课、课件制作、课堂展示以及开展其他教学技能竞赛一系列活动；充分发挥骨干教师专业引领作用，极大促进了教师们的共同成长。从校长到中层领导到一般教师，大力推行听推门课活动，把听公开课变成听常规课，更清楚地了解教师讲授近况，帮助教师发现问题，办理问题，促使教师立足岗位。

【教育管理】 年内，学校围绕“双减”下的课堂提质，聚焦“五育并举”下的综合素养，逐步实现“教”与“学”方式的转变，构建“停课不停学”线上教学新范式。

8月13日，校领导根据教育局的要求，在全面调研师生情况的基础上，完成线上教学线上统筹工作，制定线上教学方案；召开部署会、推进会。对线上教学课程设置、资源共建、教师出勤管理、学生出勤管理，线上常规教学通报制度、分包领导巡课等做出具体安排和要求。

8月16日，线上课堂正式开启，藏汉数英、音体美、课外阅读，课程设置丰富多彩；直播课堂、在线课堂、视频会议，老师们的线上课堂形式多样；手机、平板、电脑，学生的学习方式不尽相同。除基础的文化课以外，将德育、法治、艺术、心理健康、劳动教育等内容纳入课程体系，丰富同学们的居家学习生活，同时为更好地总结检测线上教学效果，每周进行线上教学周工作总结，每月进行教学质量检测。

校领导和教务处领导按照包年级、包学科、包班级安排，深入在线课堂巡课，确保教师上课保质保量，师生互动精准高效。教务处的老师随机进入各班级钉钉群进行巡课、指导，对学校整体线上教学的组织和教师授课的质量给予高度评价，并就一些细节方面提出切实可行的指导意见。

教师积极学习研究线上授课方式，观看学习空中课堂“线上教学示范课”，坚持参加每周教研活动，解决线上教学中遇到的难题，在交流中、切磋中、争论中提高自身的业务水平。

考虑到学生线上学习差异问题，更好地培优补差，对教学内容的难度、进度进行适当调整，进行内容分层；将平时练习与测试结合起来，根据对应目标进行学习和操练，进行练习分层；针对不同层次的学生从学习内容、学习方法等方面进行辅导分层。

【后勤管理】 年内，每月后勤人员会对食堂和宿舍进行一次大的安全检查以及卫生检查，后勤领导深入食堂检查餐厅、操作间、食品仓库的卫生和其他安全隐患，如有不合理之处立即进行整改。

做好各类台账登记总结工作、食堂各类台账登记、学生营养餐登记、残疾生物品购买登记、学生生活用品、饮食用品购买及发放工作。争取各类账本分类登记工作，条理清楚，专人负责。学生营养跟得上才能在学习上发挥得更好，每日会按时送达学生营养餐，将每一分钱实实在在用在学生身上，将学生的经费花到实处，惠及每名学生。

为有效管理后勤职工，制定后勤人员责任书，让每位后勤职工明确自己的职责范围。校园各角落消毒，学生衣物清洗，学生宿舍打理等各项工作安排到位。做好各类传染病的预防，后勤生活老师出入要戴好口罩，按时登记体温，定期培训及强调，定期进行宿舍消毒，有效避免疾病传播。

（旦增赤列）

【机构领导】

校　长

强巴曲珍（女，藏族）

副校长

郭少峰

索南央金（女，藏族）

平　措（藏族）

尼玛央金（女，藏族）

桑嘎扎西（藏族）

革吉县幼儿园

【概况】 革吉县幼儿园承建于2011年，共有园长1名，教师15名，代课教师1名，保育员9名，厨房工作人员3名，公益性后勤人员2名，保安2名；总共有168名幼儿，享受“三包”的158名，不享受“三包”的10名；三个年级共有7个班，其中大班2个班、中班3个班、小班2个班；分保教处、办公室、后勤处、厨房、门卫等五大部门。

【党建工作】 年内，革吉县幼儿园党支部按照《中国共产党章程》要求，严格执行《关于新形势下党内政治生活的若干准则》，深入推进基层党组织规范化建设，切实增强党组织创造力、凝聚力和战斗

2022年3月28日，革吉县幼儿园开展“3·28”百万农奴解放纪念日升旗仪式

力。幼儿园党支部严格落实党建工作责任制要求，努力实现党组织活动标准化、常规化。

健全“三会一课”和搞好主题党日活动。革吉县幼儿园党支部组织党员教师按期召开党员大会和上党课，全年组织党员教师集中学习16次、主题党日活动8次、专题学习6次、集中观看警示教育片4次、参观红色主题教育基地2次、撰写心得体会4篇、召开组织生活会1次。

幼儿园党支部将党课和教师政治学习相结合，突出“全面融合、全程覆盖”，把深入学习中共二十大精神作为园长、教师培训的必修课，把中共二十大精神的学习宣传融入教育培训活动，作为幼儿园思想政治学习和德育教学的重要内容，推动中共二十大精神进校园、进课堂、进头脑。

【教学工作】 年内，为使幼儿园所有孩子在不同层次上得到发展，革吉县幼儿园要求教师根据不同年龄段幼儿接受的能力，调动幼儿学习的主动性，注重幼儿的参与性，在课堂上充分调动孩子的积极性，并能关注到每一名幼儿，注重他们的个体差异，打造教育特色，让孩子在玩中学、学中玩，在游戏中锻炼他们的动手能力、合作技巧、创新能力，注重他们的兴趣培养，张扬个性。

为促进幼儿的全面发展，革吉县幼儿园开展许多传统常规性的活动，如以“开学第一课”为主题的开学典礼、以“庆祝祖国生日”为主题的国庆节文艺活动、“防火、地震”演练、“大班毕业”文艺活动；“三八”国际妇女节的爱妈妈教育、幼小衔接活动、“六一”国际儿童节的好儿童教育等活动。这些活动极大地丰富了孩子们的生活，陶冶了孩子们的道德情操。同时，利用主题活动课、游戏等形式培养幼儿的环保意识，提倡“节约一滴水、一张纸、一粒米、一度电”使幼儿从小养成良好的环保习惯。年内，还组织参与“我的奥运梦，一起来行动”比赛；组织以“赠人玫瑰，手留余香”为主题的藏历慰问活动，慰问在园孤残幼儿，提升幼儿各方面的能力。

充分发挥县级示范园的示范和辐射作用，带动乡村级幼儿园教育事业的发展。年内，在教学活动设计、师幼互动、是否突出重点、是否完成教学目标等方面向乡村级幼儿教师、保育员传授教学方法和经验，帮助他们提升教

2022年10月15日，革吉县幼儿园党支部一行慰问疫情防控工作人员

育理念,提高他们的教学水平,不断提升革吉县幼教整体水平。

【德育工作】 年内,根据青年教师多、思维活、观念新的特点,注重对青年教师进行社会主义荣辱观、敬业、爱业、乐业的思想熏陶。6月23日,组织全体教师召开革吉县幼儿园意识形态工作专题会议,帮助教师更新观念,提高全体教职工的政策水平和思想觉悟。并利用支部学习日定期撰写学习心得、开展研讨专题与讲座,通过学习讨论,对应该树立什么样的职业道德,树立什么样的价值观、教师观,建立什么样新型的师幼关系都有了新的认识与提高。

2022年7月1日,革吉县幼儿园党支部开展“庆七一、感党恩、念党情”重温入党誓词活动

革吉县幼儿园注重为教师们创设正气、平等、宽松的心理环境。园领导以身作则,起到很好的模范榜样作用,园领导班子注重从自我做起,讲政治、讲学习、讲正气,弘扬正气,自觉抵制不良思想,并注重对教师进行前途理想、集体主义、社会主义的思想熏陶,引导教师树立远大理想和正确的世界观、人生观、价值观。

开展各类主题、节庆活动,如以班级为单位开展庆祝“3·28”西藏百万农奴解放纪念日活动、“缅怀先烈,传承美德”——革吉县幼儿园开展清明节主题升旗仪式、“我的奥运梦、一起来运动”革吉县幼儿园第四届春季运动会、革吉县幼儿园“欢庆六一暨大班毕业文艺展示”主题活动。同时,邀请全体大班家长参加大班幼儿毕业典礼,给每个大班的孩子留下一份深刻的回忆。幼儿园的德育工作不是单独的说教,它是渗透在幼儿一日生活的各个细节之中的,它每时每刻都影响着孩子们的成长。幼儿品德的形成是一个循序渐进、日积月累的过程,一日生活为幼儿行为的反复练习与实践提供机会,对不同年龄阶段的幼儿提出不同的德育要求,教师注重为幼儿创造一切条件,让幼儿在日常生活中更多地与同伴及成人自由地接触和交往,在来园、游戏、盥洗、进餐、午睡、活动等各个环节贯穿德育内容,抓住有利的教育时机,有的放矢地进行教育。总之,通过教职工和保育员共同的努力,增加了幼儿对道德的理解和体验,培养了幼儿的社会责任感。

【教师队伍建设】 年内,革吉县幼儿园根据现代教育发展对教师的要求,提出要培养事业心强、有竞争意识、一专多能的适应现代化教育需要的藏语和汉语教师。

年内,先后开展“以研促教,教学相长,立德树人”——革吉县幼儿园开展一系列教研活动;革吉县幼儿园开展“健康领域”线上教研活动;“深教研,促成长”——革吉县幼儿园开展线上教研活动;革吉县幼儿园开展中班组公开课活动;革吉县幼儿园开展园本“同课异构”活动;革吉县幼儿园开展宣传幼儿在园“去小学化”科学保教活动;革吉县幼儿园开展教师二次培训学习活动;革吉县幼儿园开展公开课活动;革吉县幼儿园开展“艺术领域(音符)”线上培训活动;革吉县幼儿园开展“不断学习,助推成长”教师五大领域教学培训活动等,通过各种教研和培训活动使园领导管理能力,教师的业务技能、保教水平得到了明显提高。

【校园文化建设】 年内,革吉县幼儿园在原有的基础上继续加大硬件建设投入力度,先后新建教学楼一栋,各类设施的改善,不但为幼儿提供良好的学习、生活,娱乐环境，而且使园所布局更合理、更美观、更安全。

教学楼走廊内均设立幼儿美术作品和手工制作的展示台，孩子们互相欣赏、互相学习。根据班级的不同特点老师绘制不同的游戏格式，既拓宽了孩子的游戏空间，又开发了幼儿的智力。楼道里，班级上都设计不同的知识墙面，还设置主题活动，活动室有适合儿童不同爱好的区域角，如娃娃家、小商店、小医院理发店等，具有知识性、趣味性，深受孩子的喜爱。

为进一步推动幼儿园体育锻炼氛围的形成，掀起全员参加体育锻炼的热潮，根据幼儿年龄的差异，开展跳绳、踢球、沙包等生动有趣、形式多样的体育教育活动、游戏活动及户外活动，保证每天幼儿户外运动时间不少于 2 小时，让幼儿走向操场、走进大自然、走到阳光下，积极参加体育锻炼，培养幼儿对体育活动的兴趣，吸引幼儿主动参与，让孩子们拥有一个健康快乐的身体。

【家长工作】 年内，结合《幼儿园教育指导纲要》及《3—6 岁幼儿学习与发展指南》的精神，组织教师、家长们进行学习，使“合作意识”深入人心。进一步确立为孩子服务、为家长服务的新观念，在家园交流中，把握好教师与家长互为支持者、合作者的角色关系。

充分利用家委会，组织家长交流经验，通过交流、研讨共同分享家长工作的好经验、好方法，感受做好家长工作的乐趣和成效，不断提高家长工作的水平。

加强幼儿园与家庭的沟通，以灵活多样的方式，使沟通既根据实际需要有重点突出，从而共商教育策略，协同进行教育。做好家访工作。对每名学生进行家访，学期中进行不定期的家访，学期末进行全面家访。实行家长陪餐制度，让家长了解幼儿在园学习、生活情景，同时让教师了解幼儿在家的表现，加强家园联系。通过电话、班级微信群以及接送孩子时的交谈等，与家长间架起情感的桥梁，取得家园沟通与合作。通过开展多种形式的家长活动，有效地丰富家长的家教理论，提高家长关注和参与幼儿园活动的主动性、积极性，发挥家园合力的作用，提高办园质量和社会影响。

【新冠疫情防控】 年内，革吉县幼儿园深入贯彻关于疫情防控工作的重要指示，为保护全园师幼健康和生命安全，维护幼儿园稳定，促进幼儿园的发展，深刻认识做好新型冠状病毒感染的肺炎疫情防控的重要性和紧迫性，把广大师幼生命安全和身体健康放在第一位，切实把思想和行动统一到县委、县政府决策部署上来，增强“四个意识”、坚定“四个自信”、做到“两个维护”，加强统一领导、统一指挥，坚定不移把县委、县政府的各项决策部署落到实处。

建立幼儿园、班级、老师、家长四级防控工作联系网络，及时收集和报送相关信息，随时关注幼儿健康状况。细化领导小组下设机构，责任分工，明确工作机制，制定各班级详细预案，做好长期应对准备。贯彻落实县教育局有关疫情防控期间工作要求，做好开园准备工作，保障开园后正常的教育教学秩序；制定和完善疫情防控工作方案制度。认真做好开园前全园师生疫情情况统计和开园后师生的疫情监控和日常检查；提前储备好疫情防控所需物品，做好全面消毒等工作；开

2022年6月1日，革吉县幼儿园开展“喜迎二十大，同心护未来”庆祝“六一”国际儿童节

展幼儿园隐患排查，实现供水、供电、消防安全的全覆盖、无遗漏、无盲区；把握好疫情防控期间的信息发布、新闻宣传工作，做好相关舆情宣传引导工作，掌握师生中的舆情动态。在党支部书记的号召下，革吉县幼儿园下派8名教职工，严格按照县委、县政府对革吉县疫情防控工作的要求和部署，时刻坚守在革吉县的每个点位上，在基层抗疫工作的每一个角落都有革吉县幼儿园教职工志愿者的背影，他们以认真服从且高度重视的工作态度，赢得各行各业的认可和好评，为革吉县抗疫阶段性取得胜利奠定了坚实的基础，以实际行动践行新时代教师的担当与使命。

【后勤工作】 年内，全体后勤人员都能在各自的岗位上完成工作任务。熟悉每日工作操作程序，能在规定的时间段完成相应的工作。且每人的动作都很娴熟有序把整个活动室搞得有条有理。摆放整齐，不存在卫生死角。先后开展革吉县幼儿园开展6月幼儿食谱讨论会、革吉县幼儿园开展7月幼儿食谱研讨会，为幼儿提供“全面、平衡、适量”的膳食，是保证幼儿健康成长的一项重要措施。同时，定期组织保育员学习业务知识、理论知识，并进行现场操作活动。

革吉县幼儿园把安全卫生工作作为头等大事来抓，成立安全领导小组，与各班主任签订安全责任书，切实增强责任感，食堂人员严把安全不松懈，严把食品入口关，保教人员时刻关注孩子，消除班级事故隐患，加强对教职工、幼儿处置突发事故的应急能力。截至年底，未发生一起安全事故。年内，积极组织开展“地震疏散演练”“防火逃生演练”“消防安全演练活动”等系列大型安全演练活动，进一步增强和提高广大教职工和幼儿应急处置突发能力，并出色地完成县委、县政府和县教育局部署的节假日期间各类安保维稳工作。

（赤来多吉）

【机构领导】

园　长

达　珍（女，藏族）

融媒体中心

【概况】 2022年，革吉县融媒体中心共有18名工作人员，其中干部职工8名（1正3副）、公益性9名（其中4名乡镇电影放映员）、合同工1名。

成立融媒体中心是贯彻落实中央、区、地决策部署的具体体现，也是巩固新闻舆论阵地，提升县级媒体传播力、引导力、影响力、公信力，更好服务群众的重要举措。革吉县融媒体中心由县广播电视台整合，于2021年11月17日挂牌成立。打破原有传统模式，发布渠道调整为革吉县融媒体中心“抖音”官方账号，发布内容严格遵守三审制度，审核后将新闻及时发布。

年内，发布477条作品，有粉丝5078人，累计获赞5.3万次，回复19条；“珠峰云新闻”发布信息84条，有粉丝632人。推动媒体融合发展，适应新媒体传播需要，有助于更好地宣传、服务群众。探索建立更为合理的组织架构、业务流程、激励机制，充分发挥党和政府的喉舌作用，宣传好党的路线方针政策，宣传好县委、县政府的决策部署和中心工作；紧扣县级融媒体中心更好地引导和服

2022年5月15日，革吉县融媒体中心工作人员到亚热乡硧藏村开展“我为群众办实事”活动

务群众这个主题，进一步提升内容生产质量，讲好革吉故事、传播好美丽革吉形象，提升主流媒体影响力。

【广播电视宣传】 年内，制定宣传方案及安全播出方案、预案等各项加强宣传内容，严格按照上级要求安全播出，如遇突发情况时，根据相应方案、预案能快速有效地做出反应并开展相应工作，确保广播电视安全播出。配合县委、县政府及宣传部和各相关单位完成各项宣传任务。

【“户户通”建设】 年内，为了广大农牧民，尤其是边远牧民能够收到、收听到丰富多彩的广播电视节目，革吉县已实现“户户通”工程覆盖率达97%，已安装户数为4910户。全县广播覆盖率达98%、电视覆盖率达99%。“寺寺通”工程已于2015年实现全覆盖。

年内，融媒体中心工作人员为切实推动革吉县改进作风狠抓落实走向深入，打通狠抓落实的“最后一公里”，做到苦干实干肯干，深入基层一线为群众办实事，逐一对受损设备进行维修维护，同时检查修复受大风天气影响而受损的“户户通”设备调试信号，同时来到牧民家中，一边处理故障一边耐心细致地为牧民讲解日常使用中常见的问题及处理方法，提升牧区群众的业余文化生活质量。

【电影放映】 “2131”工程作为一项新世纪的电影工程和文化建设事业，对于宣传、贯彻党的路线、方针、政策，丰富农牧民群众的文化生活、普及科技文化知识具有十分重要的现实意义。革吉县融媒体中心积极与“四乡一镇”放映员共同努力加大电影放映力度，尤其是在重大节假日、“3·28”西藏百万农奴解放纪念日期间，积极放映以扶贫、爱国题材为主的影片。截至年底，共计播放171场次，不断丰富农牧民群众业余文化生活。

2022年6月25日，革吉县融媒体中心工作人员野外拍摄宣传片

【党史学习教育】 年内，切实把开展党史学习教育作为一项政治任务，贯彻落实党史学习教育的各项任务，真正做到学有所思、学有所悟、学有所得，切实推动革吉县融媒体中心党史学习教育有序、高质、高效开展。按照“学党史、悟思想、办实事、开新局”总体要求，把坚持“两个确立”转化为做到“两个维护”的思想自觉、政治自觉、行动自觉，切实做到学史明理、学史增信、学史崇德、学史力行，不断推动党史学习教育向广度拓展、向深度推进。持续抓好理论学习。认真学习中共十九届六中全会和自治区第十次党代会精神、习近平总书记“七一”重要讲话、考察西藏重要讲话精神和习近平总书记关于西藏工作的重要论述及新时代党的治藏方略，及时跟进学习习近平总书记最新重要讲话和重要指示批示精神，跟进学习王君正书记系列讲话精神，坚持读原著、学原文、悟原理，通过常态化抓好学习、常态化抓好宣传、常态化抓好宣讲、常态化抓好培训、常态化抓好普及、常态化抓好研讨，真正做到学懂弄通做实。严格执行基层党组织“三会一课”制度，制订好支部“三会一课”工作计划，在学习方式上，积极探索提高党员素质的有效方法与途径。加大交心谈心力度，切实及时了解党员干部思想动态，由过去的单一的学习方式，转变为以召开座谈会、研讨会、调查走访、收看警示教育片，红色教育

2022年4月21日，革吉县融媒体中心组织学习专业技能

片等多种方式，充分调动党员干部的学习热情。

【意识形态工作】 年内，为全面贯彻落实党中央、区党委、地委关于意识形态工作的决策部署，增强“四个意识”、坚定“四个自信”、做到“两个维护”，担当举旗帜、聚民心、育新人、兴文化、展形象的使命任务，牢牢掌握意识形态工作领导权，巩固马克思主义在意识形态领域上的指导地位，巩固全县各族人民团结奋斗的共同思想基础，切实做到守土有责、守土负责、守土尽责。根据上级关于意识形态工作决策部署和指示要求，革吉县融媒体中心切实落实好相关意识形态相关工作要求，扎实有效开展相关工作。

【新冠疫情防控】 年内，革吉县融媒体中心全体人员严格遵守疫情期间各项防疫政策，配合疫情防控工作，严格执行消杀工作。

革吉县融媒体中心5名工作人员投身于志愿者服务当中，有信息采集人员、各保障点服务工作人员等。疫情期间，融媒体中心制作并播出相关疫情防控小知识、政策及通告共计133条，使广大群众了解并掌握疫情防控相关信息和自觉遵守疫情防控各项政策。

【综治维稳】 年内，为确保全县社会局势持续和谐稳定，正确认识维稳工作任务的必要性及重要性，始终保持高度的政治警觉和战斗警戒、警钟长鸣、警惕常在，坚持内紧外松，坚持抓早、抓紧、抓牢、抓全、抓好，统筹全局、突出重点、强化预判、严密防范，精准细致、革吉县融媒体中心将结合自身实际，严谨周密地制定每个重要节点、重要节假日期间维稳安保工作方案、预案等，以更加坚决的态度、更加有力的措施、更加扎实的作风，切实做好重要节点维稳安保工作，为维护革吉县社会稳定贡献自己的一份力。

（次仁玉珍）

【机构领导】

主　任

旦　巴（藏族）

副主任

曲旺旦增（藏族）

扎西拉宗（女，藏族）

次仁玉珍（女，藏族）

科学技术

综述

【概况】 2022年，革吉县科学技术局组织申报自治区级科研计划项目1项，盐湖乡羌麦村益民合作社承担的革吉县盐湖乡粗盐巴精细化加工示范项目获资金支持60万元，资金来源为自治区科学技术厅高新社研发领域重点研发转化资金。项目实施能很大程度提升盐厂所产产量，保障产品提质增效，实现发挥特色产业发展，促进群众增收致富。

开展绒山羊品种选育扩繁工作，加强与日土县原种场的合作交流，全面启动县绒山羊扩繁场承担的革吉县白绒山羊高效养殖技术示范推广项目，项目总投资30万元，资金来源为地区科学技术局区域科技协同创新专项资金，项目于2022年4月29日正式立项。为确保在项目实施中发挥技术人员作用，组织项目课题组成员多次召开白绒山羊选育推广工作研讨会，对课题任务进行分析讨论，解决项目实施过程中遇到的难题。组织农业农村局各科室技术人员分批到日土县良种扩繁场开展技术交流、白绒检测等工作，交流8人次，推动扩繁场绒山羊种群改良工作。在县绒山羊扩繁场推广150只优质白绒山羊，为革吉县绒山羊特色产业发展贡献科技力量。2022年，革吉县2名技术人员被评为自治区科技协会先进科普信息员。

2022年6月30日，革吉县2022年度“三区”科技人才联合西藏自然科学博物馆到县中学开展科普进校园活动

【科普宣传】 年内，把科技普及工作放在科技创新同等重要位置。广泛开展“我为群众办实事”宣传工作，助力牧区经济发展。组织开展科技“三下乡”“科普进村居”“科普进学校”等宣传活动，发放《西藏自治区农牧民科技特派员管理办法》、《中华人民共和国劳动合同法》、《中华人民共和国婚姻法》、《农村科普宣传册》、《建设创新型西藏系列科普知识读本》、西藏农村科技期刊、环境保护知识宣传册等宣传资料320多份，发放宣传品220件，教育广大群众相信科学、消除愚昧落后

2022年7月10—12日，革吉县科技局工作人员到“四乡一镇”召开科技特派员工作推进会。图为雄巴乡科技特派员工作推进会现场

和封建迷信思想。

7月1—3日，西藏自然科学博物馆组织的西藏自然资源保护与科普基金会在革吉县完全小学、县中学开展2022年度“三区”科技人才服务学校科普活动。“三区”科技人才服务活动中革吉县2名“三区”科技人才及科技志愿者参与到此次服务活动中，对革吉县如何做好科普服务活动科普进学校开展交流，并推送到革吉县融媒体和微信公众号。

【培养基层科技人才队伍】 年内，农牧民科技特派员结构得到优化。严格落实《西藏自治区农牧民科技特派员管理办法》，制定革吉县基层农牧民科技特派员服务基层工作任务及工作记录本，多次督促指导各村科技特派员解聘选聘工作，对年龄、学历、工作经历等提出明确的要求，年龄结构方面；从2021年最大年龄45岁控制到；2022年的37岁，文化程度方面；初中以上18名，小学文化程度10名，识字的有8名，共36名科技特派员均在牧区服务基层科技工作。

年内，共选派2名“三区”科技人才开展技术服务工作，通过走出去的方式进行技术提升培训。革吉县大学生村（居）科技专干21名，实现乡镇村居全覆盖。科技专干人员覆盖面主要涉及蔬菜种植、人工种草、畜牧兽医、科普宣传等领域，稳步提升了科技服务基层能力。

多次组织项目课题成员参加自治区科技信息研究所举办的科技计划项目申报指南讲解及网上申报系统培训，培训围绕项目申请人条件和要求、申报单位条件及要求、申报推荐程序、项目申报要求、具体申报方式等内容进行。通过西藏自治区科技项目管理系统模拟申报“革吉县人兽共患包虫病和皮蝇病流行病学的研究及防控技术体系的建立与示范”项目。通过参加此次培训，从事科研项目的科研人员对政策的了解、实践的操作等事前、事中、事后各项程序有了新的认识，对下一步如何开展好科研项目的各项工作有了把握，提升了项目资金使用、项目实施、科研诚信和科技理论工作及项目验收等工作责任。

（普　琼）

【机构领导】

局　长

普　　琼（藏族）

副局长

次仁旦卓（女，藏族）

气象

【概况】 根据《西藏阿里地区气象局地方县级片区化管理实施方案》工作要求和阿里地区气象局统一安排部署，阿里地区气象局于2020年10月革吉县气象局原工作人员完成工作交接，全面接管革吉县气象局各项工作，并且由阿里地区气象局气象台派1名业务人员轮值到革吉县气象局进行为期1个月的业务工作，轮值人员挂靠到革吉县应急管理局。

2022年，革吉县气象局始终贯彻落实习近平总书记关于气象工作重要指示精神，立足新发展阶段、贯彻新发展理念、构建新发展格局，通过推动质量变革、效率变革、动力变革，努力提升“监测精密、预报精准、服务精细”能力和水平，坚持撤人不撤气象服务的理念，切实发挥气象部门在气象防灾减灾第一道防线的作用。

【气候特征】 年内，革吉县年平均气温在 -1.6℃ ~ 3.1℃（盐湖站）。年降水量在 120.9~248.9 毫米（文布当桑站）。年最大风速在 19.4 米 / 秒 ~ 23 米 / 秒；年极大风速在 27.8 米 / 秒 ~ 32.9 米 / 秒。各乡镇天气气候特征详见下表：

站点	年平均温度（℃）	年降水量（毫米）	年最大风速（米 / 秒）	年极大风速（米 / 秒）
革吉镇	0.6	120.6	20.6	30.9
雄巴乡	0.6	150.3	23	31.3
盐湖乡	3.1	204.3	21.5	30.5
亚热乡	−0.8	153.7	22.3	32.9
文布当桑乡	2.6	248.9	21.1	29.6

【气象服务】 年内，共制作发布藏语和汉语每日预报 290 期、藏语和汉语周预报 45 期、安全生产革吉行专报 30 期、藏语和汉语天气消息 4 期、节日专题 6 期、春运气象服务趋势预测 1 期雨情公报 10 期、革吉县 2022 年汛期气候特征及今冬明春气候趋势预测 1 期、汛期工作总结与后期天气趋势分析 1 期。

【气象服务发布】 年内，所有预报都通过革吉县应急微信工作群、革吉县气象实况统计群微信群发布各类气象服务信息。发送纸质材料到政府办、应急局、农业农村局、水利局、交通局、教育局等相关单位。革吉县出现重大气象灾害及次生灾害时将根据防御服务工作流程开展气象服务工作，加强天气监测，根据“叫应”工作制度，及时发布预警信息，向政府各相关部门、各乡镇、各行政村应急责任人通报天气情况。

【气象科普宣传】 年内，革吉县气象局通过“3·23”世界气象日、“5·12”全国防灾减灾日开展气象科普宣传活动，让广大人民群众了解气象灾害防御知识及气象科普知识，在人们心中树立起气象防灾减灾第一道防线的意识。

（德　吉）

【机构领导】

负责人

贡觉加布（藏族）

卫生健康

综述

【概况】 2022年，革吉县革吉镇卫生院建筑面积1940.5平方米，医务人员9人；雄巴乡卫生院建筑面积1850平方米，医务人员9人；盐湖乡卫生院建筑面积2598平方米，医务人员8人；文布当桑乡卫生院建筑面积2070平方米，医务人员9人；亚热乡卫生院建筑面积1750平方米，医务人员9人。西藏自治区第三人民医院6名医务人员分别到革吉县雄巴乡、盐湖乡卫生院开展城市医院帮扶高海拔边远乡镇卫生院工作。

【医疗保险定点药房分布】 年内，全县“四乡一镇”医疗保险定点药房分布于各乡镇卫生院药房。

【公共卫生服务】 年内，各级医疗机构开展城乡居民健康档案管理、健康教育、预防接种、慢性病患者管理、老年人健康管理、重性精神病患者管理、肺结核患者健康管理、中（藏）医健康管理、传染病及突发公共卫生事件报告和应急处理、卫生监督、健康素养促进、妇幼卫生、医养结合等19项基本公共卫生服务工作落实情况，革吉县卫生健康委员会进行严格考核后，共计兑现资金303899元。

2022年5月28日，革吉县副县长国吉次仁（中）主持召开原农牧区医疗制度门诊家庭账户清理核实工作部署会

【卫生应急处置】 年内，革吉县卫生健康委员会严格贯彻落实各项工作，承担防控职责、落实防控责任，全面建立革吉县人民医院PCR实验室和革吉县疾控中心PCR实验室，为突发公共卫生事件应急处置奠定了基础。全面建立县乡村三级医疗机构药品储备库，解决突发公共卫生事件药品短缺的实际问题。

【疾病预防控制】 年内，0—6岁免疫规划共接种9类疫苗，接种率均达95.3%以上；全县24小时内乙肝疫苗接种率93%，新生儿24小时母婴阻断免疫球蛋白接种29人。对全县重点人群进行PPD

（结核菌素试验）筛查共计3021人，初筛阳性132人，其中82人胸片异常，痰检均为阴性。2022年县人民政府出资50万元采购流感疫苗，辖区内学生和60岁以上老人共计接种4743人。对各学校内7—12岁儿童进行大骨节病筛查，共计筛查1811人，其中疑似患者21人，复查后正常。对全县枯水期水质采样18份，丰水期水质采样18份，36份监测报告已出结果显示11份合格，25份不合格。

2022年6月7日，革吉县人民医院医护人员协同地区人民医院开展口腔健康宣传活动

【医疗组团式援藏】 年内，陕西省渭南市中心医院选派3名医务人员、辽宁省大连市中国人民解放军联勤保障部队第967医院选派5名医务人员，县人民医院与2家医院签订协议书，2家三级医院已完成革吉县人民医院各项帮扶工作。自治区第三人民医院选派的6名医务人员已完成雄巴乡和盐湖乡卫生院各项帮扶工作。

【医疗卫生服务体系建设】 年内，加强村级医生的疾病预防和诊疗服务规范化，开展为期10天的藏医药特色服务技术培训，23名村医参加培训。为保障革吉县“两降一升”工作技术，从县乡医疗机构选出8名医护人员参加自治区母子保健协会1个月理论学习和操作培训。为巩固县人民医院二级乙等综合医院成果，2022年新招聘6名专业技术人员。县人民医院和乡镇卫生院配备614.15万元的相关设备，不断提高医疗服务能力。

【基层卫生管理】 年内，按照相关文件要求，为建立和规范全民健康档案，掌握全民健康状况，以城乡居民和在编僧尼、学生为重点开展健康体检和疾病筛查工作，全年完成体检12541人（包括结核病筛查人数）。县疾控中心牵头乡镇卫生院配合，全年开展15次宣教活动，发放宣传海报、礼品，受益4472人，进一步增强牧民群众的预防意识和健康意识。

革吉县卫生健康委员会积极配合县妇联做好妇女“两癌”筛查，共计筛查583人。与地区人民医院联合开展“无偿白内障患者复明手术”活动，以革吉镇和亚热乡作为筛查点，共计筛查400人，确诊29人（其中已手术17人，死亡1人，拒绝手术1人），剩余10人待革吉县卫生健康委员会进一步与上级部门沟通衔接后，待疫情结束后确定手术时间。

【健康工作】 年内，“一孩双女”扶助对象新增22人，退出9人；“特殊子女”扶助对象退出2人，并完成资金兑现工作。老年人健康补贴新增19人，退出1人，共计兑现资金65400元。全年住院分娩289人，兑现奖励资金348440元，住院分娩人数逐步提高，新生儿和孕产妇死亡率减少。

【藏医药事业】 年内，为贯彻落实好医改政策，3月，革吉县人民医院藏医科和地区藏医院签订医联体协议。5月，由县卫健委牵头，县人民医院藏医科具体负责，对革吉县23名村医开展为期10天的藏医药能力提升培训，进一步提升基层医务人员对藏医药特色诊疗实践能力。

革吉县人民医院藏医科已完成藏医电子化病案及电子处方，并完成与国家电子病案系统对接工作，配合地区卫健委推动阿里地区智慧医疗一期项目。革吉县藏医院于5月正式投入使用，已有序开展简便适宜的藏医健康服务药浴、放血、火罐、针灸、推拿、涂擦等藏医特色诊疗技术特色诊疗项目。

【维护稳定】 年内,为做好革吉县当前维护社会稳定工作,实现“三不出”的维稳目标,革吉县卫生健康委员会领导高度重视,结合工作实际周密安排,妥善化解社会矛盾,确保“三不出”的维稳局面,为中共二十大召开营造良好社会环境。

【党建工作和党风廉政建设】 年内,召开专题会议安排部署2022年卫生系统党风廉政建设工作,完善和优化卫健委党风廉政风险点和个人党风廉政风险点。认真落实“三会一课”制度,共召开党员大会、支委会、党小组会31次,上党课2次,撰写心得体会25篇,撰写交流发言材料18份。认真落实“三会一课”制度,以每周一支部学习日为契机,扎实学习习近平重点讲话精神和区地县三级各类讲话精神,全面落实从严治党各项工作。

【乡村振兴】 年内,革吉县“三个一批”人员81户83人,已实现100%签约。按照县乡村三级医务人员组成“1+1+1”家庭医生签约服务团队,签约覆盖数888户1722人。县乡开展基层巡回诊疗场次140次,覆盖6001人次,发放宣传品和免费药品,逐步解决群众买药难的实际问题。根据乡村振兴局防返贫监测系统,全县因病返贫监测户有4户4人,乡镇卫生院医护人员按季度进行跟踪随访。

【党史学习教育】 年内,要求卫生系统党员领导干部做到学史明理、学史增信、学史崇德、学史力行,学党史、悟思想、办实事、开新局。同时,每周支部活动日都开展学党史教育活动。

【中共二十大精神学习宣传】 年内,革吉县卫生健康委员会紧紧围绕中共二十大进行学习,开展集体学习1次,重点学习中共二十大原文报告、《习近平治国理政》第四卷,开展“抄报告原文、悟全会精神、启建工初心”活动,抄写中共二十大报告原文17份,撰写心得体会32篇,把中共二十大精神放在心上、落到实处。

【新冠疫情防控】 年内,落实落细第十版防控方案、二十条优化措施和“新十条”要求,坚持核酸检测打头阵、流调溯源判形势、快速转运、深根追阳“三清零”,累计投资881.8万元、冷链食品检测395个、环境检测704个。

(次仁拉姆)

【机构领导】

主　任

次 巴 珠(藏族)

副主任

次仁拉姆(女,藏族)

疾控中心主任

索朗旺布(藏族)

中心血库主任

罗松平德(藏族)

医疗保障

【概况】 2022年,按照自治区、地区上级行业部门要求,全区城乡居民基本医保个人缴费档次2档,分别为320元和130元,人均财政补助分别为935元和745元,城乡居民基本医保基金均由地(市)统筹管理。2022年,革吉县城乡居民基本医保参保覆盖率达100%,缴费率达97.95%,特殊人群参保缴费率达到100%,参保人数达18324人,缴费人数17949人,参加职工基本医疗保险1131人,参保率100%,职工生育保险参保率100%。

【医疗报销及救助】 年内,革吉县医疗保障局严格按照“三大目录”,辖区内基本医保参保人员根据当年征缴情况对其进行医疗报销,2021年7月国家医保信息平台西藏平台上线,2021年8月县人民医院开通“一站式”结算,减轻了革吉县医疗保障局经办人员手工报销业务量。城乡居民手工报销757人次,报销金额149.17万元;进行医疗救助68次,救助金额4.89万元;进行职工医疗手工报销96人次,报销金额99.64万元。

【药品和医用耗材采购监督】 自国家医保信息平台西藏平台上线以来,基本医保参保人员只要备案登记,“跨县(区)、跨地(市)、跨省”就能在医院直接结算。根据《关于印发〈西藏自治区医疗机构

2022年8月5日，革吉县医疗保障局工作人员到药店检查工作

网上药品备案采购管理办法（试行）》的通知》，辖区内“两定”医疗机构、药品和医用耗材均由线上采购。

【党史学习教育】 年内，提高政治站位，充分认识学习的重要性和必要性。基本医保的各项便民利民惠民政策为更好地落到实处，增强干部职工廉洁自律意识。截至年底，革吉县医疗保障局通过支部（局内部）集中和个人自学的方式学习各类会议精神、业务政策理论知识，观看《零容忍》《守护医保基金》等警示教育片，共计开展学习35次，撰写心得体会20篇。

【党风廉政建设】 年内，革吉县医疗保障局不断强化党员干部学习教育、从筑牢防线入手，把落实党风廉政学习教育工作当作加强反腐倡廉建设和提高干部作风建设的一项基础性、经常性工作抓实抓好。

组织全局干部职工认真学习《中国共产党章程》《违反中央八项规定精神典型案例通报》《中国共产党党内监督条例》《中国共产党廉政自律准则》《中国共产党纪律处分条例》等党内重要规章制度，要求全体干部认真做好学习笔记、撰写心得体会的同时所有局干部职工关注“雪域清风”“清风革吉”等微信公众号，第一时间学习各类典型案例，通过学习典型案例引导干部吸取教训，引以为戒、做到警钟长鸣。

组织党员干部开展自查自纠、“回头看”等活动，提醒党员干部时刻保持警惕，做到“清白做官，干净做事”“不碰红线、守住底线”，牢记全心全意为人民服务宗旨。

采取集中谈话和个别谈话相结合的方式，通过谈话及时了解干部思想动态，定期对党风廉政风险点进行评估，对存在的苗头性问题进行约谈，树立奋发向上、风清气正的医保干部新形象。

进一步改进窗口工作人员的工作作风，结合党史学习教育，部门窗口工作人员做到首问负责制、一次性告知制、限时办结制和责任追究制，做到办事程序公开、办事依据公开、办事时限公开、办事结果公开，窗口工作人员提供服务亮明身份、亮明承诺、亮明标准，努力做到办事的群众少跑一次路、少排一次队，少等一分钟。

（涂桂祥）

2022年4月21日，革吉县医疗保障局组织定点医疗机构解读政策法规

【机构领导】

局 长

次仁德吉（女，藏族）

副局长

多吉欧珠

待遇服务中心主任

涂 桂 祥

待遇服务中心副主任

才旺仁增（藏族）

人民医院

【概况】 革吉县人民医院位于革吉县河北路29号，2020年被评为“二级乙等”综合医院，已发展成为一所集医疗、预防、保健、急诊、急救于一体的综合性公立医院，是一家坚持以“患者至上、服务第一”为宗旨的县级综合性公立医院。

革吉县人民医院总占地面积23694.17平方米，建筑面积8143.89平方米，内设门诊楼、住院部、藏医科、医技楼、PCR实验室、发热门诊、“120”急救站、传染病房、制氧站、消毒供应室、医疗废物储存间、职工生活区等重点场所。

革吉县人民医院机构编制49人，实际人数93人，其中在编人数49人，编外3人，合同工8人，公益性10人，人才引进20人，抽调3人；执业医师8人、执业助理1人、中级职称3名（其中，藏医药师1人、藏医临床2人）；领导班子5人，其中院长1人，副院长4人。有编制床位27张，实际开放床位27张。

革吉县人民医院主要有内科、外科、妇产科、儿科、急诊科、藏医科等科室。内科、外科、儿科新开展业务有动态血压及动态心电图监测，该技术使用便捷，在非创伤性检查、常态（动态）长期监测患者血压、心率、心率变化情况及诊断上具有重要意义。2022年积极开展藏医科藏医特色诊疗法、放血疗法、涂擦疗法、金针疗法、艾灸疗法、火灸疗法、拔罐疗法、冷热敷疗法、帮觉疗法、药浴疗法等治疗；检验科生化项目有心肌五项、风湿四项、电解质七项等，免疫项目有心肌损伤标志物三项、D-二聚体检测、糖尿病肾病标志物检测四项、甲功三项、性激素两项、肿瘤标志物检测四项、炎症标志物检测五项、维生素标志物检测、幽门螺杆菌检测等；放射科消化道造影项目，以及移动DR（数字X线摄影）床旁危重检查，同时在2021年基础上新增车载CT机。2022年开展的项目既提高了临床医生的诊断效率，又满足了群众看病检查的需求。

【主要业务指标完成情况】 截至年底，门急诊总数13926人次，住院人数525人次。截至年底，门急诊发药2217人次，药品品种从2021年的150多个品种增长至170多个品种，处方点评达1100人次，处方数2221张，门诊用药咨询达80人次，处方干预30人次。检验检查住院（孕妇）201人次，住院（内外儿）215人，门诊（孕妇）512人，门诊（内外儿）847人，孕产检300人次，婚前检查100对，群众体检3000次。超声门诊检查504人次、急诊检查80人次、包虫病患者筛查检查12人次，住院检查238人次。放射检查DR检查1652人次，胃肠透视机检查1750人次，车载CT检查48人次，车载DR检查19人次。

【医养结合服务】 年内，根据《阿里地区关于进一步完善医养结合签约服务工作》通知要求，组织实

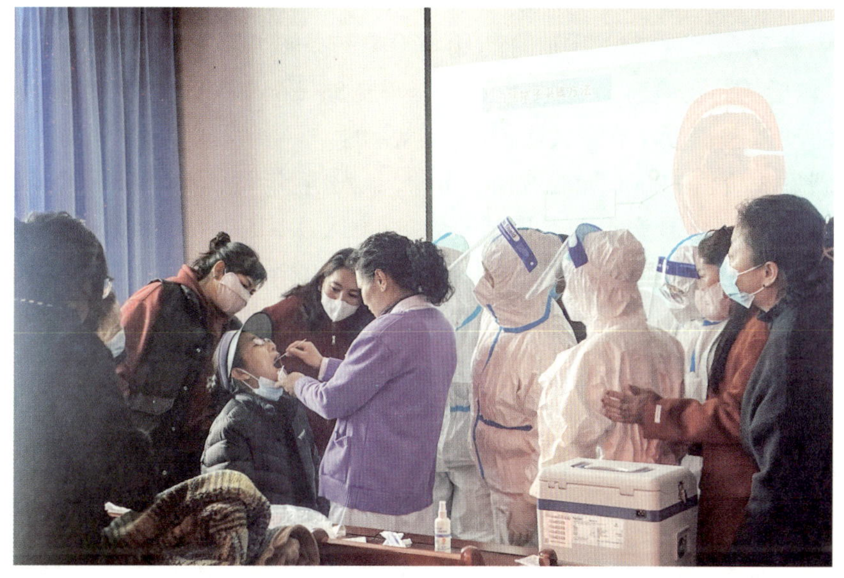

2022年4月19日，革吉县人民医院组织核酸采样预备队伍第二批培训

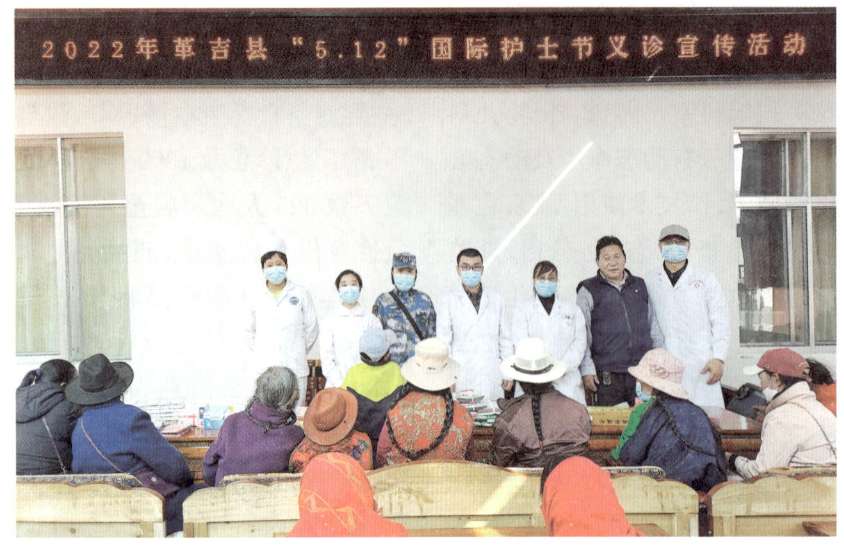

2022年5月12日，革吉县人民医院医护人员到革吉镇福康小区开展义诊宣传活动

施完成革吉县人民医院医疗机构医护人员与养老院服务机构老人之间"一对一"实现签约服务，并落实每年提供免费体检1次，每周安排医护人员上门坐诊服务，上半年、下半年度免费义诊活动2次。

【基层巡回诊疗】 年内，完成县直机关单位、县中学、县小学、县周围、"四乡一镇"、各乡镇小学学生及干部群众巡诊义诊活动9次，免费发放39897.49万元的药物（包括西药及藏药）。藏医药义诊活动覆盖群众400余人次，共免费发放价值12000元的藏药，切实解决群众看病难及缺医少药问题。

【基本公共卫生】 年内，城乡居民暨在编僧尼健康体检免费健康体检超声检查共4784人次，体检结果显示，患有包虫病67人，其中新增1人。筛查孕产妇79人次，其他常见病、多发病若干例。根据体检发现的患者均转诊到上级医院做详细检查并及时治疗，同时对所有的参检者进行健康宣传教育。

革吉镇检查孕妇36人，文布当桑乡检查孕妇31人，雄巴乡检查孕妇6人，亚热乡检查孕妇21人，盐湖乡检查孕妇16人。门诊向备孕及孕妇免费发放叶酸片，并宣传其预防作用。同时普及避孕节育知识，发放避孕药具。开展世界母乳喂养周宣传活动，制作宣传条幅1条，发放手册55本，开展35—64岁妇女"两癌"筛查活动。

截至年底，接种新冠疫苗2700人次，其中60岁以上人群接种100余人次；接种流感疫苗170人次、乙肝疫苗98人次、狂犬疫苗10人次，逐步提升传染病防治工作质量。

【新冠疫情防控】 年内，革吉县人民医院认真贯彻落实习近平总书记关于做好疫情防控工作的系列重要指示精神，把人民群众生命安全和身体健康放在第一位，在县委、县政府和县卫健委的统一领导下坚定信心，同舟共济，科学防治，精准实施，有序开展疫情防控工作，以责任和担当筑起疫情防控的铜墙铁壁。生鲜冷链食品检测、环境检测15万余次。

革吉县人民医院藏医科充分发挥藏药特色优势在新冠肺炎防控中的独特作用，根据《西藏自治区新型冠状病毒肺炎藏医药诊疗方案（试行第四版）》向一线工作人员等发放藏药预防汤剂和九味防瘟香囊，累计发放价值15600元的藏药预防汤剂、九味防瘟香囊698个，按照病情发放价值7万余元的药品。

【改进作风，狠抓落实】 年内，革吉县人民医院全体医护人员认真学习贯彻3号文件"改进作风、狠抓落实"会议精神，开展自查自纠工作，拥护"两个确立"、践行"两个维护"，坚持正风肃纪、正本清源，不断提高作风建设新水平，确保党中央国务院、自治区、地委和县委、县政府各项决策部署落地落实。县人民医院先后开展12次自查自纠和整改工作，收到29份进一步改进作风狠抓落实自我检视问题台账、43份作风怎么看、工作怎么干发言稿。组织全体医护人员学习改进作风狠抓落实相关文件14场次，并且持之以恒推进作风建设，把改革创新贯穿医院作风建设始终，建立制度作保障，确保全体医护人员作风持续转变、落实更加有力、服务明显提升。严格按照医院各项工作部署，真正做到人人身上有任务，个个肩上有责任，做到实心干事、科学作为，全力统筹推进各项工作，完成目标任务。

【创建“二级乙等医院”】 年内，健全和完善医院必备质量管理组织，根据创建评审标准，建立“层次分明、职责清晰、功能到位”的医疗质量管理组织。

对照创建“二级乙等医院”标准，根据相关的法律法规，结合县人民医院实际，进一步健全各种规章制度和人员职责，修订完善医院各级各类规章制度，狠抓医疗核心制度、各项操作规程的落实。

革吉县人民医院多次组织人员开展有关医疗纠纷防范与处理的学习，广泛开展《中华人民共和国执业医师法》《护士条例》《医疗纠纷事故处理条例》《病历书写基本规范》等法律法规的学习和教育，并对全院医务人员进行多次相关培训和考试。

认真贯彻落实《病历书写基本规范》，加强对病历质量的检查，进一步规范和提高医疗文书的书写质量。促进临床合理用药，调整药品目录，坚持优化结构、有进有出，着力提升使用效率，优先选用安全、有效、经济、临床需要且广泛应用的药物品种。

购买CT机与超声机，完善综合医院职能，满足广大人民群众的健康需求，促进县人民医院健康可持续发展。

进一步解放思想、转变观念、深化改革、开拓创新，招聘6名专业技术人员，努力开创人尽其才、才尽其用、人才辈出的健康、稳定、可持续发展新局面。

【安全生产】 年内，革吉县人民医院始终坚持以“安全第一，预防为主”的安全生产方针，从提高认识入手，加强领导，完善制度，强化管理，深入开展安全检查，积极消除事故隐患。通过全院干部职工的共同努力，严格落实各项安全管理规章制度和安全保障措施，以服务临床一线为宗旨，切实做好医院内部安全生产、维稳保卫、消防安全工作。

年内，安全管理委员会对全院安全督导检查10次，开展安全生产培训2次、安全生产应急演练1次，开展安全专题会1次、对外医疗安全培训1次，重点部位每日组织开展防火巡查并填写巡查记录表。签订平安医院创建目标责任书10份、消防安全承诺书10份，无重大安全事故和火灾事故发生，保障医院正常诊疗秩序。

【党建工作】 年内，革吉县人民医院共有正式党员23名，预备党员1名，入党积极分子2名。组织党员观看中国共产党第十九次全国代表大会，组织团员及非团员年轻干部职工观看庆祝中国共产主义青年团成立100周年会议，组织全院干部职工观看中国共产党第二十次全国代表大会。开展走访慰问公益性干部职工活动、“护士节”活动、“手卫生宣传日”活动、爱国卫生运动5场次，党员参与义诊巡诊服务牧民群众患者11场次；召开支部学习会议66场次，党史学习会议15场次；党课3场次，参与69人次；召开民族团结专题学习会议13场次；开展改进作风、狠抓落实及民族团结应知应会知识竞赛，参与20人次；开展《信访工作条例》考试，参与32人次；开展“作风怎么看，工作怎么干”专题讨论会1次，参与20人次；召开民族团结座谈会1次，参与23人次；组织红色歌曲传唱1次，参与23人次；开展主题党日活动3场，参与69人次；重温入党誓词1次，参与19人次。

（嘎玛央增）

【机构领导】

院　长

索朗达杰（藏族）

副院长

次　　旦（藏族）

普布扎西（藏族）

益西旺姆（女，藏族）

周　　燕（女）

社会生活

民政

【概况】 革吉县民政局属于正科级单位，下设参公单位——县救助居民家庭经济状况核对指导中心；下设事业单位革吉县特困人员集中供养服务中心，属正科级建制；下设事业单位革吉县残疾人综合服务中心，属正科级建制。革吉县民政局主要负责全县城乡低保、特困人员和孤儿、残疾人、婚姻登记管理、基层政权建设、勘界、区域地名管理、福利事业等工作。

2022年7月21日，革吉县民政局工作人员到那普社区召开城镇低保核查工作部署会暨惠民政策宣讲会

【党建工作】 年内，采取集中学习和个人自学相结合，学习习近平新时代中国特色社会主义思想、西藏自治区第十次党代会精神、全区改进作风狠抓落实工作动员部署会议精神等内容，同时常态化开展党史学习教育，将政治理论学习落到实处，进一步增强用党的创新理论最新成果武装头脑、指导实践、推动工作的思想自觉。年内，革吉县民政局党支部开展讲党课2次、主题党日活动2次、重温入党誓词2次、集体学习27次。严格会议纪律，规范组织生活程序，支部组织活动严格执行考勤签到制，落实请销假、谈话提醒、定期通报等制度。

【党风廉政建设】 年内，主要领导严格落实党风廉政建设“第一责任人”，严格履行“一岗双责”，把党风廉政建设工作摆到全局工作的突出位置，纳入全局总体工作思路当中。截至年底，召开1次党风廉政和反腐败集体约谈会和1次廉政谈话，组织全体干部观看反腐专题片《零容忍》，使党员干部思想进步，理论素养提高，增强拒腐防变能力，推动反腐败工作进一步开展。

突出抓好党内政治生活的开展，教育引导全局党员干部进一步坚定理想信念，增强“四个意识”、坚定“四个自信”、做到“两个维护”，积极主动做好思想政治工作，自觉遵守党的纪律，认真执行党内监督各项制度。

严格依照相关法律和规定对民政专项资金进行监督管理，通过加强对基层民政专项资金的有效监管，确保各项资金管理规范和资金发放公开、公平、公正，使弱势群众的“救命钱”得到专款专用。

2022年9月13日，革吉县第一届残疾人联合会代表大会召开

【改进作风狠抓落实】 年内，革吉县民政局对改进作风狠抓落实工作高度重视，坚决贯彻落实区党委、地委、县委关于改进作风狠抓落实方面各项决策部署，深入学习贯彻落实习近平总书记关于改进作风狠抓落实的重要论述，及时召开集体学习会传达学习全区改进作风狠抓落实工作动员部署会精神，并组织召开革吉县民政局进一步改进作风狠抓落实工作动员部署会，传达学习《关于革吉县印发〈2022年进一步改进作风狠抓落实工作实施方案〉》，具体安排部署革吉县民政局改进作风狠抓落实工作，深入开展以“查作风、查责任、查漏洞、查落实”教育为主要内容的改进作风狠抓落实活动。

严格按照县委作风办安排部署，加强作风建设督促检查，对违纪违规的干部职工严肃追责，把干部职工改进作风狠抓落实的现实表现纳入年终目标考核，作为考察干部的重要内容，作为评选表彰的重要依据。

【安全生产】 年内，革吉县民政局领导班子对安全生产工作高度重视，把中共二十大安全生产工作纳入年度工作计划，列入重要议事日程，始终把安全生产工作贯穿于整个民政工作之中，严格执行安全责任制和消防安全责任各项要求。

供养服务中心每月开展消防安全自检，民政局每逢节假日开展消防安全检查，对存在的安全隐患及时进行排查，列出问题清单，建立整改台账，提高民政领域安全生产防控水平，消除安全隐患，确保特困人员生命和财产安全。按照县维稳指挥部要求，结合革吉县民政局工作实际，制定《中共二十大革吉县民政局维稳安保工作方案》，明确工作任务和举措，同时召开动员部署会，把思想和行动统一到中央、自治区、地区的决策部署及县委、县政府的工作要求上来，落实维稳防控各项工作。

【城乡低保】 年内，认真抓好城乡最低生活保障工作，实现应保尽保，严格执行低保政策，开展低保工作的专项检查，做好分类施保，狠抓低保经费的落实，对困难人员实现应保尽保，组织召开革吉县城乡低保专项核查动员部署会，开展城乡低保核查工作。

年内，上半年农村低保有30户121人，兑现农村低保金6.6267万元，下半年农村低保有25户93人，兑现农村低保金6.1004万元（标准每人每年5160元，按差额补贴兑现），城镇低保有19户34人，已兑现城镇低保资金34.3176万元（标准为每人每月1127元，按差额补贴兑现）。

【临时救助】 年内，革吉县民政局扎实做好临时救助专项工作，保证专项资金专项使用，解决社会弱势群体的一次性临时困难。截至年底，革吉县民政局共救助510人，发放临时救助金44.994万元，其中因疫情原因生活陷入困境的有290人。

【落实一次性生活补贴发放】 年内，积极协调上级业务部门及时下发困难群众救助补助资金，确保及时、足额、快捷地发放到困难群众手中。下发低保对象、特困人员每人1200元的一次性生活补贴，全力保障困难群众基本生活，为237人发放28.44万元。

【特困供养工作】 年内，认真开展农村特困人员供养工作，将符合条件的及时纳入特困人员供养范围。截至年底，革吉县共有农村特困供养人员80人，将已有意愿的54名特困人员进行集中供养，有意愿集中供养率达到100%，发放集中供养、分散供养金，分别为每年每人17581元和7740元，确保特困供养人员的基本生活得到保障，2022年共兑现119.3516万元特困供养金。

【孤儿供养】 年内，扎实推进革吉县孤儿供养工作，把符合条件的及时纳入孤儿供养范围。截至年底，共分散孤儿5人，共兑现资金8.58万元。事实无人抚养儿童1人，兑现资金9720元，流浪乞讨救助8人，救助资金累计3850元。

【婚姻登记】 年内，革吉县民政局严格按照《中华人民共和国民法典》，指导革吉县婚姻登记工作，加强日常服务管理，加大前来办理结（离）婚登记人员的政策宣传力度，防止因政策宣传不到位、办事流程不规范而引发的冲突事件，影响民政服务窗口形象。截至年底，结婚登记86对，离婚登记36对，补发结婚证35对，补发离婚证2对。

【严重精神障碍患者工作】 年内，为进一步落实好严重精神障碍患者监护人的监护责任，有效防范严重精神障碍患者肇事肇祸（事）件发生，维护公共安全，按照相关文件精神由革吉县民政局牵头组织动员基层力量，广泛深入开展对《西藏自治区严重精神障碍患者监护人申领监护补贴暂行办法》的学习和宣传工作，确保相关工作人员和患者家庭知悉补贴政策。年内，革吉县有精神障碍患者32人，共兑现补贴7.68万元。

【残疾人服务】 年内，认真落实残疾人“两项补贴”、康复补贴，完成托养补贴（阳光家园）工作，全县残疾人共有632人，其中享受残疾人“两项补贴”591人，共兑现129.78万元。110名残疾人兑现康复补贴和阳光家园、燃油补贴、认定补贴等共计4.926万元。及时发放残疾人辅助器具。截至年底，为有康复需求的9名残疾人发放轮椅、防褥床气床垫等各类辅助器具。

【新冠疫情防控】 年内，严格落实区、地、县三级关于疫情防控相关精神，特别是绷紧特困人员集中供养中心疫情防控之弦，加强对工作人员和老人的核酸检测、疫苗接种、防控知识宣传等工作，从严从细从实做好供养中心疫情防控的各项措施，切断疫情有可能传播的途径，全力保障入住老人和工作人员的身体健康和生命安全，坚决守住供养中心疫情防控安全底线；杜绝因人员聚集造成疫情传播。

做好疫情防控期间相关救助工作，确保因疫情陷入困境的人员后续生活保障。广泛在干部职工及群众中开展宣传引导，增强社会责任意识，不传谣、不信谣、不恐慌；做好本单位外来人员体温检测及信息登记工作。充分发挥干部职工在疫情工作中的带头作用，在疫情考验中践行使命担当，认真履职，当好表率，发挥先锋模范作用，主动承担疫情防控责任，在严密做好个人防护前提下，协助做好疫情防控宣传、核酸检测服务、涉疫人员排查、生活物资转送、环境消毒整治等工作。年内，革吉县民政局志愿参加疫情防控工作15人次。

（阿　珍）

【机构领导】

局　长

扎西罗布（藏族）

副局长

吾金罗布（藏族）

救助居民家庭经济状况核对指导中心主任

桑　珠（藏族）

救助居民家庭经济状况核对指导中心副主任

郭桂梅（女，12月任）

特困人员集中供养服务中心主任

德庆卓玛（女，藏族）

特困人员集中供养服务中心副主任

扎西旺久（藏族）

残疾人综合服务中心主任

米玛次仁（藏族）

人力资源和社会保障

【概况】 2022年，革吉县人力资源和社会保障局深入贯彻习近平总书记考察西藏时重要讲话精神，认真落实县委、县政府决策部署，在全力做好疫情防控的同时，重点做好“稳就业”工作，落实“保居民就业”任务，就业局势总体平稳，社会保障体系不断健全，人才队伍切实壮大，劳动关系总体和谐稳定，行风建设持续优化，公共服务质量稳步提高，为全面贯彻落实中共二十大精神、“十四五”乘势而上打下坚实的基础。

革吉县人力资源和社会保障局实有干部职工20人〔局机关5人、新型农村养老保险管理中心行政干部4人、劳动就业（大学生就业创业）服务中心行政干部3人、社会保险服务管理中心事业人员3人、“三支一扶”人员3人、公益性岗位人员2人〕。

2022年4月15日，革吉县人力资源和社会保障局工作人员到阿里亚培职业技能培训学校检查技能培训开展情况

【就业创业】 年内，革吉县应届高校毕业生59人（大学24人、大专35人；女学生22人、男学生37人），通过县级干部“一对一”指导帮扶未就业高校毕业生等方式，积极开展应届高校毕业生就业创业各项工作，59名高校毕业生已实现初次就业，初次就业率100%；通过召开高校毕业生就业创业监管联席会，与15名高校（中职）毕业生签订创业协议，合计兑现90万元一次性创业启动资金，为4名学生兑现房租补贴，合计74647元，城镇登记失业率控制在3%以内。

年内，在坚持持续落实各项疫情防控措施的前提下，严格执行农民工工资保证金缴纳制度，有效推进“双拖欠”化解工作，并深入贯彻《关于稳经济若干临时性措施》文件精神，引导社会各界转变就业观念，推行组团式就业模式，鼓励革吉籍高校毕业生应聘“两省三企”就业岗位，做好困难人员等重点群体就业工作。

2022年5月25日，革吉县人力资源和社会保障局召开2022年高校毕业生创业启动资金监管联席会议

【人才强县】 年内，全县组织开展客房服务、畜禽养殖、创业等培训11期，参训人员525人，完成2022年目标任务的100%。开展县事业单位人员统计摸底工作，对全县567名事业单位人员进行摸底调查，其中管理人员65人，专技人员484人，工勤人员18人。为10名事业单位人员办理调动手续，1人办理辞聘、解聘手续，10

人办理转正手续，53 人次办理工资调整手续，推荐 1 名干部职工参加西藏少数民族专业技术人才选拔。

【社会保障体系不断完善】 年内，高度重视“一卡通”全覆盖工作，精心组织，给各乡镇配备经办专用电脑，深入宣传社保卡功能并加大经办人员培训力度，及时沟通协调开展申领、补换卡、激活金融功能工作，实现惠民惠农财政补贴资金和养老保险待遇统一使用社会保障卡进行发放。

全县参加城乡居民养老保险 10662 人，实际参保率 95%，按时足额发放待遇 1253 人，累计发放资金 3139583.97 元。

坚持健全完善社会保障体系，以“应保尽保”的原则，积极引导企业（用人单位）职工参加社会保险，全县参保人员人数 1482 人，其中 58 家机关事业单位参保人员 1119人，23 家企业参保人员 135 人，其他灵活参保人数 228 人，机关事业单位、企业职工参保率 100%。

【劳动关系和谐稳定】 年内，处理各类投诉举报劳资纠纷案件 22 起，涉及农民工 64 人，涉案金额 154.37 万元。缴纳 45 家（24 家以保函形式缴存）企业农民工保障金农民工工资保证金，合计 10768642.62 元；退还农民工工资保障金 2076813.37 元，涉及 20 家企业。开展各类领域劳动用工及保障民工工资专项检查 7 次，检查用人单位 31 家，涉及民工 450 余人，为 3 家施工企业下发责令整改通知书，并完成整改，劳动合同签订率达到 97%。

【乡村振兴】 年内，通过持续加大转移就业工作力度，切实巩固人社扶贫成果，实现脱贫攻坚与乡村振兴有效衔接。年内，全县劳动力 8078 人，富余劳动力 2764 人，农牧民技能培训意愿 1725 人，转移就业 1544 人次，实名制登记 1319 人（其中脱贫户 354 户），劳务创收 1570.9168 万元，帮助农牧民群众就业增收。

【党建工作】 年内，坚持以习近平总书记关于全面从严治党的重要论述为指导，结合区党委改进作风狠抓落实活动主线，以抓教育、抓制度为重点，狠抓党风廉政建设责任制落实，切实履行局班子主体责任，着力不断提升党员干部素质，持续培育“严细实”的工作作风，保障各项学习、工作任务落实落地，全体党员干部思想观念和工作作风进一步转变，确保工作作风更加扎实，推进发展、解决难题的本领有更大的提升，为各项业务工作顺利开展提供了坚强保障。

年内，共组织召开作风建设专题学习会议 18 次、党支部集体学习会议 35 次、党风廉政建设季度汇报会 4 次；落实县委第二轮交叉巡察的要求，召开巡察进驻动员部署会议 1 次、专题组织生活会 1 次，对人社部门 2019 年以来存在的各项问题和不足展开深入自查，严格压实整改工作责任，认真“对号入座”，逐项加以整改，确保各项问题从严、从快、从实整改到位。

【安全生产】 年内，严格按照“党政同责、一岗双责”的工作要求，及时调整由主要领导为组长、分管领导为副组长的安全生产工作领导小组，层层压实安全生产工作责任，认真组织干部职工学习习近平总书记关于安全生产重要论述和指示批示精神，并围绕县

2022年6月8日，革吉县人力资源和社会保障局工作人员开展劳动监察宣传活动

委、县政府及县安委办提出的有关要求，结合职能实际积极配合开展“安全生产月”系列活动，为切实做好安全生产工作营造浓厚氛围，进一步使安全生产各项工作落到实处。年内，共组织开展党支部安全生产专项学习5次，召开安全生产季度部署会议4次，排查整改灭火器过期、楼道应急灯不合规等安全生产问题3项。

【政策宣传】 年内，坚持落实属地管理责任，多次到村居基层一线、寺庙重点领域、企业用工现场等进行养老保险待遇领取人员生存认证、劳动保障法律法规、城乡居民养老保险、高校毕业生就业创业政策宣传宣讲督导工作，保障各项社会保障政策深入人心。

年内，结合职能实际，面向用人单位、农民工、高校毕业生等广泛开展《中华人民共和国社会保险法》《中华人民共和国劳动就业法》《保障农民工工资支付条例》《劳动保障监察条例》宣传，全年共开展宣传活动9次，涉及600余人，张贴横幅2条，发放相关政策法规宣传单500份。

（梁志龙）

【机构领导】

局　长

多吉玉珍（女，藏族）

副局长

周志飞

社会保险服务中心副主任

嘎　　玛（藏族）

新型农村养老保险管理中心副主任

白　　珍（女，藏族）

行政审批和便民服务

【概况】 革吉县政务服务中心业务楼于2016年由政府筹资349.97万元建成，2017年正式运行，建筑总面积802平方米，有上下2层便民服务大厅2个，除服务窗口外，设置业务办公室、会议室、机房等功能房。政务服务中心归行政审批和便民服务局具体监督管理，革吉县行政审批和便民服务局为正科级行政单位，人员编制3名，领导职数2名，其中，局长1名，副局长1名，科员1名。政务中心为正科级事业编制建制，人员编制2名，主任1名，副主任1名。政务服务中心入驻单位7家，入驻事项88项，主要办理户籍管理、税务综合业务、城乡职工及农牧民群众医疗报销、运管综合业务、城乡居民养老保险业务、婚姻登记、不动产登记等公共服务事项入驻政务服务中心开展业务工作，政务服务网已覆盖到乡（镇）一级。

【“互联网＋政务服务”】 年内，革吉县各部门在“一网通办”管理平台完成实施清单发布总数809项，已发布实施清单809项，发布率为100%；情形化梳理事项总数745项，情形化梳理完成概率92.09%；已发布网上可办768项，网上可办率达100%；监管平台完成事项梳理789项，即办件事项总数达到28.60%；承诺时限压缩达到55.88%，平均跑动次数达到0.5次以下，办理速度达77.52%。革吉县19家单位实施国家层面设定行政许可事项219项，中直驻藏机构2家单位实施国家层面设定行政许可事项2项；自治区地方性法规、政府规章设定行政许可事项1项；共有222项行政许可事项，并已通过政府门户网站向社会发布。

【权责清单编制调整】 年内，已经梳理完成，革吉县权责清单共3501项，其中行政许可164项，行政处罚2528项，行政给付46项，

2022年2月13日，革吉县行政审批和便民服务局工作人员到福康社区开展志愿服务活动

2022年5月13日，政务服务中心工作人员开展工作满意度调查

行政奖励73项，行政确认49项，行政征收17项，行政裁决6项，行政检查221项，行政强制162项，其他235项。全年线上办件2945件，线下办件3555件，咨询数量448件，群众满意度为100%。

【“放管服”改革】 年内，以集中办公“一站式”审批为运作模式，办公规模不断扩大，管理日趋规范，推动革吉县政务公开、简化办事流程、改善政府服务能力，通过制定《革吉县政务服务中心运行管理办法》等措施全方位优化营商环境中存在的难点、痛点、堵点，不断提升群众、企业办事创业的便利度、满意度和获得感，努力打通“最后一公里”。

【优化营商环境】 年内，按照便捷、高效的原则，全面推行证明事项告知承诺制，切实减少“奇葩”证明、循环证明、重复证明现象，进一步优化办事流程，精简办事材料，最大限度减少群众和企业办事跑动次数、减少办事时间，提高办事效率、提高工作人员服务水平、提高群众满意度。对涉及“跨省通办”事项的14家单位148项通办事项进行初步的梳理，按照各自的职责权限认真梳理后初步能认领的事项有80项，初步核实汇总后全县梳理出乡村证明事项27项，分别为保留清单24项，取消清单3项。

【中共二十大精神学习宣传】 年内，积极开展学习中共二十大精神活动，努力掌握中共二十大精神的理论意义、实践意义，努力掌握其思想精髓、核心要义，做到学深悟透、融会贯通。组织开展宣传中共十二大精神2场次、研讨活动2场次、支部集中学习11场次，参与30余人次。

【新冠疫情防控】 年内，积极投身疫情防控一线，先后组织4人负责发放物资、消杀消毒等工作，对人员比较集中的窗口部门、服务大厅每天进行科学的消杀。免费对外来办事人员发放口罩，进行体温检测，在大厅门口设立便民核酸检测点，为疫情防控工作做出应有的贡献。

（普　片）

【机构领导】

局　长

达瓦仓巴（藏族）

副局长

安　　望（1月任）

政务中心副主任

罗　　珍（女，藏族）

退役军人事务

【概况】 2022年，革吉县退役军人事务局（以下简称县退役军人事务局）下属事业单位1个（退役军人服务中心），核定编制2名。革吉县设退役军人服务中心（站）6个，其中县服务中心1个，“四乡一镇”退役军人服务站5个，各乡镇服务站于2022年5月挂牌，乡镇无专职工作人员，由武装部部长及武装干事兼任。辖区内有20个村（社区）各配备1名服务工作人员，由村书记或村主任兼任。

【党建工作】 2022年，县退役军人事务局坚持全面从严治党主体要求，将党的领导贯穿全局业务工作始终，全力推进局党支部的思想建设、组织建设、作风建设，推动退役军人事务工作高质量发展。以集中学习、自主学、线上学的方式，深入学习习近平新时代中国特色社会主义思想、习近平总书记考察西藏时的重要讲话精神、中共十九大和十九届历次全会精神，学习宣传中共二十大精神，以及习近平总书记关于退役军人工作的重要论述、自治区第十次党代会精神、区地县重要文件及重要会议讲话精神。先后召开党员大会4次，开展集中学习45次，组织线上考试、观看培训课程3次，组织党员通过“学习强国”学习平台进行自学，开展党员教育学习研讨4次，进一步坚定党员干部理想信念，增强党员宗旨意识。

年内，局党支部认真开展“三会一课”、“主题党日”、组织生活会等党内政治生活。开展支部书记讲党课2次、主题党日活动3次、谈心谈话3次。

【就业创业】 2022年，县退役军人事务局组织完成2021年度退役士兵档案审核、一次性经济补助和家庭优待金预算，及时了解退役军人的特长、困难、诉求和就业创业意愿，帮助他们厘清思路，找准对策。

【完善保障体系】 2022年，根据退役军人服务中心（站）示范创建标准，革吉县5个退役军人服务中心（站）已完成达标验收，盐湖乡退役军人服务站示范型创建工作已完成。县乡村退役军人服务中心（站）有兼职工作人员50名，其中，县服务中心工作人员1名，乡镇退役军人服务站兼职工作人员9名，村级退役军人服务站联络员40名。

【落实待遇保障】 2022年，县退役军人事务局按标准及时兑现2021年义务兵家庭优待金。为60岁以上农村籍退役士兵兑现晚年生活补助资金，为2021年退出现役退役士兵兑现一次性经济补助和家庭优待金。

【新冠疫情防控】 2022年，县退役军人事务局面对突如其来的疫情，广泛发动本系统工作人员和广大退役军人，迎难而上，勇挑重担。退役军人在疫情面前，逆行而上，为全县疫情防控做出突出贡献。

【宣传工作】 2022年7月，革吉县退役军人事务局工作人员到“四乡一镇”宣传优抚政策，发放宣传册600份；充分利用清明节、三大节日、八一建军节和公祭日等重要时期，大力宣传退役军人保障法等优抚政策，开展浓厚的国防教育活动；同时利用国家安全教育日、全国防灾减灾日，在革吉县便民服务中心旁开展退役军人政策宣传活动，发放退役军人宣传册100份，并向群众重点讲解退役军人的政治待遇和生活待遇、退役军人的安置方式、退役军人办理保险关系和相应资金转移接续等方面的问题，通过讲解使群众更加深入了解退役军人有关政策。

2022年8月1日，阿里地委委员、县委书记辜建中（左四），县委副书记、县长彭次（左三）一行到军属家中慰问

【拥军优属】 2022年，在“三大节日”期间，由县委主要领导带队，对驻革吉部队、农村籍退役军人和生活困难的城镇户口退役军人进行慰问，并发放慰问金。八一建军节期间，阿里地委委员、县委书记辜建中，县委副书记、县长彭次，副县长牛群带领县委办、县委宣传部、政府办、退役军人事务局和融媒体中心人员走访慰问人武部、武警中队、援藏部队医生、军属，发放慰问金共计24100元。各乡镇组织退役军人召开座谈会

2022年8月20日，革吉县退役军人参加疫情防控工作

议，送上党和政府的关心关爱。为2021年9月入伍义务兵家庭和2022年上半年入伍义务兵家庭悬挂光荣牌。八一建军节期间，革吉县电信局对驻革吉部队进行慰问，中国农业银行革吉县支行与县人武部开展以“军企共建、浓情拥军、服务部队”为主题的民族团结活动，进一步铸牢中华民族共同体意识，共同谱写新时代民族团结进步事业新篇章。同时，县农业银行为县人武部做了大量国防教育宣传栏，发挥了企业拥军作用。

为激发应征青年参军报国热情，营造关心支持国防舆论氛围，革吉县征兵办得到阿里电信革吉分公司、阿里移动革吉分公司、阿里联通革吉分公司征兵宣传公益短信支持，举办2022年度征兵宣传公益短信签约仪式，在革吉网信、革吉融媒体大力宣传，发动革吉县广大适龄青年登录全国征兵网积极报名应征，或到县人武部、乡镇武装部咨询报名，实现高质量兵员宣传发动无盲区、全覆盖。收悉现役军人立功喜报后，及时沟通部队了解具体情况，积极组织相关单位为现役军人家庭送去立功喜报及党和政府的美好祝愿，并将慰问金送到家属手中，同时大力宣传受奖人员先进事迹。进一步增强现役军人家属的荣誉感，激发广大部队官兵安心服役、建功军营的热情，在全县范围内营造拥军优属的良好范围，让军人成为全社会尊崇的职业。

【烈士褒扬】 2022年，在清明节和公祭日期间，县退役军人事务局依托中华英烈网和天上阿里微信公众号，积极倡导网上祭扫新风，组织大规模现场集体祭扫，同时在“学习强国”学习平台观看烈士纪念日向人民英雄敬献花篮仪式，网上祭扫1876人次、观看仪式863人、现场祭扫265人。

【文艺进军营活动】 2022年，县退役军人事务局积极协调县文化和旅游局、武警中队，在八一建军节期间到那布艺术团开展文艺进军营活动，获得广大官兵欢迎。

【烈士陵园修缮】 2022年，根据《关于印发〈全国县级以下英雄烈士纪念设施整修工程实施方案〉的通知》，县退役军人事务局高度重视，及时推进烈士纪念设施保护工作，对革吉县烈士陵园进行摸底排查。针对烈士陵园中烈士墓碑破损、雕像与烈士本人不符等问题进行整改，对于需要新建旱厕、机井房、停车场、入口步梯等设施，立即采取措施。与设计公司反复修订烈士陵园修缮方案，并向上级退役军人事务部门申请项目经费，全权委托县项目管理中心组织烈士陵园的修缮工作。

【拥政爱民】 2022年，县人武部官兵向县红十字会抢险救灾保障基金、阿里地区农牧民返贫保障基金捐款，人武部3名领导与革吉镇森布村3个边缘户进行结对帮扶。人武部官兵和基干民兵与革吉镇群众和扎西曲林寺僧众开展“感党恩 听党话 跟党走，军爱民 民拥军 稳边疆”铸牢中华民族共同体意识主题实践活动，组织上门义诊、发放药品、座谈交流、赠送慰问品和参观阿里（革吉）红色爱国主义教育、观看红色电影等，收到很好成果，得到政府、群众、僧众的高度好评。“六一”国际儿童节期间，人武部官兵走进革吉县九年一贯制小学开展“大手拉小手、同心护未来”

活动，组织孩子们进行爱国主义教育，增强爱国主义情怀，为家庭困难的孩子们分发价值1600元的书包、画笔、文具盒、笔记本等礼物。

持续开展民族团结"双进"活动，向扎西曲林寺发放价值1万元的取暖焦炭、保暖物资、粮油米面等，大力宣讲党的民族政策、宗教政策，把实事做到僧众家门口，把服务做到僧众心坎上，提升僧众的获得感、幸福感和对部队的信任感、认同感，加深军僧之间的情感联系。

【全面从严治党】 2022年，县退役军人事务局突出抓好班子成员对《中国共产党党组工作条例》《党委（党组）落实全面从严治党主体责任规定》等相关规定制度的学习，以理论上的清醒强化实践行动的自觉。党支部书记认真履行第一责任人职责并坚持做到"四个亲自"，班子成员积极履行一岗双责，退役军人事务局保持全面从严治党的良好态势。召开全体干部大会4次，认真学习自治区纪委通报的《关于三起违反中央八项规定精神典型案例》《中共西藏自治区委员会关于在全区开展违反中央八项规定精神问题自查清理纠治的通知》《关于6起不正确履行职责问题的通报》等违规违纪通报，集中观看《永远在路上》警示教育片；开展节前教育，杜绝铺张浪费以及酒驾、醉驾等，严禁公款吃喝、公款消费。广大干部不越红线、不触底线的思想和行动更加自觉。

班子成员开展集体谈话2次，让"咬耳扯袖""红脸出汗"成为常态。结合"改进作风、狠抓落实"活动，深入开展"作风怎么看、工作怎么看"，人人对标对表、反复自查、深入剖析，深刻查摆自身思想上存在的隐患及苗头性倾向，持续破除形式主义、官僚主义。全局干部认真学习业务知识，结合实际深入思考，善于琢磨，进一步摸清群众需求，找到化解问题着力点，不断提高工作成效。

（次仁琼拉）

【机构领导】

局　长

　　次仁琼拉（藏族）

副局长

　　龚世广

退役军人服务中心主任

　　德　珍（女，藏族）

市场监督管理

【概况】 革吉县市场监督管理局于2019年3月挂牌成立，2020年5月成立革吉县市场监管综合行政执法队，实行"局队合一"，共有编制5名，实际在编人员5名，正科级1名，副科级3名，科员1名，公益性岗位2人，占地面积2900平方米。2022年，革吉县市场监督管理局以"服务经济发展、强化市场监管"为主线，不断解放思想，真抓实干，着力抓好服务升级、管理创新、体制转型和队伍建设，全面履行各项职能和落实各项工作市场秩序平稳有序。

【药品监督管理】 年内，按照"监管区域无盲区、监管品种无遗漏、监管环节无断层"的整体工作思路，累计出动执法人员40人次，检查药械经营和使用单位80家次，开展化妆品专项检查6场次，辖区内未出现"两品一械"安全事故，进行药品药械安全自查1次，上报自查报告9份，下发《药品价格提醒告诫书》2份。

【食品监督管理】 年内，共开展食品安全检查38次，检查食品经营市场主体328户次，出动执法人员94人次，封停责令整改2家，节假日期间发布食品安全相关短信1000余条。实现学校食堂"明厨亮灶"100%以及重点餐饮店、县职工食堂等监控画面集中显示在局综合服务大厅，制定《革吉县2022年食品安全工作要点》《革吉县2022年药品安全工作要点》，结合"3·15"国际消费者权益日、"3·28"西藏百万农奴解放纪念日、春冬季开学等开展各类宣传活动9次，发放宣传册1000余份、宣传物品价值1万余元，累计受教育群众2000余人次。

【质量技术监督】 年内，组织召开革吉县2022年质量和标准化工作会议，印发《革吉县2022年质量和标准化工作要点》和《2021年质量标准化工作考核反馈意见整改方案》，开展质量监督检查15场次、宣传教育活动10场次，协助完成（地抽）食品抽样检测任务58批次，协助完成（区抽）化妆品抽检任务10批次，检测结果均为合格。

【市场主体诚信体系建设】 年内，共开展食品、药品、特种设备、产品质量、疫情防控等各类专项检查84次，检查市场主体762户次，出动执法人员168人次，出动执法车辆47辆次，共没收假冒伪劣、过期变质食品20种，价值共计1万余元，发现特种设备安全隐患30处，下达《特种设备检查指令书》3份，问题均已整改完毕；共建立“12315”投诉站（点）10个，张贴“12315”投诉举报公示栏60条，节假日期间发布各类消费警示信息2000余条，全年接到投诉5起，成功调解5起。

【市场主体注册登记】 年内，为提升市场监管部门审批效率和服务水平，提高企业、个体工商户注册登记智慧化、便利化，实现“最多跑一趟”、打通“最后一公里”、24小时“政务服务不打烊”，已申请援藏资金30余万元，购置企业（个体）登记注册智能设备，实现企业注册登记即办即批、即批即得，提升企业群众办事便利度，增强群众获得感，同时在已有的智慧食安监管系统基础上，已申请援藏资金14万余元，进一步升级和扩大监管范围，将重点行业如药店、乡镇食堂、各单位食堂等增加到监管平台，与地区实现数据共享。

截至年底，全县各类市场主体发展到1388户，注册资金12.97亿余元。其中内资企业137户，注册资金11亿余元；农民专业合作社24户，注册资金1590万余元；个体商户1227户，注册资金1.7亿余元。年内，新增市场主体167家，其中内资企业11家，个体工商户156家，2022年年报率96%。

【新冠疫情防控】 年内，组织行业负责人召开市场主体疫情防控工作集体约谈会3次，认真落实一周一次的冷链食品、从业人员核酸检测抽样工作，联合相关部门共开展疫情防控监督检查30次、环境核酸检测1219批次。

2022年4月28日，副县长次仁拉巴（中）主持召开革吉县2022年质量和标准化工作会议

革吉县市场监督管理局全体干部职工积极投身市场保供组，全力维护疫情期间市场秩序，给复商复市经营主体张贴复商复市公告129份，制作商户通行证203份，签订《履行疫情防控承诺书》《价格行为承诺书》《食品安全责任书》《各房屋租聘业主履行疫情防控责任书》等500余份，共出动执法人员198人次维护市场秩序80场次，进行市场巡逻106次，进行疫情防控检查50场次，开展食品安全、价格监督检查1280户次，成功调解价格纠纷9起。开展市场主体环境、物资、蔬菜、冷链食品核酸采样73场次。24小时对主街道过往车辆和人员进行消杀和排查工作；共配送生活必需品6000余单，不定期走访了解商户思想动态，做好疫情防控宣传教育工作100余场次，及时掌握各商户防疫物资情况，在上级市监局、商务局、县红十字会和各企业、社会爱心人士的帮助下，商户投放一次性医用口罩4000余个、N95口罩600余个、300余套防护服、100余套隔离服、400余瓶84消毒液。设立城乡物资交接点1处、设立大车卸货点1处、物资中转站1处，每次安排志愿者对运输物资及车辆进行核酸检测和消毒工作，并做好登记台账。年内，共参与志愿者80余人，配送物资453辆次。

【党史学习教育】 年内，革吉县市场监督管理局党支部共开展学

2022年3月28日，革吉县市场监督管理局联合相关单位开展民族团结活动

习活动28场次，撰写心得体会15篇，重温入党誓词2次，组织参观红色教育基地2场次，召开2022年组织生活会1次，党支部全体干部自发组织开展困难群众及商户慰问工作2次，发放慰问金3400元。

【中共二十大精神学习宣传】 年内，革吉县市场监督管理局以习近平新时代中国特色社会主义思想为指导，深入学习贯彻中共二十大精神，深刻领悟、忠诚拥护捍卫“两个确立”，增强“四个意识”、坚定“四个自信”、做到“两个维护”，聚焦“四件大事”“四个确保”，聚力“四个创建”“四个走在前列”，及时开展学习、讨论、讲党课活动等活动。

年内，革吉县市场监督管理局党支部共开展主题学习研讨活动1场次、支部书记讲党课2场次，组织召开支部学习会8场次，撰写学习心得体会6篇。

（李添亮）

【机构领导】

局长、市场监管综合行政执法队队长

巴桑欧珠（藏族）

副局长

李　　正

李添亮（1月任）

市场监管综合行政执法队副队长

巴　　桑（藏族）

民族宗教

【概况】 年内，革吉县机构编制改革后，统战部和民宗局合署办公，县委统战部机关有编制11名（行政编制9名、机关其他编制2名）。县级领导职数1名，科级领导职数4名（正科级2名，副科级2名，不含兼职）。有5个乡镇宗教领导小组及办公室，宗教事务管理员20名。县域内宗教活动场所共辖3个寺庙（扎西曲林寺、扎加寺、芝热寺）、2座拉康（象鲁康、加吾拉康），均属藏传佛教噶举派。按照机构编制，革吉县共建立4个寺庙管理委员会（正科级建制），1个片区管理委员会（正科级建制），寺管干部编制19名，实有17名，驻寺民警6名。其中象鲁康片区管理委员会干部编制7名，实有干部7名，驻寺民警2名；芝热寺庙管理委员会干部编制4名，实有干部3名，驻寺民警1名；扎加寺庙管理委员会干部编制4名，实有干部3名，驻寺民警1名；扎西曲林寺庙管理委员会干部编制4名，实有4名，驻寺民警2名。

革吉县是少数民族聚居县，2022年，长期居住的有藏族、汉族、维吾尔族、回族、门巴族、彝族、土家族、苗族、水族共9个民族，藏族人口占总人口的92.64%，其他民族占7.36%。

【民族团结】 年内，强化组织领导、强化思想引领、强化措施保障，开展铸牢中华民族共同体意识专题教育以及构建宣传教育体系活动。扎实在建设青少年学生民族团结精神家园上下功夫，积极开展各项民族团结友谊赛活动、观影活动，同时将民族团结列入教学内容，将民族团结情操植根于心，开展“校园文化建设学校”“民族团结班级”等典型树立活动。

【普及国家通用语言文字】 年内，按照“集中摸底、精准识别、因人而异、积极提高”的工作思路，面向村“两委”班子、牧民党员、牧民群众、学生、寺庙僧尼、信教群众广泛开展国家通用语言文字推广普及工作。

2022年7月5日，亚热乡召开民族团结座谈会

年内，革吉县共有国家级示范单位1个，自治区级模范单位7个，地区级模范单位12个，县级模范单位28个。

【民族干部培训】 年内，举办创建全国民族团结进步模范区争先进各族业务培训活动。举办寺管干部学习贯彻中共十九届六中全会精神及自治区第十次党代会精神教育培训。举办革吉县在着力创建全国民族团结进步模范区中争先进暨"双创"工作讲解员培训。

【乡村振兴】 年内，中央财政安排1611.37万元少数民族资金，改善革吉县异地搬迁福康小区后续扶持项目，便民农畜销售点及洗车场建设项目，森布村三组谢东"幸福林卡"建设项目，雄巴乡多仁村桥梁建设项目，森布村涵洞建设项目，亚热乡赛利普村河道疏浚及整治建设项目，文布当桑乡罗玛村、夏玛村牧区基础设施建设项目等基础设施，不断提升各族人民获得感、幸福感、安全感。

【依法管理宗教事务】 年内，加大"导"的工作力度，全面落实党的宗教工作基本方针，以社会主义核心价值观为引领，积极引导藏传佛教与社会主义社会相适应。完善宗教工作体制机制，健全寺庙管理长效机制，推进寺管会党组织标准化建设的情况。全面安排部署寺管会党组织标准化建设工作，开展摸排调研工作，使党组织标准化、班子建设标准化、运行机制标准化、党内组织生活标准化、党员管理标准化、寺管会党组织活动场所建设标准化，积极发挥党组织作用。

深入开展反分裂斗争教育，教育引导信教群众和广大党员干部自觉与十四世达赖和十四世达赖集团划清界限。做好僧尼核定员额编制和吸收补充工作、民俗宗教服务人员管理工作，更好发挥正向激励和典型引领作用。

（德庆央宗）

【机构领导】

局　长

普　琼（藏族）

副局长

程　标（1月免）

曹　晨（1月任）

文化和旅游

【概况】 革吉县文化和旅游局为政府工作部门，有机关编制2名，实有工作人员7名。主要职能为：贯彻落实党中央关于文化、旅游工作的方针政策和区党委、地委、县委的决策部署；贯彻执行国家有关文化、旅游工作的方针政策、法律法规、行业标准及相关地方性法规制度；统筹协调革吉县文化事业、文化产业发展和旅游业的发展；开展好非物质文化遗产的保护和申报，同时协调并指导革吉县文物保护工作；发展好革吉县文化事业，艺术团体开展演出活动。

【新冠疫情防控】 年内，严格按照县委、县政府、县疫情办疫情防控工作职责要求，配合市场监督管理局、公安局等职能部门开展行业、文化市场涉及安全生产、疫情防控等联合检查27场次，对文化娱乐场所、文物保护点、观景台及艺术团进行安全文明巡检4次。

持续抓好旅游市场常态化下疫情防控工作，加大对文化、旅游市场的监管力度。按照"一周一小查、一月一大查"的工作原则，对县城内7家宾馆、3家娱乐场

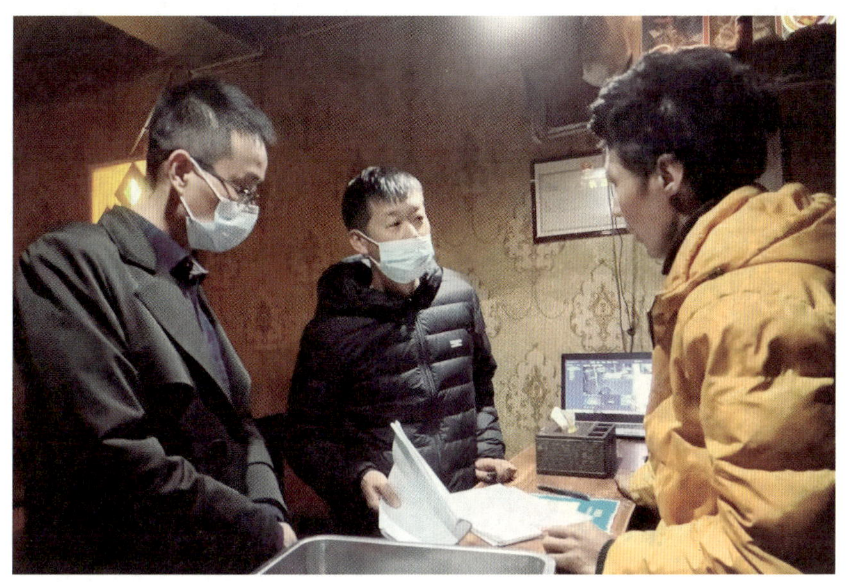

2022年4月29日，革吉县文化和旅游局组织开展文化市场日常检查

所、1家互联网上网娱乐场所、4家打字复印店开展疫情常态化下防控措施检查工作。截至年底，开展执法检查20次，出动执法人员50人。

督导文化、旅游市场从业人员完成疫苗接种工作。革吉县文化和旅游局采用线上线下相结合的宣传方式：线上通过微信等渠道指导文旅行业从业人员进行接种信息登记和疫苗接种宣传；线下在文化娱乐场所发放疫苗接种宣传海报40张，在文化、旅游场所进行现场宣传，实现全覆盖。单位干部职工和县艺术团演艺工作人员严格服从县委、县政府、县疫情办疫情防控工作安排，全程参与县乡游客统计、接济解困、辖区卡点值守、物资配送、核酸抗原采集等疫情防控工作。

【公共文化服务体系建设】 年内，实施革吉县艺术团排练场所建设项目，法人为革吉县文化和旅游局，项目承建单位为西藏煜诚建筑工程有限公司，项目资金400万元，来源于国家投资，其中建安费353万元，建设工期3个月，项目选址在县城区域。革吉县艺术团排练场所建设项目主体建设已经完工，建设完成钢架结构部分全部基础，待后续安装钢架结构和实施装修，整个项目完成总工程量的75%。项目建设累计用工32人，用工量1506人工，其中雇用本地农牧民工11人，用工量506人工，用工工资11万元整，建设项目农牧民工资已全部发放完毕。累计拨付2批次工程建设费、安全文明措施费、民工工资、监理费共270.44万元，占总工程款项的67.61%。

开工实施革吉县直属库红色爱国主义教育基地值班室和院内“三顶帐篷”修缮建设工作，地区旅发局筹资80万元；革吉县直属库红色爱国主义教育基地新建公厕和停车场项目，法人为地区旅游局，革吉县、日土县、改则县项目资金800万元，来源于国家投资。7月，阿里地区旅发局项目调度推进会将该项目调整为县域内景观台建设，明确建设资金为90万元。

【文化工作】 年内，推荐上报阵地、工坊等工作。按照自治区文化厅《关于进一步加强非遗工坊设立和发展工作的函》文件精神，及时和盐湖乡浴盐加工厂沟通，将盐湖乡浴盐加工厂设立为革吉

2022年5月21日，西藏自治区文化厅一行到革吉县调研艺术团排练场所建设项目

县县级非遗工坊。按照《阿里地区关于建强11个村级群众性文化示范阵地建设的实施方案》通知精神，及时汇报分管副县长同时沟通盐湖乡，将盐湖乡羌麦村推荐为革吉县村级群众性文化示范阵地。

截至年底，革吉县文化和旅游局按照局队合一的要求，认真履行文化执法职责，共计开展文化旅游市场检查20次，出动执法人员40人，确保革吉县文化旅游市场和谐稳定发展，建立良好的发展秩序。

对各乡镇文化站人员编制、职能运行、设备维护等乡镇文化站公共文化服务设施运行情况进行检查，向各乡镇文化站负责人反馈整改问题，及时按照要求进行整改。由副县长次仁拉巴带队，对各乡镇文化站整改情况进行调研。组织乡镇文化站工作人员在革吉县文化和旅游局跟班学习，加强对文化站工作人员业务指导。及时拨付各乡镇文化站免费开放经费、村（居）文艺演出队补助资金。

在元旦、春节、藏历新年等重要节点和民族团结创建工作中，在县城周边及"四乡一镇"开展文艺演出。截至年底，革吉县艺术团共演出42场次，观看人数累计达到18000人次。对文布当桑乡、亚热乡、盐湖乡旅游综合服务中心以及各乡镇基层公共文化服务设施进行维修和升级改造。

2022年7月3日，革吉县文化系统工作人员到井冈山开展红色文化教育培训

【文物保护】 年内，开展象鲁康、扎西曲林寺、芝热寺文物登记造册，对相关文物已进行拍照登记造册。

按照阿里地区文化局文物安全三年隐患排查工作通知要求，革吉县文化和旅游局会同应急管理局、消防救援大队等相关部门，开展文物点安全隐患整治工作。截至年底，共开展5次隐患排查。

【旅游工作】 年内，坚持以打造全域旅游目的地为目标，在旅游资源匮乏的条件下，完善旅游基础设施建设，提高游客在革吉县旅游体验感。

及时按月将革吉县旅游数据向上级部门汇报，全年革吉县旅游人数为39753人，实现旅游收入2468.71万元，直属库红色爱国主义教育基地参观12000多人。

（穆成刚）

【机构领导】

局　长

沈　函（1月免）

康　宁（1月任）

副局长

穆成刚（1月任）

城市建设·环保

住房和城乡建设

【概况】 革吉县住房和城乡建设局成立于2011年10月，革吉县住房和城乡建设局有行政编制3名，其中科技领导职数3名，实际正科级领导干部1名，一级主任科员1名，副科级领导干部2名。

【党风廉政建设】 年内，为切实加强廉政勤政教育，革吉县住房和城乡建设局结合“学党章、强党性、知规矩”，把廉政教育、党纪政纪教育纳入局党组织和干部职工年度学习计划，坚持每月最少组织1次领导干部专题学习会议，党支部每周学习1次的要求。年内，局党组开展集体研究决策事项7次，党组集中学习18次，党支部会议学习26次，支部集中学习16次，观看党史教育警示片2次，开展专题组织生活会2次，对照检查材料11篇，总结支部问题6个，个人问题30个，组织党员实地踏访革命先辈的先遣连纪念馆和直属库爱国教育基地各1次，到烈士陵园开展缅怀先烈活动2次，全体成员撰写党风廉政心得体会34次，进一步增强干部职工的责任意识、廉政守纪意识，提高干部队伍的整体素质，促进了各项工作的顺利开展。

对重点项目工程按照“提前介入、全程参与、提高防范、消除隐患”的原则，紧紧抓住住房建设工程的规划设计、招标投标、建设施工、现场监理、竣工验收等重点阶段和重点环节，畅通举报渠道，切实预防职务犯罪和贪腐现象的发生，使重大在建项目负责人及相关工作人员对预防工程建设领域不廉洁行为、增强党风廉政建设工作有了更加清醒的认识，增强了建设优质安全高效廉洁工程的责任感和使命感。

【安全生产】 年内，革吉县住房和城乡建设局按照建筑工地安全生产的相关要求，对全县内房屋建筑及市政工程全面监督检查，全县建筑领域公共安全专项检查4次，发现问题60项，下发整改通

2022年10月20日，阿里地委委员、县委书记辜建中（右一）检查指导福康社区暖气维修建设项目安全生产工作

2022年6月17—20日，革吉县住房和城乡建设局组织第三方对“四乡一镇”自建房系统排查员进行培训及现场指导

知书7份，公司资质锁定6家，整改率100%。

年内，革吉县只有一家燃气公司，严格按照规范要求进行监督检查县燃气场，对燃气场共监督检查10次，下发停业整顿1次，发现问题26项，整改问题13项，整改率100%。

根据安全生产月活动的安排，开展以“治理隐患，防范事故”为主题的安全生产月活动。活动期间，悬挂宣传条幅45个，深入施工现场、街头进行宣传，并发放宣传单600份、笔记本100个、宣传帽子30个、抗震宣传手册50份。

【生态环境整治】 年内，革吉县住房和城乡建设局定期、不定期开展建筑施工扬尘防治专项检查，主要包括经费投入、洒水降尘、堆土覆盖、密闭运输等环节。截至年底，编制扬尘治理方案15份，签订扬尘责任书15份，抽查全县项目的65%进行扬尘治理考核，全县开展扬尘防治专项检查2次，下发整改通知7份，整改率100%。

按照县委、县政府的要求，规范化管理建筑垃圾临时堆放点，通过与革吉县兰田商贸有限责任公司签订运维协议，以购买第三方服务管理模式，进一步做好建筑垃圾临时堆放点人员管理、场地平整、实时监控，切实避免革吉县建筑垃圾随意堆放、建筑垃圾和生活垃圾掺杂堆放等情况。确保建筑垃圾临时堆放点运行科学、环保。

【新冠疫情防控】 年内，结合疫情防控工作，履行行业监管责任，保障建筑领域物资保障工作，8月10日至9月25日，分2组对全县建筑领域保障物资米面、蔬菜、肉类，切实担负起行业主管责任，组织建筑领域进行核酸检测。

截至年底，向相关部门发放5240个口罩、消毒液60桶、酒精220瓶、手消120瓶，基本满足复工复产疫情防控物资储备。有序推进复工复产工作，主动担当作为，全力抓好房屋市政项目工程疫情防控，对工地进行封闭式管理，人员闭环管理。查看疫情防控工作落实情况。签订五方责任书，进一步压实责任，确保防控工作有人管、有人抓、有人干、切实保障了革吉县建设项目复工复产。

【建设项目】 革吉县2021年县城周转房建设项目总投资2990万元，按照地委、行署要求，于2021年9月开工，2022年受疫情影响该项目延期至2023年8月竣工验收并投入使用。

革吉县2021年县城周转房附属建设项目，总投资700万元，已完成进场工作，主体工程受疫情影响进度缓慢，附属工程未如期竣工验收，计划2023年投入使用。

革吉县2022年公租房建设项目总投资1628万元，资金仅下达285.96万元，无法进行招投标手续，待剩余资金到位，计划2023年下达开工令后实施建设。

革吉县雄巴乡2022年54户危房改造，上级下达资金225万元，群众自筹108万元，2022年5月实施改造，改造均已完成。

革吉县那布东路、西路延伸建设项目，总投资1350万元，由于受疫情影响招投标停止，计划2023年下达开工令后实施建设并完成投入使用。

完成污水处理厂运营单位招标工作，交由第三方公司运

2022年5月11日，革吉县召开自建房专项整治工作部署会

营，2022年10月对全县县城供水及街道污水井口开展清淤处理工作，切实保障冬季期间管道畅通。

完成办理工程质量报监项目22个，施工许可证及消防审查项目15个，覆盖全县工程建设项目领域的审批手续。截至年底，全县有竣工项目8个。

【"三房"管理】 年内，革吉县住房和城乡建设局严格按照廉租住房租赁住房补贴"先租后补"的原则，城镇低保廉租住房租赁补贴资金按照每人每月300元的发放标准发放，共计发放资金5.04万元，受益城镇低保户11户14人。

年内，革吉县住房和城乡建设局安排专人管理"三房"系统统计情况，公租房、廉租房、周转房所有入户信息全部完成录入系统，并由兰田商贸有限责任公司担任第三方物业公司来管理公租房和廉租房，实现所有房屋申请、分配情况网上系统办理，由第三方来具体实施管理。

【普查工作】 年内，按照第一次全国自然灾害综合风险普查相关要求，革吉县住房和城乡建设局及时制订普查方案。

革吉县辖区普查房屋20428栋，其中城镇房屋1821栋，农村房屋18607栋，完成调查20428栋，完成率100%。革吉县辖区区域内市政道路12条，总里程14.49千米，完成数12条，完成率100%。2022年5月10日正式完成抽样核查工作，确保灾普工作有序推进。通过宣传住房安全普查工作的相关知识，要求群众参与普查、了解普查，共发放宣传手册600份、宣传品180份，参与群众300余人。

【实名制管理】 年内，开展保障农民工工资支付专项排查2次，督促企业全面落实建筑工人实名制管理工作，全县实现开工建设项目实名制农民工工资系统登记管理全覆盖，由革吉县住房和城乡建设局实施监管中对农民工考勤、代发工作未落实而锁定公司资质1家，西藏银行专户基本完成农民工工资线上代发事件，源头上杜绝农民工工资拖欠上访事件。

（曲　宗）

【机构领导】

一级主任科员

旺　姆（女，藏族）

副局长

次仁多布杰（藏族）

曲　宗（女，藏族）

生态环境保护

【概况】 阿里地区生态环境局革吉分局，2019年因机构改革隶属阿里地区生态环境局，为阿里地区生态环境局派出机构，为正科级编制，局机关编制3名（行政编制2名，其他编制1名）；实有人员5人（借调2人）。2020年7月1日，阿里地区生态环境保护综合行政执法队成立。阿里地区生态环境局革吉分局主要工作职能是贯彻执行环境保护法律法规和方针政策，对全县的环境保护工作实施统一监督管理。积极贯彻实施《中华人民共和国环境保护法》《中华人民共和国大气污染防治法》《中华人民共和国水污染防治法》《中华人民共和国土壤污染防治法》《建设项目环境保护管理条例》等法律法规及规章制度，使全县生态环境保护工作整体水平进一步得到提高。

【环保督察】 年内，为进一步统筹做好第二轮中央生态环境保护督察准备工作，革吉县成立以行署副专员、县委书记辜建中为组长，县委副书记、县长彭次为常务副组长，其他县级领导为副组长，县委、县政府系统各单位主要领导为成员的领导小组，下设9个职能小组。县委、县政府统筹各方力量，从各职能部门抽调10名工作人员和县财政局预算迎检专项资金10万元充实环保迎检办的力量，并制定《关于印发革吉县服务保障第二轮中央生态环境保护督察工作领导小组办公室成员职责分工的通知》文件，按各项要求开展相关工作。

【环境管理】 年内，严格按照《建设项目环境影响评价分类管理名录》相关规定，积极引导建设单位编制环境影响报告书、报告表、网上填报登记表。截至年底，共备案建设项目环境影响登记表56份、建设项目环境影响报告书（表）1份；针对革吉县重点领域建设项目“未批先建”情况开展系统排查3次，未发现“未批先建”情况，建设项目环境影响评价和环保“三同时”执行率100%。

【执法与管理】 年内，根据阿里地区生态环境局关于《2022年生态环境保护综合行政执法工作计划》要求，阿里地区生态环境局革吉分局联合相关部门主要对县域医疗废物产生单位、生活垃圾填埋场、建筑垃圾填埋场、排污单位排污许可证相关政策落实情况等工作进行执法检查，并现场向相关部门、企业负责人、宣传如何落实环保措施及相关法律法规。截至年底，共开展执法行动67次，出动执法人员137人次、车辆58辆次，形成监察执法记录表（执法检查台账）51份，下达行政执法整改通知书2份，发现问题43个，均已整改到位。

2022年5月8日，西藏自治区人大常委会执法检查组一行到革吉县检查指导工作

【污染防治】 截至年底，开展巡河4次，加大污水处理厂监管执法力度，及时与相关部门沟通，督促污水处理厂规范化运营。

加大建设项目工地扬尘检查力度，督促各建设工地洒水降尘，堆料覆盖防尘网抑尘。截至年底，开展扬尘污染检查7次。按照固体废物实现“减量化、资源化、无害化”的目标，规范固体废物处置管理，阿里地区生态环境局革吉县分局持续加大固体废物监管力度，严格履行监管职责，联合革吉县相关部门对全县范围内排污单位开展专项检查，累计对12家企业开展执法检查，发现的问题均已整改完成。

加大对革吉县生活垃圾填埋场和建筑垃圾填埋场的监督，指导其规范运营，持续推进垃圾分类工作，定期对生活垃圾填埋场地下水质和土壤进行监测工作。

为不断规范危险废物的收集、暂存及转运工作，按照年初工作计划，针对革吉县人民医院、各乡镇卫生院、私人诊所、修理厂等危险废物的产生、贮存开展检查22次，发现问题13个，均已完成整改。

积极指导危险废物申报工作，已完成2021年县域内4家危险废物产生单位的年度危险废物申报工作，4家危险废物产生单位年产生总量为12.73吨。

【环境质量监测】 截至年底，环境监测工作已结束，监测结果已反馈阿里地区生态环境局革吉县分局，监测结果已在政府门户网站进行公示。2022年革吉县空气质量持续保持二级以上，地表水监测断面水质均保持三类水质以上（除砷外），集中式饮用水水源地水质保持三类以上（除砷外）。

革吉县空气监测站已通过地区验收组验收，为有效掌握革吉县城区域空气质量状况，了解环境大气污染整体状况，分析重点污染物，从而为有针对性地防范和治理提供了坚实的硬件设施保障。

【生态文明建设】 年内，为进一步加大生态文明示范创建工作力度，为革吉县创建自治区级生态文明建设示范县、乡镇、村居夯实基础，阿里地区生态环境局革吉分局积极对接地区生态环境局，待生态文明创建规划和方案编制公司确定后做好指导及监督各项工作，尽快完成革吉县4个乡1个镇和16个村居的创建工作。

【宣传教育】 年内，为不断提高干部和广大群众的生态环保意识，阿里地区生态环境局革吉分局以法治宣传日、“3·22”地球水日、3月综治宣传月、“6·5”世界环保日宣传工作等为契机，在全县范围内深入宣传习近平生态文明思想、宣传环保知识，设立展板4块，张贴横幅5个，发放各类宣传手册2100余份、宣传品460余份，现场解答群众咨询80余人，活动参与达1000余人。年内，受疫情影响生态文明宣传月只开展网上短信宣传。

【党史学习教育】 年内，阿里地区生态环境局革吉分局严格按照自治区、地区及县委、县政府有关党史学习教育会议等精神，在思想上高度重视、精心部署，推动全局党员学史明理、学史增信、学史崇德、学史力行，取得较好的成绩。

【党风廉政建设】 年内，制定《党风廉政建设和反腐败工作年初工作计划及工作实施方案》，明确阿里地区生态环境局革吉分局党风廉政建设和反腐败工作指导思想、工作目标、工作措施等，做到层层抓落实、事事有人抓的工作局面。严格落实领导干部报告个人有关事项、廉政谈话、诫勉谈话等制度。2022年开展谈心谈话3人次，组织学习共8次，并梳理查找局内廉政动态风险点，落实针对性举措，切实做到问题早发现、早提醒，促进党风廉政建设工作深入开展。

2022年1月5日，副县长王俊华（中）到革吉县热源厂指导工作

【维护稳定】 年内，多次召开局党支部会议，研究和安排综治维稳工作，成立以局长任组长的综治维稳工作领导小组，明确工作职责，制订维稳工作方案、预案，落实工作措施，同时及时向局内干部传达各项维稳会议精神，确保每位干部职工了解维稳工作要求，确保维稳工作严格落实到位。

【党建工作】 年内，采取集中学习和个人学习、通读文件与专题研讨相结合的方式，经过学文章、听报告、写心得等，提高学习效果。截至年底，生态环境党支部共开展19次集体会议、2次党员大会、观看3次警示教育片，形成12份心得体会。

【党风廉政建设】 年内，组织干部职工及家属集中观看《家庭腐败警示录》《零容忍》警示教育片，并撰写心得体会。通过观看警示教育片强化党员干部廉洁自律意识，增强拒腐防变能力，坚决抵制

2022年4月20日，阿里地区生态环境局革吉县分局执法人员到县平安加油站执法检查

各种腐败和不正之风的诱惑，切实把好家门、守住清廉，以廉洁维系家庭。组织干部参观红色教育基地，激发党员拒腐防变的思想自觉性，不断增强党性修养和理想信念。认真落实"三会一课"制度，结合生态环境领域执法检查工作开展谈心谈话2次，防止干部不廉洁行为的发生。生态环境党支部不断创新学习教育形式，增强学习教育感染力，不断拓宽党员教育面，增强分局党员的廉洁自律意识，增强教育管理的实效性。

【学习宣传中共二十大精神】 年内，阿里地区生态环境局革吉分局认真组织党员、干部职工多次对中共二十大报告精神进行认真学习宣传贯彻。

坚持以中共二十大精神为指导，深入学习贯彻和大力宣传习近平生态文明思想，牢固树立和践行绿水青山就是金山银山的理念，坚持生态文明建设发展道路，促进人与自然和谐共生；坚持以问题为导向，以解决群众关注的突出环境问题为重点，开展环境风险隐患问题排查整治，集中整治辖区大气、水、土壤等方面环境问题。坚决打好蓝天、碧水、净土保卫战；持续深入开展环境隐患排查整治和加强辖区排污企业环境行政检查工作，督促企业落实污染防治措施确保污染防治设施正常运转、污染物达标排放，严格依法打击生态环境违法行为，保障合法环境权益。截至年底，阿里地区生态环境局革吉分局开展中共二十大精神宣传2次，学习中共二十大精神5场，撰写心得体会15篇，开展交流研讨2场次。

【新冠疫情防控】 年内，为有效防控新型冠状病毒感染肺炎疫情，阿里地区生态环境局革吉分局把疫情防控作为当前最突出、最关键、最重要的工作来抓，扎实做好生态环境领域疫情应对处置各项工作，以实际行动参与疫情防控阻击战。为做好革吉县新冠疫情防控工作，提高防控水平和应对能力，及时、有序、高效、无害化处置新冠疫情医疗废物，规范新冠疫情医疗废物应急处置的管理与技术要求，控制疫情传播、蔓延，保障广大人民群众身体健康和生命安全，维护社会稳定，依据相关法律法规及上级文件精神，结合革吉县实际，革吉县自8月30日启动医疗废物应急处置程序，阿里地区生态环境局革吉分局联合县城市管理和综合行政执法局全程参与医疗废物的收集、转运、处置。截至11月11日累计产生医疗废物31.14吨，转运地区医疗废物处置中心11.47吨，应急焚烧处理19.67吨。

（曲　吉）

【机构领导】

局　长

姜　勇

副局长

罗布次仁（藏族）

片　多（女，藏族）

重点建设工程项目管理

【概况】 2022年，革吉县重点建设项目管理中心承担的项目共有8项（其中，续建项目1项，新建项目7项）。其中，革吉县文布当桑乡"小康示范村"新建20套住房建设项目，项目总投资1630万元，资金来源为援藏投资，于2021年8月10日开工建设，2021年10月12日停工，项目于2022年5

2022年12月11日，革吉县重点建设项目管理中心组织学习中共二十大精神

月5日正式复工，项目10月前完成竣工验收工作。

革吉县烈士陵园修缮改造建设项目。总投资115万元，资金来源为国家投资，项目于2022年3月7日经基建领导小组会议发包，由盐湖乡农牧民施工队承建，年底该项目完成竣工验收工作，并移交资产。

革吉县工会职工之家建设项目。总投资600万元，资金来源为地方投资及援藏资金整合，项目于2022年5月12日在阿里地区公共资源交易中心开标，6月27日开工建设，2022年已完成总工程量的70%。

革吉县武装部青年民兵之家建设项目。总投资262万元，资金来源为援藏投资，项目于2022年5月27日经基建领导小组会议发包，由西藏君泰建设工程有限公司承建，7月6日开工建设，已完成总工程量的70%。

革吉县人民检察院附属改造建设项目。总投资60万元，资金来源为本级财政投资，项目于2022年6月24日经基建领导小组会议发包，由革吉县文布当桑乡农牧民建筑施工队承建，8月2日开工建设，已完成总工程量的70%。

革吉县人大走廊文化建设项目。总投资50万元，资金来源为国家投资，由西藏央冉文化科技有限公司承建，6月20日开工建设，已完成总工程量的90%。

革吉县信息化建设项目。总投资200万元，资金来源为援藏投资，已完成限价编制报告，在招投标阶段。

县级新华书店建设项目。总投资198万元，资金来源为国家投资，已完成办理前期相关手续，资金未到位，革吉县重点建设项目管理中心协助县委宣传部，将该项目相关手续上报地区发改委，申请项目资金，待资金到位后组织发包工作。

【工程项目招投标】 年内，革吉县重点建设项目管理中心按照西藏阿里地区发展和改革委员会下发的文件、《必须招标的工程项目规定》（国家发展改革委令第16号），革吉县工程建设项目招标（议标）管理办法进行工程项目招投标工作。协助县基建领导小组完成400万元以下工程发包（议标）项目，截至年底，共施工发包27个，监理发包41个，其中施工技术难度小、要求低的9个项目发包给本地农牧民施工队。

【政策理论学习】 年内，始终把理论学习作为提升政治定力、提高工作水平的前期和基础，积极开展深入贯彻“两学一做”学习教育常态化制度化、“不忘初心、牢记使命”主题教育各项学习要求；坚持读原著、学原文、悟原理，深入学习《习近平谈治国理政》第一卷、二卷、三卷，《习近平扶贫论述摘编》，《习近平法治思想学习纲要》等，拓展学习《中华人民共和国宪法》及各类党内法规，进一步完善领导班子学习制度，全年围绕中共十九大精神、十九届历次全会精神及中共二十大精神、习近平总书记系列重要讲话精神，以及《中国共产党问责条例》《中国共产党党内监督条例》等党章党规，开展集中学习20次，使领导班子全体成员进一步增强政治意识、大局意识、核心意识、看齐意识，为更好地完成统建任务筑牢思想基础和政治基础。

【党风廉政建设】 年内，革吉县重点建设项目管理中心党风廉政建设工作在县委和县纪检委的正确领导下，全面贯彻落实自治区纪委十届二次全会精神，对2022年党风廉政建设和全面从严治党工作进行安排部署，确保反腐倡廉工作落实到位。紧紧围绕中央、自治区、阿里地区纪检委反腐倡廉工作的总体部署，对单位全体干部职工进一步重申工作纪律，进一步强调廉政准则、廉政责任和中央八项规定，要求全体干部职工务必保持清醒的头脑、清廉的工作和干练的作风，要坚定理想信念，坚守共产党人的精神家园，要干干净净做人，踏踏实实做事，自觉守住底线、不踩红线、不触高压线。

【安全生产】 年内，充分认识加强安全生产与维护社会稳定的极端重要性，增强抓好这项工作的责任感和使命感，一方面抓好工程建设领域各项安全生产工作，定期不定期深入施工现场检查指导工程安全生产运行情况，本着“安全第一、预防为主、综合治理”的原则，到实地开展社会治安综合治理宣传活动，加强有关平安创建、安全生产等内容宣传，根据工程施工组织计划做到安全施工、文明施工，规避隐患，做到大事小事都不出，全力打造“平安工地”，确保社会和谐稳定。

【新冠疫情防控】 年内，为切实做好疫情防控工作，有效防范可能出现的新冠肺炎病例输入，不断巩固革吉县持续向好的疫情防控形式，抓牢本单位和施工领域疫情防控，切实把思想和行动统一到党中央、国务院决策部署和区党委、地委、县委要求上来，坚持以人为本、生命至上，立足部门和工程建设领域疫情防控工作要求，着眼疫情防控阶段性特征和常态化，强化风险预见预判能力，充分评估认清各阶段面临的风险挑战，坚决克服麻痹思想、厌倦情绪和侥幸心理，压紧压实“四方责任”，强化防控工作的主动性和针对性，使常态化精准防控和局部应急处置有机结合，严格落实“四早”要求，科学、精准、有效推进疫情防控各项工作，为全县各族干部群众、外来务工经商人员构建一道安全可靠的安全屏障。

组织县城施工单位到民族团结广场点集中开展核酸检测18次，后续因疫情防控工作的需要，在各施工点上分散开展核酸检测29次。

【帮扶工作】 年内，按照巩固脱贫攻坚“四不摘”要求，制定全年脱贫攻坚巩固实施方案，扎实开展共建、帮扶、促进活动，了解帮扶对象实际困难，开展有效帮扶，以实际行动把开展结对帮扶工作作为一项重要政治任务来抓，进一步完善帮扶工作机制，明确帮扶方向、帮扶方式，充分利用革吉县重点建设项目管理中心的优势，认真总结脱贫成果，帮助解决帮扶对象生产生活中的实际困难。

【民族团结进步创建】 年内，先后通过主任办公会议、单位内部集体学习会议等方式组织全体干部职工传达学习习近平总书记关于加强和改进民族工作的重要思想、中央第七次西藏工作座谈会精神、各级民族工作会议精神，进一步提升干部职工对民族团结进步工作的思想认识。

组织全县农民施工队人员开展集体宣传教育活动，面对面宣讲党的民族知识理论及各项惠民政策；积极组织干部职工开展民族团结活动，通过开展“汉、藏干

2022年7月6日，革吉县重点建设项目管理中心工作人员到县武装部青年民兵之家项目施工现场开展民族团结进步宣传进工地活动

部交流学习”等活动，着力增强各族干部的民族团结意识，增进民族感情，营造民族团结、和谐发展的良好氛围。

（次旦卓玛）

【机构领导】

主　任

米玛次仁（藏族，1月任）

副主任

巴桑平措（藏族，1月任）

2022年8月28日，革吉县建设工程质量监督站站长肖金林（右一）到施工现场为施工人员发放防疫物资

建设工程质量监督站

【概况】 2022年，革吉县建设工程质量监督站制定《房屋建筑工程和市政基础设施工程质量监督管理规定》《革吉县建设工程质量监督工作程序》《革吉县建设工程质量监督站岗位职责》《党风廉政工作制度》《单位工作制度》《革吉县建设工程质量监督站工作流程图》《革吉县建设项目办理报监及施工许可证所需清单》，对2022年大规模的脱贫攻坚工程和基础设施的建设严把质量关，加大对各方责任主体的行为管理力度，加大抽查、巡查力度，保证工程顺利开展和实施。2022年革吉县无重大质量事故发生。

【方法创新】 年内，革吉县建设工程质量监督站开展监督公开，单独设立“革吉县建设工程质量监督执法专栏”，积极开展专项监督检查，针对工程质量、安全生产等问题，及时向社会公开监督执法工作内容，营造人人参与质量安全的良好局面。为加强工程建设质量管理，更好地规范工程建设有关各方责任主体的行为，增大过程控制动态监管力度，充分利用社会建设人才资源，调动各方的监管积极性，根据革吉建设领域现状，建立革吉县监理单位联络员微信群，解决存在的问题，利用此平台相互探讨质量通病防治措施，相互学习最新政策、理论，切实提升革吉县工程质量水平。

2022年5月10日，革吉县建设工程质量监督站工作人员到盐湖乡开展项目验收工作

【职能工作】 年内，对区域内报监工程进行质量监督、检查和管理，管理率达100%；严格按照有关规范、规定和监督工作导则，加强对受监工程建设各方责任主体的行为监督，对工程的实体质量采取关键部位重点监督和重要部位不定期巡查相结合的监督方式，严把地基基础、主体结构质量关，确

保工程结构安全。在监督过程中,做好监督记录,发现问题及时签发整改通知书,并督促其整改落实。截至年底,完成监督记录300份,发出整改通知16份,签发监督报告43份。此外,克服人员少、工作量大、工地分散的困难,完成2个乡镇牦牛养殖基地建设项目,亚热乡、雄巴乡易地搬迁点道路硬化建设项目,雄巴乡维修工程项目,雄巴乡灾后重建点道路硬化建设项目,革吉县村居环境整治项目,那普居委会涵洞建设项目,布贡村桥梁和涵洞建设项目,3个桥的质量监督。2022年完成工程关键部位监督任务215项,其中竣工验收工程43个,主体验收43个,基础验收31个,钢筋及验槽86个;混凝土强度共抽测43个工程。

依法办理建设工程质量监督备案手续,根据国家的法律、法规和工程建设强制性标准,质监站对区域内报监工程实体质量进行质量监督、检查和管理。截至年底,完成报监工程22项,报监工程监督覆盖率达100%,受监工程合格率达100%。

【安全管理】 年内,开展3次全县安全质量大检查工作。开展建筑工地扬尘整治工作,有步骤地分批次对全县建筑工地进行抽查。重点检查污水处理厂建设项目、革吉镇司法所建设项目、革吉县完全小学宿舍及附属设施建设项目、革吉县登山步道建设项目等。制定区域内建筑工程质量投诉机制。根据上级工作部署要求和监督工作实际,制定完善质监站公开办事及廉政建设制度、质监站党风廉政建设长效机制、质监站党风廉政责任追究制度、质监站行政执法责任制、质监站行政执法评议考核制度。

(扎西次仁)

【机构领导】

站 长

肖金林

城市管理和综合执法

【概况】 革吉县城市管理和综合执法局于2019年3月22日挂牌成立,为县政府正科级工作部门,2019年革吉县城市管理监察大队并入革吉县城市管理和综合执法局,成立革吉县城市管理和综合行政执法队。核定机关行政编制8名,其中局长1名(兼任城市管理和综合行政执法队队长),副局长1名,副队长1名,本科学历3名,大专学历5名。2022年,全系统共有在岗人员67名〔正式干部8名,公益性驾驶员1名,环卫工人20名(其中公益性4名),垃圾填埋场工作人员15名(其中公益性1名),厕所保洁员15名,流浪狗收容所工作人员4名,执法辅助人员4名〕。

【队伍建设】 年内,革吉县城市管理和综合执法局持续推进创建学习型单位工作,制订年度学习计划,采取集中学习、参加上级部门组织培训和个人自学相结合的方式,认真学习各项城市管理相关法律法规和业务知识。截至年底,共参加各类集中学习9次,参加上级部门组织的各类培训5次,共上报各类简报信息20篇。

【党风廉政建设】 年内,革吉县城市管理和综合执法局狠抓党风廉政建设,认真落实领导干部重大事项报告制度,开展党风廉政专题教育,大力营造不敢腐、不能腐、不想腐的氛围,增强干部廉洁自律意识。

【环境卫生综合整治】 年内,革吉县城市管理和综合执法局围绕"疫情防控""爱国卫生运动"等活动相关要求,积极协调各相关部门推进环境综合整治工作,共整治脏乱差点位6处,出动各类车辆40辆次,出动人员130人次,清理各类死角垃圾90余吨,全年共清理转运生活垃圾1300余吨,改变县城"脏乱差"的面貌,为干部群众营造干净舒适的生活环境。

【垃圾分类】 年内,革吉县城市管理和综合执法局加强制度化建设,完善运行机制,以高标准、严要求推动垃圾分类处理的软硬件设施加速升级。加强垃圾分类宣传,营造全社会崇尚"分类光荣"的良好氛围,构建起全县动员参与垃圾分类的新局面,群众的环保意识进一步增强,主动性得到显著提高,使垃圾分类观念逐步深入人心。截至年底,共分拣可回收垃圾7吨,出售后变现1万元,并将所得收入全额分发给所有参与分拣的工作人员。

合理利用阿里地区下拨的30万元运营管理经费，保证15座公厕正常运营，认真落实整改要求，在请示分管领导的同时，及时召集厕所保洁员召开专题会议，要求保洁员24小时在岗在位，确保厕所全天候运营。

【综合执法】 年内，革吉县城市管理和综合执法局按照政府要求加强城市执法工作，新招4名协管人员，每日加强街面巡逻，整治占道经营等行为，整治水吧一条街和朗玛厅门口随地大小便现象，在水吧一条街和朗玛厅主街道安装监控，共抓到随地大小便者10余人，同时还与市场监督管理局、文化执法大队等部门联合开展执法行动3次，整治外来商户占道经营6次，整治私搭乱建3处。城市管理和综合执法局以“文明执法”和“人性化执法”为目标，执法工作以劝解处理为主、处罚为辅，树立执法人员形象，密切干群关系。

革吉县城市管理和综合执法局为有效预防和控制包虫病及狂犬病的发生，促进革吉经济发展和社会和谐稳定，通过建章立制、招聘管理人员全面完善革吉县流浪狗统一收容制度，整洁县容县貌，有效提升城市品位。截至年底，收容所有管理人员4人，收容流浪狗213只。

（柴思杰）

【机构领导】

局 长

郑永忠（12月免）

查 珠（12月任）

副局长

南加桑布（藏族）

城市管理综合行政执法队副队长

柴思杰

交通·通信

交通运输

【概况】 2022年，革吉县交通运输局（交通运输综合行政执法队）有在岗干部职工9人，其中正科级干部1人，副科级干部3人，科员2人，工人1人，合同工2人。革吉县交通运输局紧扣交通部门“建、管、养、运”“四好农村路”建设，紧抓交通基础设施建设重点，高度重视各项业务的动态，通过全局上下的共同努力，各项工作进展顺利。

【民生改善】 年内，革吉县交通运输局做好“十四五”项目前期调研及对接工作：同地区交通运输局对接盐湖乡至羌堆村等4个公路改建工程、2个客运站建设项目，同县发改委对接加吾村委会至达碗组等21个“以工代赈”公路改建工程，同县乡村振兴局对接森布村一组扎加寺等9个桥涵改建项目；加强农村公路养护工程建设：向地区交通运输局上报雄巴乡至结克村等2个养护工程项目；同县兰田商贸有限公司合作，启动“交快合作”活动。

【公路养护】 年内，为全面、规范地把农村公路养护好，加强对养护人员的管理。4月，革吉县交通运输局同各乡镇签订农村公路养护责任书，并定期、不定期组织全县范围内农村公路的巡查和集中整治，确保农村公路路产完好，路权不受侵犯，农村公路达到整洁、美观、顺畅。按照“县道县养、乡道乡养、村道村养”要求，革吉县交通运输局继续探索农村公路养护新模式，积极建立健全农村公路建、管、养的长效机制，努力完成全年公路养护各项指标。

【交通执法】 年内，革吉县交通运输局以地区交通运输工作会议精神为指导，以发展现代交通运输为主线，深入推进基础设施建设，持续深化“平安交通”建设。联合县交警对道路运输客运站及主要交通干道安全运营状况进行检查，切实加强县城源头管理，对辖

2022年10月26日，西藏自治区商务厅党组成员、副厅长尼玛顿珠（右一）一行到革吉县交通运输局调研疫情防控工作

2022年7月20日，革吉县交通运输局工作人员开展农村公路养护验收

区主要道路沿线开展执法检查12次，向上移交问题线索1起，开展批评教育1起。

【安全生产】 年内，按照上级部门和县委、县政府关于排查道路交通安全隐患路段的通知精神和有关主要领导的指示要求，针对辖区主要道路及乡村公路逐一排查隐患路段，发现隐患共计24处，已整改22处，处于整改中2处；强化工程项目施工现场监督和管理，到日革交界至盐湖老路古夏玛桥、支隆涵洞新建工程项目一线7次，落实监督责任；强化日常安全生产知识学习，除日常支部会学习外，革吉县交通运输局每季度召开1次安全生产工作总结暨下季度安全生产工作部署会，传达相关文件精神、部署安全生产工作；积极参加县安委会组织的各类宣传活动。

【综合治理】 年内，革吉县交通运输局组织宣讲人员通过到各乡镇悬挂条幅、张贴标语、发放宣传单等形式，重点宣传道路交通安全知识、公路养护管理知识、规范施工现场管理、交通惠民政策、中华人民共和国道路运输条例等，发放宣传单800余份（册），张贴标语10条、宣传横幅6条，受益群众1000人余次。

把“稳”作为当前重要的政治任务，坚决把区、地、县三级关于发展稳定生态工作的系列决策部署列入局重要日程，完善预案，坚持集中学习和自学相结合，做到精准掌握政策，在开展工作中把维护稳定作为首要任务，使维稳工作常态化，实现“四无”“三不出”“三稳定”目标。

【环境保护】 年内，革吉县交通运输局到汽修行业开展排查30次，指导各点位做好废机油储存、收集、台账完善等相关工作；督促各乡镇加大路域环境整治力度。截至年底，共投入人力6000人次、车辆100辆、清理边沟1500千米、清理垃圾52吨。

【班子建设】 年内，深入学习贯彻习近平新时代中国特色社会主义思想和中共十九大精神、十九届历次全会精神及中央第七次西藏工作座谈会精神和习近平总书记考察西藏重要讲话精神，严格按照“学史明理、学史增信、学史崇德、学史力行”要求扎实开展支部党史学习教育系列活动。截

2022年5月10日，革吉县交通运输局工作人员对日革交界至盐湖老路古夏玛桥进行定位放线

2022年6月25日，革吉县交通运输综合行政执法队开展汽修行业专项检查

至年底，共计开展党史学习教育+交通法律法规学习32次、支部书记讲党课4次，撰写心得体会、研讨稿31份，参观县直库遗址3次，全局上下切实以习近平新时代中国特色社会主义思想去武装头脑。

革吉县交通运输局始终把施教于先摆在突出位置，结合单位业务实际，坚持开展以道路交通安全为主的各种宣传活动，引导党员干部特别是领导干部树立正确的世界观、人生观、价值观和权力观、利益观，发扬“两路”精神，在增强教育的针对性和实效性上下功夫，夯实思想根基，促进领导干部廉洁从政。同时在每周支部会学习方案中增加党的路线、方针、政策、法律法规等内容，如《中国共产党党内监督条例（试行）》《中国共产党纪律处分条例》《中国共产党领导干部从政若干准则》等，形成良好的学习风气，进一步改善工作作风，共计学习相关文件10次，撰写心得体会2篇。

革吉县交通运输局主要领导带头严格贯彻落实中央八项规定精神，持之以恒纠正“四风”问题和损害群众利益的行为。强化制度建设和监管，贯彻落实一把手负总责制，积极推动落实领导班子执行“三重一大”制度，加大对重要资金使用等事项的管理力度。同时，加强“三公”管理。严格执行落实习近平总书记关于党政机关厉行节约反对浪费相关指示要求，同时全局上下严格落实《交通运输局机关考勤与请销假管理制度》。

【新冠疫情防控】 年内，革吉县交通运输局严格按照自治区物流保通保畅工作领导小组《关于启用全国统一式样的重点物资运输车辆电子通行证的紧急通知》要求，对相关人员通过“运政通”App申请办理全国统一式样的电子通行证予以审核放行，疫情期间共审核电子通行证8份；对需办理途经革吉县重点物资运输车辆通行证的，由县交通运输局、公安局根据复工复产工作需要和企业申请，及时制作发放相关通行证68份。

疫情期间，革吉县交通运输局共投入车辆10辆，转出1141人（区内转出607人、区外自驾驶出534人），转入人数382人（仅区内）。

疫情期间，革吉县交通运输局在岗人员全员上岗，从事核酸采集、信息录入、抗原检测、消杀、转运等工作。

（罗小康）

【机构领导】

局　长

贡觉扎西（藏族）

副局长

索朗曲珍（女，藏族）

罗 小 康（1月任）

交通运输综合行政执法队副队长

卓　　拉（女，藏族）

邮政

【概况】 革吉县邮政分公司隶属于阿里地区邮政分公司，下辖“四乡一镇”邮政所，共有员工17人，其中乡邮员11人，邮路4条，总里程达959千米，形成以革吉县为中心辐射城、乡、村的邮政网络体系，实现“乡乡设所、村村通邮”，是革吉县内唯一一家快递业务覆盖到县、乡、村的快递企业。

【邮政业务】 革吉县邮政分公司主要业务包括邮政普遍服务、

邮政特殊服务和其他邮政服务。2022年，革吉县邮政分公司履行着这项义务，核实各乡镇每月党报党刊等数据，确保报刊的分数，杜绝乱发乱分现象，确保按规定频次进行投递。

2022年9月13日，革吉县邮政分公司助力疫情防控

【服务工作】 年内，革吉县邮政分公司完善运营机制，紧抓基础市场不放松，确保每个业务板块全面发展，充分整合资源，分析市场，制定专属方案。在快递包裹业务方面，对县域内的电商客户进行充分摸底，做好旺季生产能力的储备，从收、分、运、投四个方面做好人员、车辆安排，提高生产效率，提高生产条件。优化作业流程，全方位促进寄递业务降本增效，提高可循环邮袋的使用率，促进快递包装减量化、绿色化和可循环使用等。通过财务损益分析，增强提效意识，同时加强人员管理，做到责任到人，把降本增效作为体现经营成果的一项重要内容。集邮和文化传媒业务顺应集邮市场变化，保持发展定力，满足客户需求，扩大发展规模，通过全体职工的共同努力，加强各专业之间的协作，用多样化的宣传模式加大集邮品宣传力度。不定期组织集邮品鉴会，维护老客户，开发新客源，销售《大国财富》和纪念邮票等集邮品，超额完成全年收入目标。

在服务乡村振兴方面根据客户需求，着重做好农品销售工作，做到早谋划、早宣传、早销售，充分利用邮掌柜、邮乐购及"三农"站等平台，争取到平台最大优惠，让老百姓得到实实在在的政策支持来销售农产品，比如革吉县的足疗盐和牛肉酱等，"邮"力推动和增加革吉县农品的销量，让群众增收。革吉县邮政分公司利用中秋节、"9·19"购物节进行双节旺季营销，使分销产品得到预期的销售效果，"9·19"购物节期间邮乐购优质站点达到100%，完成计划的100%，并且119个站点线上下单量完成计划的103.48%。

2022年7月23日，革吉县邮政分公司组织员工开展业务培训

【安全生产】 年内，革吉县邮政分公司按照西藏自治区党委、阿里地区地委、革吉县委的指示精神和工作部署，坚持安全第一、预防为主、综合治理的方针，深入落实科学发展观，牢固树立安全发展理念，夯实基础，细化责任，强化现场监督管理，深化隐患排查治理，以法治化、标准化、规范化的

方式推进安全生产，不断提高公司本质化安全水平。强化防范措施，落实防范责任，做好收寄验视工作，绝不允许任何违禁物品通过邮政渠道流入或流出。同时做好各类寄递实名制登记，确保有据可依、有据可查。

【党建工作】 年内，革吉县邮政分公司牢固树立“围绕发展抓党建，抓好党建促发展”的总体思路，构建“党建协同”新模式，打造企业发展“红色引擎”新模式，从协同、激励方面推进党建工作与企业发展深度融合，切实将企业党建工作“软实力”转化为推动企业发展的“硬实力”。在工作上始终坚持向党组织靠拢，坚持学习习近平总书记重要讲话精神，坚持维护民族团结。

【战役“邮”我】 年内，革吉县邮政分公司召开“防疫保畅”线上会议，统筹疫情防控和邮政快递各项工作，全力保障员工安全，确保营业、投递、网运等环节科学有序防控，努力保障邮路安全畅通。同时面对严峻复杂的疫情防控形式，响应政府积极开展志愿服务，派出2人参与疫情防控工作，彰显行业国家队的责任与担当。

（琼次仁）

【机构领导】

总经理

琼 次 仁（藏族）

营业部主任

扎西罗布（藏族）

电信

【概况】 2022年，革吉县电信局共有21名员工，正式员工有6名，外招第三方员工共15名，其中县城有10名员工，四乡有11名员工。县城内有3家实体厅店，四乡各1店，县城1所综合机房，油机房、电池房、雄巴、盐湖各1所中继站及油机房、亚热、文布当桑乡各1所通机房，通信基站57台。

【企业战略】 中国电信集团公司战略转型3.0即以“网络智能化、业务生态化、运营智慧化”为目标，中国电信作为建设网络强国、数字中国和智慧社会的主力军，作为云计算、大数据、人工智能等供给侧结构性改革的先行者和网络基础设施的提供者，在习近平新时代中国特色社会主义思想的指导下，以建设网络强国、打造一流企业，共筑美好生活为目标，以加强信息基础设施建设、深化“四个融合”，加快网络智能化、业务生态化、运营智慧化，奋力谱写新时代新篇章，全年扎实开展及落实党风廉政、经营发展、网络建设及维护、维稳等基础工作。

【党建工作】 年内，革吉电信局党支部始终以习近平新时代中国特色社会主义思想为指导，增强“四个意识”、坚定“四个自信”、做到“两个维护”，全年扎实开展党建工作，开展主题教育，认真开展支部党员集中学习、个人学习，召开党支部民主生活会及专题组织生活会，开展批评与自我批评，通过党建工作提高党员的凝聚力和战斗力，为企业树立良好的形象，充分发挥基层党支部的战斗堡垒作用和党员的先锋模范作用，党支部为企业健康、高质运行提供坚强的组织保障。

【结对帮扶】 年内，为切实做好结对帮扶工作，使扶贫群众家庭得到实实在在的援助，革吉电信党支部多次组织党员干部开展结对帮扶工作，通过给予经济援助、购买生活用品、做思想教育等，进入贫困家庭，与贫困户交心谈心，了解贫困户的生活状况，坚持真心为民，真情帮扶，解决他们实际生活中遇到的困难，通过思想教育增强他们脱贫致富的决心。

【客户服务】 年内，革吉电信局始终坚持“用户至上，用心服务”的服务理念，诚信为用户服务，始终以用户为中心，以人民为中心。为能够提供更加便捷的服务，四乡及县城营业厅周一至周日都正常营业，用户随时可以到营业厅办理业务，同时县、乡宽带装维工作严格落实“当日装，当日修”，严格做到分公司当日装、当日修要求。县乡人员配置充足，营业员都具备全业务受理能力，装维员都具备宽带装维能力以及专线维护等业务能力。

【网络建设】 年内，革吉县新建4G基站7个、5G基站9个，国道公路沿线建设有线覆盖资源，革吉县18个行政村全部已覆盖FTTH

（有线光纤到户）宽带资源，县幼儿园和各村11个幼儿园建设网络监控平台。

【经营发展及电子政务网络运行】 年内，完成阿里电信分公司下达的各项经营指标：收入完成1590万元，移动用户累计新增1300户、宽带用户累计新增680户、家庭天翼高清用户新增400户。智家产品：全屋Wi-Fi 350户、天翼看家680户，70户扶贫用户加载致富包（免赠送100分钟通话、1G流量），474户扶贫用户加载扶贫专属合约礼包，移动市场份额、宽带市场份额双双得到提升，全年围绕党建统领、聚焦经营、全员凝心聚力、夯实基础，为实现西藏电信梦阿里篇章做出应有贡献，为深入推进国家和自治区关于“互联网＋政府服务”的决策部署，革吉县电信局积极配合相关部门，为2018年、2019年建设50个电子政务外网提供网络的保通及维保。县政务服务及行政审批局等50家单位开通电子政务外网，通过网上办理、集中数据共享，打造一站式便民服务在线平台，为推进政府服务提供基础网络的保通。

【提供就业平台】 年内，革吉电信局在县城以及四乡共招收15名本地人员，其中有3人为建档立卡贫困户，为他们提供工作平台及就业机会，通过兑现业务发展佣金、乡镇宽带新装费（200元/户）、每月宽带维护费（5元/户）、每月3000元乡镇承包员底薪、中继站值守费等，为革吉县农牧民提供就业以及为革吉县脱贫攻坚工作尽绵薄之力。

（白玛罗布）

【机构领导】

局　长

白玛罗布（藏族）

移动

【概况】 2022年，中国移动通信集团西藏有限公司革吉县分公司（以下简称移动革吉县分公司）坚持和加强党的全面领导，坚持以人民为中心，坚持稳中求进的工作总基调，以“做网络强国、数字中国、智慧社会主力军”为目标，围绕数智化转型、高质量发展主线，向全面统筹推进CHBN（个人＋家庭＋政企＋新兴）方向发力，持续推进创世界一流“力量大厦”战略蓝图。移动革吉县分公司共有17名员工，其中正式编制7名，外招三方员工10名，其中四乡各1名；共有6个实体营业厅店，县城2个店、四乡各1个店；通信基站共计78座，其中县城11座，国道沿线21座，乡镇及以下46座。

【党风廉政建设】 年内，移动革吉县分公司始终以习近平新时代中国特色社会主义思想为指导，以落实“三会一课”制度为切入点，建立健全学习制度，充分运用“学习强国”、党建云、中国移动智慧党建等平台，不断拓展学习渠道，增强学习内容，切实用理论武装头脑。以“屋脊奋斗者”党建品牌引领，组织开展主题为“同心强党建、和创新未来”的系列党日活动。认真履行廉政主体责任，狠抓班子建设和队伍管理，加强警示教育、制度建设和监督检查工作，构建长效的惩防体系。

【经营业绩】 年内，移动革吉县分公司完成下账收入966.2万元，同比增长20.42%；通信活跃客户达

2022年5月7日，阿里地区移动公司副总经理才让当智（左三）一行到移动革吉县分公司调研

2022年4月3日，移动革吉县分公司与革吉县市场监督管理局签订"党建和创"倡议书

6484户，同比增长5.07%；宽带用户达1749户，同比增长45%，较好地完成各项经营指标。

【项目建设】 年内，移动革吉县分公司根据各村委及群众切身需求，针对通信信号盲区新建1个农村4G基站；为深化拓展5G垂直行业的应用，在县城新建1个5G基站，实现县城5G信号覆盖率达98%。

【新冠疫情防控】 年内，移动革吉县分公司坚决贯彻落实县委、县政府关于新冠肺炎疫情防控决策部署，坚守"红色通信初心"，充分发挥通信行业国家队作用，积极参与抗疫行动，精准保障革吉县关键区域通信网络的畅通。

累计出动应急保障人员17人次、应急通信车辆12辆次，进行基站参数扩容2次，调整天线方位角3处，提高4个高负荷小区的通信网络质量。免费布放5千米的光缆，为3处监测点安装28个宽带网络，通过信息化手段助力防疫工作的开展。县公司总经理主动担责，自愿加入市场保供物资配送组，帮助采购和运输居家百姓的生活物资。同时联合革吉县人保分公司开展暖心抗"疫"行动，在临时检查站、人民医院、邮政十字路口、藏医院、方舱医院等5处重要点位开设"抗疫爱心驿站"，提供饮料、泡面等物资，为战斗在抗疫一线的工作人员送去温暖和力量，诠释着央企的社会责任。

【服务工作】 年内，移动革吉县分公司为做到全触点服务，在县分公司下设1个网格机构，任1名网格长；在网格归属下划分城东、城西微格，四乡划分个体微格，扩大行销、直销人员团队，逐步推进微格服务运营模式，全年共计受理、解决咨询业务4万余次；并结合"服务与业务领先"的战略目标，对存量超套用户开展套餐归位活动，面对牧区用户无法接入有线宽带的实际，设置专属优惠套餐，让用户享受更多的流量和语音权益，提升用户满意度。

年内，按月通过实地+后台监控开展通信基站和杆路检查抢修工作，共计开展抢修11次，先后梳理上报8个优化需求（包含基站电源扩容、传输链路扩容、新建盲区基站、隐患杆路整治等），确保通信网络畅通，着力提升客户口碑。

（次仁顿珠）

【机构领导】

总经理

次仁顿珠（藏族）

联通

【概况】 中国联合网络通信有限公司阿里地区分公司革吉县营业部（以下简称革吉县联通营业部）坚持党建统领，深入贯彻落实习近平新时代中国特色社会主义思想，聚焦五大主责主业，以"九个坚定不移"为抓手，以"一统领+四提升"为指导思想，坚决贯彻落实"1+9+3"战略规划体系和"积极进取"的西藏联通战略。

【基础设施】 革吉县联通营业部为解决无营业办公场所以及员工住宿问题，体现联通以人为本的人文理念，革吉县联通营业部综合办公楼于2020年4月开始修建，2021年2月修建完成，占地面积1292.39平方米，建筑面积643.28平方米。

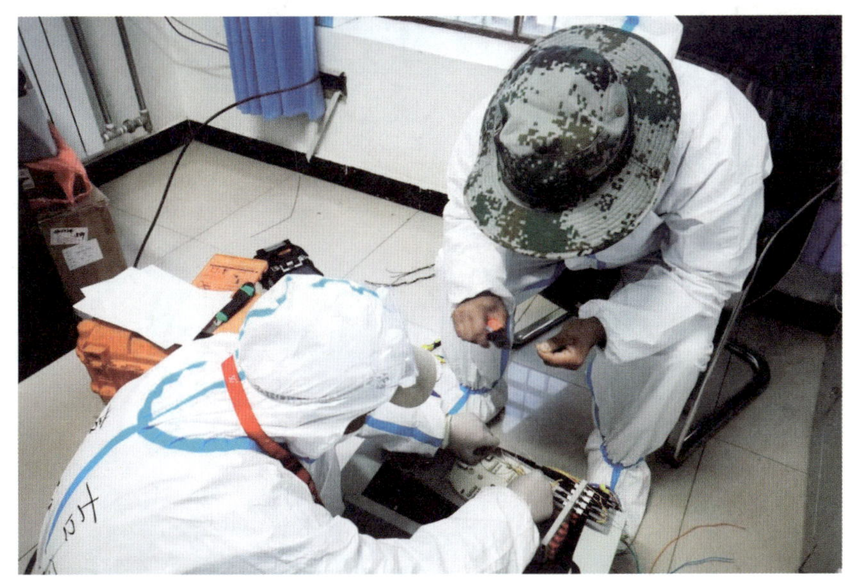

2022年8月13日，革吉县联通营业部工作人员开展网络维修

【网络建设】 年内，革吉境内建设传输光缆440千米，有3G、4G部基站共16个，5G基站革吉县城覆盖5个，固网资源覆盖革吉县“四乡一镇”，覆盖率达85%左右（千兆宽带资源小区已有6个，第二批千兆宽带资源建设预计在2023年4月施工完成后，有宽带端口1600个左右，革吉县城内宽带资源覆盖率达90%）。

【新冠疫情防控】 年内，革吉县联通营业部积极配合政府做好疫情防控工作，将革吉县联通营业部仅有的2顶帐篷运送至需要的防疫点位。第一时间组织5名工作人员报名参加志愿者，4人在疫情期间持续为疫情服务。主要工作内容为低中风险区域消杀、防疫物资搬运、网格内人员信息采集、生活物资采购和配送、网格内消毒及打扫卫生，为革吉贡献一份联通力量。并将革吉县联通营业部院子腾出来，供疫情期间物资分拣配送。疫情期间，积极组织人员配送和安装联通捐赠防疫物资并确保网络正常使用。

（刘　凤）

【机构领导】

经　理

刘　凤（女）

财税·金融

财政

【概况】 革吉县财政局(政府国有资产监督管理委员会)位于革吉县河北路18号。主要职责是贯彻执行国家财政税收方针、政策和财务会计方面的法令、条例等有关政策,承担各项财政收支管理及财政投资评审等相关工作,贯彻执行各项国有资产管理规章制度。

【党风廉政建设】 年内,安排专人负责财政局党风廉政工作,做到具体任务有人管,具体工作有人抓的工作局面。财政局领导班子齐抓共管,明确分工,认真落实党风廉政"一岗双责"责任制。定期召开党风廉政工作专题会议和工作安排部署会,加大工作力度,确保革吉县财政局党风廉政建设有力有序推进。

严守政治纪律和政治规矩,把维护以习近平同志为核心的党中央权威作为首要核心任务,引导党员牢固树立党章党规党纪意识。

权力运行不断规范,深化廉政风险和资金监管风险防控管理,严肃财经纪律,紧盯管人、财、物的重点部门和重要环节,扭住"四风"问题不放,巩固拓展落实中央八项规定精神成果。执纪反腐保持高压,切实把纪律挺在前面,实践运用监督执纪"四种形态",做到抓早抓小,防止小错酿成大错,坚持零容忍、全覆盖、无禁区,做到违纪必究、有腐必反。

整饬财经秩序,努力从源头预防腐败。坚持随会学习制度,及时传达学习中央、自治区、地区、县级各相关会议精神,思想上与上级保持高度一致。开展好警示教育,着力提高财政干部职工拒腐防变和抵御风险能力,从思想上、意识上杜绝腐败。切实推动"两学一做"学习教育常态化制度化,促进干部职工遵守党章党规党纪,树立远离"红线"、守住"底线"、不碰"高压线"的廉洁意识。全面贯彻落实中央八项规定精神,大力推进廉政风险防控和

2022年6月30日,革吉县召开《阿里地区2021年第一次财政支出绩效评价情况通报》的整改工作部署会议

权力公开透明运行工作。

【预算收支执行】 年内，革吉县财政局坚持以习近平新时代中国特色社会主义思想为指导，全面贯彻中共十九大、十九届历次全会和中共二十大精神，坚持稳中求进工作总基调，把握财政经济发展新常态，坚决落实“疫情要防住、经济要稳住、发展要安全”的要求，聚焦“四件大事”“四个确保”、聚力“四个创建”“四个走在前列”，落实“12114”工作思路，充分发挥财政工作职能，有力统筹疫情防控和经济社会发展，抓好落实稳经济一揽子政策措施和临时性举措，凝心聚力、真抓实干，为革吉县长治久安和高质量发展提供了坚实有力的财力保障。

收入情况。本级一般公共财政预算收入完成2000万元，同比增长13.57%，增收239万元。其中，税收收入完成1068万元，占公共财政预算收入的53.4%，与2021年同期相比增收382万元；非税收入完成932万元，占公共财政预算收入的46.6%，与2021年同期相比减收143万元。

支出情况。本级一般公共财政预算支出完成89539万元，同比增加7924万元，增长9.7%。其中，一般公共服务支出20224万元；公共安全支出5899万元，教育支出10861万元，科学技术支出346万元，文化旅游体育与传媒支出1060万元，社会保障和就业支出5234万元，卫生健康支出6508万元，节能环保支出266万元，城乡社区支出1918万元，农林水支出27583万元，交通运输支出1301万元，资源勘探工业信息等支出1363万元，商业服务业等支出261万元，自然资源海洋气象等支出1600万元，住房保障支出4241万元，粮油物资储备支出1万元，灾害防治及应急管理支出469万元，债务付息支出122万元，其他支出282万元。

收支平衡情况。一般公共预算收入124150万元，其中，一般公共预算收入2000万元，上级补助收入101356万元，2021年结转15798万元，动用预算稳定调节基金4996万元。一般公共预算支出124150万元，其中，一般公共预算支出89539万元，专项上解支出7785万元，安排预算稳定调节基金15766万元。收支相抵，年终结转11060万元在下年度继续安排支出。

收入情况。政府性基金上级补助收入90万元，政府性基金本级收入249万元，政府性基金2021年结转105万元，同比下降39.83%，减收294万元。其中，彩票公益金收入90万元，国有土地使用权出让相关收入249万元，政府性基金上年结转105万元。

支出情况。政府性基金预算支出107万元，同比下降57.1%，减支844万元。其中，用于社会福利的彩票公益金支出37万元，抗疫特别国债支出70万元。

收支平衡情况。政府性基金收入444万元，政府性基金预算支出107万元，收支相抵，年终结转337万元在下年度继续安排支出。

盘活财政存量资金情况：全县收回存量资金3048万元，已统筹安排3048万元，主要用于弥补2022年预算资金缺口。

【政策落实】 年内，革吉县财政局认真贯彻县委、县政府决策部署，围绕县党委中心工作，坚持党政机关过紧日子，强化财政资金统筹，优化财政支出结构，提质增效实施积极的财政政策，围绕“四件

2022年7月15日，革吉县财政局召开行政事业单位财政存量资金专项检查清理工作安排部署会

2022年6月9日，革吉县召开财经秩序专项整治行动工作推进电视电话会

大事”,加大重点领域支持力度,全力保障“六稳”“六保”支出需求,加快财政改革,不断提高财政管理水平。

减税与退税并举,加大小微企业增值税留抵退税政策力度,2022年完成增值税留抵退税30万元,减税降费1062万元;深入贯彻落实区党委、政府和地委、行署关于稳经济一揽子政策的决策部署,积极应对疫情带来的不利影响,持续降低实体经济运营成本,累计减免国有房屋租金74.75万元,惠及承租户58户;加大资金投入力度,推进消费市场复苏回暖。发放42.67万元消费券,用于“助企惠民·乐购阿里”促进消费活动,激发市场消费潜力,拉动消费增长,减少疫情带来的冲击和影响。

积极落实疫情防控经费保障政策,强化疫情防控资金统筹,结合疫情防控实际需求,在财政资金十分紧张的情况下,积极争取上级转移支付资金1265.33万元,筹集自有财力243.91万元,共投入1509.24万元。主要用于疫情防控宣传、检测试剂及防控物资采购等与疫情有关的民生支出,为切实打赢疫情防控阻击战提供坚实保障;开辟政府采购“绿色通道”,按照急事急办、特事特办的原则,开辟物资采购绿色通道,简化办事流程,提高采购效率,全力保障应急救援设备和物资的及时供应。

坚持农业农村优先发展,支持巩固拓展脱贫攻坚成果同乡村振兴有效衔接,加大涉农资金整合力度,2022年统筹整合财政衔接资金14997.47万元,支持产业发展、农村基础设施、生态环境保护等26个项目建设,扶贫成果持续巩固提升。

落实资金1030.01万元提升政法部门业务装备水平和应急处突能力;落实资金220万元推进民族团结进步工作;落实资金200万元支持社会治安防控体系建设,促进各项维稳工作措施落实落地;落实资金5万元持续开展扫黑除恶专项斗争、扫黄打非、打非治乱工作;落实资金128.88万元深入实施“先进双联户”创建评选等活动;落实资金10万元支持完善群防群治工作机制。

年内,共投入生态文明建设资金18724.41万元,主要用于支持生态文明创建、环境监测、污染防治、水源地保护、草原生态保护补助、生态脱贫岗位补助等方面,使大地增绿、群众增收效果明显。

千方百计稳定和扩大就业,坚持把稳就业、保民生、促发展作为当前工作的重中之重,不断加大资金投入,落实资金615万元推动各项稳就业政策措施落地见效。落实资金14516.31万元,用于教育“三包”、义务教育阶段学生营养改善、学前教育至高中阶段“十五年”免费教育、教育事业发展等支出。落实资金609.6万元支持艺术团公益演出、村级文化活动室建设、公共文化设施免费开放等,丰富群众文化生活,支持加强文物保护利用和非物质文化遗产保护传承。落实资金2303.41万元,支持完善公共卫生体系,提高医疗卫生保障水平。城乡居民基本医疗保险补助标准提高到年人均675元,基本公共卫生服务补助标准提高到年人均79元。支持实施妇女“两癌”筛查、特殊群体HPV(人乳头瘤病毒)和流感疫苗自愿免费接种。城乡居民基本养老保险基础养老金标准提高到月人均220元,延续实施阶段性降低失业保险、工伤保险费率政策。落实资金393.96万元,支持做好特殊人群基本生活保障工作。城乡居民最低生活保障标准分别提高到年人均13524元、5160元。为维护人民根本利益，增进民生福祉，落实资金1492.84万元，支持城镇保障性安居工程等建设，保障城乡居民基本居住需求、改善居住条件。

全面实施零基预算改革，严格预算编制管理，改变"基数+增长"预算编制方式，以零为基点编制预算，一切从实际需要出发。树立"先谋事后排钱"理念，加强预算安排与预算执行、绩效管理等情况挂钩。围绕全县国民经济和社会发展规划、各领域专项规划，做实做细项目储备，滚动编制各预算单位项目清单，常态化审核后纳入项目库。加强绩效目标审核，将绩效管理整体嵌入预算管理流程，实现预算管理和绩效管理一体化推进。加强绩效监控结果运用，坚持问题导向，促进预算资金及时有效使用。加强预算编制源头管理、强化预算执行刚性约束，加大非急需非刚性支出压减力度，全力保障重点支出。除疫情防控等必要增支外，其他支出总体上控制在批准的预算规模内。大力盘活财政存量资金和闲置资产，避免资金沉淀闲置。认真贯彻落实预算法实施条例，将条例的新规定、新要求落实到预算编制、执行、监督的全过程。注重开展事前和事中监督检查，扎实做好会计信息质量、预决算公开等各项监督检查工作，有效落实财政监督职能。依法接受人大预算监督，落实人大及其常委会有关预算决议，认真做好人大审查意见和审计发现问题的整改落实。

保险基金和住房公积金都全部按规定标准上缴到位。按照"编制部门核准编制，人事部门核定人员和工资，财政核拨经费，银行代发到人，及时足额到位"的管理原则，进一步规范工资发放程序；将各项人员经费按照政策标准列入年初预算，对平时微调增资实行动态管理，年终进行预算调整，保证人员工资的足额发放；通过"财政一体化系统"软件，强化财政供养人员工资信息等基础数据管理，及时收集、审核工资信息变动，促使各单位及时报送工资变动数据和用款计划，确保工资数据的准确性；实行预算执行系统即时监控。每月工资额度到账后，及时通知预算单位办理工资业务，并从预算执行系统查看办理进度，进行即时监控，督促预算单位及时办理工资发放业务。

【预决算编制】 年内，按照地区财政局《阿里地区财政局关于2022年度部门决算工作的通知》要求，召开2022年全县部门决算编制工作培训会，对县直各部门、乡镇会计50余人进行培训。各预算单位及时核对2022年度财政拨款数、国库集中支付预算执行情况，完成年终清理、结账事宜，清理核对各项预算的收支款项、检查本年度各项收入是否入账，结算所有往来业务，清查各项资产，正确结转各项收入、支出、结余，确保决算报表真实、准确、系统、完整地展现单位财务状况，完成革吉县2022年度决算编制工作。

【固定资产管理】 年内，革吉县财政局着力加强国有资产管理，推动国有资产管理再上新台阶。较好地完成行政事业单位国有资产月报和年报编报工作。

【预算管理一体化系统建设】 年内，按照自治区、地区部署要求，精心谋划、多措并举，扎实推进预算管理一体化建设。已上线基础信息、项目库、预算编制、预算调整和调剂、预算执行、银行账户管理、单位会计核算等模块，实现系统全面贯通。预算管理一体化系统的上线运行，创造了基于现代信息技术条件下"业务规范+技术控制"的管理新机制，能够更好地发挥财政在国家治理中的基础和重要支柱作用。

（单靖越）

【机构领导】

局　长

涂玲君（女）

国库集中支付中心主任

拉　姆（女，藏族，12月任）

副局长

拉　姆（女，藏族，12月免）

强巴德吉（女，藏族，12月任）

顿珠次仁（藏族）

国库集中支付中心副主任

强巴德吉（女，藏族，12月免）

商德菊（女，藏族，12月任）

四级主任科员

单增央珠（藏族）

税务

2022年5月10日，革吉县税务局召开巡察动员部署会议

【概况】 2022年，革吉县税务局坚持以习近平新时代中国特色社会主义思想为指导，深入贯彻落实中共二十大精神，切实增强“四个意识”、坚定“四个自信”、做到“两个维护”。按照全区税务工作会议的总体部署和要求扎实开展各项税收工作，加强政治理论学习，发挥战斗堡垒作用和先锋模范作用，打好疫情防控阻击战，落实各项减税降费政策。

2022年，革吉县税务局人员编制9人，实际在岗人数9人，其中局领导3人，分别为局长1人、副局长和纪检组长各1人，三级高级主办（副处级）1人，四级主办（副科级）3人，一级行政执法员（科员）2人。

【组织收入】 年内，入库税费总计11463万元，其中税收收入2317万（与2021年税收收入1481万元相比，增长836万元）、非税收入622万元、社会保险基金收入8524万元。

【减税降费】 年内，革吉县办理留抵退税3笔，涉及税款30万元。减免各项税费合计1574万元，与2021年1082万元相比，增加492万元。

【维护稳定】 年内，按照自治区税务局、阿里地区税务局、革吉县委的统一部署和要求，抓好维稳工作，确保各项工作顺利开展，实现维稳工作“三不出”（大事不出，中事不出，小事也不出）。成立维稳工作领导小组，包括应急通信组、后勤保障组、应急医疗组、维稳防控保卫组。主要负责组织革吉县税务局应急处置工作，掌握全局形势，作出重大决定制定临时对策，适时发布命令、通告，对所需人、财、物进行总体调度。

【社保费征收】 年内，革吉县社保费收入8524万元，其中单位社保费收入8396万元，城乡居民医疗保险收入34万元，城乡居民养老保险收入94万元。

【新冠疫情防控】 年内，面对严峻复杂的新冠肺炎疫情工作，革吉县税务局第一时间制订应急预案，成立应急工作领导小组，坚决执行县委、县政府防疫工作措施，最大限度保障干部职工、纳税人

2022年1月17日，革吉县税务局组织纳税人召开座谈会

2022年4月25日，革吉县税务局开展税费优惠政策进企业宣传活动

缴费人的身体健康。

在办税大厅、值班室、职工食堂等公共场所提供一次性口罩、酒精消毒液、消毒器具（84消毒液、背负式消毒喷器等）、医用红外线额温计、洗手液、一次性橡胶手套、体温计、防护服、酒精湿巾等。

主要包括办公室定期消毒、常通风换气、保证空气流通等；勤打扫环境卫生，垃圾要及时清运；严格遵守疫情防控要求和卫生管理条例；适量到户外运动，呼吸新鲜空气，增强体质；保持良好的个人卫生习惯，勤洗手、消毒；避免前往空气流通不畅、人口密集的公共场所，鼓励线上办公、预约办公，减少聚会；有计划地备足各种防疫物资、配件；教育引导干部职工、家属疫情期间不探亲、访友；进出单位大门人员测量体温、扫码登记信息、进行消毒。

【党建工作】 年内，革吉县税务局党委不断强化党建引领作用，从讲政治的高度认真抓好各项税费政策落实，应收尽收，应免尽免，为优化革吉营商环境做出税务贡献。为鼓励先进，革吉县税务局支部设置党员先锋岗1个，党员干部冲锋在前，确保各项税收优惠政策落实到位。开展减税降费主题党日活动，引领党员干部主动投身到减税降费工作第一线，做到党建与税务的融合创新。党委书记带队深入盐湖矿企走访调研，召开企业座谈会，听取纳税人意见建议。

截至年底，革吉县税务局累计开展各类税收优惠宣传活动5次，开展政策培训3次，组织党员先锋队开展政策上门辅导4次，受众100余人次，赴各乡镇宣传医疗、养老保险有关政策2次。

【中共二十大学习】 2021年，革吉县税务局党委在革吉县委和地区税务局党委的悉心指导和安排部署下，积极采取主题党日、集中学习研讨、专题读书班、个人自学等多种形式，迅速掀起学习贯彻中共二十大精神的热潮，切实把中共二十大精神传达到每名党员干部，有力地推动中共二十大精神学习宣传贯彻在革吉税务系统落地落实、不断深入。

年内，开展中共二十大精神集中学习研讨1次，收集心得体会9份，开展专题读书班1次，开展“我与中共二十大”主题党日活动1次。通过各项活动与学习，增强广大党员干部的思想意识和政治素养，增强“四个意识”、坚定“四个自信”、做到“两个维护”。

（贡觉旦达）

【机构领导】

党委书记、局长

王　旭　伟

党委委员、副局长

索南桑姆（女，藏族）

党委委员、纪检组长

贡觉旦达（藏族）

中国农业银行股份有限公司革吉县支行

【概况】 2022年，中国农业银行股份有限公司革吉县支行（以下简称农行革吉县支行）奋力推进各项业务，全力保障疫情期间金融服务不断档。积极推动农行智慧党建、智慧会费、线上“惠农e贷”等智慧金融科技业务落地广大农牧区，助推“智慧乡村”建设，让革吉县各族群众的获得感更足、幸福感更持续、安全感更有保障。

【党建工作】 年内，认真学习贯彻习近平新时代中国特色主义思想、中共二十大精神，全面提升党性修养。组织开展理论学习中心组学习12次、中共二十大宣讲2次。全面落实“三会一课”制度，认真开好党员大会、支委会、组织生活会，重点加强党课教育，讲授2期党课，引导党员干部发挥先锋模范作用。坚持由党总支主导，以带动群团工作为方针，结合党建品牌建设工作，开展“六个走进”、缅怀先烈、军银联动、“喜迎二十大，我来谈变化”等12期主题党日活动，有效发挥党建带团建、妇建作用，巩固和发挥党组织的战斗堡垒作用。坚持以学促行，推动党员先进性教育。年初制订党员教育培训计划，以“农银e学”“学习强国”等平台为渠道，积极组织基层支部书记、积极分子参加分行党校轮训，通过学习和参加轮训，员工政治素质、业务水平和工作能力得到明显提高，党性修养得到进一步提升。党总支坚持定期召开党总支委员会，集中讨论解决“三线一网格”工作、重点岗位轮换、重要岗位监督管理等“三重一大”问题，做到重大决策坚持班子集体研究决定。铸牢中华民族共同体意识，深入开展爱国主义和反分裂斗争教育。邀请党员讲解员久美讲述红色故事，引导广大干部传承红色基因，铸牢中华民族共同体意识。积极开展一系列“主题党日4+N”活动。截至年底，开展12次主题活动，组织观看爱国主义题材电影12次，撰写心得体会24篇。

根据党员分布，组建2个党员先锋队，在疫情防控、重点项目攻关等工作中积极作为、冲在一线，完成各项任务。积极开展“结队认亲”活动，实行一名党员带动一名普通员工制，成功培养4名入党积极分子、1名预备党员、2名青年英才。坚持每月开展1次主题党日活动，进一步丰富党内生活。开展10期业务知识培训，利用员工家属探亲等契机开展6次家访，对结婚、生病住院的员工开展10次慰问，及时了解员工困难问题，统筹安排全员疫情防控物资。年内，完成支行院内硬化、上下水接通等员工关注度较高的工程，解决长期困扰员工的问题，不断完备基层基础设施，及时送去分行党委的关心关怀。党总支根据基层网点实际，指导各网点制订学习计划，规定每周学习两小时，全行员工在“学习强国”学习平台每人每天积分不少于34分，完成每年累计积分12240分的任务目标。年内，每人完成“农银e学”学习积分2250分任务；突显党员先锋模范作用，对党员公开践诺、重点工作开展情况等进行考评，创造性地开展“最美基层党员”评选活动，评选出3名最美基层党员。“党建工作做法”扎实推进并促进了党建与业务的高度融合，成为推动支行不断取得优异成绩的核心动力。

2022年3月26日，农行革吉县支行开展流动金融服务

【干部员工监督管理】 年内，以“合规教育年”为契机，开展1期“一把手”讲合规、2期合规大讨论活动；召开1次全行党风廉政建设和反腐败形势报告，促使党员筑牢思想防线。利用系统内外酒驾等典型案例，对全行员工开展3次警示教育，要求员工吸取教训、引以为戒、警钟长鸣，维护良好的政治生态。开展一期员工家属“廉内助”教育活动，引导党员干部家属参与传播廉洁文化，弘扬清风正气，发挥“廉内助”作用。

年内，召开全面从严治党暨纪检工作会议，由党总支书记对

2022年6月20日，农行革吉县支行开展金融知识宣讲活动

全行员工进行1次集体约谈，同时外部走访纪委、信访局、检察院、法院等相关部门10次，及时掌握员工“八小时以外”的动态。加强案件防范工作，认真履行案防职责，落实案防工作措施，确保业务经营健康持续发展。

【乡村振兴】 年内，坚持精准定位，科学施策，扎实做好服务“三农”和全力助推乡村振兴建设，当好全县服务“三农”金融主力军。年内，累计发放9464万元涉农贷款，涉农贷款余额占全行各项贷款的62.91%，较2021年末提升1.33个百分点。设立“三农”金融服务点24个，交易笔数达11168笔，交易金额达3929万元。

积极推广新农商城，直接购买和帮助销售价值6万元的农产品。稳步推进“惠农e贷”业务发展，累计发放“惠农e贷”6121.91万元，余额达13534.47万元，农户信息建档已完成2296户，较年初增加302户。发挥“3+2”流动服务优势，秉承和发扬“背包下乡、走村入户”的优良传统，有效结合“三包”工程，持续巩固“3+2”流动金融服务模式优势，切实做实农牧区金融“三农”服务工作，着力提升金融流动服务水平和质量。召开1次小微企业融资座谈会议，加大服务实体经济力度，及时满足融资需求，为专合组织及小微企业提供1287万元融资贷款。

【新冠疫情防控】 年内，农行革吉县支行坚持疫情防控和金融服务保障“双向”推进，充分发挥基层党组织的战斗堡垒作用，把“红色堡垒”挺在疫情防控的最前沿，做到关键时刻有组织、关键岗位有党员，凝聚抗击疫情强大合力。

年内，农行革吉县支行各级领导班子团结带领全体干部员工积极采取更加有效的应急处置、业务连续性保障、内部防控管理措施，保持对外客户维护、网点服务“不断档”的同时，设立抗疫“红色爱心驿站”，给抗疫志愿者提供免费的饮料、泡面和医药箱、充电宝等应急用品和消毒液、医用口罩等防疫用品。支行8名员工主动加入地方抗疫志愿队伍，始终坚守在抗疫最前线。全方位保障单位正常运行，严格落实农行革吉县支行7个方面35条稳经济和信贷支持企业受疫情影响企业具体落实举措，持续加大信贷投放力度，积极为市场主体纾困解难，有力践行大行应有责任。疫情期间，累计为受疫情影响的5家企业办理延期贷款1365万元；为受疫情影响的农户、商户、个人办理贷款延期业务，涉及金额3455万元；为受疫情影响有融资需求的13家企业发放线上贷款近800万元。

（土旦次巴）

【机构领导】

党总支书记、行长

欧珠多吉（藏族）

党总支纪检委员

次仁央宗（女，藏族）

党总支委员、副行长

边巴扎西（藏族）

次旺达杰（藏族）

乡 镇

革吉镇

【概况】 革吉镇位于革吉县西部,东邻雄巴乡、亚热乡、盐湖乡,西接噶尔县左左乡,南依普兰县巴嘎乡,北靠日土县热邦乡和东汝乡。土地面积1.79万平方千米,草场面积6919平方千米。可利用草场面积1123.09万亩,无水草场面积309万亩。革吉镇是革吉县政治、经济、文化中心,距阿里地区行署所在地狮泉河镇117千米,距自治区首府拉萨1640千米。

2022年,革吉镇下辖5个村2个社区居委会,分别是森布村、芒拉村、布贡村、公前村、康巴列村、那普社区居委会和福康社区居委会,有15个村民小组。革吉镇共有1063户3904人。有行政干部职工34人,事业干部职工29人,工人4人。2022年,3831人参加新型农村合作医疗基本养老保险,参合率98%。参加新型农村养老保险743人,已领取养老保险243人。

2022年1月10日,革吉镇召开进一步改进作风狠抓落实工作动员部署会议

【自然资源】 革吉镇是革吉县水资源最为丰富的区域。境内冰川、河流较多,有大小河流数十条,大多汇入外流水系——森格藏布(狮泉河发源地),流经噶尔县境内。辖区湖泊有夏萨尔错、杜给错、吓那错、热帮错和弄可罗错等;矿产资源有硼砂、硼镁石、水晶、铁、锂、铜、芒硝等;野生动物资源有野驴、藏羚、旱獭、黑颈鹤、天鹅、斑头雁、岩羊、黄羊、狼、雪猪、野兔、鼠兔、黄鸭、水鸭、棕头鸥、沙鸡、雪鸡、秃鹫、鹰雕、鹞鹰、草原鹞、野鸽、乌鸦、麻雀等,鱼类资源相当丰富。

【党建工作】 年内,革吉镇党委下辖3个党总支,10个村(社区)党支部(森布村2个党支部、布贡2个党支部、公前村2个党支部、福康社区1个党支部、那普社区1个党支部、芒拉村1个党支部、康巴列村1个党支部)和1个机关党支部。有共产党员413名(其中机关党员42名,农牧民党员289名,妇女党员82名)。各村(社区)“两委”班子有成员44名,“三老”人员26名（老党员17名、老干部9名）。革吉镇共有经济合作组织21个，涉及商店、商品房、沙厂等，均已投入运营。革吉镇下辖7个村级均开展村居活动场所标准化建设，2019年共投资125万元用于村级组织活动场所内涵建设，2022年村级均已建成，功能完备，设施齐全。

年内，共召开2次党建工作会议，全面总结2021年党建工作，安排部署2022年阶段性党建工作，进一步明确工作思路。同时，开展基层党建督导检查4次，进一步将党委主体责任落地落实。以每周“支部日”、每月“主题党日”以及“三会一课”、中心组理论学习和改进作风狠抓落实干部大会等活动为主导，开展各类学习活动40余次，广大干部各方面思想认识得到进一步提高。开展“富民先锋”党建品牌创建活动。围绕“富民先锋”党建品牌，突出政治功能，着力做好模范党员带领群众工作。截至年底，组织全镇党员集体开展党史学习教育22次、专题党课活动2次，开展“为民办实事”工作20次。涉及群众100人次。帮助群众开展政策咨询、排查安全隐患等活动30余件，发挥党员先锋模范作用。按照要求，优先在基层一线、优秀“双联户户长”、疫情一线等优秀人才中发展党员，2022年发展预备党员17人、积极分子54人，2021年发展的18名预备党员全部按期转正，为基层党组织各项工作奠定了人才基础。开展“改进作风、狠抓落实”工作。按照《2022年进一步改进

2022年1月24日，革吉镇召开党委班子党史学习教育专题民主生活会

作风狠抓落实工作实施方案》，共召开干部学习大会13次，革吉镇纪委及时设立信箱，广泛征求社会各界意见建议和呼声诉求，以便更好解决广大干部群众所急所盼所难问题。同时，革吉镇党委按照要求，围绕“四查”要求，于2月26日对革吉镇各科（室）、各村（社区）文风和全镇干部作风情况进行督导检查，重点检查各科室工作进展情况、公文文风和干部应知应会掌握情况等，并建立相应台账。镇党委要求全体党员干部对照“四查四问”，积极开展自我检视，对自身发现问题进行整改，并形成台账。在改进作风狠抓落实工作中，革吉镇及时建立健全考评制度，将改进作风狠抓落实工作督导检查结果纳入干部评先评优中，加强督查结果运用，将检查结果在干部每季度考核中加以评估，有力地促进各项工作的落地落实。

【农牧民经济合作社】 年内，革吉镇共有农牧民经济合作社8个，利益联结1063户3904人，2022年共收入90万余元，因疫情原因暂未分红，带动就业33人，发放工资20万余元。

【党风廉政建设】 年内，全面落实党风廉政建设要求，不折不扣地执行中央八项规定。利用“支部日”活动和驻村走访等多种形式，广泛宣传党的政策，对干群进行廉政文化教育。年内，召开专题会议2次，开展学习活动20次，开展日常工作监督检查38次，开展餐饮浪费、违反中央八项规定以及各项工程建设和政府采购各方面检查11次。

【综合治理】 年内，以“3月法治宣传月”、“5·28”民法典宣传等相关宣传活动为契机，广泛开展总体国家安全观、反分裂、反渗透、反自焚、反暴恐和扫黑除恶专项斗争等宣传活动。共出动宣传人员80人次〔包括各村（社区）

宣传人员],张贴宣传标语100余张,发放各类宣传资料3200余份包括各村(社区)发放的宣传手册,受教育群众达3000余人。

紧紧围绕联户平安、联户增收、联户扶贫、联户文明问题,全面落实“10+1”目标任务,切实抓好双联户各项工作。年内,开展双联户户长培训2次,严格落实户长补助资金,全体户长都能按照要求履职尽责,进一步推动革吉镇“先进双联户”创建活动不断向纵深发展。

按照“属地管理”原则,革吉镇及时妥善处理和解决辖区内出现的矛盾纠纷,及时摸底排查革吉镇辖区拖欠工资等事件。截至年底,革吉镇共发生矛盾纠纷26起,成功处理26起。

【民生改善】 年内,全镇牧民劳动力1936人,富余劳动力491人。转移就业1327人,创收1379.22万元。农牧民培训共完成6期46人次,培训后就业共20人。农牧民总收入达7379.96万元,农村居民人均可支配收入达18903.59元。2022年革吉镇高校毕业生12人,已就业7人,其中为2名高校毕业生发放就业创业补贴12万元。

年内,兑现草补、生态岗位、低保等补贴政策资金2967.16万元,各类补贴政策资金综合执行率进度达100%。

年内,为确保义务教育阶段学生入学率尽可能达到100%。革吉镇共组织召开5次控辍保学专题会议,及时安排部署各项工作,安排专人负责此项工作。上半年开展2次学生接送工作,确保远村学生安全返家。下半年学生应送尽送。

革吉镇进一步加强辖区内居民健康档案建立工作,居民健康档案建档率达到95%。牧民群众及寺庙僧尼免费健康体检率达91%以上;孕产妇住院分娩率达到100%;新冠疫苗接种率达到97%;到村(社区)开展包虫病预防等巡诊工作33次;开展3次公众健康咨询体检活动,实现35—64岁农牧区育龄妇女“两癌”宣传及“三病”筛查工作全覆盖,知晓率达85%。每周组织学习活动,巩固自身防疫素质,为更好有效应对突发状况奠定基础。

【乡村振兴】 年内,结合实际及时制定《革吉镇2022年乡村振兴工作要点》,进一步明确工作职责,压实工作责任。镇党委、政府先后召开乡村振兴工作会议4次、政策培训会议2次,进行入户调研2次。及时听取各村(社区)防返贫监测和帮扶工作开展情况,及时研究解决工作中存在的重点难点问题,并对下一阶段工作进行安排部署。

每季度开展1次结对帮扶工作,镇乡村振兴办公室结合实际制定干部结对帮扶台账,革吉镇干部积极入户开展结对帮扶工作,帮扶物资折合人民币1.3万余元。

革吉镇共设立村级监督员7人,共开展监督工作56次,上报工作开展情况7次,共有镇级监督员2人,共开展监督工作8次,走访全部监测户,了解其生产生活状况,充分发挥督导作用。

5月,开展监测户大排查工作1次,重点对“十类人”250户876人进行集中排查,未发现需纳入监测的牧户。同时,通过大排查工作,解除监测户4户13人;10月,开展第二次大排查工作,未发现需纳入监测的牧户。截至年底,革吉镇共有监测户13户57人(已

2022年5月29日,革吉镇各村(社区)干部国家通用语言文字培训结业

解除 8 户,未解除 5 户)。

革吉镇涉及 6 个村(社区),7 个绵羊、牦牛短期育肥项目点。年内,共添置绵羊 783 只,6 个村(社区)采取产业项目 + 合作社经营模式在稳步运营。截至年底,出售绵羊 220 只,临时就业 372 人,项目总收入 26.836 万元。

【新冠疫情防控】 年内,对照《新型冠状病毒肺炎防控方案》(第九版)和现阶段中央有关疫情防控工作的相关要求,进一步充实、完善以党政主要领导为双组长、其他党政班子为成员的防控工作领导小组,形成强有力的应急指挥体系。先后召开专题部署会议 10 余次,进行系统周密安排,建立健全防控体系。

在疫情防控中,镇党委、政府立即从各村(社区)"两委"、党员、大学生当中抽调 31 名精干力量投入疫情防控主阵地,主要负责人员进行摸底排查、核酸采样、采购生活物资、值守点位、巡逻巡视、发放宣传资料等工作,在各个点位、各个环节起到关键性作用,有效做到防控工作中不留死角、不留盲区。

按照上级有关疫情防控要求,革吉镇及时向群众发放宣传材料,以入户做核酸、全员做核酸等为契机,共转发宣传单 3000 余份,并在各村(社区)通过大喇叭和微信宣传,不断引导广大群众增强自我防范意识,自觉做好自我防护,累计受教群众 23200 余人次。

严格落实好"四方责任"和"三防"要求。革吉镇党委、政府以落实属地管理责任为重点,按照要求做好出入人员管控工作,坚决做到外来人员和车辆及时报备登记,本辖区及出入人员及时做到有流动记录和体温检测记录。同时,镇党委、政府要求各村在辖区内开展爱国卫生运动、及时消除卫生死角,并每天对辖区进行消毒。督促广大干部群众做好个人卫生,通过大力宣传,养成良好的生活习惯,要勤洗手、多通风、少聚集,全体广大干部群众从思想上充分认识到预防疾病发生和传播的重要性。

【意识形态工作】 年内,镇党委坚持党管宣传原则,切实落实意识形态工作党委主体责任、书记第一责任、党委副书记分管责任、宣传委员直接责任和班子成员一岗双责,以文件形式将责任落实到人,切实加强意识形态领域宣传工作。共召开 2 次专题研究意识形态工作会,及时掌握辖区内工作动态并作出阶段性安排部署。

认真学习中共二十大精神和各级各类重要讲话、文件精神。结合党史学习教育,认真组织中心组成员和全镇干部进行集体学习。年内,开展理论中心组学习 11 场次,参与学习 90 人次,开展交流发言 7 次,围绕中共二十大精神开展学习宣传 11 场次,参与 310 人次,撰写学习心得体会 60 篇。坚持学习教育常态化,组建微信学习群,设置打卡制度,利用"学习强国"学习平台网信革吉形象专题栏分享学习资料,鼓励大家交流心得体会,通过集中学习和个人自学,全体干部的思想素质得到进一步提高。

由镇宣传办牵头成立宣讲团,深入基层一线开展宣讲习近平新时代中国特色社会主义思想、中共二十大精神、中央第七次西藏工作座谈会精神等,结合党史学习教育活动、"三个意识"群众性教育活动等,持续推动党的思想进万家。年内,开展理论宣传

2022年9月23日,革吉镇干部志愿者到牧区为牲畜开展消杀工作

宣讲36次，受益群众800余人次，走村入户开展宣传400余户，悬挂横幅标语38余条，通过广播、音响播放防疫知识500余次，并利用镇村（社区）大喇叭、短视频和户外大屏幕以及网信革吉、“学习强国”、珠峰云等多种平台宣传宣讲各项政策，特别是疫情防控措施相关知识，得到广大群众的认可。

以喜迎中共二十大胜利召开为主线，积极开展“三八”国际妇女节、“5·8”母亲节、“3·28”西藏百万农奴解放纪念日、“五四”青年节、“六一”国际儿童节、“七一”建党节等系列主题活动，丰富了牧民群众的精神文化生活。年内，革吉镇新时代文明实践文化文艺志愿活动共计开展20场，参与2080人次。组织干部群众参观直库爱国主义基地，重温入党誓词，观看优秀爱国影片2场次，参与220人次。同时，组织牧民群众学习国家通用语言，覆盖群众达1000人次。

建立党政领导班子成员意识形态“一岗双责”制度，班子成员围绕分管工作在各自辖区开展调研，调研存在的突出问题和群众反映强烈的热点、难点问题，形成调研报告，真正把情况摸清楚，把症结分析透，并研究提出解决问题的对策。

2022年11月3日，革吉镇干部志愿者为群众采购物资

【生态环保】 年内，实行河湖长包保责任制，共开展河湖长巡河100人次，清理镇域河湖水面漂浮物垃圾20次，并与全镇水保员签订《生态岗位责任书》，为确保全面完成工作任务奠定坚实基础，革吉镇辖区河湖环境得到进一步改善。

年内，革吉镇党委专题召开环保宣传工作部署会3次，在各村（社区）悬挂环保横幅8条，设置环保宣传栏8块，发放环保宣传材料100份，并通过开展“爱国卫生运动”40次，增强广大干部群众保护环境的责任心和使命感。

年内，采取日常监督检查与限期治理等措施，对环境保护违法行为重拳出击。共开展饮用水源地保护专项执法检查2次，组织人力对饮用水源地进行检查3次，开展环保情况专项检查3次，开展打击非法洗沙行为，开展自然生态环境专项巡查2次，组织生态岗位人员和环保人员开展环境卫生40场次，确保革吉镇辖区河水干净，为广大干部群众用水安全奠定了坚实基础。

【创建民族团结示范镇】 年内，始终坚持将《中华人民共和国宪法》《宗教事务条例》和习近平总书记重要讲话精神，特别是关于民族工作的重要论述等纳入日常学习中，不断提高党员干部运用党的民族政策法规解决实际问题的能力，共开展学习10次。

及时制定《革吉镇创建全国民族团结进步示范镇实施方案》，压实组织领导和带头抓落实的责任，压实寺庙管委会具体抓落实的责任，压实每一名驻寺干部宣讲教育责任，确保创建工作取得成效。

严格落实僧尼请销假制度，认真落实《革吉镇涉宗重点人员管控责任机制》《革吉镇寺庙僧尼“一对一”管控机制》《革吉镇寺庙僧尼“一对一”管控台账》等相关制度，确保在外僧人有人管、不漏管、不脱管。

深入开展加强和创新寺庙管理工作，建立常态化、长效化的宣传教育实践机制，采取干部入寺庙宣讲政策、召开座谈会等方式，深入开展“四史”宣传教育，引导宗教界人士践行社会主义核心价值观，进一步增强宗教领域民族团结进步意识，开展宣讲 10 场次。

【安全生产】 年内，及时成立革吉镇安全生产工作领导小组，修改完善安全生产应急预案。镇安委办与各村（社区）、中石油革吉加油站、镇机关驾驶员等签订目标责任书11份，进一步明确各村（社区）、各生产经营业主、驾驶员安全生产职责及安全注意事项，为全年安全生产工作明确目标，指明方向。

充分利用“5・12”全国防灾减灾日、安全生产宣传月等活动时机，督促各村（社区）通过悬挂横幅、电子显示屏滚动播放等方式宣传防灾减灾知识。年内，召开安全生产部署会、月活动会 6 次，发放宣传资料 1000 余份，开设防灾减灾知识宣传栏 2 栏，开展危化领域、校园安全、消防安全、食品安全及村（社区）检查指导等安全隐患排查行动 32 次，发现安全隐患和问题 62 处，经复查了解除个别问题和隐患外，问题基本得到整改落实，不能及时整改的要求尽快落实到位，进一步增强广大干部群众安全意识。截至年底，革吉镇未发生安全生产事故。

【特色亮点】 建好用好革吉镇那普社区“村史馆”，在那普社区党支部书记的带领下，一件件承载往昔回忆的老物品、一幅幅记录沧海巨变的老照片，成为见证党领导那普人民创造幸福生活的回忆录，变成开展新旧西藏对比、凝聚党心民心、汲取奋进力量的活教材。年内，利用节假日，累计接纳学习参观人员 2000 余人。

利用书屋阵地建设，开展系列活动。结合革吉镇“农家书屋”实际，利用农牧民宣讲员、书屋管理员、文艺演出队等精神文明创建力量，认真规划运用“农家书屋”等宣传文化阵地，并延伸开展各类书法、阅读、朗诵、写答、演讲比赛等活动，激发村（社区）“两委”班子推广普及国家通用语言文字，鼓舞广大牧民群众、寺庙僧尼、中小学生读书热情，不断创新阅读活动载体在全镇营造多读书、读好书、好读书的浓厚氛围。

（弓沙沙）

【机构领导】

党委书记
阿旺平措（藏族）

党委副书记、镇长
石 宪 兵

人大主席团主席
吴 强

党委委员、纪委书记
郭 安 徽

党委副书记、组织委员
其美央吉（女，藏族）

党委委员、宣传委员
尼玛普尺（女，藏族）

党委委员、政法委员
钟 飞 海

党委委员、副镇长
李 兴 宏

副镇长
次仁巴桑（女，藏族）
索南桑姆（女，藏族）

雄巴乡

【概况】 雄巴乡位于革吉县东南部、狮公路（S301）沿线，距县政府驻地 100 千米，平均海拔 4600 米以上，雄巴乡属高原亚寒干旱气候，日照充足，无霜期短，风大寒冷，年雨雪日 19 天左右。年均气温 –2℃，最低气温达 –40℃。自然灾害主要有旱、风、雪、雹等，属自然灾害频发乡。全乡辖 4 个行政村（多仁村、加吾村、巴措村、结克村），10 个作业组。全乡有农牧民群众 954 户 3966 人。其中农村人口 3966 人，人口出生率 2.32%，自然增长率 1.69%。全乡面积 1202.4 万亩（0.8016 万平方千米），其中可利用面积为 1021.1 万亩（0.7 万平方千米），主要以牧业为主。国家级野生保护动物有野牦牛、黑颈鹤、野驴、藏羚羊、盘羊、猞猁、天鹅、斑头雁、岩羊、黄羊、狐狸、野鸽、野兔等，已探明矿产资源有硼砂、硫等。

【干部队伍建设】 年内，雄巴乡有 4 个行政村，共有 25 名村“两委”班子，包括 4 名妇女干部，全乡 4 个村“两委”后备干部共有 75 人，在后备干部中，多为“先进双联户”户长、年轻党员、致富能手。

坚持公平、公正、公开的原则，按“5+25”要求，2022 年共发展 11 名预备党员，其中牧区党员 7 名，机关 2 名，学校 1 名，寺管会 1 名，发展 23 名入党积极分子。

【党建工作】 年内，开展理论中心

2022年4月23日，雄巴乡组织开展读书活动

组学习11次，收集学习心得体会60篇。利用支部日、周五例行学习会组织党员干部学习中共十九大精神、中共二十大精神、自治区第十次党代会精神，深入学习《中国共产党章程》《中国共产党纪律处分条例》《中国共产党廉洁自律准则》等40次；组织《习近平谈治国理政》第三卷学习12场次；开展专题学习，学习中央第七次西藏工作座谈会精神8次，收集学习心得体会47篇，乡党委书记到各村、学校、寺庙开展专题宣讲8次，各村党组织书记到村组开展宣讲6次，进一步增强广大党员干部思想认识。组织党建综合理论闭卷测试2次，合格率98%。开办村干部国家通用语言集中培训班2次，各村先后组织集中培训20次，培训130人次。创新学习方式，丰富学习载体，切实开展以"党员小书包""学习强国"为载体的"网络课堂"，提升学习实效，广大党员干部政治意识得到不断增强，政治素养显著提高。

健全党组织设置，按照党组织规定程序，全乡设立3个党总支、12个党支部，由雄巴乡党委集中统一领导。雄巴乡易地搬迁点德勒康桑小区共有3名中共党员，经德勒康桑小区申请、乡党委批复，成立党小组，隶属于多仁村党总支，由多仁村第一书记担任党建指导员。

【综合治理】 年内，为确保雄巴乡社会面和谐稳定，组织全乡干部职工、驻村人员、驻寺人员和各村"两委"班子召开雄巴乡2022年维护社会稳定和2022年平安（综治）建设工作安排部署会，结合实际，制定《2022年雄巴乡维护社会稳定工作方案》《2022年雄巴乡平安（综治）建设工作实施方案》，组织学习各类上级维护社会和谐稳定文件精神，定期、不定期开展督导检查，增强干部职工和广大农牧民群众维稳思想意识，确保全乡社会面实现"四无""三不出""三稳定"目标。

【法治宣传】 年内，严格按照"八五"普法宣讲教育工作方案要求，乡平安办联合派出所、司法办和统战民宗办深入广大农牧民群众、寺庙僧尼和青少年学生中开展法治宣传活动15场次，发放各种宣传资料300份，受教育达1200人次，教育引导广大农牧民群众、寺庙僧尼和青少年学生更加懂法、知法、守法。

【安全生产】 年内，组织学习习近平总书记关于安全生产重要论述暨上级文件精神共6次，乡党委政府召开安全生产专项会议4次。乡各安委会成员部门、各村联合开展道路交通、消防、危化品、校园、森林草原防火、农牧区、食品药品安全、用电用气等领域综合性安全隐患排查20次，消除隐患20处，同时多次开展安全专项排查整治工作。

通过村民大会、群众文艺活动、街道宣传等形式开展道路交通、交通运输、消防、危险化学品、校园安全、森林草原防火、农牧区安全、食品药品安全、地震、雪灾、水灾等领域宣传教育活动6次、宣传人数达1700余人，发放宣传资料及宣传用品1000份。针对消防、地震和突发事故开展4次安全疏散演练，参加活动的有16名教师、182名学生和10名后勤工作人员。

【经济发展】 年内，农牧民群众总收入实现7668.33万元，同比增长14.54%(其中工资性收入达905.45万元,同比下降36.67%;经营性收入达2986.94万元,同比增长13.01%;财产性收入达165.94万元,同比下降8.23%;转移性收入达3610万元,同比增长47.88%)。农村居民人均可支配收入达19617.73元,同比增长11.03%,完成年度目标18436.14元的106.41%。

【农牧民就业创业】 年内,开展农牧民技能培训3期85人,完成全年培训目标35人的242.86%。农牧民转移就业308人,同比增长25.33%,完成全年指标任务200人的154%。实现劳务创收905.45万元,同比增长10.34%,完成年度目标任务210万元的431.17%。对23名高校毕业生实行动态监管机制,为9名高校毕业生发放就业创业补贴51万元,就业率达100%,7名应届高校毕业生实现初次就业7名,就业率达100%。

【经合组织】 年内,全乡有4个经合组织,主要经营民族手工加工业、利民百货批发、招待所、摩托车维修等。结合各村实际情况分别制定合作社章程,建立合作社理事会、社管理委员会、监督委员会等组织,加大会计出纳培训力度,进一步提高会计出纳业务水平。4个经合组织全年核算工作年底完成。年内,雄巴乡多仁村经济合作组织作为扶持壮大对象,从组织部投入了50万元发展资金,拟选定30户困难群众作为收益分红对象,分红资金每户不低于1000元。

【落实惠民政策】 年内,制定《关于2022年劳务输出工作实施方案》,召开农牧民增收专题部署工作会议4次,成立工作专班。落实惠民强农各类补贴政策,兑现补贴政策资金3610万元,各类补贴政策资金(包括草原生态保护补助奖励机制资金、生态岗位资金、农村低保资金、3级4级精神障碍人员监护人补贴、双联户工资、村兽医工资、村医工资、治安联防工资、重度残疾补贴、困难残疾补贴、孤儿人员补贴、村委监督员工资、集中供养补贴、分散供养人补贴、寿星老人补贴、一孩双女补贴、一孩双女特扶补贴、内脏回收资金、养老补贴、草场监督员工资、农村公路养护资金、作业组组长工资、村干部工资、牲畜保险补贴)综合执行率达100%,辖区内农牧民工实名制管理率达100%。

【特色农牧业】 年内,人工种草投入7万元,3个农业点种植牧草1100亩,同比下降34%,完成年度目标任务1030亩的106.8%。分别为巴措二组200亩,参与92户,收获15吨饲草,每户分发163千克饲草;巴措三组400亩,参与40户,收获30吨饲草,其中26吨分发给群众,剩余6吨出售给县农业农村局,每吨3000元,共计1.8万元;加吾五组500亩,参与80户,收获35吨,其中每户分发34.5吨草料,剩余0.5吨出售给县农业农村局,共计1500元。

全乡有草场经营权流转89户356人,流转面积682792.42万亩,群众草场流转资金达40.96万元;联户联组放牧41户37人,解放劳动力32人;培养牧业经营大户32户。

【民生保障】 年内,雄巴乡民生保障办公室在各村召开村民大会,学习《社会救助暂行办法》,县、乡农村低保专项核查工作实施方案,做好各类惠民政策(农村低保、医疗救助、临时救助、五保供养、孤儿生活、残疾人补助、养老保险、医疗保险等)的宣传。2022年低保有12户53人。对因病、因残、因灾、就学等造成基本生活暂时困难的家庭给予非定期、非定量的临时救助,着力缓解城乡困难群众突发性、临时性生活困难。2022年,共审核研究上报县及乡进行救助8户。

年内,有特困人员7户7人,其中集中供养5人,分散供养2人。为改善和提高特困人员的供养水平及生活质量,提高特困人员的供养标准,分散供养每年7740元,发放分散供养补贴15480元,统一发放一通卡,建立特困人员对象工作档案。1月,乡政府与各村特困老人签订协议书,重新建档,加强对特困老人的后续管理,理顺关系,提升管理服务水平。

全乡农村低保有12户53人,全年兑现补助55150元。共计兑现残疾人“两项补贴”169人,其中困难残疾人127人,重度残疾人42人，共兑现资金290500元。享受养老保险274人，共兑现201220.47元。有孤儿2人，全年共发放补贴34320元。

乡党委、乡政府始终高度重视教育发展工作，成立雄巴乡教育发展工作领小组，明确工作责任分工，制订雄巴乡教育发展工作计划和控辍保学工作方案，并扎实有序推进各项工作，全乡有义务教育适龄儿童706名，适龄儿童入学率达到100%。对18名残疾适龄儿童开展送教上门服务，送教上门率达到100%。

【乡村振兴】 年内，以坚持“四不摘”为重点，巩固拓展脱贫攻坚成果。严格执行乡党委书记为第一责任人要求，调整充实以乡党政主要领导为组长、分管领导为副组长、办公室工作人员为成员的巩固拓展脱贫攻坚成果同乡村振兴有效衔接工作领导小组，设立办公室，明确工作职责。把实行乡科级干部包村制度纳入全乡干部考核内容，逐级压实主体责任，配齐配强办公室工作人员，每个村配1名振兴专干，形成横向到边、纵向到底、职责明确的领导体系。根据干部情况调整充实雄巴乡结对帮扶责任人名单，严格按照结对帮扶工作要求，督促帮扶责任人履行帮扶责任情况，每季度开展不少于1次帮扶工作，填写结对帮扶台账30余册，通过查看帮扶台账、实地调研及询问帮扶责任人帮扶情况等方式，帮扶成效明显，帮扶工作满意度达99%以上，有效推进社会帮扶工作的开展。根据脱贫人口和边缘人口需求，全面落实农村最低生活保障、特困人员、临时救助、养老保险、城乡医疗保障、教育资助、易地扶贫搬迁后续帮扶、危房改造补贴、生态岗位补偿等各项政策。由乡党政综合办牵头对各村和各部门定期开展督导检查，确保巩固拓展脱贫攻坚成果同乡村振兴有效衔接工作有序推进。

按照《西藏自治区关于健全防止返贫动态监测和帮扶机制的工作方案》《阿里地区关于健全防止返贫动态监测和帮扶机制的实施方案》要求，结合实际制定完善《雄巴乡提升巩固脱贫攻坚成果及防止返贫动态监测帮扶工作方案》，定期召开雄巴乡防止返贫监测帮扶工作专题会议，分析探讨监测工作推进中存在的问题，进一步正视问题，压实责任，狠抓问题整改落实情况，以高度的政治责任感、历史使命感来推进防止返贫监测帮扶各项工作，确保精准做到动态监测帮扶，精准落实帮扶措施，切实防止返贫致贫，坚决守住不发生规模性返贫底线。年内，通过走村入户的方式开展2次防返贫监测大排查工作。全乡监测帮扶对象35户142人，其中已消除监测帮扶23户95人，未消除正在监测帮扶12户47人。深入推进巩固脱贫攻坚成果和乡村建设信息采集工作，乡村安排专人负责到村户采集信息，确保数据质量，并及时录入系统，保证线上线下数据一致。

结合各村实际情况，对基础设施存在的薄弱环节，由各驻村工作队负责到实地调研，建立项目需求清单并积极申报，全年共申报22个项目。年内，实施基建项目3项，其中，加吾村3座防洪建设项目总投资329.6万元已完成竣工；加吾村5座涵洞建设项目投资333万元已完成竣工；巴措村以工代赈转场公路建设项目投资255万元，处于建设中。

巴措村村容村貌提升项目总投资1050万元，8月实现开工建设，2023年竣工，为乡村振兴工作奠定了良好的基础。

【新冠疫情防控】 年内，雄巴乡严格落实《国务院联防联控机制综合组发布的二十条优化措施》及《西藏细化落实国家优化新冠肺炎防控二十条措施》，坚持“外防输入、内防反弹”方针，严格落实“四方责任”。按照“定人、定岗、定职责、定流程”的原则，实施网格化管理，将乡党委班子成员、驻村工作队、村“两委”、“双联户”户长纳入网格管理内，科学划分24个网格片区，选派12名党员干部担任网格长，配备27名网格员及59名网格协助员，参加日常消杀、疫情检测、物资保障等工作，形成“家家有人管、户户有人查”的疫情防控局面，坚决消除疫情防控在基层一线的“空白点”。

制定《关于进一步加强牧民群众出入村庄管控工作的通知》《关于充分发挥驻村工作队作用 进一步加强疫情防控工作的通知》，组织全乡网格员和“双联户”户长以及村级组织班子、作业组组长、驻村工作队签订疫情防控责任承诺书，进一步压实驻村工作队、村"两委"班子、"双联户"户长等防疫责任。通过"两委班子群""一村一群""双联户户长群""党员群"等平台，整理发布《新冠肺炎防控方案（第九版）应知应会》《涉疫行为处罚须知》，发送音视频200条，进行巡回宣传120次，正确引领抗疫舆论导向。制发便民服务联系卡300张，提供各类咨询130次。及时总结工作中的好做法，向地县官方微信公众号推送相关信息11条，结克村、巴措村成功申报无疫村居。

【生态建设】 年内，制订雄巴乡生态环境保护工作计划和雄巴乡生态环境保护工作方案，积极做好上级有关部门安排部署相关工作。认真抓好革吉县环境保护分局督导反馈的各项整改工作，进行规范、梳理、调整充实，整改台账均已整改完成并形成佐证材料。严格落实自治区、地区和县环境保护考核相关工作，共召开研究部署生态建设和环境保护工作5次，撰写简报5篇，按照《雄巴乡2022年生态建设和环境保护工作计划》开展整治活动167场次，共5760人次参与活动，清理垃圾6.2吨，有效抓好乡村环境卫生综合治理工作。开展生态环境保护宣传35场次，发放宣传单及环保倡议书980份，受教群众2085人次，有效促进领导干部履行环境保护"一岗双责"的主动性。

"6·5"世界环境保护日开展宣传环保政策，并发放43份环保宣传单，同时开展一次环境卫生清扫活动。8月利用全员核酸契机开展一次宣传环保政策和基础知识讲解并开展房屋内外卫生整治行动。4名网格化环境监管员开展64次环境巡逻工作，检查卫生整改工作台账32次，开展萨龙沟生态环境保护督导检查23次。开展打击非法盗采沙金矿和其他矿行为，成立雄巴乡打击非法盗采沙金矿工作方案及工作领导小组，并在各村设立情报员，确保发生有人盗采沙金矿和其他矿行为能及时处理。全年未发生非法盗采沙金矿和其他行为事件。同时，制定《雄巴乡2022年开展植树造林推进国土绿化行动工作方案》，按照县绿化委员会安排，在全乡集中开展1次植树种草志愿活动。推进河（湖）长制、林长制工作。乡、村级河湖长对15条河湖开展巡河湖共计90次以上，清理河道垃圾达1吨以上，未发现其他问题。按照乡（镇）级林（草）长每季度巡查不少于1次、村级林（草）长每月巡查不少于1次的原则，对重要时期和森林草原资源保护发展问题突出的区域增加巡查频次，乡村级林长开展巡护巡查50次以上，未发现异常。

【党风廉政建设】 年内，乡党委始终坚持把党风廉政建设工作纳入党委工作重要议事日程，明确乡党委落实党风廉政建设工作主体责任，对全乡党风廉政建设工作负总责。成立以党委书记为组长、政府乡长为副组长、其他班子领导为成员的党风廉政建设工作领导小组，健全"一把手负总责，分管领导各负其责，班子成员齐抓共管，纪委监督执纪"的领导体制和工作机制。乡直各单位、各行政村也都成立以党组织书记为组长的领导小组。认真贯彻执行《革吉县2022年度落实党风廉政建设主体责任目标责任书》。先后召开3次党风廉政建设专题会议，对党风廉政建设工作进行全面安排部署。把14项工作任务分解给班子成员，并由主管领导进行落实。与各村签订党风廉政建设责任状，把11项村级反腐倡廉工作任务下达到村，明确考核细则，把其作为年终对村目标管理考核的重要内容之一。

按照乡党委的安排部署，对全乡确定的2022年度15项重点工作充分发挥乡纪委监督执纪的职能作用，对工作不落实、慢作为、延误工作进度、造成恶劣影响的进行严肃执纪问责，推进疫情防控、维护社会稳定、生态环保等重点工作。严格各类巡视整改、重点项目建设实施、专项资金使用制度，采取联合督办方式，严格执行督查通报制。持续深化"三转"，加强自身建设，按照"打铁还需自身硬"和"三转"要求，强化学习，完善自我，在思想武装、能力提升、责任担当、工作质量和纪律作风等方面，以更高的标准从严要求，不断适应新形势、新任务要求。

廉政学习教育常态化、制度化，利用每周一支部学习会、周五乡机关干部例会、党委中心组理论学习会等契机，组织党员干部认真学习《习近平关于党风廉政建设和反腐败斗争论述摘编》及在中央纪委全会上的重要讲话精神,反复学习《中国共产党廉洁自律准则》《中国共产党纪律处分条例》,领会实质、把握重点,同时要求每个党员干部结合学习撰写心得体会。把党风廉政宣传教育作为巩固党员干部思想防线的重中之重,努力在全乡范围内营造全面从严治党的思想舆论氛围。深入开展学习中共十九大精神、二十大精神及区、地、县纪委有关会议精神20次;组织全乡干部职工学习《中国共产党廉洁自律准则》《中国共产党纪律处分条例》30次,切实提高广大党员干部责任意识和纪律意识;结合典型案例,开展党纪党风警示教育。组织集体学习典型案例通报问题等相关文件12次,观看教育警示片4次。使广大党员干部从反面教材中吸取教训,增强自身免疫力,增强自律意识、法律意识和纪律观念。

始终把落实中央八项规定精神及其实施细则作为一项长期、严肃的政治任务来抓,紧盯不放、严格标准、寸步不让,坚决从严查处顶风违规、违纪行为。突出专项监督检查。紧密结合中央八项规定及其实施细则精神。从治理公款吃喝、公款送礼、违规发放补助、公车私用等入手,紧盯各节日节点,强化监督检查。共制定监督检查方案6个,共开展监督检查10次。乡纪委和乡派出所开展涉赌活动专项检查8次,对全乡13家大小茶馆、2家娱乐场所进行突击检查共10次,党员干部签订禁赌承诺书共65份。

(索朗多吉)

【机构领导】

副县长、乡党委书记

周桢垒

党委副书记、乡长

达　琼(藏族)

党委委员、统战委员、人大主席团主席

巴　琼(藏族)

党委副书记、组织委员

李　虎

党委委员、纪委书记

张红生

党委委员、宣传委员

珍　嘎(女,藏族)

党委委员、政法委员

白玛罗布(藏族)

党委委员、副乡长

扎西罗布(藏族)

彭宗明

副乡长

钟涛川

索朗多吉(藏族)

亚热乡

【概况】 亚热乡位于革吉县东南部、冈仁波齐峰(神山)东侧,东与改则县的玛米乡交界,西与噶尔县毗邻,南与普兰县的巴嘎乡和霍尔两乡交界,北与革吉县雄巴乡相连。乡机关驻地海拔4820米,是藏北通往普兰县边境及境外的交通要道,也是阿里地区海拔最高的乡级行政区之一,全乡总面积1万平方千米,草场总面积905.869万亩,平均气温在0.3℃,最低温度为-38℃,境内多为高山河谷地带,山势陡峻,平均海拔约5000米,属高原内陆亚寒带干旱季风气候区,空气稀薄、含氧量低、只有平原的40%,对人体影响极大,气温较低、降水稀少、太阳辐射强、日照充足、冬季漫长、大风频繁、冰雹多、霜期长、昼夜温差大、空气干燥,是自然灾害高发区。乡政府距革吉县城210千米,距阿里地区320千米,辖5个行政村,15个自然组,有1043户,总人口3968人。

2022年,亚热乡行政编制干部30人,其中领导班子成员12人,直属事业编制人员30人;基层党组织7个,共有党员324人,其中干部党员51人,群众党员273人。

【重要会议】 3月26日,召开亚热乡第十四届人民代表大会第二次会议,会议听取和审议《亚热乡人民政府2022年工作报告》和《亚热乡人大2022年工作报告》,梳理人大代表们提出的意见和建议。

4月5日,召开党建专题研究会议,对全年党建工作进行安排部署。

4月27日,召开2022年防止返贫监测帮扶集中排查部署会,推动巩固拓展脱贫攻坚成果同乡村振兴有效衔接。

5月31日,亚热乡召开着力创建全国民族团结进步模范区争先进专项领导小组2022年度第二次专题部署会,会议听取亚热乡第一季度着力创建全国民族团结进步模范区中争先进工作开展情况，并安排部署下一步的工作任务。

6月19日，召开民族团结座谈会，会议传达学习中央民族工作会议精神、区党委民族工作会议精神以及地委民族工作会议精神和县委民族工作会议精神，各代表围绕“中华民族一家亲、同心共筑中国梦”主题依次进行发言。

6月23日，召开“国家意识、公民意识、法治意识”教育动员部署会，会议传达《在全区宗教界深入开展“国家意识、公民意识、法治意识”教育动员部署会上的讲话》等内容，明确下一步的工作方向。

8月8日，开展疫情防控部署会议，调整充实领导小组，明确工作任务，细化疫情防控工作措施。

【重要活动】 年内，以“喜迎中共二十大、永远跟党走”为主题，有序开展“3·28”西藏百万农奴解放纪念日文艺会演、新旧西藏对比演讲比赛等活动，受众600余人。以“喜迎二十大、奋进新征程”为主题开展民族团结艺术展示比赛、民族团结进步座谈会、“今天请你到我这来做客”等活动，参与人数40余人。坚持生命至上，亚热乡在疫情防控期间共设立16个核酸采样小组，实施核酸上门采集服务，其间共计开展核酸采样25轮。

【班子和队伍建设】 年内，亚热乡紧密结合工作实际，梳理发展思路，明确工作目标，研究制定《亚热乡2022年工作要点》，为做好全年各项工作奠定了坚实的基础。全力践行民主集中制，坚持集体领导、民主集中、个别酝酿、会议决定的原则，完善《亚热乡“三重一大”事项集体决策制度实施细则》，严格执行少数服从多数、一把手末位发表关键制度，集体研究“三重一大事项”20次。强化调研工作，党政主要领导深入牧区一线，以群众“急难愁盼”问题为重点内容，有序开展调研工作7次，倾听群众心声，梳理工作不足。完善党委理论中心组学习制度，制定《2022年亚热乡党委理论中心组学习计划》，明确学习目标。2022年，开展理论中心组学习10次。严肃党内政治生活，召开2022年度民主生活会，领导干部带头严格开展批评与自我批评，虚心接受他人意见，真正做到统一思想、增进共识。落实“三务”公开制度，以便民服务中心为载体，定期向社会各界公开党务、政务、财务等相关信息，自觉接受最广大人民群众的监督。

以支部日活动、“三会一课”制度为载体组织学习中共二十大精神和区十次党代会精神等37次，增强“四个意识”、坚定“四个自信”、做到“两个维护”。印发《亚热乡关于推广国家通用语言专项工作的实施方案》，有序开展培训30余次，同时围绕《中国共产党农村基层组织工作条例》等重点内容，开展村干部集中轮训1期。亚热乡重点从致富带头人、退伍军人、牧区党员中选拔后备干部35名。坚持以“思想入党”为根本标准，秉持“成熟一个、发展一个”的原则，发展党员9名，开展相关培训1期。

2022年2月17日，亚热乡组织各村党员代表参观乡新时代文明实践所

【农牧业发展】 年内，先后召开增收会议3次，农牧民群众总收入7086.54万元，农村居民人均可支配收入达18087.15元。开展农牧民技能培训5期，参训139人，劳务输出、转移就业1223人，创收855.09万元。牲畜出栏20464只(头、匹)，创收达1629.38万

2022年2月22日，亚热乡党员志愿服务队开展“扫雪破冰保畅通”行动

元；销售羊绒6519.5千克、羊毛38698.15千克和牦牛绒2905.65千克，实现创收208.22万元。同时，按照政策要求不折不扣落实农牧民惠民强农各类补贴2875.27万元，全年各类补贴政策资金综合执行率达100%。先后2次召开牧区改革会议，全乡草场有偿流转96户478人，流转面积达92.44万亩，流转金额25.67万元；联户联组放牧132户162人。

【教育事业】 年内，研究制定《2022年亚热乡“控辍保学”实施方案》，调整充实领导小组，全年召开专题会议研究教育工作2次。开展适龄重度残疾儿童“送教上门”活动，对20名不能入班就读的残疾儿童，按照区域划分，确立20名教师，每月至少开展2次“送教上门”活动。

年内，兑现2021—2022学年考入其他省市初中班、重点高中和大学生一次性补助86200元；兑现2021—2022学年建档立卡大学生学费、住宿费、书本费等补助资金45917.4元；申报2022—2023学年考入其他省市初中班、重点高中生和大学生一次性补助97000元。

【医疗卫生】 年内，乡卫生院实行责任制，由1名公共卫生专业医生全面负责儿童常规疫苗工作，辖区内应种887人，实种726人，接种率达81%。先后开展健康教育、疾病预防、疫情防控、政策宣传等主题知识讲座10余次，基本实现宣传全覆盖。大力宣讲有关孕产妇各项惠民政策，对42名孕产妇实行健康管理，积极开展检查、复查、分娩等工作。加强新冠疫苗接种工作，2022年共接种1580剂，其中第一剂262剂，第二剂409剂，第三剂909剂。

【文化事业】 年内，统筹好驻村工作队、村“两委”、牧民宣讲员等各方力量，以村“农家书屋”、活动室、帐篷会、草原会为主要阵地，宣传党史学习教育、中共十九届六中全会精神、西藏自治区第十次党代会精神、中共二十大精神及各项党的惠民政策152场次，受众12160余人。截至年底，共开展文物检查2次和法律法规宣传8次，不断开创文物保护工作新局面。

【社会保障】 年内，坚持就业优先，开展农牧民技能培训5期，参训139人，劳务输出、转移就业累计1223人，创收855.09万元。2022年共有乡应届高校毕业生11人，均已实现稳定就业，其中8名高校毕业生申请创业资金。亚热乡1062人缴纳养老保险，金额总计21.28万元，同时60周岁以上领取养老金共279人。

亚热乡上半年共有低保9户28人，兑现资金19754元；下半年共有低保7户19人，兑现资金17536元。2022年亚热乡特困人员37人，其中集中供养31人，发放补助资金545011元，分散供养6人，发放补助资金46440元，有意愿集中供养1人（塞利普村旦吉），申请已通过并已送到县集中供养点。2022年亚热乡共救助6户，救助资金达17000元。全面落实困难残疾人生活补贴和重度残疾人护理补贴制度。2022年享受重度残疾护理补贴40人，生活补贴兑现资金310500元。

【生态环保】 年内，乡党委、乡政府先后4次召开会议，制发2022年环保工作计划，明确工作重点。以“6·5”世界环境日、爱国卫生运动为契机，宣传《中华人民共和国环境保护法》及相关法律法规知识7次、累计受教群众4000余人次，发放环保资料1000份。配备分类垃圾箱11个，聘请乡环卫工5人，实行一天一扫制度。

组织清扫户外、河湖垃圾35次，清理河道10千米、清除垃圾8吨。筹措10万元对原垃圾填埋场进行封场，争取资金80万元新建垃圾填埋场，筹措7万元用于设立阿毛藏布河道隔离围栏。开展“严厉打击偷采沙金行为”专项巡察4次，未发现非法偷采沙金行为。明确4条主要河流的6名河长，确定15条湖泊的河长15名，完善相关工作制度，织紧织牢乡村两级河长体系。

【乡村振兴】 年内，调整充实领导小组，召开专题会议8次，查摆不足，优化措施。组织学习《中共中央 国务院关于做好2022年全面推进乡村振兴重点工作的意见》《2022年数字乡村发展工作要点》等内容6次。组织开展“3·28”西藏百万农奴解放纪念日、“七一”建党节等文艺演出4场次，张贴宣传标语10条，更换宣传栏8块，发放宣传单及宣传资料1000余份。

严格按照《西藏自治区2022年防止返贫监测帮扶集中排查工作方案》要求，开展排查工作3次，守住防止规模性返贫底线。截至年底，共有监测户6户25人。组织68名帮扶责任人入户，帮助群众厘清发展思路，解决制约群众发展的突出问题。

【宣传工作】 年内，研究召开意识形态会议2次，总结工作不足，剖析问题原因。将意识形态列为党委理论中心学习组的重点内容，深入学习习近平总书记关于意识形态工作的重要论述。截至年底，共开展理论学习中心学习10次。推进新时代文明实践所工作，乡各志愿服务队陆续开展为孤寡送爱心10场次、为群众办实事15次。共组织播放红色爱国系列电影35次和开展红色文艺活动13次，弘扬爱国主义，传承红色基因。

2022年3月5日，亚热乡开展“传承雷锋精神、情暖亚热大地”主题活动

【自然灾害】 年内，调整充实以党政主要领导为组长，政府副乡长、安委办分管为副组长，其他相关科室为成员的领导小组，由安委办具体负责相关工作。截至年底，共开展排查15次。通过发放资料等方式开展专项宣传11次，加强人民群众对自然灾害的重视程度，普及防灾减灾科学常识，提高群众应对突发事件的能力。

【产业发展】 年内，召开专题会2次，及时研究解决经营中出现的困难问题。围绕2个产业项目，健全利益联结机制，实现稳定增收。2022年分红13万元，惠及群众611人（绵羊短期育肥307人，每人213元；旅游综合服务中心304人，每人213元）。

【维护稳定】 年内，组织召开会议9次，调整充实领导小组，完善工作机制；开展反分裂斗争工作形势教育2次；依法处理2起聚众赌博事件，收缴赌资2070元；以综治宣传月等重要节点为契机开展法治宣传教育10次，发放手册1300余份；持续做好11名刑释解教人员的安置帮教工作。实行24小时带班值班制度，严查脱岗、漏岗、替岗等现象。

【党建工作】 年内，编撰《亚热乡2022年党建工作要点》《2022年亚热乡党建工作计划》；以支部日活动、“三会一课”制度为载体组织学习中共二十大精神和区十次党代会精神37次；完善党员领导干部基层党建工作联系点制度；围绕《中国共产党农村基层组织工作条例》等重点内容，开展村干部集中轮训1期；印发《亚热乡关于推广国家通用语言专项工作的实施方案》，有序开展培训活动30次；以“思想入党”为根本标准，发展党员9名，开展培训班1期；持续开展“三包”工作，健全工作机制，完善工作台账；召开机关党支部组织生活会1次，经民主评议选出12名优秀党员；召开整顿软弱涣散党组织专题会2次，充实领导小组，研究制订整改方案，明确整改要求。

【改进作风】 年内，调整充实以党委书记为组长的领导小组，抽选3人成立工作专班，配强工作力量。研究制定《亚热乡党委关于进一步改进作风狠抓落实工作实施方案》，明确工作要求，细化工作措施，为做好全年的改进作风狠抓落实工作奠定了坚实的基础。

先后6次召开进一步改进作风狠抓落实工作部署会和推进会，贯彻落实党中央和区、地、县重要会议和重要文件精神，对全乡改进作风狠抓落实工作进行全面安排部署，及时研究解决工作中出现的问题。

乡党委作风办先后对乡值班室、加油站进行督查检查5次，对2名值班人员值班意识不强和3人作风不实等问题进行通报批评，这些人在亚热乡党委改进作风狠抓落实工作领导小组第4次会议上作出深刻检讨，被取消2022年度评优评先资格。

【党风廉政建设】 年内，制定《亚热乡2022年党风廉政建设与反腐败工作计划》。完善《亚热乡“三重一大”事项集体决策制度实施细则》《党风廉政建设主体责任清单》《亚热乡班子成员谈心谈话制度》《亚热乡“三会一课”制度》等法律法规。完善工作领导小组，召开专题会议4次。以中共二十大精神、习近平新时代中国特色社会主义思想为指导，以支部日活动为载体积极组织干部学习典型案例和观看警示教育视频12次，教育干部时刻绷紧反腐倡廉这根弦，做到警钟长鸣。开展关于中央八项规定的督导检查10次，未发现违反中央八项规定的问题。乡党委班子成员严格遵守党委议事原则，分析研究重大事项20次。

【党史学习教育】 年内，根据“四个专题”学习要求，依托乡党委理论学习中心组，组织开展党史专题学习2次、专题研讨会1次，通过组织党史知识竞赛2次、群众党员演讲比赛1次等方式，深入学习宣传党史、新中国史、改革开放史、社会主义发展史、西藏地方和祖国关系史等内容，实现领导干部率先学、全乡上下扎实学、村级支部灵活学。

充分利用微信公众号、LED宣传屏、宣传栏、宣传标语等线下宣传途径，发放宣传册1500份，张贴宣传横幅4条。组织放映红色电影67场次，为常态化开展党史学习教育营造良好的学习氛围。

【中共二十大精神学习宣传】 年内，召开二十大精神动员部署会，组织干部学习领会中共二十大报告的重要思想、重要观点、重大战略、重大举措，切实把思想和行动统一到中共二十大精神上来。制

2022年6月18日，亚热乡组织开展法律知识宣传活动

2022年11月22日，亚热乡召开民族团结进步表彰活动

定《革吉县亚热乡学习贯彻中共二十大精神宣讲工作方案》《中共二十大精神党政班子成员领导宣讲安排表》，明确总体要求，细化宣讲重点，为做好中共二十大精神宣讲工作奠定坚实的基础。2022年组织宣传中共二十大精神20次，受教群众1047人次。创新理论宣讲形式，拓展理论传播途径，组织村干部、驻村工作队以微信群为重要载体推送中共二十大精神相关报道和音频，搭建好“网上宣讲”新阵地。

【新冠疫情防控】 年内，对疫情防控工作进行部署安排和调度9次。落实5名班子成员包村、15名党员干部包组、51名双联户长包户的包保责任制，划分7个网格片区，做到分片包干、不留死角。设立检查值守点9个，对来往车辆进行消毒消杀。设立16个核酸采样小组，实施核酸上门采集服务，其间共计开展核酸采样25轮。通过LED显示屏、微信群等宣传手段，全方位、多渠道开展新冠肺炎防控宣传教育150场次，发放公民防疫基本行为准则1035份，发放口罩4000余个。

（任 伟）

【机构领导】
县政协副主席、乡党委书记
　　邓　明（6月任县政协副主席）
党委副书记、乡长
　　边巴欧珠（藏族）
人大主席团主席、统战委员
　　阿　林（藏族）
党委副书记、组织委员
　　索朗巴珠（藏族）
纪委书记、监察室主任
　　朱　露
党委委员、政法委员
　　旦增平措（藏族）
党委委员、宣传委员
　　次仁群培（藏族）
副乡长
　　普　珍（女，藏族）
党委委员、副乡长
　　马　伟
副乡长
　　白玛永措（藏族）
　　温西恺

盐湖乡

【概况】 盐湖乡地处革吉县城东北部，毗邻317国道，距离县城200千米，东与改则县物玛乡相连，北与日土县热邦乡接壤，南与雄巴乡相连，地处羌塘高原大湖盆区，属于高原亚寒带干旱气候，日照充足，昼夜温差大，风大寒冷。盐湖乡辖2个行政村、7个作业组，乡党委下设2个党总支、11个党支部，有221名党员，其中农牧民党员165人，共有农牧民群众872户，3836人；干部67人，其中行政干部29人，企事业单位29人，乡卫生院9人。盐湖乡平均海拔4500米，面积1.07万平方千米，草场总面积1240.7万亩，牲畜存栏10.84万头（只、匹），其中牦牛0.43万头，绵羊4.49万只，山羊5.9万只，马0.02万匹。2022年，有上半年低保户7户30人、下半年低保户3户10人、监测户7户28人、特困人员救助供养12户14人，其中分散供养8户10人，寿星老人25人，残疾人80人，其中重度残疾人28人，孤儿1人，“三老”人员18人，已参加医疗保障人员3643人。

【教育事业】 年内，盐湖乡结合根据实际制定控辍保学方案，成立领导小组。对于未能上学的适龄残疾儿童，按照上级要求，组织学校老师和乡干部职工不定期开展送教上门服务。截至年底，为7人开展送教上门服务、共35场次。加大宣传力度，通过媒体、广播、张贴标语、发放宣传手册等方式开展“四讲四爱”“惠在何处，惠从何来”等活动。将国家对偏远牧区教育方针政策送到偏远牧区群众心里，进一步宣传好《中华人民共和国教育法》《中华人民共和国未成年人保护法》等相关文件精神，做好群众思想工作，摒弃杂念旧观念，提高群众对党的优惠政策知晓率，降低子女厌学、辍学、失学等观念，提高盐湖乡适龄儿童入学率。年内，盐湖乡学前毛入学率达88.71%，小学净入学率100%，初中毛入学率99.68%。

【文化事业】 年内，全乡已建成3个“牧家书屋”（村牧家书屋2个、寺庙书屋1个），实现两村一寺全覆盖，形成一屋一个管理员。

配合上级主管部门、文化服务中心联合派出所定期或不定期对辖区商店、朗玛厅、茶馆、水吧等娱乐场所进行监督和检查，杜绝文化垃圾的泛滥，净化文化市场。

盐湖乡有自治区级文物保护点1个、县级文物保护点3个、自治区级非物质文化遗产1个。综合文化站在现有人员的基础上，为每个保护文物人员发放巡逻台账，对文保点实行文化服务中心定期和不定期巡查与巡逻办法。年内，工作人员与村居看管人员同步开展10次文物保护点巡查与巡逻，确保文物点不受破坏；同时，配合上级挖掘非物质文化，扎实开展革吉驼盐习俗相关传承工作。

【保障民生】 年内，用好低保、特困供养、残疾补助、临时救助、医疗救助、重点优抚等政策，城乡居民养老保险参保人员818人，医疗保险参保人员3643人59.79万元，参保率99.25%，为低保人员10户41人兑现补助资金2.09万元，符合特困人员12户14人兑现资金7.74万元，残疾人员80人兑现补助资金8.72万元。

落实各项卫生惠民政策，开展免费体检工作，累计参加体检人数2560人，除长期在外人员，体检率达到上级要求；巩固“两降一升”成果，对临近生产的孕妇，由乡政府派车送地区人民医院进行生产，分娩成功率均保持在100%；开展妇女“两癌”筛查防治宣传工作，全年盐湖乡妇女“两癌”筛查共101人；继续开展包虫病和大骨节病筛查工作，开展13—14岁在校女生HPV疫苗和60岁以上及在校中小学生流感疫苗自愿免费接种工作。

做好重大动物疫情防治工作，按照疫苗注射“六不漏”工作要求，乡农牧综合服务中心指导下村组级动物防疫员开展注射疫苗，注射率为100%。

按照“宁可备而不用、不可用而不备”的方针，乡党委、乡政府对防汛抗灾物资储备情况进行清点，配备棉帽子261顶、绒衣绒裤216套、棉胶鞋209双、防雪镜267副、棉大衣269件、棉手套251副，有面粉、油料等多种抗灾储备物资，足以应对一般灾情。

【生态环保】 年内，按照习近平总书记关于生态文明建设“三个负责”论述精神和区、地、县关于环境保护工作要求部署，组织召开生态环境专题会议6次，调整充实环境保护工作领导小组，完善各项工作制度，确保环境保护工作有序开展。截至年底，组织开展

2022年6月11日，乡党委书记贡觉次仁（左三）到施工地督导检查工作

环境保护宣讲3次，发放宣传手册700册。全乡共计组织开展卫生清理30次，清理各项生活垃圾3.15吨，与商户签订门前“三包”责任书68份，实现乡域环境有效提升。同时深入开展生态文明示范乡创建工作，制定《盐湖乡生态文明创建示范乡工作方案》及《盐湖乡生态文明乡创建规划》。

高度重视第二轮中央生态环境保护督察工作，针对上一轮环保督察反馈问题的整改落实情况再次核查，进行查漏补缺，确保所有问题整改到位。通过强化资料收集、强化后勤服务保障，切实做好迎接第二轮中央环保督察准备工作。

在地委、行署和县委、县政府主要领导的大力支持下，针对第二轮中央生态环境保护督察反馈问题，抓好整改落实工作，及时收集整理并上报有关台账资料，所有反馈问题都及时整改完毕。

【乡村振兴】 年内，开展全乡精准识别监测工作，新识别监测户7户28人，全乡共有监测户7户28人，制定帮扶措施3条。严格落实两级监督员职责，加大排查力度，及时掌握监测户情况并予以帮扶，实现帮扶政策稳定和帮扶常态化。加快项目建设，尽快发挥产业效益。全乡2022年共开工5个乡村振兴产业项目，分别是革吉县盐湖乡易地搬迁点小型产业配套建设项目、革吉县盐湖乡羌麦村合作社产业巩固提升综合用房建设项目、革吉县盐湖乡羌麦村乡村振兴示范村第一期建设项目、革吉县盐湖乡羌麦村示范村巩固提升建设项目、盐湖乡羌堆村桥涵建设项目，投资额达7556.15万元。除革吉县盐湖乡羌麦村示范村巩固提升建设项目外，其余4个项目已基本建设完成。

2022年3月28日，盐湖乡组织开展纪念西藏百万农奴解放63周年系列活动

【产业发展】 年内，依托盐湖乡资源禀赋、地域优势，完成食盐粗加工厂扩建、旅游综合实体改造提升项目，在原有礼盒包装盐、袋装盐、民族特色布袋盐、足疗盐、浴盐、热敷盐的基础上，对盐产品包装进行升级，力争实现利润最大化。截至年底，粗盐巴加工厂实现经济效益85万元，从业人员181人，兑现工资46.02万元，有利益联结机制人员36人，每人分红2200元。旅游综合实体实现经济效益25万元，就业3人，工资8.4万元，分红225人、2.75万元。全年种植牧草1245亩，完成年度目标任务670亩的185.82%，实现收益17.94万元。

【经济发展】 年内，全乡生产总值达7273.99万元，其中，工资性收入915.25万元，经营性收入2546.54万元，财产性收入350.3万元，转移性收入3461.9万元，人均可支配收入达到19412.84元，同比增长9.9%，超额完成乡科级目标1.4个百分点。

【转移就业】 年内，35名群众参加各类技能培训班，实现转移就业319人，创收272.13万元。对45名高校毕业生实行动态监管机制，为17名高校毕业生发放就业创业补贴95万元，6名应届高校毕业生实现初次就业，就业率达100%。

【新冠疫情防控】 年内，按照疫情防控工作总体安排部署，成立疫情防控工作领导小组，下设各专项组，明确任务分工，乡党委、乡政府先后5次召开专题会议，就疫情防控、疫苗接种工作进行安排部署。加强疫苗接种工作，实行科级干部包组制度，对盐湖乡户籍人员及流动人员进行梳理，建立疫苗接种台账，有计划、分批次对各年龄阶段人员进行疫苗接种，做到“应接尽接”。

2022年3月25日，盐湖乡组织志愿者开展“保护环境、人人有责”卫生清洁活动

【信访工作】 年内，坚持和发展新时代“枫桥经验”，充分发挥派出所、驻村干部、村“两委”班子、“双联户”、寺管会和群防群治力量的优势，对群众中的矛盾纠纷及时调解，努力做到第一时间发现矛盾纠纷、第一时间就地化解，防止碰头叠加、蔓延升级，最大限度地把矛盾纠纷解决在基层、解决在萌芽状态。

年内，乡政府组织人员先后23次到各村组开展矛盾化解排查工作，调解各类矛盾纠纷17起。落实领导接访工作制，将每周日定为领导接访日，全年共计接访45人次，均当场调解。在工程项目竣工前，积极与各村劳务输出队联系，确保不出现欠薪欠款问题。2022年对全乡5个工地开展农民工工资支付情况监督检查5次。

【法治政府建设】 年内，及时调整乡法治政府工作领导小组，实施“一把手工程”，由乡党委书记担任组长，乡长、人大主席、乡党委副书记等为副组长，相关科室和部门负责人为成员。领导小组下设办公室，具体负责组织、协调、督查全乡法治建设工作。

多次召开专题会议研究、部署法治建设相关工作，及时把握工作开展情况。乡党委理论学习中心组、机关支部加强干部职工对各种法律、法规的学习，切实提高乡干部学法、懂法、用法的能力，切实保障各项工作的依法开展。

结合平安建设工作，广泛开展法治宣传教育，切实提升群众的法律意识和法治观念。年内，开展法治宣传4次，参与群众3700人次。

【便民服务】 年内，乡政府投入7万余元对便民服务中心进行装修，购买办公设备，安装制氧机，设立社保、民政、宣传、综治等10个窗口，实现群众办事“只进一扇门”，把各项事务的办理置于群众的监督之下，有效遏制“门难进、脸难看、事难办、人难见”的现象，营造良好的社会经济发展环境。截至年底，接待群众4562人次。

【宣传思想】 年内，严格落实意识形态主体责任，成立以乡党委书记任组长的工作领导小组，召开盐湖乡2022年意识形态领域专题研究部署会和意识形态领域专题推进会；深入开展党的政策宣传工作，组织开展各类宣教活动12场次，辐射群众2300人次，发放各类宣传手册400份；切实抓好移风易俗工作，结合各村实际对《村规民约》进行修订完善，坚持正确舆论导向，挖掘先进典型人物和生动事例，教育引导群众不传谣、不信谣。

【党建工作】 年内，乡党委坚持把做实主体责任作为重点，研究制订党建工作计划、要点，召开4次研究部署基层党建重点工作，先后2次到各村、寺管会、小学督导检查基层党建工作，以扎实的调研、细致的部署推动基层党建主体责任落细、落实。

乡党委坚持以习近平新时代中国特色社会主义思想为主线，结合党史学习教育常态化和中共二十大学习活动，积极开展专题讨论，深入开展重温入党誓词、过政治生日等党性教育7场次，以“3·28”西藏百万农奴解放纪念日、“七一”建军节、“十一”国庆节等为契机，组织广大党员干部观看红色电影，参观羌麦村“盐羊古道风采展厅”，重温红色记忆，切实提高全乡党员干部和牧民群众的政治思想认识。每周开展支部日学习活动，全年组织集中学习31次，召开理论学习中心组集体学习11次，开展书记讲党课4次，召开支部党员大会4次，召开支部委员会10次，召开组织生活会1次，组织2次中共二十大精神应知应会测试，开展廉政教育7场次，持续引导党员干部自觉强化理论素养、增强党性修养、传承红色基因。

乡党委以党组织标准化、规范化建设作为有力抓手，对2个行政村活动场所全面进行排查，制定村居活动场所排查隐患台账，并及时整改。积极打造羌麦村高原经济高质量发展基层党组织示范点，探索实施“‘支部+公司+合作社+农牧户’+‘书记带头、党员示范、村官帮办’”模式，羌麦村合作社收入达250万余元，年底分红180万余元，稳定就业人数4人。

乡党委围绕喜迎中共二十大、学习国家通用语言文字、铸牢中华民族共同体意识等开展各类文体活动4场次，开展“书记上党课”活动4场次，214人次参与，全乡231名党员（9名预备党员）以组、户、人为单位，分为7个包片区、818户、3747人开展党员“三包”常态化工作，使全乡党的建设、维护稳定、疫情防控、民族团结、乡村振兴、生态文明建设等各项重点工作稳步推进。弘扬新风尚，传播爱心正能量，激励搬迁户团结奋进。3月20日，盐湖乡农牧民施工队开展助力乡村振兴爱心捐款活动，向盐羊古道安居苑捐赠价值12万元的小型装载机和拖拉机以及18000元现金。

【党风廉政建设】 年内，深入学习中共十九大精神、中共十九届历次全会精神、中共二十大精神和中央、区、地、县各级党风廉政建设和反腐败工作会议精神，先后组织乡、村党员干部学习《中国共产党纪律处分条例》《新形势下党内政治生活若干准则》《党政机关厉行节约反对浪费条例》，以及中央、区、地、县一系列关于廉洁自律各项规定，教育和引导党员干部牢固树立共产主义信念，切实增强广大党员干部责任意识和纪律意识，促使全体党员干部廉洁自律。截至年底，共开展党委理论学习中心组学习13次、支部日学习33次，组织全乡干部职工观看警示教育片5场次，撰写各类廉政学习心得体会50篇，组织牧区党员开展党风党纪教育2场次。

加强乡党委自身建设，坚持和完善民主集中制，充分发挥党委的领导核心作用。2月15日，盐湖乡召开第四届委员会，进一步完善《盐湖乡党委领导班子决策重大问题议事规则》，于3月1日起施行；坚持和贯彻好“以人民为中心的发展理念”，充分发挥包村包组工作机制在推动乡村发展、服务群众、凝聚人心、促进和谐等方面的积极作用，切实把主要领导包村、科级干部包组制度规范化、常态化、长效化。4月3日，制定《盐湖乡包村包组工作方案》，为保障盐湖各族群众身体健康，结合当前疫情防控工作任务，制定《盐湖乡疫情防控分工划责工作方案》，有效开展全乡工作。严格落实《盐湖乡党委领导班子

2022年7月1日，盐湖乡党委书记建党主题党课活动召开

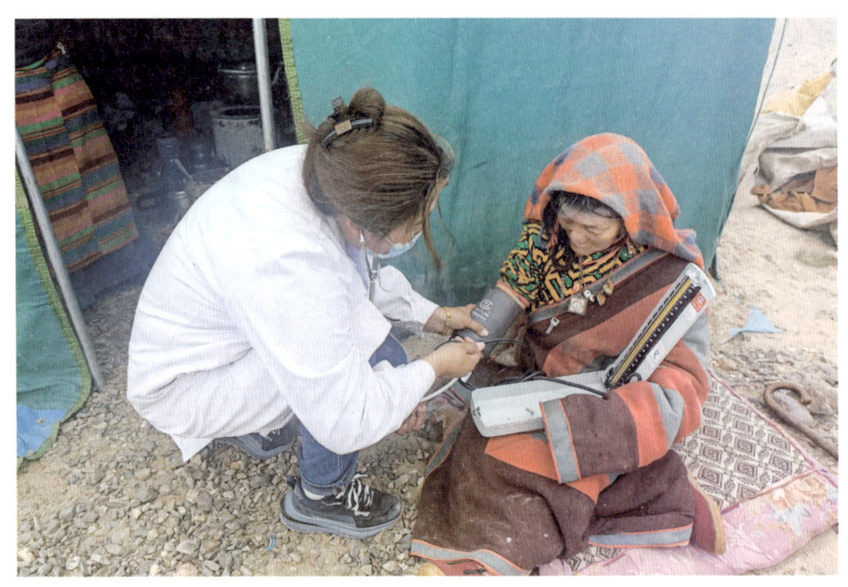

2022年6月11日，盐湖乡卫生院医务人员开展送医活动

决策重大问题议事规则》《盐湖乡财务报销制度》《盐湖乡公车管理使用制度》《盐湖乡包村包组工作方案》《盐湖乡疫情防控分工划责工作方案》等。

开展廉政风险隐患排查，共排查出隐患4项，及时制定化解措施7项和完善制度3项。截至年底，已整改措施7项，须长期坚持2项措施，切实做到从源头上发现问题、消除隐患。

【民族团结】 年内，严格按照《革吉县在着力创建全国民族团结进步模范区中争先进2022年工作方案》的通知要求，成立盐湖乡在着力创建全国民族团结进步模范区中争先进专项领导小组，由乡党委书记任组长；形成各部门、各科室齐抓共管、协调配合的工作机制，进一步细化工作落实责任。领导小组下设“双创”办公室，并安排专人具体负责各项材料收集、整理、归档工作。制定印发《专项组工作规则》《专项组办公室工作细则》，建立全乡民族团结“争先进”工作有效体制机制，并发动各族群众参与创建工作。

深入开展“五进”活动。坚持面向群众、面向基层，积极动员各族群众广泛参与民族团结进步创建“进机关、进村庄、进学校、进宗教活动场所、进家庭”活动。

【人大工作】 年内，按照“助力控辍保学——人大代表在行动”活动方案的具体要求，动员全乡47名人大代表负责盐湖乡2022年学生劝学返校工作。成立乡党委主要领导包2个行政村、7名机关代表负责作业组的领导小组，到牧区开展劝学复学工作。35名农牧民代表通过言传身教、思想交流、政策宣传等形式展开劝返学生工作，复学率收到阶段性效果。

3月29日，盐湖乡召开第十四届人民代表大会第二次会议。会议听取和审议乡人民政府工作报告、人大工作报告。其间，召开人大主席团会议1次，推选1名地级星级代表、1名县级星级代表，表彰3名乡级星级人大代表。在会议期间，代表们围绕牧区改革、基础设施建设、高校毕业生创业就业、合作医疗保障、草畜平衡工作、民生保障领域及基层党建等方面提出宝贵的建设性议案和意见建议。共收到意见建议69条、乡政府相关部门当场答复52条，转交县人大意见建议17条，真正使各项议案及时得到答复与落实。

（德　卓）

【机构领导】

党委书记

贡觉次仁（藏族）

党委副书记、乡长

雷成林

人大主席、统战委员

加　雷（女，藏族）

党委副书记、组织委员

桑旦欧珠（藏族）

纪委书记、监察室主任

罗　雅

党委委员、政法委员

陈忠钧

党委委员、宣传委员

扎　西（藏族）

副乡长

次　央（女，藏族）

派出所所长

晋美多吉（藏族）

党委委员、副乡长

次仁顿珠（藏族）

副乡长

梁　超

德　卓（女，藏族）

文布当桑乡

【概况】 文布,藏语意为红柳;当桑,意为清澈。文布当桑乡位于革吉县东南部,东邻改则县物玛乡,西接雄巴乡和盐湖乡,北靠雄巴乡。辖区面积5917平方千米,草场面积539.65万亩。境内地势相对平缓,平均海拔4580米。境内海拔6000米(罗玛村冈布鲁6196米)以上高峰1座。文布当桑乡属高原内陆亚寒带干旱季风气候区。空气稀薄、气温低、水汽含量小、太阳辐射强、日照充足、降水稀少且集中、大风频繁、冰雹多、霜期长、昼夜温差大、雨暖同季。平均气温6℃,年较差23.8 ~ 25.9℃,最暖月7月均温12℃,最高气温20.0℃;最冷月1月均温 - 12.3℃,最低气温 - 35.0℃。大于0℃积温1379.6 ~ 1566.7℃。年日照时数3176.0 ~ 3416.5小时,太阳总辐射值65.57×108 ~ 78.08×108焦耳/平方米。年降水量70.0 ~ 100.0毫米,蒸发量2274.0 ~ 2420.2毫米,远远大于降水量,空气十分干燥。平均风速4.4米/秒,最大风速30.0米/秒。文布当桑乡境内主要湖泊有捌仟错、次登错、毒曲错、别若则错、拉热春白错、罗根藏布等。矿产资源丰富,有硼砂、硼镁石、盐、水晶、铁、锂、铜、芒硝等。野生动物资源有藏野驴、藏羚羊、旱獭、黑颈鹤、天鹅、斑头雁、岩羊、黄羊、狼、狐狸、雪猪、野兔、鼠兔、黄鸭、水鸭、棕头鸥、沙鸡、雪鸡、秃鹫、鹰雕、鹞鹰、草原鹞、野鸽、乌鸦、麻雀等。自然灾害主要有雪灾、雹灾、风灾、旱灾和地质灾害等。

2022年,全乡共有535户、2405人,其中罗玛村268户1213人、夏玛村267户1192人。有基层党支部4个(机关支部、学校支部、夏玛村总支部、罗玛村总支部),含党员172人(女26人、男146人),其中预备党员12人(乡机关4人、学校1人、夏玛村3人、罗玛村4人),乡机关党员38人(女8人、男31人)、学校8人(女5人、男3人),夏玛村党员64人(女8人、男56人),罗玛村党员78人(女13人、男65人)。乡班子成员11人,平均年龄为34.1岁,其他公务员28人、事业干部32人,大学生村官2人,医生10人、兽医4人、公安4人。公益性岗位3人,合同工人5人,村“两委”干部14人,全乡辖2个行政村(罗玛、夏玛)、7个自然工作组。

【干部队伍建设】 年内,按照干部职工日常管理和思想教育相关工作要求,成立以乡党委书记为组长的学习教育和管理工作领导小组,并召开动员部署会议,制定工作方案进一步明确工作责任。

始终坚持学习干部职工管理办法和中央、区党委、地委、县委系列会议精神,结合改进作风狠抓落实工作,共开展6场次,同时严格落实“理论学习中心组”“支部日”学习制度,把学习典型案例通报和改进作风狠抓落实有效结合起来,严格落实党员干部特别是党员领导干部学习制度;共学习40场次,不断转变党员干部整体廉洁从政意识和为民服务意识。

年内,文布当桑乡把党员教育和落实党员政治生活制度作为重要议事来抓,重点检查全面从严治党落实情况、职工出勤、参加会议、值班、服务等领域督导检查40场次,签订廉内助16份、限酒禁赌承诺书25份,监督检查1场次。

【为民服务】 年内,文布当桑乡充分利用走村入户、下村开展疫情防控工作等时机,通过询问、观察等方式,了解群众身边的困难,着力解决问题200余件。

严格按照工作相关规定,结合工作实际,充分发挥便民服务中心、农牧综合服务中心、文化服务中心和乡卫生院职能部门作用,为民办事327件,为民开放“牧区书屋”50场次;开展文娱活动6场次。8月,在县委、县政府的正确领导和县卫生健康委员会的悉心指导下,文布当桑乡高度重视疫情防控各项工作,充分保障农牧民群众生命健康。疫情期间为群众发放药品15次。进一步梳理工作流程,使群众所办事件能得到及时有效的解决。

设立服务建议箱,主动接受干部群众监督,对反映的问题第一时间进行处理,对不足之处进行改进,提高服务质量。

【教育事业】 年内,文布当桑乡小学生335名,初中生149人,高中(高职)86人,大学32人。有残疾儿童7名、随班就读1名、“送教上门”6名。7—15周岁适龄儿童2022年无辍学,入学率100%。

【医疗卫生】 年内,共计开展健康教育宣传9次,开展公众健康咨询活动4次,发放健康教育材料及礼品1530份。

【文化事业】 年内,文布当桑乡立足文化体育现状,努力实现文体设施配套,有乡文化站跑步机2台、动感单车2台、仰卧起坐多功能2台、乒乓球桌1台、杠铃2套。

年内,举办6次小型活动,举办春节文体活动,举办藏历新年文艺演出,举办妇女节活动,“3·28”西藏百万农奴解放纪念活动,举行“七一”建党活动,举行庆祝“十一”国庆节活动,乡党委、乡政府积极鼓励全乡的各个文艺团队在活动现场进行表演。

全乡2个行政村均已达到文化信息和农家书屋的验收标准。其中文化信息工程培训各类技术人员2人,有“农家书屋”3个、乡机关和乡文化站3个,积极推进“全民阅读”活动3场次。

【生态环保】 年内,对环保工作共同负责,通过环境保护“一岗双责、党政同责”的制度设立,建立权责清晰、治污科学、执法严明、追责有力、公开透明的环保责任体系,形成“党委统一领导,政府具体负责,环保部门牵头负责,乡、村两级联动,社会广泛监督”的环保格局。

大力宣传环境保护,引导树立“美丽乡村、人人有责”“绿水青山就是金山银山”的环保理念,倡导“讲文明、爱生活、促节约”的环保价值观。截至年底,共张贴宣传标语20条,制作宣传栏4块,发放宣传单300余份。同时深入开展消除“无树户”“无树村”工作,组织干部和周边农牧民群众在乡政府院内、易地搬迁点、小康示范村绿化带种植班公柳650株,在温室大棚育苗红柳4000株。

组织干部职工及周边群众开展爱国卫生运动13次,清理垃圾7吨。严格落实河湖长制,截至年底,乡村两级河湖长开展巡河湖120次,开展清“四乱”2次,确保水清河畅。

【乡村振兴】 年内,成立以乡党委书记为组长,乡党委副书记、政府乡长以及其他班子成员为副组长的12个巩固拓展脱贫攻坚成果同乡村振兴有效衔接工作领导小组,为乡村振兴工作有序开展、打赢乡村振兴战略打下夯实组织基础。完善基础设施,提升服务品质。

交通出行更加便利,2个行政村通达硬化路,上半年农村公路养护投入46.91875万元,务工155人,组织村民进行转场路养护及抢修保通2次。文布当桑乡夏玛村、罗玛村乡村示范引领村建设项目总投资2900万元。文布当桑乡罗玛村一组新建桥梁建设项目完成52%。建立健全动态跟踪监测预警防返贫机制,提高脱贫户及监测户预警能力,建立健全动态跟踪监测工作预警防返贫机制,乡科级干部、乡村振兴干事不定期深入监测户家中58次。开展监测帮扶工作,详细登记监测帮扶工作台账,扎实做好“一户一档”工作,使监测群众信息精准、帮扶措施有效,切实做到有效预警脱贫人口返贫和边缘人口致贫,不断巩固提升乡村振兴良好的局面,做到监测对象“应纳尽纳”“应退尽退”。

罗玛村绵羊短期育肥基地项目有利益联结机制群众共80户379人。就业2人,放牧人员工资每年4万元,屠宰人员工资每年2万元。年内,罗玛村绵羊短期育肥基地出售绵羊199只,平均每只售价1400元,出售25万元,支出3000元,纯利润10万元。畜产品销售中心与村合作社商店共同运营,采取出售合作社商品+畜产品的模式运营,畜产品主要由养殖基地提供,受疫情影响,未销售畜产品;就业2人,销售员工工资每年25000元、会计工资每年6000元。夏玛村荣热人工种草灌溉建设设施项目,利益联结为80户406人,有1641亩(其中绿麦草1441亩、燕麦草200亩)。

乡党委、乡政府高度重视乡村振兴政策宣讲以及培养政策明白人等工作,积极组织宣传干事、村第一书记、村主任、驻村工作队、乡村振兴专干、村“两委”班子、各组组长等人员到牧区宣传乡村振兴相关政策知识。年内,开展走村入户宣传32场次,受益群众3375人,发放宣传材料等,切实提升广大牧民群众对乡村振兴各项政策的掌握力度。并组织干部职工召开乡村振兴政策学习会议5次，深入学习乡村振兴各项政策，学习115人次，并要求乡村振兴干部、驻村工作队员采取自学的方式积极参加各类政策培训，切实解决政策理论掌握不全面、不准确等问题，提高乡村干部学习政策的主动性，解决群众在政策上的知识盲点。

【宣传思想】 年内，制定《文布当桑乡党委理论学习中心组学习计划》，明确学习重点任务、时间安排和学习要求。截至年底，党委理论学习中心组开展学习9场次，参与90人次，进行班子交流发言8次。围绕中共二十大精神，全乡共计开展学习2场次、意识形态1场次、党委会1场次、支部日1场次、专题学习会1场次；其他5场次（罗玛村2场次、夏玛村3场次），受益200余人次，班子成员进行交流发言3次。围绕中共二十大精神进行学习宣传14场次，参与2300余人次，发放中共二十大学习宣传单和稳经济若干临时性措施藏语版840份，撰写学习笔记39本，收集心得体会39份。

【党建工作】 年内，认真组织传达学习上级重要文件精神，扎实开展十九大精神、十九届历次全会精神、二十大精神学习宣讲活动，坚持干部自学和支部会、党员大会集中学习相结合，切实提升思想理论素质。开展支部日学习集中学习29场次、中共二十大精神学习2次、交流发言3次。

年内，机关党支部召开支部委员会5次、党员大会2次，党委书记讲党课1次，理论学习中心组学习活动9场次。严格贯彻《中国共产党发展党员工作细则》，按照“控制总量、优化结构、提高质量、发挥作用”的总要求，坚持党章规定的党员标准，始终把政治标准放在首位，严把党员发展入口关，全年共发展13名预备党员。

【党风廉政建设】 年内，领导班子集体研究、讨论、决策，通过《文布当桑乡2022年度党风廉政建设责任分工》方案，负起主体责任，严格执行“月汇报、季述职、年总结”制度，及时分析总结工作中存在的不足并加以整改。党委书记履行全面从严治党主体责任第一责任人的职责，做到重要工作亲自部署、重大问题亲自过问、重点环节亲自协调、重要案件亲自督办。召开党风廉政专题会议2次、党委会3次，进行月度汇报6次，整改问题4个。

班子成员认真落实“一岗双责”，对责任分工的落实情况进行跟踪检查，并主动汇报党风廉政建设情况。按照“一岗双责”的要求，经常对所属科室干部进行谈心，提醒并执行干部廉洁自律有关规定，督促解决存在的问题。督导检查落实情况30余次，谈心谈话100余人次。

严格执行中央八项规定，严防“四风”问题变种反弹，严肃查处各节日送礼等违纪行为。不定期开展纪律检查，及时发现问题，对违规违纪问题严肃处理；对不作为、慢作为等问题，明确整改时限，抓好整改落实。开展纪律检查30场次，发现通报问题1起。

【意识形态工作】 年内，严格落实意识形态工作责任制，切实落实意识形态工作党委主体责任、书记第一责任、党委副书记分管责任、宣传委员直接责任和班子成员一岗双责，以文件形式将责任落实到人、细化到月。

截至年底，文布当桑乡召开3次意识形态工作会，并及时掌握辖区内意识形态工作动态。加强组织领导，狠抓目标任务落实。成立以乡党委书记为组长，乡党委委员、宣传委员为副组长，各驻村工作队队长兼第一书记为成员的宣传思想工作领导小组，具体负责全面组织、领导、协调宣传思想工作的开展。逐级分解、落实宣传思想工作及精神文明建设的目标责任。将宣传思想工作和意识形态工作作为一项重要考核内容，与其他工作同部署、同检查、同考核。制定出台《文布当桑乡2022年度意识形态工作计划》《革吉县文布当桑乡新时代文明实践所工作实施方案》《中共文布当桑乡党委理论学习中心组2022年专题学习重点内容安排的通知》《新时代文明实践所志愿服务计划》《扫黄打非工作计划》《文布当桑乡党委理论学习中心组深入学习宣传贯彻党的二十大精神工作方案》《文布当桑乡学习贯彻中共二十大精神宣讲工作方案》等，严格组织落实，有效确保宣传思想工作的有序开展。

（普布旦增）

【机构领导】

党委书记

张　恒

党委副书记、乡长

拉巴欧珠（藏族）

人大主席团主席、统战委员

尼　旺（藏族）

党委副书记、组织委员

巴桑卓玛（女，藏族，5月免）

亓安雷（12月任）

党委委员、副乡长

旦　增（藏族）

索朗欧珠（藏族，12月免）

李　龙（12月任）

党委委员、纪委书记

吴棋林

党委政法委员

亓安雷（12月免）

索朗欧珠（藏族，12月任）

党委宣传委员

次仁顿珠（藏族）

副乡长

边巴次仁（藏族）

仁增多吉（藏族，12月任）

国有企业

革吉县扶贫开发投资有限公司

【概况】 革吉县扶贫开发投资有限公司是革吉县人民政府授权、革吉县财政局出资2200万元成立的国有独资公司,公司经营范围为扶贫开发、农牧业发展投资、农畜产品加工销售、扶贫易地搬迁建设、非融资性投资、政策咨询、对授权管理的国有资产收益和融资再进行再投资、奶制品加工、肉制品加工、销售蔬菜、销售混凝土、水泥、沙石、砖瓦、防水等加工、水泥制品制造、制砖、空心砖制造销售等。

2022年,革吉县扶贫开发投资有限公司有合同制员工5人,县上委派临时董事长1名,长期临时工2人,放牧人员4人,公司有蔬菜基地、牦牛养殖基地、生鲜冷链和粗羊毛加工厂4个产业项目。

【牦牛产业基地】 革吉县牦牛产业基地建设项目于2018年4月开工建设,2019年6月竣工验收,2019年8月投入使用,总占地面积2.7万平方米,项目总投资4485.36万元。采取革吉县扶贫开发投资有限公司+村“两委”+牧民经济合作组织+牧户的运营模式。即由县扶投公司负责全部养殖、生产加工、市场销售和基地管理,吸纳本县农牧民群众和“两后生”在公司就业,从事放牧、挤奶、销售、加工车间日常作业等工作。

截至年底,牦牛养殖基地实现销售收入60余万元,其中,销售绵羊6万余元,销售牦牛肉酱1万余元,牦牛肉53万余元。2022年牦牛出栏14头。

年内,响应县政府的号召共抗疫情,公司在疫情期间为革吉县市场保供有序进行,先后派出运输车辆6辆,消耗燃油费8000余元,派出志愿者4人,开展为广大人民群众输送物资、协助公安干警执勤等工作。

截至年底,牦牛基地吸收培训放牧人员、饲养人员共计7人,

2022年12月13日,县委副书记、纪委书记、监委主任金灿华(中)到县扶贫开发投资有限公司调研

支付薪金15.6万元。

年内,对牦牛基地往年代养的牦牛进行盘点,并由公司挑选2022年要出栏牦牛,保证基地育肥出栏数量;公司租赁草场放养153头,代养的牦牛总数为293头。截至年底,公司牦牛有470头。

【蔬菜基地】 革吉县蔬菜基地位于县城东南方向21千米处,总占地面积约298668.16平方米,革吉县以扶贫产业资金940万元、整合扶贫整村推进资金90万元、县财政投入863.5万元,共计1893.5万元的价格回购第三方企业代建成的32个蔬菜大棚及相关附属设施;2019年由县财政局投入83万元建设电力系统,通过扶贫小型基础设施建设资金进行道路硬化,职工宿舍、厕所以及门卫室建设。

年内,革吉县蔬菜基地实行承包制,蔬菜基地种植用工及打扫卫生用工26人,共计发放工资2.4万元,其中建档立卡18人。受疫情影响产业项目经济效益不佳,故年底暂未进行利益联结机制分红。

【羊毛粗加工厂】 革吉县羊毛粗加工厂新建加工厂房及库房413.44平方米、门卫室22.96平方米、休息室71.92平方米、深水泵房42.18平方米、旱厕19.72平方米、消防水池275.37平方米、硬化2202.01平方米、绿化388.16平方米、围墙97.03米及室外附属水电,购置200千瓦发电机1台、羊毛开松洗毛一体机1台、污水一体化处理设备1台、成品冰箱1套等。

年内,公司积极开展羊毛梳洗工作。截至11月羊毛粗加工厂带动当地群众增收总额539.36万元。年初对设备运作进行统一培训,尽快投入生产,充分利用现有资源设备,尽快形成规模产出,实现资源使用合理化,避免投资浪费。

【生鲜冷链物流配送中心】 革吉县特色农畜产品生鲜冷链物流配送项目占地面积5000平方米,总投资2000万元,建设冷藏库1000平方米,有冷链配送车2辆,配备仓储库房2000平方米、车场400平方米、住房600平方米、工作用房250平方米及围墙、厕所等附属设施。

年内,革吉县生鲜冷链物流配送中心运营采取“县扶投公司自行运营”模式,由县扶投公司负责运营管理。

自2021年开始,生鲜冷链物流配送中心共有7个冷库(其中承包出去2个冷库,每个冷库1.5万元,共计3万元)剩余冷库用于储存牛羊肉。截至年底,吸纳革吉县建档立卡1人(门卫),支付薪金4.8万元。

(聂大云)

【机构领导】

董事长(代理)

平措格列(藏族)

总经理

聂大云

革吉县城投国有资产经营有限公司

【概况】 革吉县城投国有资产经营有限公司于2016年8月3日成立,是革吉县国资委下属的国有企业,注册资金50万元。2020年分别成立革吉县城投科技服务有限公司、革吉县城投市政服务有限公司和革吉县牧区农牧机械服务有限公司3家子公司。

【工作内容】 年内,革吉县城投国有资产经营有限公司主要负责收缴全县商户门面租金管理工作,累计完成收缴全县门面租金70多万元,已全部上缴县财政局国库。从2019年11月开始,做好各单位氧气的供应保障工作和制氧站维护管理工作。

城投市政服务有限公司负责完成供暖季(2022年10月至2023年5月)县城24万立方的供暖工作,整个供暖季对第三方供暖公司的监管和对全体群众的供暖服务均较好,群众满意度较高。同时掌握供水操作室相关操作技能,并对管网和供水点进行检修,完成供水试运行工作,全县69个取水点均实现供水。

科技服务有限公司主要开展广告制作、办公用品销售、政府采购等业务,同时对县上各单位电脑、打印机等办公设备提供免费维修保养服务和低于市场价的硬件更换服务。

农牧机械服务公司以购置农机设备进行农业机械作业承包和

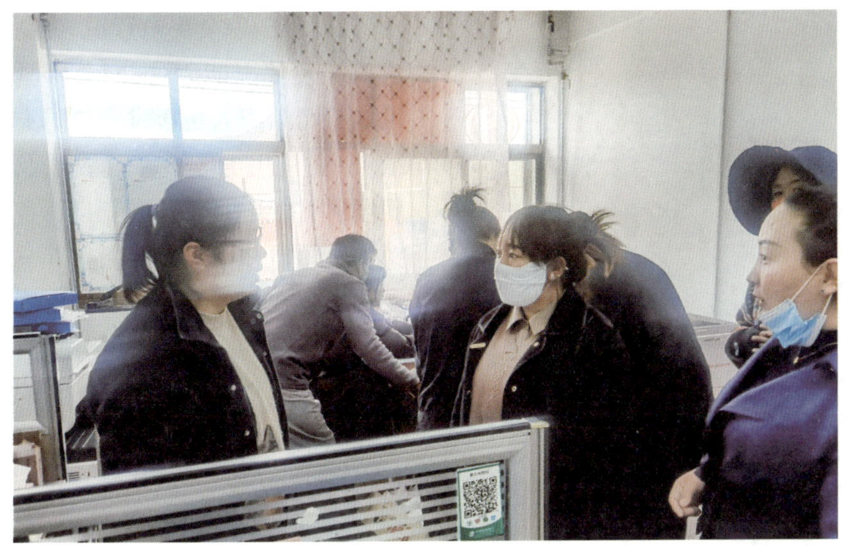

2022年5月13日，革吉县城投国有资产经营有限公司工作人员为群众解答取暖费有关问题

机械租赁项目为主，2022 年完成 580 余万元的农机设备招标采购工作，设备已经全部到货，并根据上级领导要求，将所有设备移交给革吉县农业农村局。

【建设项目】 年内，持续开展援藏项目推进工作。涉及革吉县重点民生项目——革吉县用水及供暖（一期）项目（总投资 2000 万元）和基础设施建设项目（总投资 700 万元），解决革吉县干部职工吃水及生活排水问题。农机装备储存中心项目（总投资 600 万元），为革吉县农业实现机械化作业奠定了基础。

【新冠疫情防控】 年内，在革吉县疫情期间，革吉县城投国有资产经营有限公司派出 2 名在岗员工协助县疫情办，在热源厂帐篷为从新疆运燃料人员做核酸检测，确保在特殊时期革吉县供暖工作顺利进行。年内，结合公司实际，通过援藏资金开展大学生就业计划，解决 3—4 名大学生就业问题。截至年底，共为 11 名本地大学生提供就业岗位。

（旦曲卓玛）

【机构领导】

总经理

旦巴平措（藏族）

国网革吉县供电公司

【概况】 2022 年，国网革吉县供电公司累计完成售电量 818.59 万千瓦时，同比增长 37.51%；发电量 298.42 万千瓦时，同比增长 13.65%；营业收入 499.93 万元，同比增长 35.49%。

【安全生产】 年内，国网革吉县供电公司未发生人身伤亡及电网事故；未发生交通、火灾、网络、信息等各类安全事故。认真开展安全生产三年专项整治行动，组织公司生产一线人员开展多次安全日活动，确保国网革吉县供电公司各类安全隐患得到有效治理。为严格落实安全生产三年整治行动，组织人员对所辖变电站、输电线路、配网线路、水电站开展常规巡视 20 次、特巡 4 次，发现一般隐患 168 项，并立查立改；重大缺陷隐患问题发现 5 项，其中 3 项已完成消缺，2 项申报项目问题已解决。

【新冠疫情防控】 年内，国网革吉县供电公司始终坚持“人民至上、生命至上”的理念，认真落实县委、县政府关于疫情防控各项决策部署，积极响应政府统一号召，主动担当央企责任，在公司主要领导带头下组织阿里“红柳花”党员服务队革吉分队成员，分队组成疫情防控保电抢修队伍，组织人员对县人民医院、核酸检测点、志愿者检查点等开展保供电工作。国网革吉县供电公司无偿投入资金约 100 万元，主要架设变压器、电杆、导线、金具等，为革吉县疫情防控取得胜利提供坚强电力保障。

【供电服务】 年内，国网革吉县供电公司完成革吉县委办、政府办、人大、政协、会议中心等重要用户和场所保电车辆接入工作。截至年底，国网革吉县供电公司共计出动抢修任务 106 次，抢修人员 287 人次，抢修车辆 113 次；完成重大节日及重要会议保电工作 30 次。

【宣传工作】 年内，国网革吉县供电公司为增强全体员工和全县群

2022年5月12日，国网革吉县供电公司开展"防灾减灾人人抓、幸福家园千万家"宣传活动

众防灾减灾、安全用电意识，提高应对突发情况能力，国网革吉县供电公司组织人员通过发放防灾减灾、安全用电等科普读物以及现场讲解触电防范、触电自救、乡镇安全用电和电力设施保护等方面的内容在各乡镇、商业、寺庙等共开展12次安全用电宣传活动，切实提高用户对安全用电知识的掌握。

（熊铭洲）

【机构领导】

总经理

旦增赤列（藏族，主持工作）

附 录

革吉县受县(区)级以上表彰的先进集体一览表

表 1

获奖单位	获奖名称	表彰时间	授予单位
革吉县公安局	集体三等功	2022 年	西藏自治区公安厅
革吉县公安局看守所	集体嘉奖	2022 年	西藏自治区公安厅
革吉县公安局派驻雄巴乡执勤点	成绩突出集体	2022 年	西藏自治区公安厅
革吉县亚热乡小学	民族团结进步模范集体	2022 年	西藏自治区教育厅
革吉县亚热乡人民政府	全区新时代文明实践示范所	2022 年	西藏自治区文明办
革吉县公安局雄巴乡派出所	集体嘉奖	2022 年	阿里地区公安处
革吉县公安局文布当桑乡派出所	集体嘉奖	2022 年	阿里地区公安处
革吉县亚热乡人民政府	“强担当作为品质、筑风清气正革吉、喜迎中共二十大胜利召开”知识竞赛活动三等奖	2022 年	中共革吉县委员会、革吉县人民政府
革吉县亚热乡人民政府	2022 年度乡级目标管理责任制先进乡镇	2023 年	中共革吉县委员会、革吉县人民政府
革吉县盐湖乡人民政府	2022 年度乡级目标管理责任制先进乡镇	2023 年	中共革吉县委员会、革吉县人民政府
革吉县文布当桑乡人民政府	2022 年度乡级目标管理责任制先进乡镇	2023 年	中共革吉县委员会、革吉县人民政府
革吉县自然资源局	2022 年度科级目标管理责任制先进单位	2023 年	中共革吉县委员会、革吉县人民政府
革吉县农业农村局	2022 年度科级目标管理责任制先进单位	2023 年	中共革吉县委员会、革吉县人民政府
革吉县人大常委会办公室	2022 年度科级目标管理责任制先进单位	2023 年	中共革吉县委员会、革吉县人民政府

续表 1

获奖单位	获奖名称	表彰时间	授予单位
革吉县市场监督管理局	2022 年度科级目标管理责任制先进单位	2023 年	中共革吉县委员会、革吉县人民政府
革吉县委宣传部	2022 年度科级目标管理责任制先进单位	2023 年	中共革吉县委员会、革吉县人民政府
革吉县卫生健康委员会	2022 年度科级目标管理责任制先进单位	2023 年	中共革吉县委员会、革吉县人民政府
革吉县公安局	2022 年度科级目标管理责任制先进单位	2023 年	中共革吉县委员会、革吉县人民政府
革吉县人力资源和社会保障局	2022 年度科级目标管理责任制先进单位	2023 年	中共革吉县委员会、革吉县人民政府
革吉县政协办公室	2022 年度科级目标管理责任制先进单位	2023 年	中共革吉县委员会、革吉县人民政府
革吉县应急管理局	2022 年度科级目标管理责任制先进单位	2023 年	中共革吉县委员会、革吉县人民政府
阿里地区生态环境局革吉县分局	2022 年度经济社会发展贡献奖	2023 年	中共革吉县委员会、革吉县人民政府
农行革吉县支行	2022 年度经济社会发展贡献奖	2023 年	中共革吉县委员会、革吉县人民政府
革吉县税务局	2022 年度经济社会发展贡献奖	2023 年	中共革吉县委员会、革吉县人民政府
革吉县邮政分公司	2022 年度经济社会发展贡献奖	2023 年	中共革吉县委员会、革吉县人民政府
革吉县电信公司	2022 年度经济社会发展贡献奖	2023 年	中共革吉县委员会、革吉县人民政府
革吉县移动分公司	2022 年度经济社会发展贡献奖	2023 年	中共革吉县委员会、革吉县人民政府
革吉县联通公司	2022 年度经济社会发展贡献奖	2023 年	中共革吉县委员会、革吉县人民政府
国网革吉县供电有限公司	2022 年度经济社会发展贡献奖	2023 年	中共革吉县委员会、革吉县人民政府
人保革吉县营销服务部	2022 年度经济社会发展贡献奖	2023 年	中共革吉县委员会、革吉县人民政府
革吉县财政局	2022 年度三八红旗集体	2023 年	中共革吉县委员会、革吉县人民政府
革吉县完全小学	2022 年度三八红旗集体	2023 年	中共革吉县委员会、革吉县人民政府
革吉县委组织部	民族团结进步模范集体	2023 年	中共革吉县委员会、革吉县人民政府
革吉县消防救援大队	民族团结进步模范集体	2023 年	中共革吉县委员会、革吉县人民政府

续表 1

获奖单位	获奖名称	表彰时间	授予单位
革吉县革吉镇人民政府	民族团结进步模范集体	2023 年	中共革吉县委员会、革吉县人民政府
革吉县文布当桑乡夏玛村	民族团结进步模范集体	2023 年	中共革吉县委员会、革吉县人民政府
革吉县革吉镇那普社区	民族团结进步模范集体	2023 年	中共革吉县委员会、革吉县人民政府
革吉县完全小学	民族团结进步模范集体	2023 年	中共革吉县委员会、革吉县人民政府
革吉县扎西曲林寺管委会	民族团结进步模范集体	2023 年	中共革吉县委员会、革吉县人民政府
革吉县人民武装部	民族团结进步模范集体	2023 年	中共革吉县委员会、革吉县人民政府
革吉县盐湖乡人民政府	民族团结进步模范集体	2023 年	中共革吉县委员会、革吉县人民政府
革吉县盐湖乡羌麦村驻村工作队	民族团结进步模范集体	2023 年	中共革吉县委员会、革吉县人民政府
革吉县雄巴乡人民政府	农牧民国家通用语言文字演讲比赛(初赛)优秀组织奖	2022 年	革吉县人民政府

说明：由于各单位资料提供不全，可能有遗漏

革吉县受县(区)级以上表彰的先进个人一览表

表2

姓名	性别	民族	单位	获奖名称	获奖时间	授奖单位
益西措姆	女	藏族	革吉县亚热乡小学	全区优秀教师荣誉称号	2023年	西藏自治区人民政府
旺　加	男	藏族	革吉县亚热乡卫生院	2022年西藏健康卫士	2023年	西藏自治区人民政府
益西措姆	女	藏族	革吉县亚热乡小学	全区优秀教师	2022年	西藏自治区人民政府
龙　武	男	汉族	革吉县公安局革狮一级公安检查站	三等功	2022年	西藏自治区公安厅
洛松云邓	男	藏族	革吉县公安局	三等功	2022年	西藏自治区公安厅
普布多吉	男	藏族	革吉县公安局	嘉奖	2022年	西藏自治区公安厅
米　欧	男	藏族	革吉县公安局革吉镇派出所	嘉奖	2022年	西藏自治区公安厅
桑　布	男	藏族	革吉县公安局革吉镇派出所	成绩突出个人	2022年	西藏自治区公安厅
达瓦次仁	男	藏族	革吉县公安局	成绩突出个人	2022年	西藏自治区公安厅
努吾索朗	男	藏族	革吉县盐湖乡羌堆村	自治区级金牌调解员	2022年	西藏自治区司法厅
德　珍	女	藏族	革吉县退役军人事务局	西藏自治区2022年度示范型退役军人服务中心创建工作优秀主任	2023年	西藏自治区退役军人事务厅、西藏自治区退役军人服务中心
曹　晨	男	汉族	革吉县民族宗教事务局	2022年度全区民委系统信息工作先进个人	2023年	西藏自治区民族事务委员会
弓沙沙	女	汉族	革吉县革吉镇人民政府	阿里地区巾帼建功先进个人	2022年	中共阿里地区委员会、阿里地区行政公署
德庆央宗	女	藏族	革吉县委统战部	2022年度全地区统战系统信息工作先进个人	2023年	阿里地委统战部
次　顿	男	藏族	革吉县公安局	三等功	2022年	阿里地区公安处
旦　巴	男	藏族	革吉县公安局	嘉奖	2022年	阿里地区公安处
扎西亚培	男	藏族	革吉县公安局亚热乡派出所	嘉奖	2022年	阿里地区公安处
扎西次仁	男	藏族	革吉县公安局盐湖乡派出所	嘉奖	2022年	阿里地区公安处
洪益智	男	汉族	革吉县公安局雄巴乡派出所	嘉奖	2022年	阿里地区公安处
石确达布	男	藏族	革吉县公安局	优秀警务辅助人员	2022年	阿里地区公安处

续表 2

姓名	性别	民族	单位	获奖名称	获奖时间	授奖单位
强　巴	男	藏族	革吉县公安局	优秀警务辅助人员	2022 年	阿里地区公安处
珠　论	男	藏族	革吉县公安局	优秀警务辅助人员	2022 年	阿里地区公安处
益西罗桑	男	藏族	西藏阿里革吉县中学	精品课证书	2022 年	阿里地区教育局
曹　晨	男	汉族	革吉县民族宗教事务局	2022 年度全地区民族宗教系统信息工作先进个人	2023 年	阿里地区民族宗教事务局
拉巴卓玛	女	藏族	革吉县人民检察院	优秀共产党员	2022 年	中共革吉县委员会、革吉县人民政府
拉巴卓玛	女	藏族	革吉县人民检察院	优秀公务员	2022 年	中共革吉县委员会、革吉县人民政府
南加拉姆	女	藏族	革吉县人民检察院	优秀共产党员	2022 年	中共革吉县委员会、革吉县人民政府
德　嘎	女	藏族	革吉县人民检察院	优秀共产党员	2022 年	中共革吉县委员会、革吉县人民政府
德庆央宗	女	藏族	革吉县委统战部	优秀公务员	2023 年	中共革吉县委员会、革吉县人民政府
扎西措姆	女	藏族	革吉县人民医院	2022 年度三八红旗手	2023 年	中共革吉县委员会、革吉县人民政府
贡桑曲珍	女	藏族	革吉县农业农村局	2022 年度三八红旗手	2023 年	中共革吉县委员会、革吉县人民政府
肖　杨	女	汉族	革吉县公安局	2022 年度三八红旗手	2023 年	中共革吉县委员会、革吉县人民政府
措　姆	女	藏族	革吉县文布当桑乡人民政府	2022 年度三八红旗手	2023 年	中共革吉县委员会、革吉县人民政府
曲　吉	女	藏族	阿里地区生态环境局革吉县分局	2022 年度三八红旗手	2023 年	中共革吉县委员会、革吉县人民政府
姚四堂	男	汉族	革吉县中学	民族团结进步模范个人	2023 年	中共革吉县委员会、革吉县人民政府
田　杨	男	汉族	革吉县委组织部	民族团结进步模范个人	2023 年	中共革吉县委员会、革吉县人民政府
扎西索朗	男	藏族	革吉县邮政分公司	民族团结进步模范个人	2023 年	中共革吉县委员会、革吉县人民政府
米　拉	男	藏族	革吉县人民医院	民族团结进步模范个人	2023 年	中共革吉县委员会、革吉县人民政府
旦增措姆	男	藏族	革吉县革吉镇卫生院	民族团结进步模范个人	2023 年	中共革吉县委员会、革吉县人民政府
索南白玛	男	藏族	革吉县象鲁康片区管理委员会	民族团结进步模范个人	2023 年	中共革吉县委员会、革吉县人民政府
嘎玛热旦	男	藏族	革吉县扎西曲林寺	民族团结进步模范个人	2023 年	中共革吉县委员会、革吉县人民政府
仁　青	男	藏族	革吉县公安局	民族团结进步模范个人	2023 年	中共革吉县委员会、革吉县人民政府

续表 2

姓名	性别	民族	单位	获奖名称	获奖时间	授奖单位
才　巴	男	藏族	革吉县文布当桑乡罗玛村	民族团结进步模范个人	2023 年	中共革吉县委员会、革吉县人民政府
次　南	男	藏族	革吉县革吉镇布贡村	民族团结进步模范个人	2023 年	中共革吉县委员会、革吉县人民政府
任　伟	男	汉族	革吉县亚热乡江玛村驻村工作队	民族团结进步模范个人	2023 年	中共革吉县委员会、革吉县人民政府
向　瓦	男	藏族	革吉县亚热乡农牧民施工队	民族团结进步模范个人	2023 年	中共革吉县委员会、革吉县人民政府
顿珠巴久	男	藏族	革吉县盐湖乡	民族团结进步模范个人	2023 年	中共革吉县委员会、革吉县人民政府
钟涛川	男	汉族	革吉县雄巴乡人民政府	民族团结进步模范个人	2023 年	中共革吉县委员会、革吉县人民政府
支　舍	男	藏族	革吉县亚热乡小学	民族团结进步模范个人	2023 年	中共革吉县委员会、革吉县人民政府
雷小聪	男	汉族	革吉县委办公室	优秀公务员	2023 年	中共革吉县委员会、革吉县人民政府
王　军	男	汉族	革吉县委办公室	优秀公务员	2023 年	中共革吉县委员会、革吉县人民政府
侯　广	男	汉族	革吉县委办公室	优秀公务员	2023 年	中共革吉县委员会、革吉县人民政府
王　斌	男	汉族	革吉县人民政府办公室	优秀公务员	2023 年	中共革吉县委员会、革吉县人民政府
白玛央金	女	藏族	革吉县政协办公室	优秀公务员	2023 年	中共革吉县委员会、革吉县人民政府
李艳光	男	汉族	革吉县人民代表大会常务委员会	优秀公务员	2023 年	中共革吉县委员会、革吉县人民政府
胡兴南	女	汉族	革吉县纪律检查委员会、监察委员会	优秀公务员	2023 年	中共革吉县委员会、革吉县人民政府
斯拉姆	女	藏族	革吉县纪律检查委员会、监察委员会	优秀公务员	2023 年	中共革吉县委员会、革吉县人民政府
孙　晋	女	汉族	革吉县纪律检查委员会、监察委员会	优秀公务员	2023 年	中共革吉县委员会、革吉县人民政府
次仁欧珠	男	藏族	革吉县委巡察工作领导小组办公室	优秀公务员	2023 年	中共革吉县委员会、革吉县人民政府
冯有智	男	汉族	革吉县委组织部	优秀公务员	2023 年	中共革吉县委员会、革吉县人民政府
普　琼	男	藏族	革吉县委组织部	优秀公务员	2023 年	中共革吉县委员会、革吉县人民政府
李庆玲	女	汉族	革吉县委组织部	优秀公务员	2023 年	中共革吉县委员会、革吉县人民政府
欧阳楠	女	汉族	革吉县委组织部	优秀公务员	2023 年	中共革吉县委员会、革吉县人民政府
扎西巴宗	女	藏族	革吉县委党校	优秀公务员	2023 年	中共革吉县委员会、革吉县人民政府

续表 2

姓名	性别	民族	单位	获奖名称	获奖时间	授奖单位
次旦平措	男	藏族	革吉县委组织部	优秀公务员	2023 年	中共革吉县委员会、革吉县人民政府
阮珍珍	女	藏族	革吉县委宣传部	优秀公务员	2023 年	中共革吉县委员会、革吉县人民政府
白玛卓玛	女	藏族	革吉县委宣传部	优秀公务员	2023 年	中共革吉县委员会、革吉县人民政府
格　曲	男	藏族	革吉县委统战部（民宗局）	优秀公务员	2023 年	中共革吉县委员会、革吉县人民政府
德庆央宗	女	藏族	革吉县委统战部（民宗局）	优秀公务员	2023 年	中共革吉县委员会、革吉县人民政府
旦巴旦增	男	藏族	革吉县委党史研究和藏语文编译中心	优秀公务员	2023 年	中共革吉县委员会、革吉县人民政府
李毛措	女	藏族	革吉县委党史研究和藏语文编译中心	优秀公务员	2023 年	中共革吉县委员会、革吉县人民政府
久米次白	男	藏族	革吉县国家安全委员会	优秀公务员	2023 年	中共革吉县委员会、革吉县人民政府
顿　珠	男	藏族	革吉县人民法院	优秀公务员	2023 年	中共革吉县委员会、革吉县人民政府
西热罗布	男	藏族	革吉县人民法院	优秀公务员	2023 年	中共革吉县委员会、革吉县人民政府
贡久旦增	男	藏族	革吉县人民法院	优秀公务员	2023 年	中共革吉县委员会、革吉县人民政府
索朗措姆	女	藏族	革吉县人民法院	优秀公务员	2023 年	中共革吉县委员会、革吉县人民政府
拉巴卓玛	女	藏族	革吉县人民检察院	优秀公务员	2023 年	中共革吉县委员会、革吉县人民政府
杨　帆	男	汉族	革吉县公安局	优秀公务员	2023 年	中共革吉县委员会、革吉县人民政府
旦　巴	男	藏族	革吉县公安局	优秀公务员	2023 年	中共革吉县委员会、革吉县人民政府
嘎玛益西欧珠	男	藏族	革吉县公安局	优秀公务员	2023 年	中共革吉县委员会、革吉县人民政府
普布次仁	男	藏族	革吉县公安局	优秀公务员	2023 年	中共革吉县委员会、革吉县人民政府
格桑达瓦	男	藏族	革吉县公安局	优秀公务员	2023 年	中共革吉县委员会、革吉县人民政府
王海科	男	汉族	革吉县公安局	优秀公务员	2023 年	中共革吉县委员会、革吉县人民政府
陈一华	男	汉族	革吉县公安局	优秀公务员	2023 年	中共革吉县委员会、革吉县人民政府
白玛格桑	男	藏族	革吉县公安局	优秀公务员	2023 年	中共革吉县委员会、革吉县人民政府
普　珠	男	藏族	革吉县公安局	优秀公务员	2023 年	中共革吉县委员会、革吉县人民政府

续表 2

姓名	性别	民族	单位	获奖名称	获奖时间	授奖单位
达瓦次仁	男	藏族	革吉县公安局	优秀公务员	2023 年	中共革吉县委员会、革吉县人民政府
米玛次仁	男	藏族	革吉县公安局	优秀公务员	2023 年	中共革吉县委员会、革吉县人民政府
虎小宁	男	汉族	革吉县公安局	优秀公务员	2023 年	中共革吉县委员会、革吉县人民政府
南木加次仁	男	藏族	革吉县公安局	优秀公务员	2023 年	中共革吉县委员会、革吉县人民政府
米欧	男	藏族	革吉县公安局革吉镇派出所	优秀公务员	2023 年	中共革吉县委员会、革吉县人民政府
郭冰心	男	汉族	革吉县公安局革吉镇派出所	优秀公务员	2023 年	中共革吉县委员会、革吉县人民政府
欧珠多吉	男	藏族	革吉县公安局革狮一级公安检查站	优秀公务员	2023 年	中共革吉县委员会、革吉县人民政府
次仁群培	男	藏族	革吉县公安局雄巴乡派出所	优秀公务员	2023 年	中共革吉县委员会、革吉县人民政府
益西加措	男	藏族	革吉县公安局亚热乡派出所	优秀公务员	2023 年	中共革吉县委员会、革吉县人民政府
索朗旺堆	男	藏族	革吉县公安局盐湖乡派出所	优秀公务员	2023 年	中共革吉县委员会、革吉县人民政府
杨瀚	男	汉族	革吉县公安局文布当桑乡派出所	优秀公务员	2023 年	中共革吉县委员会、革吉县人民政府
扎西卓玛	女	藏族	革吉县总工会	优秀公务员	2023 年	中共革吉县委员会、革吉县人民政府
黄芸芸	女	汉族	共青团革吉县委员会	优秀公务员	2023 年	中共革吉县委员会、革吉县人民政府
蔡于荣	男	汉族	共青团革吉县委员会	优秀公务员	2023 年	中共革吉县委员会、革吉县人民政府
次仁德吉	女	藏族	革吉县发展和改革委员会	优秀公务员	2023 年	中共革吉县委员会、革吉县人民政府
才旦央宗	女	藏族	革吉县统计局	优秀公务员	2023 年	中共革吉县委员会、革吉县人民政府
张帅东	男	汉族	革吉县司法局	优秀公务员	2023 年	中共革吉县委员会、革吉县人民政府
索朗加措	男	藏族	革吉县司法局	优秀公务员	2023 年	中共革吉县委员会、革吉县人民政府
商德菊	女	汉族	革吉县财政局	优秀公务员	2023 年	中共革吉县委员会、革吉县人民政府
强巴德吉	女	藏族	革吉县财政局	优秀公务员	2023 年	中共革吉县委员会、革吉县人民政府

续表2

姓名	性别	民族	单位	获奖名称	获奖时间	授奖单位
多吉玉珍	女	藏族	革吉县人力资源和社会保障局	优秀公务员	2023年	中共革吉县委员会、革吉县人民政府
次仁旺拉	男	藏族	革吉县人力资源和社会保障局	优秀公务员	2023年	中共革吉县委员会、革吉县人民政府
白　珍	女	藏族	革吉县人力资源和社会保障局	优秀公务员	2023年	中共革吉县委员会、革吉县人民政府
次　仁	男	藏族	革吉县建设工程质量监督站	优秀公务员	2023年	中共革吉县委员会、革吉县人民政府
普　琼	男	藏族	革吉县科学技术局	优秀公务员	2023年	中共革吉县委员会、革吉县人民政府
安　望	男	汉族	革吉县行政审批和便民服务局	优秀公务员	2023年	中共革吉县委员会、革吉县人民政府
谢　越	男	汉族	革吉县退役军人事务局	优秀公务员	2023年	中共革吉县委员会、革吉县人民政府
巴桑欧珠	男	藏族	革吉县市场监督管理局	优秀公务员	2023年	中共革吉县委员会、革吉县人民政府
巴　桑	男	藏族	革吉县市场监督管理局	优秀公务员	2023年	中共革吉县委员会、革吉县人民政府
次仁德吉	女	藏族	革吉县医疗保障局	优秀公务员	2023年	中共革吉县委员会、革吉县人民政府
伟色曲培	男	藏族	革吉县自然资源局	优秀公务员	2023年	中共革吉县委员会、革吉县人民政府
贡　觉	男	藏族	革吉县自然资源局	优秀公务员	2023年	中共革吉县委员会、革吉县人民政府
欧珠旺姆	女	藏族	革吉县自然资源局	优秀公务员	2023年	中共革吉县委员会、革吉县人民政府
刘　威	男	汉族	革吉县住房和城乡建设局	优秀公务员	2023年	中共革吉县委员会、革吉县人民政府
巴桑央吉	女	藏族	革吉县交通运输局	优秀公务员	2023年	中共革吉县委员会、革吉县人民政府
嘎松泽村	男	藏族	革吉县水利局	优秀公务员	2023年	中共革吉县委员会、革吉县人民政府
次　多	男	藏族	革吉县农业农村局	优秀公务员	2023年	中共革吉县委员会、革吉县人民政府
卢　李	男	汉族	革吉县农业农村局	优秀公务员	2023年	中共革吉县委员会、革吉县人民政府
江久拉姆	女	藏族	革吉县商务局	优秀公务员	2023年	中共革吉县委员会、革吉县人民政府
次巴珠	男	藏族	革吉县卫生健康委员会	优秀公务员	2023年	中共革吉县委员会、革吉县人民政府

续表 2

姓名	性别	民族	单位	获奖名称	获奖时间	授奖单位
洛桑土美	男	藏族	革吉县应急管理局	优秀公务员	2023 年	中共革吉县委员会、革吉县人民政府
达娃卓玛	女	藏族	革吉县教育局	优秀公务员	2023 年	中共革吉县委员会、革吉县人民政府
郭桂梅	女	汉族	革吉县民政局	优秀公务员	2023 年	中共革吉县委员会、革吉县人民政府
谢鑫	男	汉族	革吉县民政局	优秀公务员	2023 年	中共革吉县委员会、革吉县人民政府
索朗多吉	男	藏族	革吉县乡村振兴局	优秀公务员	2023 年	中共革吉县委员会、革吉县人民政府
次仁扎西	男	藏族	革吉县乡村振兴局	优秀公务员	2023 年	中共革吉县委员会、革吉县人民政府
索朗曲珍	女	藏族	革吉县乡村振兴局	优秀公务员	2023 年	中共革吉县委员会、革吉县人民政府
米玛次仁	男	藏族	革吉县重点建设项目管理中心	优秀公务员	2023 年	中共革吉县委员会、革吉县人民政府
次仁巴桑	女	藏族	革吉县革吉镇人民政府	优秀公务员	2023 年	中共革吉县委员会、革吉县人民政府
弓沙沙	女	汉族	革吉县革吉镇人民政府	优秀公务员	2023 年	中共革吉县委员会、革吉县人民政府
普珍	女	藏族	革吉县亚热乡人民政府	优秀公务员	2023 年	中共革吉县委员会、革吉县人民政府
旦增平措	男	藏族	革吉县亚热乡人民政府	优秀公务员	2023 年	中共革吉县委员会、革吉县人民政府
胡晓翔	男	汉族	革吉县亚热乡人民政府	优秀公务员	2023 年	中共革吉县委员会、革吉县人民政府
任伟	男	汉族	革吉县亚热乡人民政府	优秀公务员	2023 年	中共革吉县委员会、革吉县人民政府
次仁顿珠	男	藏族	革吉县文布当桑乡人民政府	优秀公务员	2023 年	中共革吉县委员会、革吉县人民政府
旦增	男	藏族	革吉县文布当桑乡人民政府	优秀公务员	2023 年	中共革吉县委员会、革吉县人民政府
李龙	男	汉族	革吉县文布当桑乡人民政府	优秀公务员	2023 年	中共革吉县委员会、革吉县人民政府
巴桑罗布	男	藏族	革吉县文布当桑乡人民政府	优秀公务员	2023 年	中共革吉县委员会、革吉县人民政府
代居昇	男	汉族	革吉县雄巴乡人民政府	优秀公务员	2023 年	中共革吉县委员会、革吉县人民政府
扎西罗布	男	藏族	革吉县雄巴乡人民政府	优秀公务员	2023 年	中共革吉县委员会、革吉县人民政府

续表 2

姓名	性别	民族	单位	获奖名称	获奖时间	授奖单位
钟涛川	男	汉族	革吉县雄巴乡人民政府	优秀公务员	2023 年	中共革吉县委员会、革吉县人民政府
格旦次仁	男	藏族	革吉县雄巴乡人民政府	优秀公务员	2023 年	中共革吉县委员会、革吉县人民政府
桑亚东	男	汉族	革吉县雄巴乡人民政府	优秀公务员	2023 年	中共革吉县委员会、革吉县人民政府
朱检	男	汉族	革吉县雄巴乡人民政府	优秀公务员	2023 年	中共革吉县委员会、革吉县人民政府
陈兴焕	女	汉族	革吉县雄巴乡人民政府	优秀公务员	2023 年	中共革吉县委员会、革吉县人民政府
罗雅	男	汉族	革吉县盐湖乡人民政府	优秀公务员	2023 年	中共革吉县委员会、革吉县人民政府
次央拉姆	女	藏族	革吉县盐湖乡人民政府	优秀公务员	2023 年	中共革吉县委员会、革吉县人民政府
次仁顿珠	男	藏族	革吉县盐湖乡人民政府	优秀公务员	2023 年	中共革吉县委员会、革吉县人民政府
索朗平措	男	藏族	革吉县盐湖乡人民政府	优秀公务员	2023 年	中共革吉县委员会、革吉县人民政府
央金拉姆	女	藏族	革吉县盐湖乡人民政府	优秀公务员	2023 年	中共革吉县委员会、革吉县人民政府
孙守东	男	汉族	革吉县盐湖乡人民政府	优秀公务员	2023 年	中共革吉县委员会、革吉县人民政府
扎西江村	男	藏族	革吉县盐湖乡人民政府	优秀教育工作者	2022 年	中共革吉县委员会、革吉县人民政府
旦增曲珍	女	藏族	革吉县盐湖乡小学	优秀教师	2022 年	中共革吉县委员会、革吉县人民政府
春曲	女	藏族	革吉县盐湖乡小学	优秀教师	2022 年	中共革吉县委员会、革吉县人民政府
次旺拉姆	女	藏族	革吉县盐湖乡小学	优秀老师	2022 年	中共革吉县委员会、革吉县人民政府
次仁旦木拉	男	藏族	革吉县盐湖乡小学	优秀校长	2022 年	中共革吉县委员会、革吉县人民政府
顿珠群培	男	藏族	革吉县盐湖乡羌堆村	五好文明家庭	2022 年	中共革吉县委员会、革吉县人民政府
次仁卓嘎	女	藏族	革吉县亚热乡人民政府	优秀教育工作者	2022 年	革吉县人民政府
旦加	男	藏族	革吉县亚热乡塞利普村	农牧民国家通用语言文字演讲比赛一等奖	2022 年	革吉县人民政府
尼玛桑珠	男	藏族	革吉县亚热乡罗玛村	农牧民国家通用语言文字演讲比赛一等奖	2022 年	革吉县人民政府
加措	男	藏族	革吉县亚热乡夏玛村	农牧民国家通用语言文字演讲比赛二等奖	2022 年	革吉县人民政府

说明：由于各单位资料提供不全，可能有遗漏

深入学习贯彻党的二十大精神 矢志不移 把全面从严治党向纵深推进 为革吉长治久安和高质量发展保驾护航

——在中共革吉县第十届纪律检查委员会第三次全体会上的工作报告

革吉县纪委书记、监委主任 金灿华

（2023年2月18日）

一、2022年工作回顾

（一）坚持以习近平新时代中国特色社会主义思想为指导，把准找好纪检监察工作前进方向

坚持学习领会，不断提高政治站位。坚持把学懂弄通做实习近平新时代中国特色社会主义思想作为首要政治任务，坚持把学习习近平总书记关于加强全面从严治党有关重要指示批示精神以及学习宣传党的二十大精神作为纪委常委会、支部学习会第一议题，结合实际建立集体学习制度，围绕党的自我革命、全面从严治党等重要论述和先进理论，进行专题研讨、交流分享，不断找准纪检监察机关政治方向。2022年，组织召开纪委常委扩大学习会9次，集体学习45次，集体研讨12次，党的二十大精神专题学习会16次，委班子带头调研9次，形成专题调研报告12份。发挥协助职责，强化体制机制建设。坚持协助不替代，围绕党委（党组）履行全面从严治党主体责任开展专项监督3次，向县委呈送监督检查专报7次，向党委（党组）发放工作提示单7份，通报4份。持续倒逼责任落实，协助县委召开党风廉政建设工作会议3次。坚持以问题为导向，结合监督情况做好每季度我县政治生态分析研判工作，召开反腐败协调领导小组会议2次，以“全周期管理”方式，集合职能部门力量，构建职能部门配合、人民群众参与、社会监督并行的监督体制机制。

（二）坚决扛起“两个维护”政治责任，立足职能职责定位不断强化政治监督

严明政治纪律和政治规矩，树立正确政治导向。革吉县纪委监委始终注重在践行“两个维护”、贯彻党的路线方针政策等方面的突出问题，不断严明纪律规矩、纠正政治偏差。2022年以来，围绕党员领导干部在履职尽责、政治立场不坚定等方面开展政治体检3次，发现并督促整改问题6条。严格执行请示报告制度，不断净化党内政治生态。坚持把请示报告贯穿监督执纪各个环节，积极主动向地区纪委监委及县委请示报告9次。坚决防止和治理“七个有之”问题，对“四乡一镇”、各寺庙（拉康）进行监督检查3次，对32名党员领导的干部思想动态、日常行为进行廉政家访，持续深入排查党员干部“明里不信暗里信、白天不信晚上信、上班不信下班信”的行为，彻底将党内“两面人”“两面派”清除出去。对各党委（党组）、行业部门政治生态进行分析研判3次，并将发现的突出问题及时向地区纪委监委和县委请示报告。聚焦各项决策部署，扎实稳妥做好政治监督。坚持党中央重大决策部署到哪里、政治监督就跟进到哪里，聚焦统筹推

进“五位一体”总体布局和协调推进“四个全面”战略布局，聚焦新发展阶段、贯彻新发展理念、构建新发展格局、推动高质量发展重大战略，聚焦完整准确全面贯彻新时代党的治藏方略特别是社会稳定和长治久安总目标，深入落实“疫情要防住、经济要稳住、发展要安全”的总要求，监督推动党的十九届六中全会、党的二十大精神等方面的贯彻落实，紧紧围绕改进作风狠抓落实、粮食购销、疫情防控、巩固拓展脱贫攻坚成果同乡村振兴有效衔接、优化营商环境、促进安全生产等重点领域，开展政治监督。强化管党治党政治责任，严肃党内政治生活。推动落实全面从严治党政治责任，持续加强对党章和新形势下党内政治生活若干准则执行情况的监督检查，推动各级党组织加强和规范党内政治生活，增强党内政治生活的政治性、时代性、原则性、战斗性。督促县乡两级党委（党组）严格落实全面从严治党主体责任 2 次，开展监督检查 3 次，发现并反馈问题 11 条，督促党委（党组）定期召开党风廉政建设会和述责述廉会 6 次，形成点评材料 3 份。同时，对党委（党组）主要负责同志开展集体约谈会 1 次，个别约谈 13 人次，不断层层传导压力，压紧压实责任。严把干部选拔任用廉政意见回复关，审慎规范回复党风廉政意见，坚决杜绝出现干部“带病提拔”“带病上岗”。今年以来回复廉政意见 56 次 844 人次，提出暂缓 6 人次。

（三）坚守“再监督”首要职责，充分发挥监督发现问题、督促整改基础效应

强化对“一把手”和领导班子的日常监督。紧盯重点领域、关键岗位加强日常监督，深入贯彻《中共中央关于加强对“一把手”和领导班子监督的意见》，强化对贯彻执行民主集中制、依法履职用权、担当作为、廉洁自律等情况的监督，县纪委监委主要领导约谈县委班子、重点岗位人员 14 人次；对出现苗头性倾向性问题的 6 名干部进行提醒批评，坚持做到早发现、早查处、早纠正。精准有效用好监督执纪“四种形态”。坚持严管厚爱相结合、激励约束并重的原则，分类施治、分层施策，使监督更加聚焦、更加精准、更加有力，着力实现政治效果、纪法效果、社会效果的相统一。2022 年，革吉县纪委监委运用“四种形态”批评教育帮助和处理共 67 人次，其中第一种形态 53 人次，占 79%；第二种形态 12 人次，占 18%；第三种形态 0 人次，占 0%；第四种形态 2 人次，占 3%。精准审慎用好问责利器。坚持规范问责，严把审核审批关，以程序的审慎推动问责工作的规范性、严肃性、权威性，坚决防止出现不分青红皂白机械式、粗暴地挥舞问责板子，导致问责泛化、简单化、随意化，真正做到失责必问、问责必严，又认真落实“三个区分开来”。2022 年，县纪委监委共问责党员领导干部、监察对象 23 人次。

（四）一体推进“三不”体制机制建设，不断巩固反腐败压倒性胜利成果

强化问题线索处置与管理。实行班子成员盯案督办制，不断加大线索处置力度，着力查处民生领域、项目审批、工程建设、乡村振兴中的违纪违法问题。今年以来，革吉县纪委监委共受理问题线索 52 件（其中信访 6 件，移交地区纪委监委 6 件），处置线索 46 件，已办结 38 件，初核了结 14 件，组织处理 15 件 17 人（其中批评教育 7 件 7 人、谈话提醒 4 件 4 人、约谈 2 件 2 人，乡党委给予党纪处分 2 件 4 人）；立案 9 件 11 人，开除党籍 1 件 1 人，给予党纪政务处分 14 人（四级调研员 1 人、乡科级干部 5 人、一般干部 2 人、其他人员 6 人）。制发纪律检查建议书 4 份，监察建议书 2 份。深化以案促改、以案示警，以案促治。组织全县党员干部观看《零容忍》《共产党人》《国家监察》《全面从严治党在西藏》《行贿者说》等电教片 7 场次，约谈全县各级各部门党员领导干部 25 人次，集体约谈 71 人次。积极开展“身边事教育身边人”廉政警示教育展览活动，以支部为单位参观观看，截至目前累计观看 474 人次。严家教、正家风、促清风。把牢“廉内助”教育活动主旨主线，以单位为活动主体，让教育活动从“大集体”到“小单位”，制定下发《革吉县纪委监委关于开展领导干部家属当好“廉内助”教育活动的电话通知稿》，对 32 名干部职工开展“廉政家访”活动，选取 3 名干部家属组织开展“家属上镜头”，并通过采取签订“廉内助”承诺书、讲好廉政党课、开展红色教育、组织党员领导干部和配偶观看

《家庭腐败警示录》等形式，持续推进作风建设常态化长效化。

（五）严字当头常态长效纠治“四风”，锲而不舍落实中央八项规定精神

坚持纠“四风”树新风并举。革吉县纪委监委坚持风腐一体纠治、对享乐主义、奢靡之风露头就打，对形式主义、官僚主义靶向纠治，持续培土加固中央八项规定精神的堤坝，坚持把纠治“四风”作为重点任务。2022年以来，革吉县纪委监委制定节假日监督检查方案3份，发布廉洁提醒4份，开展节中监督检查17次，上报监督检查情况报告2份，发现并督促整改问题23条。持续巩固八规精神成果。采取“监督＋回头看”方式，紧盯重要节点、重要时期，严查“四风”及隐形变异问题，利用融媒体向全县党员干部发送廉洁自律过节提醒书4次，发现反馈督促整改问题12条，常态化开展作风督导。深入开展改进作风狠抓落实工作。紧盯会风会纪和贯彻落实等方面突出作风问题，坚持小切口、大突破。对中央、自治区、地区和我县重大会议会风会纪监督检查8次，发现问题9条，现场批评教育11人，印发通报1份，约谈25人。抓紧抓实日常监督。开展厉行节约制止餐饮浪费、扫黑除恶、围绕中心工作、“三房”清理、楼堂馆所、公共交易领域等方面开展日常监督检查75次，发现并反馈问题187条。坚持从个人作风抓起，在全县范围内组织开展“限酒禁赌”专项整治活动，严查党员干部“8小时”以外，开展监督检查7次，发现问题9条。严查“私车公养”、公车私用、违规收受礼品礼金等问题，开展“私车公养”问题专项治理“回头看”1次。

（六）精准落实政治巡察要求，驰而不息磨砺巡察利剑，让利剑作用更加彰显

深入开展政治巡察。2022年，革吉县第二轮县级交叉巡察组严格按照年初制定的巡察工作方案开展工作，坚持紧扣“三个聚焦”内容，采取“双把关”制度，制定出台《革吉县巡察整改成效检查评估办法（试行）》，实行“两报告、一反馈、两通报”，推动巡察整改工作。截至目前，革吉县共开展1轮县级交叉巡察，发现3大类135个问题，点人点事点具体问题7项，移交问题线索5件。开展巡察谈话29人次，下沉了解12次，发放民主测评表、问卷调查表62份，形成巡察“N+1”报告7份，谈话情况报告6份。强化巡察整改落实。2022年6月9日至10日，革吉县巡察机构对往年巡察整改情况开展“回头看”1次，共检查巡察单位6家，发现并反馈督促整改问题13条。对县粮食公司关于地委巡察反馈的12个问题的整改情况开展监督1次，发现并督促整改问题6个。

（七）聚焦群众“急难愁盼”问题，深入开展民生领域专项整治

持续推动“20个紧盯”落实落地。一是对全县15个扶贫产业项目收益情况进行摸底排查，发现效益较好的、群众分红数额较大的有10个，收益不明显、群众分红数额较小的有4个，收益低，未带动群众增收的项目1个，形成综合监督检查报告5份。二是对全县上报的4383名生态岗位人员进行比对、实地走访、抽查，对环境整治情况开展监督检查2次，发现反馈督促整改问题4条。在群众基本生活保障方面，围绕水、电、路开展监督检查2次，发现并督促整改问题6条。三是督促县直机关工委面向群众开展语言培训班与汉族干部任前藏语言培训2次，持续深入加强对干部的监督管理，坚决查处党员和公职人员的赌博、酒驾问题监督检查4次。对盐湖乡羌麦村19户群众以实地入户的方式核对各乡镇和职能部门工作实际开展情况。四是对县委组织部界定软弱涣散党组织及界定过程进行全程监督，严格落实村级“两委”成员的资格联审机制，截至目前，出具廉政意见2份。着力纠治基层减负中“不用心、不务实、不尽力”等问题，深入县减负办进行监督检查1次，反馈问题3条。继续发挥好乡镇协作片区“组合拳”的力量，组织开展各类监督检查4次。五是紧盯党的惠民富民、共同富裕政策落实情况，对9家单位开展监督检查13次，发现并督促整改问题11条。狠抓环保督察反馈问题整改的再监督。对中央、自治区、地区环保督察和我县自查发现的11条问题整改情况开展监督检查4次，涉及2个乡镇6家整改单位，发现并反馈问题3条，对正在整改中的11条问题进行跟进监

督。开展疫情防控专项监督。成立3个专项监督检查组，深入各（乡）镇、行业部门、街道、网格点等开展监督检查233次，发现并督促整改类问题74条，列为问题线索1条，下发通报1份，通过线上平台给全县各乡（镇）、各单位发送工作提示，明确要求严格落实四方责任，并积极与县委宣传部对接，利用抖音、微信等网络新媒体发布防疫抗疫相关视频、文章23条，督促县公安局将不服从防疫管理群众在全县点名道姓通报曝光并录拍警示视频5份。加强宗教“三个不增加”政策执行专项监督。革吉县纪委监委始终严守宗教“三个不增加”的政策底线红线，对依法登记的5个宗教活动场所开展专项监督检查，已反馈4大类14个问题，县委常委会并立即召开会议，研究贯彻落实整改意见。深化“三资”提级监督。及时成立由县“三资”提级监督领导小组，并下设办公室，起草我县《关于开展村（社区）“三资”提级监督的工作方案》，把“三资”提级监督纳入到协作片区工作重点中，形成由委主要领导统筹、协作片区监督、党风室督促落实流程机制，目前我县已完成清产核资和重点核查工作，并开展监督检查2次，发现整改类问题6条。从严从实处理涉粮领域问题线索。革吉县纪委监委在自查自纠的基础上，开展涉粮领域“回头看”，对反馈的6个方面11项问题开展监督检查4次，发现并反馈9条问题，正在整改中1条。专项清理干部管理“土政策”。围绕规范化、合理化、合法化对我县制定并下发有关干部管理政策性文件进行梳理排查，经排查，我县制定并下发与自治区有关规定不符的共3个，目前已清理完成。清理个人长期借款专项治理。积极整合力量，督促县财政局发挥主观能动性，持续清理个人长期借款问题。截至目前，我县个人借款已全部清理，资金总金额为4858.75万元。强化“一卡通”专项治理。及时召开惠民惠农财政补贴资金“一卡通”专项治理部署会，细化监督重点内容18条，梳理全县惠民惠农财政补贴资金共计38项，开展监督检查2次，发现问题5条，约谈1人。

（八）多措并举深化体制改革，推动制度优势释放更大治理效能

调整充实力量，聚焦主责主业。选优配强乡镇纪委、派出监察室工作力量，调整派出监察室主任2名，乡镇专职纪检监察干部2名，兼职干部8名。优化内设机构，统筹整合力量，将案件监督管理职能整合到县纪委监委综合办公室。成立协作片区，推动监督走深走实。成立由5名乡镇纪委书记、8名乡镇纪委委员组成的乡镇纪委协作办公室，围绕政治监督、民生领域、关键岗位等多方面开展17次日常监督检查和专项监督检查，发现问题线索6个，督促反馈整改问题262条。

（九）坚持打铁必须自身硬，努力打造忠诚干净担当纪检监察铁军

加强法规制度学习。深入学习《中国共产党纪律检查委员会工作条例》《中国共产党纪律处分条例》《中华人民共和国监察法实施条例》等法律法规的学习，累计观看典型案例15场次270余人次，召开案件分析学习会7场次，开展业务讲义活动17场次230余人次。强化跟班跟案培训。安排县乡两级纪检监察干部参加中央纪委国家监委北戴河校区线上与线下培训17人次，前往自治区纪委监委、地区纪委监委跟班、跟案、培训25人次。严格监督约束管理。深入开展各类警示教育，强化纪检监察干部树立树牢打铁必须自身硬的思想理念，及时开展“禁酒禁赌”工作部署会与自查自纠。优化干部成长路径。积极加强与县委组织部的沟通衔接，构建系统内外交流、县乡两级干部交流体制机制，今年以来，县纪委提拔1人，进一步使用1人，乡镇纪委职级晋升3人。

二、2023年工作计划

2023年是全面贯彻落实党的二十大精神开局之年，是实施“十四五”规划承上启下关键之年，是深入贯彻落实习近平总书记关于西藏工作的重要指示精神和新时代党的治藏方略的重要一年，作为县级纪检监察机关，肩负着光荣使命、重大责任。今年工作的总体要求是：坚持以习近平新时代中国特色社会主义思想为指导，全面贯彻党的二十大精神，深入贯彻落实中央纪委、自治区纪委全会、地区党风廉政建设和反腐败工作会议部署及县委工

作要求，更加深刻领悟“两个确立”的决定性意义，更加自觉增强“四个意识”、坚定“四个自信”、做到“两个维护”，推动全面从严治党向纵深发展，深刻把握全面从严治党体系健全完善，强化“永远在路上”的政治自觉，推动党风廉政建设和反腐败工作取得新成效，持续推动新时代新征程纪检监察工作高质量发展，为革吉长治久安和高质量发展保驾护航。

（一）聚焦学习贯彻党的二十大精神，以做好政治监督践行“两个维护”

把握重点做实政治监督。以“四个意识”“四个自信”“两个维护”为标尺，以政治监督捍卫政治纪律，突出对“一把手”和领导班子的监督，把政治监督落实到具体的人和事上，坚决查处“七个有之”问题，坚决查处与党离心离德、口是心非的“伪忠诚”，坚决查处违反反分裂斗争纪律和“党员不得信仰宗教”规定的“两面人”。把党的全面领导贯穿于工作的各方面全过程，以民主集中制、“三重一大”事项议事规则、重大事项请示报告等制度的贯彻落实为抓手，确保各党委（党组）、各单位在政治立场、政治方向、政治原则、政治道路上同以习近平同志为核心的党中央保持高度一致。

结合已经制定的政治监督清单，切实推动政治监督具体化、精准化、常态化。从以下八个方面着手：一查习近平新时代中国特色社会主义思想、习近平治边稳藏战略、习近平总书记对西藏工作的指示批示贯彻落实情况；二查中央、区党委、地委、县委决策部署贯彻落实情况；三查“四件大事”、“四个创建”“四个走在前列”以及地区的“四个争先”推进情况；四查地委的“12114”工作思路贯彻落实情况；五查重点工作、重点问题解决情况；六查常态化工作完成情况；七查工作作风实不实，有没有推诿扯皮、躺平躺赢的情况；八查政治监督工作党委书记有没有抓，有没有开展调度。

（二）发挥制度引领保障作用，推动完善党的自我革命制度规范体系

坚持制度治党、依规治党，以党章为根本，以民主集中制为核心，加强对各级党组织执行党内法规制度、维护党内法规权威的监督检查，尤其是对《党委（党组）落实全面从严治党主体责任规定》贯彻执行情况进行重点监督检查，开展《关于加强对“一把手”和领导班子监督的意见》及区党委实施意见贯彻执行情况的专项检查，推动党委书记落实第一责任人责任、班子成员落实“一岗双责”，对责任不明确、不全面、不落实等问题，抓一批典型进行追责问责、通报曝光。促进各类监督协同高效。围绕推动完善纪检监察专责监督体系、党内监督体系、各类监督贯通协调机制和基层监督体系，加强纪律监督、监察监督、巡察监督的统筹衔接，形成同向发力、步调一致、协调顺畅的工作机制，形成强大的监督合力。

（三）充分发挥政治巡察利剑作用

做好巡视巡察“后半篇文章”，在推动整改落实上见真章、动真格，落实纪委监委监督责任，对整改情况进行全程跟踪监督，压实被巡视巡察党组织整改主体责任，督促各级党组织推动整改融入日常工作、融入全面从严治党、融入班子建设，做到真改、实改、持久改。确保整改质效，对整改不到位的进行督促提醒，对巡而不改、虚假整改、整改不力的，对相关责任人进行责任追究。做实巡察监督，充分做实做细做足2023年巡察各项准备工作，积极与地委巡察机构请示沟通，总结成熟经验和做法，尤其是运用好涉粮问题专项巡察经验，加大宣传力度，扎实开展巡前人员抽调、调阅资料、动员部署、集中培训等各环节工作，选好配强巡察干部，推动行业部门专业力量深入参与巡察，深入发现问题。聚焦“两个维护”，把学习贯彻党的二十大精神和自治区第十次党代会、区党委十届三次全会、地委（扩大）会工作部署情况作为重中之重，精心谋划部署，高质量推进全年巡察任务。

（四）巩固中央八项规定堤坝，驰而不息纠治“四风”，深化进一步改进作风狠抓落实工作

持续加固中央八项规定堤坝。坚持严字当头、一严到底，对顶风违纪行为露头就打、从严查处，把中央八项规定作为长期有效的铁规矩，硬杠杠。驰而不息纠治“四风”。坚决防反弹回潮、防隐形变异、防疲劳厌战，以钉钉子精神打好作风建设攻坚战持久战。对顽固性问题开展专项整治，开展违规发放

津补贴、超标使用办公用房等清理纠治工作。紧盯党员干部、公职人员与管理服务对象不正常交往的顽瘴痼疾，重点关注纠治违规吃喝、带彩打牌、网络赌博、收受礼品礼金等问题，深挖彻查作风问题背后的腐败行为和腐败案件中的作风问题，推动构建“亲”“清”新型政商关系。

对党员干部担当不够、作风不实、失职渎职、不作为慢作为等形式主义、官僚主义问题进行深入纠治，持续开展“四查四问”，从会风会纪、文字材料等“小问题”着手推动作风转变，推进作风建设。对搞“形象工程 "、数据造假、违反财经纪律、加重基层负担的，对给项目给资金不要、项目久拖不决、预算执行进度缓慢的，坚决追责问责并通报曝光。

通过压实基层党组织落实主体责任、开展专项监督、村(社区)“三资”提级监督、接访下访下沉、完善村民议事制度等方式，打通全面从严治党“最后一公里”，严惩群众身边的不正之风和腐败问题。聚焦党中央惠民利民、安民富民各项政策落实，严肃查处就业创业、教育医疗、养老社保、生态环保、安全生产、食品药品安全、执法司法等领域中贪污侵占、截留挪用、虚报冒领、吃拿卡要等行为。着力维护和促进社会公平正义，不断增强群众获得感、幸福感、安全感。

(五)全面加强党的纪律建设，进一步加强纪律约束

加强党的纪律建设，使党的纪律内化于心，外化于行，真正转化为价值取向和行为习惯。把党的纪律建设工作融入日常监督，从开展纪律教育、遵守纪律、实施纪律处分、完善执纪体制、党内廉政文化建设着手，让党的纪律能够长久地、根本地、稳定地发挥约束作用。加强对年轻干部的教育培养和监督管理，高度重视年轻干部的纪律教育。

开展法规制度清查。对我县各级各单位制定的制度开展清查，检查是否存在制定的法规制度与现行法律、行政法规、自治区、地区性法规相抵触的情形，是否存在不符合“放管服”政策规定，不符合或者阻碍革吉县改革发展和经济社会发展实际的情形，整治有规不依、执规不严、执行不力等“制度空转”问题。

(六)一体推进“三不腐”提升治理效能，在反腐败斗争攻坚战持久战中永远吹响冲锋号

以零容忍反腐惩恶，强化不敢腐的警示震慑。2023 年革吉县纪委监委将从资金密集、项目集中、审批多的环节和重点领域着手，紧盯“关键少数”特别是“一把手”，保持高压态势继续推进“第四种形态”案件的查办工作，通过严惩“极少数”，管住“大多数”。

以制度执行为重点，增强不能腐的制度约束。坚持办案、整改、治理相结合，办案、监督、警示贯通，做实以案为鉴、以案促改、以案促治。通过分析案件背后的监督缺位、管理不力、制度漏洞等原因，通过制发纪检监察建议书、约谈提醒、召开警示教育大会等方式，推动标本兼治、系统施治，督促重点领域行业部门建章立制、补齐短板。

以廉洁文化建设为抓手，筑牢不想腐的思想堤坝。通过警示教育大会、廉政警示教育展览、观看警示教育片、发放警示教育汇编材料等常态化开展警示教育，定期开展纪委书记讲党课、讲警示教育课等活动，并结合我县查处的“第四种形态”案件开展警示教育，达到用身边事教育身边人的效果。

紧盯重点领域，继续做好专项监督。在粮食购销、扫黑除恶、私车公养等专项监督工作上持续发力，巩固现有成果，开展“回头看”再监督，进一步深化重点领域专项监督。

坚持行贿受贿一起查，从源头消除腐败滋生土壤。在案件办理时明确行贿的重点人，并依法予以严惩。建立行贿人名单管理制度，精准打击行贿受贿犯罪。

持续开展“廉内助”教育活动，引导党员干部涵养廉洁家风。通过组织党员领导干部和家属参与学习良好家风典型事迹、学习党内法规、家风警示教育、观看警示教育片、签订“廉内助”承诺书等活动，教育领导干部以身作则、发挥干部家属参廉、助廉作用。

(七)深入推进县级纪检监察体制改革，推动新时代纪检监察工作高质量发展

根据《关于进一步深化县级纪检监察体制改革的意见》，尽快制定方案，列出时间表、任务图、责任

单,确保完成改革任务。深化乡镇纪检监察协作片区联动监督机制,进一步强化对下级纪检监察组织的领导,保证乡镇纪委书记在岗时间,防止重协作片区轻乡镇纪委的情况出现,推进纪检监察工作双重领导体制具体化、程序化、制度化。推动纪检监察工作进一步规范化、法治化、正规化,全面运用监察权,加强对公权力和公职人员监督的全覆盖有效性。加强纪法衔接,更好的以法治思维法治方式推进监督、防止腐败。

(八)加强纪检监察机关自身建设,培养优秀纪检监察干部

加强教育培训,练就过硬本领。围绕纪检监察工作高质量发展的总要求,不断提升纪检监察干部的政治能力、科学决策能力、调查研究能力、应急处置能力,以丰富的专业知识、高超的专业技能、扎实的工作作风推动新时代纪检监察工作高质量发展。

加强跟班轮训,开展实践锻炼。积极配合地区纪委组织部制定的培训计划,安排各具体业务部门干部参加政治理论、办案、审理、案管、信访、巡察、党风、宣传、办公室等工作的培训。

开展好改进作风狠抓落实工作。深入开展各类警示教育,强化纪检监察干部必须树立打铁自身硬的思想理念,配合县委开展改进作风狠抓落实工作的同时深入查找纠治自身问题,进一步巩固“限酒禁赌”成果。

持续推动机关工作运行规范化、正规化、制度化。在开展党内政治生活方面,执行好“三会一课”等党内政治生活基本制度,定期召开支委会、党员大会,开展支部集体学习活动,开展民主生活会和组织生活会。在案件办理方面进一步提升办案人员依规依纪依法办案水平。在办公室工作方面,继续做好文字材料、文件管理、印鉴管理、后勤保障、沟通协调、财务等工作,进一步提升机关管理工作的科学性、规范性。

同志们,这次全会已经明确了我们的重点任务和工作目标,2023年的冲锋号已经吹响,党和人民期待着我们的工作成绩,要以时不我待、只争朝夕的紧迫感和使命担当迅速投入到各项工作的推动落实中,让我们更加紧密地团结在以习近平同志为核心的党中央周围,牢记“三个务必”,忠诚干净担当,不断推动全面从严治党、党风廉政建设和反腐败斗争工作开创新局面、取得新成效,为贯彻落实党的二十大精神、革吉县的长治久安和高质量发展不懈奋斗。

革吉县人民法院工作报告

——在革吉县第十三届人民代表大会第四次会议上

革吉县人民法院院长 马 瑞

（2023 年 3 月 21 日）

2022 年工作回顾

2022 年，县人民法院在县委坚强领导、县人大有力监督、阿里地区中级人民法院的正确指导和县政府、政协、社会各界的关心支持下，坚持以习近平新时代中国特色社会主义思想为指导，全面贯彻落实党的十九大、十九届历次全会和党的二十大精神，深入贯彻中央第七次西藏工作座谈会精神，深入贯彻落实习近平总书记关于西藏工作、政法工作、法院工作的重要指示和新时代党的治藏方略，贯彻落实习近平法治思想，深刻领悟“两个确立”的决定性意义，增强“四个意识”、坚定“四个自信”、做到“两个维护”。按照县委年初工作部署要求，坚持服务大局、司法为民、公正司法，以“努力让人民群众在每一个司法案件中感受到公平正义”为目标，忠实履行宪法法律赋予的职责，强化队伍建设，提升审判执行工作质效，为革吉长治久安和高质量发展贡献人民法院智慧和力量。一年来，县人民法院共受理各类案件 296 件，其中，新收案件 265 件，2021 年旧存案件 31 件，审执结 286 件，未结 10 件，审执结率 97.14%，综合结案率在全地区名列前茅。同比 2021 年，收案数减少 75 件，收案数下降 22%，结案率增长 7.02%。

一、坚持以政治建设为统领，全面加强党对法院工作的绝对领导

强化思想理论武装。牢牢把握人民法院政治机关的本质属性，坚决把捍卫“两个确立”、做到“两个维护”作为最高政治原则和根本政治规矩。严格落实集体学习制度，组织干警深入学习习近平新时代中国特色社会主义思想，党的十九大、十九届历次全会和党的二十大精神等，教育引导全院干警用习近平新时代中国特色社会主义思想武装头脑，指导实践，推动工作，确保全体干警在思想上、政治上和行动上同以习近平同志为核心的党中央保持高度一致，信念始终不动摇，政治始终坚定可靠。召开党组理论学习中心组学习 12 次，召开党支部集体学习 25 次，召开全院学习大会 9 次；党组书记、党支部书记向全院干警宣讲党的二十大精神各 1 次。

严格落实请示报告制度。按照中国共产党政法工作条例和区党委实施细则，向县委、县委政法委每季度汇报法院工作情况各 1 次，向人大常委会请示改选 20 名人民陪审员。

二、狠抓审判执行工作，司法服务保障革吉“四个创建”“四个走在前列”

依法审理各类刑事案件，为革吉民族团结进步模范区创建提供优质的司法服务。受理新收刑事案件 13 件，同比增加 2 件，审结 12 件，未结 1 件。其中，审结交通肇事案 2 件 2 人、强奸案 1 件 1 人、故意伤害案 1 件 2 人、故意毁坏财物案 1 件 1 人，盗窃案 8 件 13 人。审结的刑事案件中，侵财型犯罪仍然居高不下。从我院审结的嘎桑央拉贪污一案，充分体现了县委坚决惩治腐败和人民法院依法严惩贪腐分子的决心。

依法审理各类民商事案件，为革吉高质量发展

营造良好法治环境。新收民事案件128件，同比2021年减少29件，审结123件，未结5件，结案标的407万余元。其中，合同类纠纷99件，婚姻家庭、继承纠纷27件，人格权纠纷2件。持续加大调解力度，减轻当事人诉累。全年调撤诉案件105件，调撤率达82%。

依法维护司法权威，为构建平安革吉添砖加瓦。依法保护债权人合法权益，依当事人申请执行。新收申请执行案件123件，同比2021年减少49件，执结119件，未结4件，申请总标的额近达732万元，实际执行到位161.89元，到位率21.86%。执结案件中，执行完毕49件，终结执行61件，终结本次执行程序9件。执行案件过程中，加大对失信被执行人的惩戒力度。纳入失信被执行人名单16人，限乘飞机、高铁等限制高消费46人次，移送布控45人次。

三、坚持以人民为中心的发展理念，有力推进司法体制改革

严格落实司法责任制。深刻认识全面落实司法责任制的重大意义，牢牢把握全面落实司法责任制的目标导向，坚持一岗双责、权责一致，进一步明确司法人员岗位责任，严格执行院庭长办案常态化，特别是严格落实院主要领导审理重大疑难复杂案件机制。全年受理案件均为院庭长办理，服判息诉达100%。严格落实立案登记制，坚决防止有案不立、拖延立案的现象发生。

广泛接受各类监督。坚持依法公开、主动公开、全面公开、实质公开，持续深化审判流程、庭审活动、裁判文书、执行信息公开，让公平正义看得见、能评价、可监督。县人民法院邀请人大代表、政协委员等旁听案件90余人次，互联网公开庭审直播10次，中国裁判文书网公开裁判文书103篇，邀请人民陪审员参审案件23件，参审率达71.88%。利用微信公众平台，以文字图片视频短片解说等形式，对外发布法院工作动态106篇，以此讲好法院故事，传播好法院声音。

四、进一步改进司法作风，诉讼服务更加贴近群众

坚持以人民为中心的发展思想、习近平总书记的人民立场和为民情怀，着眼方便群众诉讼，减轻群众诉累，县人民法院有效落实司法便民各项举措，有效推进“一站式”建设运用的基础上，立足革吉农牧区群众生产生活实际，全力满足人民群众对司法服务的新要求、新期盼，切实让当地农牧区群众感受到近距离的司法服务。充分发挥车载科技流动法庭“广覆盖、宽服务”的独特优势，组织审判团队巡回农牧区办案达126次，派出干警252人次，累计巡回办案113件，开展法治宣传23场次；狠抓办案质效，全力缩短办案周期。适用简易程序审理案件88件，适用率达75.21%。已结案件平均办理天数（不包含应扣除天数）为57.9天，其中民事一审34.1天，刑事一审34.5天，执行实施类案件97.6天，执行财产保全类案件28.3天。

五、坚持抓党建带队伍促审判，进一步加强新形势下法院队伍建设

坚持全面从严治党从严治院。坚决落实中央八项规定及其实施细则精神和区党委实施办法，严格执行防止干预司法“三个规定”、新时代政法干警“十个严禁”、西藏政法干警“十个一律”等铁规禁令作为最大政治原则，牢记抓党建就是最大的政绩，不抓党建就是失职渎职的抓党建带队建的政治责任，坚持以抓党建带队伍促审判思路，严格落实党内组织生活，扎实履行全面从严治党主体责任，推动全面从严治院从严治警向纵深发展。召开党风廉政建设专题会议4次，召开党员大会4次、支委会12次、党小组会议7次、专题讲党课4次，开展各类警示教育8场次，组织参观红色教育基地和廉政警示教育场所各1次，对院各部门、重点工作情况监督检查9次，对6名干警进行工作督促提醒谈话，提出责令现场整改并完成整改问题6条。

深入推进进一步改进作风狠抓落实。坚持问题导向，结果导向，要以改进司法作风为抓手，按照县委部署要求，聚焦“四查四问”，围绕践行“六个表率”、坚决做到“八个必须”，有效开展学习检视，全力抓好整改工作，扎实推进“我为群众办实事”30余件。通过开展“作风怎么看、工作怎么干”大讨论，主动检视个人问题与不足等方式，使干警责任担当意识和工作作风得到明显改进。

在战“疫”一线尽显法院担当作为。自我县发生疫情以来,县人民法院积极响应“疫情就是命令,防疫就是责任”的号召,坚决扛起疫情防控政治责任,动员干警克服个人困难,服从服务大局,主动参与防疫一线,以实际行动忠诚捍卫“两个确立”、践行“两个维护”。疫情期间,18 名干警投身社区人员管控、核酸检测、消毒消杀、物资配送、便民服务等各项工作,8 辆公务用车用于执勤巡逻、物资配送、巡回核酸检测、滞留人员转运等。

各位代表!

过去的一年,县人民法院各项工作持续向好发展,也取得了一定的成绩,最根本在于习近平总书记作为党中央的核心、全党的核心领航掌舵,在于习近平总书记关于西藏工作、政法工作、法院工作的重要指示和新时代治藏方略的科学指引,在于县委坚强领导、人大有力监督、上级人民法院正确指导和县政府、政协及全社会各界的关心关怀。在此,我谨代表县人民法院向一直以来关心支持人民法院工作的各级各部门和各族干部群众表示衷心的感谢,并致以崇高的敬意!

回顾一年来的工作,县人民法院各项工作虽然取得了一定的成绩,但与县委和上级部门的要求,人民群众的新期盼、新要求来相比,我们的工作还存在一些问题和不足:一是法院干警用习近平新时代中国特色社会主义思想特别是习近平法治思想武装头脑、指导实践、推动工作还存在一定差距,存在习惯用老办法办事,不能很好地用新办法解决新事物;二是受理的执行案件逐年猛增,执行案件外出办案周期相对其他案件较长,多数案件因被执行人无可供执行的财产、区外被执行人布控难等因素,执行案件综合结案率相对其他案件较低,仍然存在执行到位率不高的问题;三是面对新形势、新任务、新要求和受理的案件数量呈井喷式增长态势,个别干警在理念思路、能力素质、工作举措等方面仍有较大差距,在审理新型、复杂、疑难案件上思路不广,独立办案能力不强。

2023 年,我院将紧盯问题不放,进一步改进作风狠抓落实,采取有力措施,争取各方支持,切实加以整改。

2023 年工作安排

党的二十大开启了实现第二个百年奋斗目标的新征程,县人民法院坚持以习近平新时代中国特色社会主义思想为指导,深入贯彻党的二十大精神,深入贯彻习近平法治思想,深入贯彻中央第七次西藏工作座谈会精神和新时代党的治藏方略,全面贯彻习近平总书记关于西藏工作、政法工作、法院工作的重要指示,按照自治区第十次党代会、区党委十届三次全会部署及地委、县委工作部署要求,深刻领悟“两个确立”决定性意义,大力弘扬伟大建党精神,增强“四个意识”、坚定“四个自信”、做到“两个维护”,紧紧围绕“切实履行好国家安全、社会安定、人民安宁的重大责任”和“让人民群众切实感受到公平正义就在身边”,聚焦“四件大事”聚力“四个创建”,坚持党对法院工作的绝对领导,以服务大局、司法为民、公正司法为根本,以建设更高水平的平安革吉、法治革吉为使命,深化司法体制改革和智慧法院建设为抓手,以锻造忠诚干净担当的法院队伍为保障,依法履行审判职责,为全面建设社会主义现代化新革吉提供优质高效的司法服务保障,以实实在在的行动贯彻落实党的二十大精神。

为实现上述目标,我们重点从以下几个方面开展工作。

一、坚持正确政治方向,坚决捍卫“两个确立”

强化理论学习。坚持把学习贯彻党的二十大精神作为当前和今后一个时期的首要政治任务,抓紧抓实常态化党史学习教育和政治理论学习,教育引导全院干警完整准确全面把握党的二十大精神,切实把每一名干警的思想和行动、智慧和力量统一到学习宣传贯彻党的二十大精神上来,以实际行动践行党对法院工作的绝对领导政治本色,维护党的权威,巩固党的执政地位,更大地凝聚全面依法治县的团结力量,以真学真信笃行习近平法治思想,推进司法为民、公正司法。

提升业务素质。持续加强对《中华人民共和国民法典》和新出台颁布的法律及司法解释的学习力度,积极派员参加上级法院组织的各类学习培训,加大与对口援藏法院的协调沟通,采取“请进来、走出去”的方式，提升我院业务素质，以更高的办案质效和工作成绩忠诚捍卫“两个确立”。

二、正确履行审判职责，司法服务保障“四个创建”

狠抓主责主业。依法履行宪法赋予的职责使命，全面提升审判质效。在刑事审判上，积极投入扫黑除恶常态化斗争，依法严惩暴力恐怖犯罪，严厉打击境内外敌对势力从事的一切分裂破坏活动；依法严惩野生动物资源犯罪等破坏环境的刑事案件。在民事审判上，妥善化解推进生态工程、节能减排、环境整治、乡村振兴等领域矛盾纠纷；妥善审理涉民生的重大工程领域建设各类纠纷；执行工作上，进一步统一思想、理清思路、补齐短板、扩大战果，汇聚力量，坚决巩固“基本解决执行难”取得的成绩。

加大巡回办案力度。依托车载科技流动法庭，进一步加大巡回办案力度，打通司法服务最后一公里，让群众少跑路，把纠纷解决在基层，做到有案办案，以案宣法，无案普法，在保障群众合法权益的同时，提升群众的法律意识。

三、坚持改革创新，加强法院建设

加快建设智慧法院。认清我院科技法庭和盐湖中心法庭基础建设存在的短板弱项，采取到先进法院参观学习，借鉴先进法院经验做法，将科技法庭的提档升级和盐湖中心法庭内网架设纳入全年重点工作，从中央政法转移资金中列支一定比例资金，用于推进智慧法院建设。

争取基础建设项目落地。加大项目跑办力度，积极与上级法院沟通协调，争取我院诉讼服务中心和远程提讯系统项目建设早日落地。

四、进一步改进作风，着力提升干警责任担当

深入推进进一步改进作风狠抓落实。坚持问题导向，结果导向，要以改进司法作风为抓手，按照区党委关于改进作风狠抓落实的部署和地委县委的工作要求，围绕模范践行“六个表率”、坚决做到“八个必须”，使干警责任担当意识和工作作风得到明显改进。

深入开展“三个活动”。以推进全区政法系统学习宣传贯彻党的二十大精神“三个活动”为契机，深入开展“改进执法司法作风、维护社会公平正义”各项活动，坚持人民至上，坚持法治思维，聚焦人民群众对执法司法的新期待和便捷高效司法服务的新需求，强化执法司法全过程的监督，以强监督严责任的高压态势，倒逼干警业务素质能力进一步提升。

五、持续自我革命，全面加强从严管党治警

压实全面从严治党责任。每半年召开全面从严治党专题会议、第一季度研究制定《县法院党组党风廉政建设和反腐败工作要点》，研究部署相关工作，每季度召开党风廉政建设和反腐败工作专题会议，听取班子成员履行“一岗双责”情况汇报，每季度向县委、县委政法委汇报法院重点工作，全面查摆工作中存在的薄弱环节，研究工作措施，有效推动全面从严治党工作落实落地。

不断深化反腐败斗争。进一步严明政治纪律和严守政治规矩，坚持党对法院工作的绝对领导不动摇，一体推进“三不腐”，严格落实中央八项规定及其实施细则精神和区党委实施办法，严格执行防止干预司法“三个规定”、新时代政法干警“十个严禁”、西藏政法干警“十个一律”等铁规禁令，组织干警组织参观红色教育基地和廉政警示教育场所、观看警示教育片，引导干警自觉正确对待权力、地位和自身利益，按照党的廉洁从政要求，深入开展廉政建设监督检查、审务督察工作，突出抓班子带队伍，自觉接受各方监督，推动全面从严治党、从严治院、从严治警不断向纵深发展，确保法院队伍政治坚定、作风过硬、风清气正。

各位代表！

回首往昔初心不改，砥砺前行再铸辉煌。2023年，我们将更加紧密地团结在以习近平同志为核心的党中央周围，在县委坚强领导、县人大及其常委会有力监督、上级人民法院科学指导下，高举中国特色社会主义伟大旗帜坚定信念不动摇，服务大局为民司法不放松，切实忠实履行宪法法律赋予的神圣职责，全面加强审判执行工作，真抓实干，勇于作为，狠抓落实，为建设团结富裕文明和谐美丽的社会主义现代化新革吉作出新的更大贡献。

革吉县人民检察院工作报告

——在革吉县第十三届人民代表大会第四次会议上

革吉县人民检察院检察长 陈 杰

（2023 年 3 月 21 日）

2022 年工作回顾

过去的一年，在革吉县委和检察阿里分院的坚强领导下，在县人大及其常委会的有力监督下，革吉县人民检察院坚持以习近平新时代中国特色社会主义思想为指导，深入贯彻习近平法治思想，全面贯彻党的十九大、十九届历次全会和党的二十大精神，贯彻落实中央第七次西藏工作座谈会、自治区第十次党代会精神，深刻领悟“两个确立”的决定性意义，增强“四个意识”、坚定“四个自信”、做到“两个维护”，聚焦“四件大事”，聚力“四个创建”，聚焦服务“12114”工作思路，在党史学习教育和政法队伍教育整顿中经受革命性锻造，更加自觉融入社会治理，依法能动履职，刑事、民事、行政、公益诉讼等各项检察工作取得新进展。2022 年，革吉县人民检察院办理各类案件 55 件，同比增加 65%。“四大检察”“十大业务”取得阶段性进展。

一、持之以恒，筑牢政治忠诚

坚持党对检察工作绝对领导。传导压实全面从严管党治检主体责任，严守政治纪律和政治规矩，不折不扣贯彻执行中央、区党委决策部署和地委、县委工作要求，做到令出必行、令行禁止。认真落实《中国共产党政法工作条例》，依法能动履行法律监督职责，全年主动向县委、检察阿里分院请示报告工作 1 次，每年向县委及县委政法委汇报检察工作 2 次。

深入学习领悟习近平法治思想。推动党史学习教育常态化制度化，自觉把学习党章作为基础性经常性工作来抓。全年，召开党组理论中心组（扩大）学习 12 次，深入学习宣传贯彻党的十九大、十九届历次全会及党的二十大精神，原文抄写二十大报告 8 份，撰写心得体会 16 篇。

深化拓展党史学习教育成果。树立“党建促业务”工作理念，推行“立检为公、守望正义”党建品牌，以一名党员一面旗帜为引领，将红色基因融入检察工作全过程、各环节，深入开展为民办实事活动，确保党建“根系”强健、阵地牢固。开展红色教育 1 场次，为民办实事活动 16 场次。

认真落实党风廉政建设责任制。坚持把党风廉政建设和业务工作同部署、同推进、同落实、同考核，层层签订了党风廉政建设责任书，召开党风廉政建设和反腐败工作专题会议 3 次，听取了班子成员“一岗双责”履职情况，全院干警签订《党员干部廉洁自律承诺书》8 份。深入开展廉政教育，开展常态化政法队伍教育整顿，不断巩固整治“四风”成果。组织干警观看《零容忍》警示教育片 5 场次，观看《家庭腐败警示录》1 场次，签订领导干部家属当好“廉内助”承诺书 8 份，“廉内助”座谈会 1 场次，全年填报记录过问或干预、插手检察办案等重大事项记录报告 2 件次。

认真落实重要工作部署、重大司法活动报告制度。坚决执行县人大及其常委会的决议决定，向人大常委会专题报告工作 1 次，主动邀请人大代表参加案件公开听证、检察开放日各 1 次，畅通人大代表了解检察工作渠道。

二、服务大局，彰显检察担当

捍卫国家政治安全。贯彻总体国家安全观，统筹发展和安全两件大事，严格按照区地县三级维稳工作安排部署，全力参与县城维稳安保工作，顺利完成全国“两会”、自治区“两会”、春节及藏历新年、萨噶达瓦节等期间的维稳安保任务，确保了社会和谐安全稳定。

维护社会公共安全。依法严厉打击危害国家安全和严重危害人民群众生命财产安全犯罪，保持高压态势，严把事实关、证据关、程序关，做到严格依法审查，全年受理审查逮捕案件 7 件 9 人。受理审查起诉案件 8 件 11 人，依法提起公诉 7 件 9 人。为了进一步贯彻落实高检院“七号检察建议”，保障物流快递行业安全平稳运行，我院联合县公安局、县市场监督管理局共走访调查 2 次，对 2 家物流企业进行了检查，合力查处惩治企图利用寄递渠道贩运毒品、枪支配件、野生动物制品等违法犯罪行为，封堵监管犯罪漏洞，助力寄递行业优质发展贡献检察力量。

开展常态化扫黑除恶专项斗争。一是本院以开展“护蕾 2022 深挖保护伞”专项行动为契机，对 2019—2022 年第一季度所办理的未检案件进行倒查，排查是否存在“保护伞”或失管控教育领域存在失职渎职情况，经排查不存在此类现象；二是认真贯彻落实反有组织犯罪法，进一步提高对反有组织犯罪法重要性和必要性的认识，组织干警学习宣传反有组织犯罪法 1 次；三是通过线上线下宣传方式对养老诈骗、电信诈骗等方面宣传 4 次，进一步弘扬了“检察主旋律”、传播“法治正能量”。

防范化解重大风险攻坚战。为进一步深化检务公开，增强办理案件的透明度，接受社会监督，保证办案质量，促进社会矛盾化解，维护当事人的合法权益。我院对一起危害珍贵、濒危野生动物案依法采取公开听证方式进行案件审查，并依法作出不起诉决定，提升了检察的司法公信力，进一步传递了司法温度。

三、保障民生，传递检察温度

我们以高度的政治自觉、法治自觉、检察自觉，全力做到“县委有部署，检察有落实”“群众有呼声，检察有行动”，充分发挥职能作用，服务保障“四件大事”“四个创建”，扎实做好检察环节各项服务工作，努力为革吉高质量发展和民生改善提供优质“检察产品”。

做实群众信访“件件有回复”。落实“检察长接待日”和检察环节风险防范化解，主动为群众提供导访、咨询、受理、答复信访服务，全年开展矛盾纠纷排查 12 次，切实打通服务群众“最后一公里”。

努力让孩子们更好成长。落实未成年人保护法，让司法保护融入家庭、学校、社会、网络和政府保护，形成合力，让“1+5 > 6”，共同把未成年人保护工作做得更实。持续落实“一号检察建议”，对侵害未成年人犯罪“零容忍”，坚持打击与保护并重，办理涉未成年人的审查起诉案件 1 件 1 人，提起公诉 2 件 2 人。我院全体干警在全县 1 所中学、5 所小学、16 所幼儿园中担任法治副校长和法治辅导员，走进校园开展法治宣讲 3 次，发放宣传资料 501 份。开展“两法”共护祖国未来检察开放日活动，积极参与校园周边治安环境综合治理，严惩校园欺凌，及时纠治影响未成年人身心健康的苗头性、倾向性问题，切实为孩子们撑起一片法治艳阳天。

“疫”线书写检察担当。疫情就是命令，防控就是责任，我院闻令而动，迅速部署，坚持把抗疫作为重大政治责任，先后派出 3 名干警和 1 辆警车投入抗疫一线，积极开展核酸检测、入户排查、防疫宣传等工作，为服务全县疫情防控工作大局贡献检察力量。

用心纾解群众“急难愁盼”。认真贯彻“以人民为中心”的司法理念，用好国家司法救助制度，坚持“应救助尽救助”原则，及时对因案致困的 1 家困难户落实司法救助 2 万元，切实为群众排忧解难，充分彰显了检察司法温情。

加大法律宣传力度。坚持“谁执法、谁普法”，以面对面、检察官讲解、发放宣传资料等方式，开展送法活动 14 场次，积极向群众宣传了《中华人民共和国民法典》《中华人民共和国未成年人保护法》等法律法规，共发放宣传资料 1009 份，受教育群众达 900 余人，进一步加强了法律宣传力度，有效提升了群众的法律意识。

四、深耕主业，展现检察作为

坚决贯彻《中共中央关于加强新时代法律监督工作的意见》，落实上级各项决策部署要求，认真践行双赢多赢共赢理念，不断深化监督深度、广度和力度，与政法各单位共同维护司法公正。

加大刑事检察监督力度。一是加强对批捕、起诉、羁押等重点环节监督，同公安机关建立侦查监督与协作配合办公室，强化提前介入、证据指引等工作，切实从源头上把好案件质量关。向县公安局制发纠正违法通知书1件，纠正漏诉2件。二是刑事执行检察部门对县看守所、社区矫正工作进行监督检查4次，针对监督检查中发现的问题向县看守所和司法局制发纠正违法通知书6份，有效确保了监管场所的安全，防止出现社区矫正服刑人员脱管、漏管现象。三是我院同自治区“一站式”帮带工作组和检察阿里分院第三检察部巡回检察指导组对我县2018年以来社区矫正工作、财产刑执行，看守所工作进行了监督检查，并积极办理自治区“一站式”帮带工作组和巡回检察组移交的线索，制发检察建议16份，已全部采纳并整改回复。

紧盯群众诉求加强民事监督。根据《检察阿里机关开展民事行政执行监督专项活动实施方案》要求，我院成立了专项活动领导小组，并调阅2021年革吉县人民法院民事执行终结、终本、诉讼费执行等卷宗20余宗，对发现的问题制发检察建议1份。

积极拓展公益诉讼检察工作。持续开展专项监督，积极与相关行政部门协调配合，对食品药品、安全生产、生态环境等领域开展专项监督，办理公益诉讼案件线索5件，不立案1件，制发检察建议3份，相关行政部门积极采纳并及时整改，整改回复率达100%。认真落实“河（湖、林草）长+检察长”协作机制，检察长深入雄巴乡开展巡河5次，持续加大在水资源保护，水环境治理等方面的法律监督力度，同时加强生态环保法治宣传，进一步提升检察机关生态环境和资源保护等重点领域的社会治理能力。

五、诉源治理，保障高水平安全

认真落实“少捕慎诉慎押”刑事司法理念。全年不批准逮捕1件1人，作出不起诉决定2件4人，最大限度减少社会对立面。深化溯源治理，注重源头治理，以“我管”促“都管”，针对安全生产等领域制发社会治理类检察建议1份，做到办理一案治理一片。

推动认罪认罚从宽制度充分落实。严格贯彻宽严相济刑事政策，主动保障认罪认罚的自愿性、合法性，当宽则宽、该严则严、宽严有度、宽严相济，实现案件处理政治效果、法律效果和社会效果的有机统一。全年办理认罪认罚案件7件9人，量刑建议采纳率达到100%，一审服判率达100%。切实从源头减少了上诉、申诉案件，获得了良好司法效果。

做实案件质量监管工作，以业务数据质量监控助推智慧检务发展。案件管理部门通过检察统一业务应用系统，预警和提醒即将到期案件3件，组织案件进行质量评查，纠正不规范情形2处。以办案实绩为依据，制定与办案数量、质量、效果直接挂钩的检察官绩效考核办法，进一步调动全院干警的工作积极性。

六、治检从严，锻造检察铁军

不断提升队伍政治能力。建设学习型机关，以党支部学习会、检答网、“学习强国”等学习平台为依托，强化理论学习，多形式巩固深化党史学习教育成果；统筹安排全年检察干警教育培训，全面深入学习贯彻习近平新时代中国特色社会主义思想和党的二十大精神。全年开展理论学习43场次，政治轮训2场次，领导班子带头讲党课3场次。

全面加强检察机关党的建设。坚持党的一切工作到支部的鲜明导向，全面加强检察机关党的建设，扎实开展党支部标准化体系建设，积极投身党支部结对共建活动，着力打造“党建+业务”特色党支部。严格执行党内政治生活，认真落实“三会一课”制度，全年召开支委会12次、党员大会4次、讲党课3次。扎实开展城乡结对共建活动，深入本院党支部联系村签订结对共建承诺书，并以此为契机，向雄巴乡巴措村村民开展法治宣讲1次，发放各类宣传资料152份。服务保障乡村振兴战略实施，全年开展结对帮扶看望慰问2次，慰问物资价值2400元。

改进作风狠抓落实，推动检察工作提质增效。深入推进进一步改进作风狠抓落实工作，促进全院干警更好地转变作风增强干事创业的责任感和使命感，不断提升工作质效。一是抓学风促作风。开展“作风怎么看、改进怎么办、工作怎么干”大讨论活动1次，研讨7人次。二是抓文风会风促作风。严格把好审核关，对上报材料、简报及“两微一端”发布的信息等情况进行监督12场次，学习会风会纪问题通报10次。三是抓作风促作为。深入开展以“四查四问”为主要内容的改进作风狠抓落实工作，对院党组、班子成员及党员干部对照“四查四问”检视问题，制定整改问题清单9份，现已整改。

夯实内功增本领。一是对符合选任条件的1名干警通过全区员额检察官考试测评，进行了定岗定位及检察官等级套改工作；二是我院积极与县委组织部沟通协调，3名干警进行了职级晋升，1名干警提拔任命为副检察长；三是选派3名干警参加各业务条线培训4次，积极开展返岗转训工作，达到了一人受训全院受益的效果。

加强基础设施建设。我院办案业务用房维修（“12309”检察服务中心、青少年法治教育基地）项目已竣工验收，正在采购配套设备，预计于2023年6月正式投入使用，进而改善办公环境，构建了检察工作为民服务新模式；检察听证室建设和远程提讯室已初步建设完成，待后续网络调试完成后正式使用；我院积极争取县委、政府的关心支持，采取政府自筹和援藏资金相结合的方式对我院上下水及硬、绿、亮化提升工程进行了改造实施，工作生活环境得到了极大改善。

各位代表，一年来，我院始终坚持政治建设与业务建设融合推进，坚持为大局服务、为人民司法，谱写了革吉检察事业新的篇章，在各项工作方面取得了新的成效、新的突破。这些成绩的取得，离不开县委、政府的坚强领导，离不开县人大及其常委会的有力监督，离不开社会各界的关心支持。在此，我谨代表全体干警，向所有关心支持检察工作的领导和同志表示衷心的感谢，并致以崇高的敬意！

同时，我们清醒地认识到，去年的工作虽然取得了一些成绩，但是与人民群众的期盼相比，与县委和政府的要求还有所差距，工作中也存在一些短板和不足，一是学思践悟习近平法治思想仍需走深走实；二是法律监督职能履行仍不够充分，“四大检察”“十大业务”发展不平衡问题仍然存在，监督能力、监督效果有待进一步增强；三是检察理念还需进一步更新，服务保障高质量发展精准性和实效性有待加强，司法为民还需进一步做实；四是检察队伍专业化水平有待提高，检务保障能力、数字检察建设和应用水平还需提升。我们将高度重视这些问题，并将采取措施积极解决。

2023年工作思路及安排

2023年，我院将以习近平新时代中国特色社会主义思想为指导，依法履职尽责，认真坚持“旗帜鲜明讲政治，主动融入保大局，坚守法治促公正，凝心聚力谋发展”的新阶段西藏检察工作发展思路，强化法律监督，推进检察改革，深化队伍建设，努力为革吉经济社会发展的新征途提供源源不断的检察动力。

更加注重思想先导，深入学习宣传贯彻党的二十大精神。坚持以习近平新时代中国特色社会主义思想武装头脑，将党的二十大精神学懂弄通做实，自觉在思想上、政治上、行动上同以习近平同志为核心的党中央保持高度一致，保证检察事业始终沿着正确的政治方向阔步前进。持续拓展学习深度、延伸广度，自觉用党的二十大精神统一思想、统一意志、统一行动。围绕贯彻党的二十大重大部署以及全区政法系统学习宣传贯彻党的二十大精神“三个活动”部署要求，积极组织开展“三个活动”，促进检察人员更加深刻领悟“两个确立”的决定性意义，增强“四个意识”、坚定“四个自信”、做到“两个维护”。

更加注重总体国家安全观，深入推进平安革吉建设。坚持总体国家安全观，始终把维护政治安全作为首要任务，铸牢中华民族共同体意识，依法严厉打击危害国家安全犯罪，依法惩治严重暴力犯罪、盗抢骗等多发性侵财犯罪，推进扫黑除恶常态化，以及人民群众反映强烈的危害食品药品安全、电信网络诈骗、养老诈骗、侵犯公民个人信息等犯罪，积极参与安全生产风险等专项整治，不断增强人民群众安全感。

更加注重服务大局，推动革吉经济社会发展。一是坚定不移地将检察工作置于全县经济社会发展的大局中去谋划，将检察主责主业做实做细，提升工作的主动性和针对性，全力服务“平安革吉”建设，为助力县域经济高质量发展贡献检察力量；二是自觉践行人民至上的价值理念，持续抓实群众信访“件件有回复”，认真组织公开听证，用好认罪认罚从宽制度，扎实做好刑事和解、多元化解、释法说理、司法救助等工作，用心用情办好群众身边每一个“小案”，以高质量法律监督保障人民安居乐业。

更加注重法律监督，保证法律统一正确实施。继续加强与行政执法机关的良性互动，不断凝聚法治力量。审慎办理公益诉讼案件，切实解决群众反映强烈的破坏生态环境问题。强化财产刑执行、监外执行和社区矫正监督，有效维护刑事裁判权威。更加注重推进检察一体化机制建设，进一步强化刑事立案、侦查活动、审判活动和刑事执行监督，加强行政执法与刑事司法衔接，精准开展民事诉讼监督，全面深化行政检察监督，稳妥推进公益诉讼检察，努力做到敢于监督、善于监督、勇于自我监督，确保实现“四大检察”“十大业务”全面协调充分发展。

更加注重法治宣传，有效提高群众法律意识。统筹推进检察机关“八五”普法工作，认真贯彻落实“谁执法、谁普法”的普法责任制，丰富宣传形式，扩大宣传范围，以“法律七进”为重点，聚焦群众“急难愁盼”，积极向群众宣传《中华人民共和国民法典》《中华人民共和国未成年人保护法》《中华人民共和国家庭教育促进法》《中华人民共和国野生动物保护法》等与我县群众生产生活息息相关的法律法规，发放宣传资料，进一步提高群众的法律意识，确保群众尊法、学法、守法、懂法、用法。

更加注重全面从严治党，努力打造过硬的检察队伍。弘扬伟大建党精神，践行“三个务必”，严格按照“六个表率”“八个必须”的要求，改进作风狠抓落实，持续深入开展常态化扫黑除恶专项斗争、政法队伍教育整顿和党史学习教育等活动，加强统筹融合，深化大数据智慧借助与运用，围绕补短板、强弱项，优化完善业绩考评，优化检察精准监督，不断加强检察政治建设、推动履职能力提升。进一步增强全面从严管党治检的政治定力，把一体推进“三不腐”理念贯穿自身建设，以严的基调、严的措施、严的氛围压紧压实主体责任，认真落实“三个规定”，努力打造一支对党忠诚、服务人民、司法公正、纪律严明的检察队伍。

各位代表，艰难险阻不足惧，闯关夺隘再前行，做好当前检察工作责任重大、使命光荣！我们将更加紧密地团结在以习近平同志为核心的党中央周围，高举习近平新时代中国特色社会主义思想伟大旗帜，踔厉奋发、勇毅前行、忠诚履职、埋头苦干，全面加强和改进检察工作，在革吉赶超、跨越的新征程上奏响无愧于新时代的检察强音。

革吉县2022年国民经济和社会发展计划执行情况暨2023年国民经济和社会发展计划报告

——在革吉县第十三届人民代表大会第四次会议上

革吉县发展和改革委员会副主任　次仁德吉

（2023年3月21日）

一、牢记使命、砥砺前行，2022年全县国民经济和社会发展取得新成效

2022年，全县经济社会发展经受了复杂严峻的疫情冲击。面对困难，全县上下坚持以习近平新时代中国特色社会主义思想为指导，认真学习贯彻党的二十大精神，中央、自治区、地区一系列决策部署，深刻领悟“两个确立”的决定性意义，增强“四个意识”、坚定“四个自信”、做到“两个维护”，坚持“疫情要防住、经济要稳住、发展要安全”，聚焦“四件大事”、聚力“四个创建”、“四个走在前列”，落实“12114”工作思路，完整准确全面贯彻新发展理念，迎难而上，克难奋进，统筹疫情防控和经济社会发展，统筹发展和安全，全县社会事业取得新的进步，经济稳步运行。

坚决打好疫情防控阻击战。面对严峻复杂的疫情防控形势，坚持人民至上、生命至上，全力应对疫情冲击，统筹疫情防控和经济社会发展取得全面胜利。

经济社会发展稳中有进。全县生产总值达9.35亿元、同比增长8.30%。一般公共预算收入完成2000万元，增长13.57%。城乡居民人均可支配收入达53904元、同比增长8.20%。农村居民可支配收取达17760元、同比增长13%。社会消费品零售总额实现1.37亿元、同比增长8.31%。城镇登记失业率控制在5%以内。居民消费价格指数涨幅控制在3%以内。

招商引资成效明显。把握国家锂矿资源开采政策优势，坚持把扩大投资作为经济提速的重要抓手，加大招商引资力度，围绕基础设施和矿业发展，全年完成招商引资签约项目5个，完成投资1.98亿元，签约项目资金创历史新高。

坚持投资拉动经济。积极应对困难挑战，聚焦项目投资拉动经济发展。全县66个重点项目，完成投资3.9亿元，完成年度目标的123.42%。着眼全面小康，着力补齐基础设施短板、强化信息化带动引领，全年在基础设施、产业发展、民生保障、信息化建设等领域开复工援藏项目9个，完成投资0.45亿元。

牧业高质量发展。全年草场经营权流转558户4358人，流转面积469.88万亩，创收达188.42万元。联户联组放牧915户3394人。培养牧业经营大户80户。人工种草7109亩，人工种草草种96.73吨。为稳固我县“菜篮子”工程，全县72座温室大棚正常运行，年蔬菜产量达67吨。全县牲畜出栏达12.52万头（只、匹），实现创收8741.77万元。投资30万元从日土县引进优良绒山羊150只，不断扩大我县绒山羊良种规模，良种白绒山羊规模达726只。接待旅游39753人次，实现旅游收入2468.71万元。

深化改革促开放。全力推进“一窗受理”、“集

成服务”和“互联网+政府服务”、“一网通办”扎实推行,“互联网+政务服务”真正实现社保、医疗、养老等事项“一件事一次办”目标逐步实现。“一网通办”管理平台实施清单发布总数809项,发布率100%。新增市场主体167户,同比增长8.44%;申请援藏资金30余万元,购置个体登记注册智能设备,实现企业注册登记即办即批、即批即得,提升企业群众办事便利度,有效推进互联网+“市场监管”。颁发农村宅基地房地一体确权登记证书198张,办理不动产统一登记48宗。

民生改善取得实效。认真落实自治区“十大民生工程”、38件民生实事和地区“十件民生实事”。10名革吉籍农牧民子女考入其他省市西藏班的学生,发放助学金10万元。落实“三包”、营养餐资金842.21万元。学前毛入学率达87.16%,小学净入学率达100%,初中毛入学率达118.27%,义务教育巩固率达99.97%。投资400万元开工建设革吉县民族艺术团排练场所。20个新时代文明实践站(所)作用有效发挥;盐湖乡浴盐加工厂设立为县级非遗工坊。大型舞蹈《牧人心声》获得优秀作品奖。投入580万元实施县人民医院硬绿化及附属工程建设项目。免费健康体检12541人。开展妇女“两癌”筛查583人。流感疫苗接种4743人,白内障、大骨节病、唇裂儿筛查2221人。兑现一孩双女、特殊子女、高龄老人健康补贴和住院分娩等各类补贴62.88万元,受益649人次;组织开展技能培训11期525人。完成转移就业3298人次,创收3529万元;发放一次性创业启动资金90万元,扶持15名高校(中职)毕业生创业;59名应届高校毕业生实现初次就业;兑现4名学生房租补贴7.46万元。落实城乡最低生活保障、特困供养、医疗救助、残疾人补贴等社会救助政策,全年发放各类资金216.74万元,惠及723人次;退役军人服务中心(站)示范型创建工作顺利推进,双拥工作扎实开展。社会保险扩面工作持续加强,各项社会保险征缴率达100%,养老保险参险10686人,参保率达95%。累计识别监测户79户325人,消除返贫致贫风险对象40户155人。为180户农牧民申请小额信贷资金729.4万元。15个扶贫产业项目运营总收入达1502.96万元,参与就业或灵活就业人数180人,创收122.88万元。统筹整合财政衔接资金14997.47万元,大力实施乡村振兴项目。

生态环境保持良好。扎实开展国土空间规划编制工作,认真划定“三区三线,”制定“三线一单”。全年零审批零引进“三高”企业和项目。义务植树活动高效开展,种植班公柳1.3万余株。投入资金100万元开工建设文布当桑乡育苗基地。“厕所革命”、污水处理、垃圾分类、流浪狗收容管理等工作统筹推进。兑现生态岗位补偿资金1504.83万元,兑现禁牧和草畜平衡补助奖励资金1.19亿元。

安全生产形势总体平稳。深化安全生产专项整治三年行动,开展安全生产大检查大督查大整治,生产经营性事故起数、死亡人数、受伤人数“三下降”,安全生产形势持续稳定向好。县财政预算100万元,争取地区200万元积极开展民族团结进步创建工作。深入开展“四条标准”和“三个意识”活动,维护宗教领域和谐稳定。扎实开展“平安护航二十大”专项行动。全年开展联合安全生产大检查17次,排查整改隐患712处,开展4次安全生产演练。全县道路交通、危化领域、粮食、食品药品、人员密集场所、特种设备等行业领域未发生重特大安全生产事故。防抗灾“五有”“六储备”工作、草原三害监测防治工作扎实开展;“大接访”、“大下访”活动深入推进,处理各类投诉举报劳资纠纷案件22起,涉案金额154.37万元,群众合法权益得到依法维护。

过去一年,在面临诸多挑战的情况下,我们统筹疫情防控和经济社会发展,全县经济社会发展稳中有进,在投资和招商工作上取得了突破性的进展。在看到成绩的同时,我们也清醒地认识到。全县经济社会发展还存在一些不容忽视的困难和问题:一是经济总量小,产业结构单一,培育新支柱产业的力度和成效不大,推动县域经济实现跨越发展的困难依然较多。二是城乡发展不平衡,牧业产业化发展路子不宽,牧民持续增收面临诸多不确定因素,解决好“三农”问题仍然是全县经济工作重中之重的任务。三是社会事业发展仍不能满足群众美好生活需要。

二、抓住机遇与挑战，全力推进2023年国民经济和社会发展向高质量推进

（一）国民经济和社会发展总体思路

2023年是贯彻党的二十大精神的开局之年，是实施“十四五”规划承上启下的关键一年，是推进现代化新革吉建设的重要一年，做好全年经济社会发展工作意义重大、责任重大。奋进新时代，迈上新征程，革吉发展仍然处于大有作为的重要战略机遇期。我们要坚持以习近平新时代中国特色社会主义思想为指导，全面贯彻党的二十大精神，党的二十届二中全会精神及习近平总书记关于做好西藏工作的重要指示精神和新时代党的治藏方略，按照自治区第十次党代会要求，围绕县委、政府稳经济增长政策举措，一仗接着一仗打，一坎接着一坎过，稳住经济大盘攻坚战、守住安全底线保卫战。紧紧围绕“12114”工作思路，聚焦“四件大事”“四个确保”，聚力“四个创建”“四个走在前列”，更好统筹疫情防控和经济社会发展，更好统筹发展和安全，突出做好稳增长、稳就业、稳物价工作，促进经济稳中向好、进中提质，实现质的有效提升和量的较快增长，保持社会大局稳定，为全县经济社会加快发展提供坚强的保障。

（二）2023年经济和社会发展主要预期目标。

——地区生产总值同比增长8.7%以上，预期实现10.17亿元。

——一般公共预算收入同比增长5%，预算收入实现1444万元。

——社会消费品零售总额同比增长13.6%以上，实现1.55亿元。

——城镇和农村居民人均可支配收入分别增长8.7%、13.9%，实现58594元、20229元。

——城镇调查失业率和城镇登记失业率分别控制在5%、3%以内。

——消费价格指数涨幅控制在3%以内。

三、2023年革吉县国民经济和社会发展主要任务

2023年，按照党中央、国务院决策部署，落实自治区党委、政府，地委、行署工作安排，注重研究跟进国家宏观政策，注重把发展思路转化为路线图，注重找准载体和抓手，注重抓实项目储备和谋划，着力做好以下九个方面工作。

（一）聚焦学习，强化理论武装，提升履职能力。深入学习中央、区党委和地委经济工作会议精神。把学习贯彻落实党中央、区党委和地委经济工作会议精神，作为当前的一项重要政治任务。深刻领会习近平总书记关于国内国际经济形势的重大判断，不断增强做好经济工作的信心决心；深刻领会习近平总书记关于做好经济工作“四个必须”的宝贵经验，不断深化做好经济工作的规律性认识；深刻领会习近平总书记关于今年经济工作的总体要求和“七大政策取向”，不断坚定稳中求进的战略定力；深刻领会习近平总书记关于“五个正确认识和把握”的重大理论和实践问题，不断把握做好经济工作的正确方向，自觉把思想和行动统一到中央、区党委和地委经济工作会议精神上来，真正找准中央、区党委经济工作会议释放的强烈信号、政策机遇，全面提高会抓经济、善抓经济、常抓经济的能力和本领，努力建设社会主义现代化新革吉。

（二）强化基层治理，推进社会大局稳定。坚持把维护国家安全和社会稳定作为一切工作的出发点和落脚点，创新和完善基层治理，提升基层治理能力。积极开展反分裂斗争，始终把反对分裂、维护稳定作为重大政治职责扛在肩上，积极应对反分裂斗争新形势新变化。健全党政军警民协调联动机制，加强安全防控体系建设，形成安全稳定的长效机制。巩固深化扫黑除恶等专项斗争成果，深入推进系统治理、依法治理、综合治理。落实“三管三必须”要求，树牢安全发展理念，强化底线思维和红线意识，深化安全生产专项整治“三年行动”，定期开展实战拉动演练预演，开展隐患排查，加强源头治理，精准研判、妥善应对各领域可能出现的重大风险，加强安全生产监察执法，加大对道路交通、消防安全、建筑施工、食品药品、特种设备、产品质量等重点领域监管，坚决杜绝较大及以上事故发生。扎实有序推进抵边搬迁工作，做好群众宣传引导、数据统计、后续帮扶等相关工作。

（三）发展优势产业，提高经济发展质量。坚持“三个赋予一个有利于”，立足新发展阶段，优化

发展结构，抓项目建设，推动我县经济高质量发展。积极推进我县特色产业发展，加快畜牧业科技创新步伐，提升白绒山羊选育、良种扩繁力度，深入推进绵羊短期育肥出栏、畜产品加工、牛羊毛粗加工等特色产业，做大做强种草产业。加强产业项目运营管理，因地制宜、因时制宜优化完善产业发展举措，不断提升产业带动能力和示范引领能力。抓住国家绿色工业发展机遇，配合做好锂、硼、镁等优势矿产资源开发前期试验，加大盐湖工业用盐、保健用盐研发力度，加快推进捌千错锂矿开采。持续推进屋顶分布式光伏建设项目。积极与三峡新能源集团对接，争取光伏、风电配套供暖项目在我县落地投产。着力培育具有带动力、竞争力的龙头企业。加快我县物流产业建设，围绕物流体系建设加快我县电商站点建设，推进电子商务快速发展。协调推进“十四五”中期调整，力争更多项目纳入国家和自治区规划，做好项目前期储备和筹备工作，持续推进招商引资，精准对接对口援藏企业、外资企业，吸引企业到革吉投资兴业，力争完成8000万元的招商引资计划。加快2023年重点项目前期推进，统筹项目调度力度，狠抓项目开复工黄金季，以时不我待，只争朝夕的精气神，推动项目快见效、早投产，确保完成3.9亿元既定目标任务。

（四）深化改革创新，激发市场创造活力。深化区域合作，加强与藏青工业园区、拉萨经开区、拉萨高新区的联系，探索招商引资“飞地经济”模式。以改革创新为发展抓手，不断提高政府服务水平，持续优化营商环境，有效激发市场内生动力。持续深化“放管服”和商事制度改革，继续推进“证照分离”改革和“双随机、一公开”，大力推行“互联网+政务服务”体系建设，促进“网上办”“掌上办”“跨省通办”不断拓展深入。开展财税制度改革，全面落实减税降费措施，扎实开展市场准入限制清理工作。依法平等保护企业自主经营权，全面落实国家一揽子政策，持续落实自治区“38条”“29条”和地区新增临时性措施，维护市场主体公平竞争，激发市场主体活力。大力培育新型牧业经营主体，发展多种形式适度规模经营，做强牧业产业化龙头企业，发展壮大农牧民专业合作社，健全牧业社会化服务体系。推进草场有偿流转、联组联户放牧、培育养殖大户、培养新型牧业业态生产经营主体，拓宽城镇就业渠道，加大劳务输出力度，大力发展劳务经济。深化国有企业改革。

（五）做好巩固衔接，推动美丽乡村建设。突出抓好特色产业发展、乡村基础设施、乡村环境治理和公共服务配套建设，传承发扬民族优秀传统文化，加强乡村建设规划管理。大力发展高原特色产业，加强劳务协作、技能培训，促进群众持续增收，为乡村振兴打牢坚实基础。坚持在巩固成果上用力。严格落实“四个不摘”要求，持续聚焦低收入群体，建立健全动态跟踪监测预警返贫机制。大力培育扶持一批懂经营、有技术、带动能力强、辐射范围广的新型牧业经营主体。持续在改善村貌上用力，持续实施美丽乡村建设行动，大力推进人居环境、村容村貌整治工程，强化“三乡”垃圾填埋场建设资金的争取。全力推进农牧区户用厕所改造，倡导健康文明生活方式。持续落实国土空间绿化、美化、亮化工作，建设美丽宜居乡村，持续改善乡村面貌，大力营造生态宜居的良好环境，绘就乡村振兴靓丽底色。

（六）改善生态环境，推动绿色低碳发展。贯彻落实习近平生态文明思想，牢固树立“绿水青山就是金山银山、冰天雪地也是金山银山”理念，坚持生态保护第一，坚定不移走生态优先、绿色低碳发展之路。坚持节约优先、保护优先、自然恢复为主的方针，加强生态系统保护建设，开展湖泊、湿地、草原及河湖的保护恢复工作，全面改善城乡人居环境，建设美丽宜居的生态革吉。深入打好大气、水、土壤污染防治攻坚战，加强固体废物、白色垃圾污染防治，推进河湖“清四乱”常态化规范化，确保县城空气优良天数达98%以上，主要河流、湖泊水质全部达到或优于Ⅲ类标准，土壤环境安全稳定。继续实行矿山环境治理和生态恢复责任机制。严厉打击非法盗采砂金矿、乱捕乱猎行为。坚决彻底整改各级各类生态环保督察反馈问题。加快补齐城镇污水收集和处理设施短板，加快推进生活垃圾无害化处理。不断推进绿色低碳发展。扎实推进“四乡一镇”和18个村（社区）创建工作，创建生态文明示范乡、村，为创建自治区级生态文明建设示范县打好基础。强化资源利用刚性约束，严守生态安全底线。严把项目审批关，严禁“三高”企业及项目入驻我县。严格执行环境影响评价“三同时”制度。

（七）加强民族团结，促进创建工作。全面贯彻落实习近平总书记关于加强和改进民族工作的重要思想，坚持以铸牢中华民族共同体意识为主线，提升新时代民族工作质量，构筑共有精神家园。坚持把民族团结进步宣传教育与社会主义核心价值观教育、爱国主义教育、反分裂斗争教育、新旧西藏对比教育和马克思主义“五观”教育结合起来，不断增强全县各族群众对伟大祖国、中华民族、中华文化、中国共产党、中国特色社会主义的认同，打牢民族团结的思想基础，使各族群众人心归聚、精神相依。巩固民族团结创建成果，继续做好民族团结进步示范县创建工作，全面提升创建工作水平。积极搭建各民族交往交流交融的语言桥梁，推广使用国家通用语言文字。常态化推进“四讲四爱”“遵行四条标准、争做先进僧尼”教育实践活动和“国家意识、公民意识、法治意识”教育活动，引导信教群众理性对待宗教、淡化宗教消极影响、过好今生幸福生活。

（八）保障改善民生，提升公共服务水平。扎实落实好自治区“十大民生工程”、21件民生实事，努力解决人民群众的“急难愁盼”，提高群众的获得感、幸福感、安全感。办好人民满意教育。完善教育投入机制，落实好教育政策，推动学前教育普及普惠健康发展，促进义务教育优质均衡发展，推动“双减”工作落实落地，抓好师德师风建设，激发教师队伍活力，不断加强教师专业能力提升。大力推进县域综合医改工作。推进和完善县人民医院人才引进机制，逐步加强专业技术人员队伍建设。大力实施革吉县中心医院盐湖乡分院建设项目，有效提高就医服务能力。持续落实重大疾病防治工作，实施卫生民生工程。扩大藏医预防保健服务覆盖面，提高藏医药服务能力。加快体育事业发展，推进体育公共服务均等化，不断完善全民健身基础设施。加强文化市场监管工作，不断规范市场经营秩序。加强对重点文物、非物质文化遗产的保护和利用。不断完善社会保障体系。进一步探索建立健全覆盖城乡的基本养老、医疗、失业、工伤、生育等保险制度，健全灵活就业人员社保制度，健全城镇居民最低生活保障制度，落实重特大疾病医疗保险和救助制度，落实牧区留守儿童、老年人关爱服务工作，做好军人军属、退役军人和其他优抚对象优待抚恤工作，努力提升社会保障公共服务能力。扎实提高就业创业质量，坚持市场化就业方向，构建就业优先政策体系，重点抓好牧民群众和高校毕业生就业工作。加大农牧民技能培训力度，积极搭建就业平台，鼓励他们参与工程项目建设，积极引导外出就业，切实解决群众就业难题。大力支持农牧民、大学生和退伍军人返乡创业。

（九）兜牢安全发展底线，在防范化解重大风险能力上实现新突破。全面贯彻总体国家安全观，加强安全保障体系建设，强化重点领域风险排查整治。因时因势优化疫情防控措施。跟进落实国家新阶段疫情防控举措，优化调整县内疫情防控政策，平稳有序实施新冠病毒感染“乙类乙管”，进一步提升疫情防控的科学性精准性，顺利度过流行期，确保平稳转段和社会秩序稳定。加强医疗救治资源准备，强化医疗救治体系建设，统筹发热门诊设置，注重平急转换，强化重症室医护力量配置和人员培训，提升医疗机构疫情防控和急危重症救治能力。强化重点医疗物资储备供给，保障好群众的就医用药和防疫用品需求，重点抓好老幼病残孕和患基础性疾病群体的防控，开展互联网医院在线问诊，加强医联体协作，着力保健康、防重症。统筹推进接种工作，加大60岁及以上老年人疫苗接种，切实提升疫苗接种率。全面落实粮食安全党政同责，持续深化反对浪费、崇尚节约各项行动。持续夯实粮食安全根基，抓好粮食和物资储备。落实过“紧日子”要求，从严管控“三公”经费。在有效支持高质量发展中防范化解金融风险，做好非法集资案件风险防范处置，守住不发生系统性风险的底线。抓紧抓实安全生产和防灾减灾工作。扎实推进安全生产专项整治，巩固拓展防范和遏制重特大事故发生能力。强化食品药品安全监管，优化救灾物资储备体系，加快建设县级应急物资装备综合保障能力建设。深入推进法治革吉、平安革吉建设,健全共建共治共享的社会治理制度。坚持和发展新时代“枫桥经验”,改进人民信访工作,健全城乡社区治理体系,完善网格化管理、精细化服务、信息化支撑的基层治理平台,及时把矛盾纠纷化解在基层。加强农牧区精神文明建设,完善党组织领导的自治、法治、德治相结合的乡村治理体系,让农牧区既充满活力又稳定有序。

四、持续转变作风,全力抓好工作任务落实

牢记“三个务必”,把干事创业谋发展作为最大的政治责任,始终坚持求真务实的工作作风,力戒形式主义和官僚主义,对部署的重点工作,出实招、用真功,身体力行抓好落实。提振马上就办、办就办好的精神状态,议定的事情不等不拖、如期落实,安排的工作实干快干、坚决兑现,以等不起、慢不得的危机感,坚决完成各项目标任务。主动担责尽责。始终把加快发展作为第一要务,把抓好落实作为第一责任,主动把工作责任扛起来,对重大项目、重点任务、难点工作亲自上手,靠前指挥、以上率下。要勇于担当、主动作为,尽职尽责、尽心尽力,不回避矛盾、不推卸责任,全力做好各自职责范围内的工作。推动形成抓落实促发展的良好氛围。

各位代表,2023 年经济社会发展工作任务繁重,意义重大。我们要更加紧密地团结在以习近平同志为核心的党中央周围,以习近平新时代中国特色社会主义思想为指导,深刻领悟“两个确立”的决定性意义,增强“四个意识”、坚定“四个自信”、做到“两个维护”,以史为鉴、开创未来,锐意进取、真抓实干,按照县委的决策部署,自觉接受县人大的监督,认真听取县政协的意见和建议,按照党的二十大、二十届二中全会和区党委、地委经济工作会议部署及县委经济工作会议要求,主动作为、转变作风、狠抓落实,为谱写全面建设社会主义现代化国家革吉篇章不懈奋斗。

革吉县2022年预算执行情况暨2023年预算草案的报告

——在革吉县第十三届人民代表大会第四次会议上

革吉县财政局局长 涂玲君

（2023年3月21日）

一、2022年预算执行情况

2022年，在县委、政府的正确领导下，在县人大及其常委会的监督支持下，县财政局坚持以习近平新时代中国特色社会主义思想为指导，全面贯彻党的十九大、十九届历次全会和党的二十大精神，坚持稳中求进工作总基调，把握财政经济发展新常态，坚决落实“疫情要防住、经济要稳住、发展要安全”的要求，聚焦“四件大事”“四个确保”、聚力“四个创建”“四个走在前列”，落实“12114”工作思路，充分发挥财政工作职能，有力统筹疫情防控和经济社会发展，抓好稳经济一揽子政策措施和临时性举措落实，凝心聚力、真抓实干，为我县长治久安和高质量发展提供了坚实有力的财力保障。

（一）2022年一般公共预算执行情况

收入情况：一般公共预算收入完成2000万元，同比增长13.57%，增收239万元。其中，税收收入完成1068万元，占公共预算收入的53.4%，与去年同期相比，增收382万元；非税收入完成932万元，占公共预算收入的46.6%，与去年同期相比，减收143万元。

支出情况：一般公共预算支出完成89539万元，同比增加7924万元，增长9.7%。其中，一般公共服务支出20224万元；公共安全支出5899万元；教育支出10861万元；科学技术支出346万元；文化旅游体育与传媒支出1060万元；社会保障和就业支出5234万元；卫生健康支出6508万元；节能环保支出266万元；城乡社区支出1918万元；农林水支出27583万元；交通运输支出1301万元；资源勘探工业信息等支出1363万元；商业服务业等支出261万元；自然资源海洋气象等支出1600万元；住房保障支出4241万元；粮油物资储备支出1万元；灾害防治及应急管理支出469万元；债务付息支出122万元；其他支出282万元。

收支平衡情况：一般公共预算收入总量124150万元，其中，一般公共预算收入2000万元，上级补助收入101356万元，上年结转15798万元，动用预算稳定调节基金4996万元。一般公共预算支出总量124150万元，其中：一般公共预算支出89539万元，专项上解支出7785万元，安排预算稳定调节基金15766万元。收支总量相抵，年终结转11060万元在下年度继续安排支出。

（二）2022年政府性基金预算执行情况

收入情况：政府性基金上级补助收入90万元，政府性基金本级收入249万元，政府性基金上年结转105万元，同比下降39.83%，减收294万元。其中：彩票公益金收入90万元，国有土地使用权出让相关收入249万元，政府性基金上年结转105万元。

支出情况：政府性基金预算支出107万元，同比下降57.1%，减支844万元。其中：用于社会福利的彩票公益金支出 37 万元，抗疫特别国债支出 70 万元。

收支平衡情况：政府性基金收入 444 万元，政府性基金预算支出 107 万元，收支总量相抵，年终结转 337 万元在下年度继续安排支出。

（三）2022 年盘活财政存量资金情况

全县收回存量资金 3048 万元，已统筹安排 3048 万元，主要用于弥补 2022 年预算资金缺口。

（四）落实县人大预算决议和财政重点工作情况

按照预算法和预算法实施条例等有关精神，严格落实县人大预算决议和审查意见要求，认真贯彻县委、政府决策部署，围绕县党委中心工作，坚持党政机关过紧日子，强化财政资金统筹，优化财政支出结构，提质增效实施积极的财政政策，围绕“四件大事”，加大重点领域支持力度，全力保障“六稳”“六保”支出需求，加快财政改革，不断提高财政管理水平。

1. 落实落细稳经济一揽子政策措施。一是精准落实组合式税费支持政策。减税与退税并举，加大小微企业增值税留抵退税政策力度，2022 年完成增值税留抵退税 30 万元，减税降费 1062 万元。二是全面落实阶段性减免国有房屋租金政策。深入贯彻落实自治区党委、政府关于稳经济一揽子政策的决策部署，积极应对疫情带来的不利影响，持续降低实体经济运营成本，累计减免国有房屋租金 74.75 万元，惠及承租户 58 户。三是促进消费升级需求。加大资金投入，推进消费市场复苏回暖。发放 42.67 万元消费券，用于“助企惠民．乐购阿里”促进消费活动，激发市场消费潜力，拉动消费增长，减少疫情带来的冲击和影响。

2. 全力保障疫情防控。一是积极落实疫情防控经费保障政策，强化疫情防控资金统筹，结合疫情防控实际需求，在财政资金十分紧张的情况下，积极争取上级转移支付资金 1265.33 万元，筹集自有财力 243.91 万元，共投入 1509.24 万元。主要用于定点隔离观察场所征用经费、方舱医院建设、疫情防控宣传、检测试剂及防控物资采购等疫情有关的民生支出，为切实打赢疫情防控阻击战提供坚实保障。二是开辟政府采购“绿色通道”，按照急事急办、特事特办的原则，开辟物资采购绿色通道，简化办事流程，提高采购效率，全力保障应急救援设备和物资的及时供应。

3. 全面推进乡村振兴建设。坚持农业农村优先发展，支持巩固拓展脱贫攻坚成果同乡村振兴的有效衔接，加大涉农资金整合力度，2022 年统筹整合财政衔接资金 14997.47 万元，支持产业发展、农村基础设施、生态环境保护等 26 个项目建设，扶贫成果持续巩固提升。

4. 支持推进革吉长治久安。保持社会面和谐稳定是经济发展、社会进步、民族团结、人民群众安居乐业的前提和保障，是压倒一切的基础工作，坚持把维护稳定作为第一位的工作任务，健全财政投入保障机制，支持更高水平的平安革吉建设，促进社会大局和谐稳定。落实资金 1030.01 万元提升政法部门业务装备水平和应急处突能力；落实资金 220 万元推进民族团结进步工作；落实资金 200 万元支持社会治安防控体系建设，促进各项维稳工作措施落实落地；落实资金 5 万元持续开展扫黑除恶、扫黄打非、打非治乱工作；落实资金 128.88 万元深入实施先进双联户创建评选等活动；落实资金 10 万元支持完善群防群治工作机制。

5. 持续推进国家生态文明建设。坚持方向不变、力度不减，突出依法、科学、精准治污，推动生态环境质量持续向好。2022 年共投入生态文明建设资金 18724.41 万元，主要用于支持环境监测、污染防治、水源地保护、草原生态保护补助、生态脱贫岗位补助等方面，使大地增绿、群众增收效果明显。

6. 各类民生事业取得新成效。坚持把群众身边的小事当作政府的大事来抓，着力解决各族群众“急难愁盼”问题，全力保障民生兜底支出。一是落实就业优先政策。千方百计稳定和扩大就业，坚持把稳就业、保民生、促发展作为当前工作的重中之重，不断加大资金投入，落实资金 615 万元推动各项稳就业政策措施落地见效。二是办好人民满意教育。落实资金 14516.31 万元，用于教育“三包”、义务教育阶段学生营养改善、学前教育至高中阶段“十五年”免费教育、教育事业发展等支出。三是推动文体事业繁荣发展。落实资金 609.6 万元，支持艺术团公益演出、村级文化活动室建设、公共文化设施免费开放等，丰富群众文化生活，支持加强文物保护利用和非物质文化遗产保护传承。四是支持公共卫生体系建设。落实资金2303.41万元，支持完善公共卫生体系，提高医疗卫生保障水平。城乡居民基本医疗保险补助标准提高到年人均675元，基本公共卫生服务补助标准提高到年人均79元。支持实施妇女“两癌”筛查、特殊群体HPV和流感疫苗自愿免费接种。五是稳步提高社会保障水平。城乡居民基本养老保险基础养老金标准提高到月人均220元，延续实施阶段性降低失业保险、工伤保险费率政策。落实资金393.96万元，支持做好特殊人群基本生活保障工作。城乡居民最低生活保障标准分别提高到年人均13524元、5160元。六是推进住房保障工程。维护人民根本利益，增进民生福祉。落实资金1988.92万元，支持城镇保障性安居工程等建设，保障城乡居民基本居住需求、改善居住条件。

7.推进财政重点领域改革。一是推进财政管理改革。全面实施零基预算改革，严格预算编制管理，改变“基数＋增长”预算编制方式，以零为基点编制预算，一切从实际需要出发。树立“先谋事后排钱”理念，加强预算安排与预算执行、绩效管理等情况挂钩。围绕全县国民经济和社会发展规划、各领域专项规划，做实做细项目储备，滚动编制各预算单位项目清单，常态化审核后纳入项目库。二是提高预算绩效管理。加强绩效目标审核，将绩效管理整体嵌入预算管理流程，实现预算管理和绩效管理一体化推进。加强绩效监控结果运用，坚持问题导向，促进预算资金及时有效使用。三是坚决落实政府过紧日子要求。加强预算编制源头管理、强化预算执行刚性约束，加大非急需非刚性支出压减力度，全力保障重点支出。除疫情防控等必要增支外，其他支出总体上控制在批准的预算规模内。大力盘活财政存量资金和闲置资产，避免资金沉淀闲置。四是强化财政监督检查工作。认真贯彻落实预算法实施条例，将条例的新规定、新要求落实到预算编制、执行、监督的全过程。注重开展事前和事中监督检查，扎实做好会计信息质量、预决算公开等各项监督检查工作，有效落实财政监督职能。依法接受人大预算监督，落实人大及其常委会有关预算决议，认真做好人大审查意见和审计发现问题的整改落实。

总体来看，2022年全县财政运行平稳，重点支出保障有力，改革管理提质增效，助力推进新时代革吉县长治久安和高质量发展。我们深切体会到成绩的取得，根本在于习近平新时代中国特色社会主义思想和习近平总书记关于西藏工作的重要指示及新时代党的治藏方略的科学指引，是党中央国务院亲切关怀、全国人民无私支援的结果，是县委坚强领导、人大政协监督支持、全县上下团结奋斗的结果。但面对新的形势新的任务，也存在一定的困难和问题：一是我县一般公共预算收入总量小，可用财力严重不足。财政刚性支出只增不减，“三保”支出压力大。二是部分单位项目储备不足，前期工作不扎实，“要钱不会花”“有钱花不好”“钱等项目”“资金趴账”问题较为突出，预算执行进度慢、资金使用效益差。下一步，我们将高度重视这些困难和问题，积极应对，采取有效措施切实加以解决。

二、2023年预算草案

2023年是全面贯彻落实党的二十大精神的开局之年，是落实自治区第十次党代会精神的关键之年，也是加快推进“12114”工作思路、实现“四个争”奋斗目标的重要一年，做好财政保障工作意义重大。根据《中华人民共和国预算法》《国务院关于编制2023年中央预算和地方预算的通知》等要求和年初下达转移支付情况，结合我县实际，编制形成2023年财政收支预算（草案）。

（一）财政收支形势分析

从收入看，全县经济基础薄弱，稳定税源较少，非税收入占比过高，一般公共预算收入总量低、质量较差，易受非预期收入因素影响。近年来，国家陆续出台了一系列减税降费政策，使得本来就吃紧的县级财政更是雪上加霜。从支出看，随着公共财政体制的不断完善，财政保障范围越来越宽，支出标准越来越高，法定支出、民生工程等刚性支出大幅增加，乡村振兴、生态环保等战略任务需要保障，教育、医疗卫生等重点支出刚性增长，预算平衡难度加大。综合判断，即便是考虑到上级财政转移支付资金的支持，按照目前的财政支出标准，2023 年财政收支矛盾依然突出，财政收支预算编制的首要任务依然是紧平衡，坚持稳字当头，稳中求进，做到突出重点、有保有压。

（二）2023 年预算编制的指导思想和基本原则

2023 年预算编制的指导思想是：坚持以习近平新时代中国特色社会主义思想为指导，全面贯彻落实党的二十大和中央经济工作会议及中央“七次会”精神，深入贯彻落实习近平总书记关于西藏工作的重要指示和新时代党的治藏方略，完整、准确、全面贯彻新发展理念，服务和融入新发展格局，着力推动高质量发展，把“三个赋予一个有利于”要求贯彻到经济社会发展全过程各方面，聚焦“四件大事”聚力“四个创建”，落实“12114”工作思路，围绕县委、政府的重大决策部署，坚持稳中求进工作总基调，把握财政经济发展新常态，更好统筹疫情防控和经济社会发展，全面深化改革开放，稳定经济社会发展预期，提振加快高质量发展信心，积极的财政政策要加力提效，加强财政资源统筹，保持必要的支出强度，大力优化支出结构，加强重大决策部署财力保障，进一步深化财税体制改革，完善财政转移支付体系，为全面建设社会主义现代化新革吉打下坚实基础。

按照上述指导思想，预算编制遵循以下原则：一是坚持预算编制合法性。严格遵守《中华人民共和国预算法》《中华人民共和国预算法实施条例》等法律法规，合理制定预算支出标准，强化预算刚性约束，坚持“先有预算，后有执行”，严禁无预算支出和超范围、超标准开支。二是坚持预算编制科学性。预算编制应与经济社会发展水平相适应，与集中财力办大事相统一，与保障部门正常履职相一致，与本级财力供给相匹配。尽力而为，量力而行，强化零基预算运用，坚持能增能减、有保有压的预算分配机制，合理确定支出预算规模。树牢政府“过紧日子”思想，厉行勤俭节约，严控一般性支出。加强重大政策等财政承受能力评估，确保财政可持续。三是坚持预算编制绩效性。提升部门绩效自评质量，将开展部门整体支出绩效自评作为预算安排的前置条件，完善事前绩效评估结果运用机制，大力压减绩效较差项目的资金安排，提升财政资源配置效率和资金使用效益。四是坚持预算编制透明性。坚持以公开为常态，严格按照相关规定，规范公开方式，确保规定公开内容完整性，主动扩大公开范围，细化群众关心的公开内容，主动接受人大、审计和社会各界的监督。

（三）2023 年预算收支安排情况

一般公共预算总财力 102563.24 万元。其中：一般公共预算收入 1444 万元；上级补助收入 74293.82 万元；动用预算稳定调节基金 15766 万元；上年结转 11059.42 万元。安排一般公共预算支出 102563.24 万元，收支平衡。

需要说明的是，根据预算法规定，2023 年年度预算开始后，全县预算（草案）提请县人民代表大会批准前，已提前安排了必须支付的人员工资、基本运转等支出。

（四）2023 年财政预算安排的重点

1. 坚决维护国家安全和社会大局稳定。坚持始终把维护稳定作为第一工作任务，全力保障维稳处突和基层维稳力量资金需求。一是安排维稳工作相关经费 180 万元，安排群防群治工作经费 2 万元，安排强基惠民工作经费 400 万元，安排双联户户长补助 27.74 万元，安排国防后备力量建设经费 50 万元；二是落实好中央转移政法资金。不断强化基层政法手段、装备、基础设施建设，加强政法队伍建设，持续增强维稳能力，切实做好检法两院司法体制改革经费划转工作，安排政法转移支付资金 665.07 万元。

2. 支持改善公共基础设施。深入推进基础设施建设，保障农村公路质量，安排农村公路养护资金 1387.66 万元，安排“四好农村路”养护资金 50 万元，安排农村客运补贴资金 2.01 万元。支持加快补齐基础设施短板，支持重点建设项目落地，提升基础设施建设水平，安排县城基础设施建设项目贷款资金 1347.66 万元，安排供暖项目运维资金 1239.61

万元。

3. 全面实施乡村振兴战略。深入实施以“神圣国土守护者、幸福家园建设者”为主题的乡村振兴战略，保持财政支持政策和资金规模总体稳定，坚决防止出现规模性返贫，支持农牧业提质增效，推动农业农村现代化。安排衔接推进乡村振兴补助资金11537.19万元，持续巩固脱贫攻坚成果，支持农牧业产业发展。

4. 着力提高就业质量。支持拓宽就业渠道，改善就业结构，提升就业质量，把促进高校毕业生就业摆在更加突出的位置，安排高校毕业生市场就业创业补助资金60万元，安排公益性岗位补助资金278.99万元，安排农牧民就业培训资金82万元，安排就业补助资金642万元，安排乡村振兴专干报酬待遇196.52万元，安排“三支一扶”人员经费95.99万元，安排“四类人员”相关待遇经费154.05万元。

5. 办好人民满意教育。推进财政教育体制改革，完善教育投入保障机制，安排教育事业费10512.02万元。其中，工资福利支出7796.39万元，商品服务支出875.11万元，对个人和家庭的补助1840.52万元。落实各项教育政策，支持教育发展，安排支教资金400万元，安排教育附加费21.16万元，安排学生资助及金秋助学金60万元，安排学生返乡路费经费20万元，安排双岗教师岗位补助及超课时补贴经费100万元。

6. 提高卫生健康水平。支持新阶段疫情防控各项举措，加强重大突发公共卫生事件应急处置能力建设。安排常态化疫情防控经费81.66万元，安排城乡居民基本医疗保险补助63.57万元，安排卫生健康人才培养8万元，安排重大传染病防控补助资金55.25万元，安排医疗卫生机构能力建设600万元，安排公立医院综合改革资金110万元，安排藏医药事业发展专项资金25万元，安排基层卫生人才能力提升培训资金8.34万元，安排高海拔地区乡镇卫生院专业技术人员特殊岗位奖励补贴102万元，安排基本药物制度补助资金23.65万元，安排基本公共卫生服务项目经费111.23万元，安排行政事业单位干部职工体检经费185.81万元。

7. 完善社会保障体系。完善养老保险制度，扎实推进机关事业养老保险制度改革，提高基本养老金水平。城乡居民基本养老保险基础养老金标准提高至月人均230元，城市低保标准提高至每人每月1147元，农村低保标准提高至每人每年5340元。安排城乡居民基本养老保险基础养老金35.13万元。落实社会救助政策，加强困难群众基本生活保障，安排困难群众救助补助资金246.56万元。改善困难老人生活环境，安排集中供养服务中心运行经费10.26万元。增强防抗灾能力，保障群众基本生活，安排防抗灾物资储备、购药经费290万元。

8. 丰富群众文体生活。加大基本公共文化服务投入，支持体育馆、图书馆免费开放服务，安排公共图书馆、文化站免费开放补助52万元，安排公共体育场馆向社会免费或低收费开放补助资金39万元，安排文化人才专项经费20万元，安排文物保护资金11万元，安排重点文物保护单位野外看管人员经费49.92万元，安排中央支持地方公共文化服务体系建设补助31.2万元，安排基层宣讲员补助资金6.08万元，安排赛马节活动经费200万元。

9. 切实守好生态安全底线。安排重点生态功能区转移支付2283万元，用于持续推进国土绿化行动，支持加大环境污染防治和综合治理力度，持续打好蓝天碧水净土保卫战等方面。建立健全生态补偿制度，安排草原生态保护补助奖励资金12000万元，支持草原生态修复治理。

10. 扎实推进抵边搬迁。全力保障好区党委创建国家固边兴边富民行动示范区、全面建设社会主义现代化新西藏这个重大战略任务、政治任务，全力动员极高海拔地方群众向边境一线转移。稳步实施人口向前推战略，认真落实自治区鼓励抵边安居若干优惠政策。全力做好牧民群众抵边搬迁的服务保障工作，妥善做好搬迁人口落户安居、生产资料转运、人员转移全过程服务保障以及生产资料的妥善处置，安排抵边搬迁资金534万元，确保按序时进度完成搬迁任务。

11. 关心关爱基层干部职工。改善基层干部职工工作生活条件，解决干部职工后顾之忧，安排乡镇干部职工食堂补助253万元，安排人才开发工作经费40万元，安排干部人才疗养经费20万元、关心关爱干部职工慰问资金 5 万元。

12、强化党建工作保障。完善党建工作经费保障机制，推进党组织建设持续有效开展，夯实基层组织战斗堡垒。安排党建工作经费 331.94 万元、基层党组织工作经费 160 万元，用于推进全县党的建设工作。

三、完成 2023 年预算任务的主要措施

（一）优化预算管理制度

推进财政资源统筹，提高预算管理的完整性。强化部门和单位收入统筹管理，未纳入预算的收入不得安排支出。优化财政支出结构，增强对重大战略任务、发展规划等重大决策部署的财力保障。合理安排支出预算规模，严禁出台溯及以前年度的增支政策，新的增支政策原则上通过以后年度预算安排支出。规范预算调剂行为。盘活财政存量资金，完善结余资金收回使用机制。

（二）深化“2+1”财政管理改革

统筹推进绩效预算、零基预算、预算管理一体化“2+1”财政管理改革。一是加强绩效管理。更加突出绩效导向，将绩效管理实质性嵌入预算管理流程。夯实预算绩效管理基础，围绕贯彻落实县委、政府重大决策部署，发挥预算绩效管理的引导作用。着力完善管理链条，严格绩效目标审核，提升目标的客观性、合理性，加强绩效运行监控，及时纠偏止损。进一步做实事前绩效评估，评估结果作为申请预算的必备要件。二是强化零基预算理念。坚持量入为出，打破基数概念和支出固化格局，坚持政府过紧日子，更加突出“保重点、压一般”，加强基本支出定员定额管理。对于当年难以形成实际支出、不能细化至具体使用单位的资金，不予安排或递延至以后年度。加大结转资金与年度预算、财政拨款与其他资金的统筹力度，建立完善能增能减、有保有压的预算分配机制。三是加强预算项目管理，全面做实项目库，所有进入项目库的项目，必须按规定履行论证、评审等必要程序。按照轻重缓急、绩效目标、项目成熟度等对项目进行排序，在财力范围内按照排序安排预算。推进预算管理一体化建设。运用一体化业务规范，提升一体化预算管理水平。加快系统整合，提升一体化集成度。推进预算指标核算改革，实现预算指标管理全流程“顺向可控，逆向可溯”。

（三）加强财政风险防控

一是抓实化解隐性债务风险工作，把防范化解地方政府隐性债务风险作为重要的政治纪律和政治规矩，坚决守住风险底线，维护财政安全。二是完善常态化监控机制，严防政府债务风险，坚决遏制隐性债务增量，妥善处置和化解隐性债务存量，依法落实到期债券偿还责任，确保债务还本付息资金按时足额兑付。三是严格项目审核把关，切实提高专项债券项目申报质量。加强日常监督管理，对债券项目使用进度慢的部门，督促加快项目建设进度，尽早形成实物工作量，确保政府债券资金使用高效、风险总体可控。

（四）严肃财经纪律

坚持依法理财，落实部门和单位预算管理主体责任，部门和单位对预算完整性、规范性、真实性以及执行结果负责，把财经纪律和各项管理制度落到实处。严格执行人大批复的预算，坚持先有预算、后有支出，严禁无预算、超预算安排支出，严禁突击花钱。严禁自行提高或擅自变通工资福利、津贴补贴标准，严禁出现“吃空饷”问题，严禁重复、多头申报或虚报项目预算，严禁违规兴建楼堂馆所以及建设各类形象工程和政绩工程。

（五）严格推进干部作风建设

坚持深入贯彻学习习近平新时代中国特色社会主义思想，学习贯彻党的二十大精神，切实增强“四个意识”、坚定“四个自信”，引导干部扎实转变作风，持续推进干部队伍作风建设，将全面从严治党要求落实到财政运行的每个环节。实行动态管理机制，通过工作提醒、谈心谈话等形式，进一步明纪律、敲警钟、画红线，防止小问题演变成大问题，努力建设风清气正的高素质财政队伍。

（六）主动接受各方监督

主动接受人大依法监督和政协民主监督，积极配合革吉县人大推进加强预算审查监督的相关改革工作，坚决落实人大及其常委会有关决议，及时

报告落实举措和进展情况。认真听取有关方面的意见建议,切实服务好人大代表依法履职。加大审计查出问题整改力度。深入推进预决算公开,打造“阳光财政”。

各位代表,做好2023年财政工作,任务艰巨、责任重大、使命光荣。我们将更加紧密团结在以习近平同志为核心的党中央周围,以习近平新时代中国特色社会主义思想为指导,认真贯彻党的二十大精神,胸怀“两个大局”,牢记“国之大者”,坚定捍卫“两个确立”,坚决做到“两个维护”,聚焦“四件大事”,聚力“四个创建”,不忘初心、牢记使命、真抓实干、勇毅前行,以更加务实的作风,更加有为的担当,扎实做好各项财政工作,为促进我县经济的持续健康发展做出新的更大贡献。

革吉县2022年国民经济和社会发展统计公报

2022年,在县委、县政府的正确领导下,在县人大、政协的监督支持下,在对口援藏中国联通公司的大力帮助下,革吉县人民政府团结带领全县各族人民,紧盯高质量发展的奋斗目标,大力推进脱贫攻坚与乡村振兴无缝衔接,大力推进牧区改革,经济社会发展取得决定性成就,为全面建成小康社会奠定了坚实基础。2022年全县经济发展步伐平稳、稳中有进。

一、综合

生产总值:2022年革吉县生产总值9.1亿元(按可比价计算),同比增长0.5%。三次产业结构比重18 :22 :60。

财政收支:地方财政收入2249万元,地方财政支出8.9万元。

二、农牧业

牧业产品产量:2022年,牲畜存栏471746头(只、匹);牲畜出栏159849头(只、匹);肉类总产量2084.4吨;奶类总产量2030.13吨;羊毛产量220.24吨;山羊绒产量80.41吨。

三、工业

工业:工业总产值(现价)314万元,工业增加2831万元。

四、固定资产投资

固定资产投资:2022年,全县固定资产投资完成3.3亿元。其中:500万—5000万元固定资产投资完成1.4亿元,5000万元以上固定资产投资完成2.0亿元。

五、人口、人民生活

人口:2022年,年末总人口18070人,总户数5963户。其中:农牧民人口14764人,城镇人口3306人。

居民生活:2022年,农村居民人均可支配收入16880元,城镇居民人均可支配收入51910元。

贸易业:2022年,社会消费品零售总额完成1.1亿元。

六、金融

金融业:2022年,金融机构存款5.6亿元,金融机构贷款2.8亿元。

七、教育、卫生

教育事业:2022年,共有学校22所。其中:幼儿园16所、小学5所、初级中学1所。幼儿园在园学生数781人,小学在校学生数1975人,初级中学在校学生数835人。

卫生事业:2022年,共有各类卫生机构数30个,医疗机构床位数77个,医疗卫生人员数139人。

补充说明:

1.2022年度革吉县经济统计指标数据详见——阿里地区2022年国民经济和社会发展主要统计指标(地区生产总值按当年价格计算,增速按可比价格计算、即扣除物价变动的实际增长)。

2.固定资产投资项目统计范围为计划总投资500万元及以上的固定资产投资项目。

索 引

说 明

一、本索引采用主题分析法编制。索引范围包括篇目、类目、部(门)目、条目等。
二、本索引按主题词首字汉语拼音音序(同音按音调)排列,若首字拼音相同则按第二字音序排列,以此类推。
三、索引款目后的数字表示内容所在的页码,数字后的拉丁字母(a、b、c)表示栏别(从左至右)。
四、篇目、类目、部(门)目用黑体字。

A

B

C

D

E

F

G

H

R

S

T

W

X

Z